講座労働法の再生 第4巻
人格・平等・家族責任

日本労働法学会=編

Treatise Series, Renaissance of Labor Law

日本評論社

『講座労働法の再生』刊行について

　2000年に編集・刊行された『講座21世紀の労働法』（全8巻）から17年が経過した。前講座は、刊行の辞にもあるように、「戦後の労働法制がどのような変化に見舞われているのかを検証し、それにふさわしい労働法理論と法制度のあり方を考察し、新しい世紀における労働法の展望を切り拓く試み」であった。それは、「経済のグローバル化と情報化、労働市場の女性化、本格的な少子・高齢社会の到来など」の社会経済情勢の変化がもたらすさまざまな法的課題に対する、学術的・理論的応答にほかならなかった。

　その後の労働法を取り巻く環境の変化は、一層、厳しさを増している。総人口が減少局面に入り、かつ65歳以上の人口構成比が25％を超えるに至るなど高齢化はさらに急速に進み、非正規雇用の割合が4割弱に達するまでに増加の一途をたどっている。ワーキングプア問題として注目される非正規雇用の雇用安定化と処遇の改善は、雇用労働政策の中心的課題となっている。また、正社員についてみても、その年間総労働時間は今なお2,000時間を超える状況が継続し、ワークライフバランスの欠如した働き方や長時間労働による過労死・過労自殺の多発という事態が一向に改善していない。さらに、集団的労使紛争としての労働争議件数が減少の一途を辿っているが、個別労働紛争は激増し、近年では、とくに、解雇紛争、労働条件紛争だけではなく、多様なハラスメント紛争が急増している。加えて、人材養成に長期的な視点を欠き、事実上違法な就労を強要する「ブラック企業」の存在が社会問題化し、職場における労働法の定着・コンプライアンスが重要な課題となっている。

　こうした雇用社会の大きな変化に対して、労働法学にも理論課題が提起されていると言ってよい。また、これまでの労働政策や立法のあり方についての真

摯な検討も労働法学の課題となっている。いずれにしても労働法学は、雇用社会の抱えている問題を直視し、場合によってはその背景や原因の解明も含めた課題に正面から取り組まなければならない。現在、労働法は、改めてそのレゾン・デートルを問われていると言っても過言ではない。

　日本労働法学会は、時代の節目ごとに、労働法学の理論的到達点を明らかにすべく、『労働法講座』（全7巻・1956～1959年）、『新労働法講座』（全8巻・1966～1967年）、『現代労働法講座』（全15巻・1980～1985年）、そして、前掲『講座21世紀の労働法』を編集・刊行してきた。われわれは、これまでの真摯な学会の営為に敬意を払いながら、時代状況にふさわしい新たな講座を編集・刊行することとした。前回講座が意図した新たな展望の意義を確認しつつ、この間の雇用社会の変化や立法対応等も検証しながら、労働法学の意義と理論課題を明らかにすることを試みたい。そして、この過程を通じて労働法学を活性化したい。新たな講座のタイトルを『労働法の再生』と命名する所以である。

　2017年6月

日本労働法学会
『講座労働法の再生』編集委員会
　編集代表　和田　肇
　編集委員　荒木尚志、唐津　博、島田陽一、野川　忍、野田　進、山川隆一

『講座労働法の再生』第4巻
「人格・平等・家族責任」刊行の趣旨

　労働者の人格（権）・平等（権）・家族（的）責任というテーマは、『講座21世紀の労働法』でも1巻を当てて検討していたが、このテーマの重要性は今日いっそう増している。人格（権）については、プライバシーの保護に加えて、多様なハラスメントが議論されるようになっている。かつてはセクシュアル・ハラスメントが問題となっていたが、この10数年の間にパワー・ハラスメントやマタニティ・ハラスメントなどが顕在化している。これらのハラスメントは、人格権侵害となるだけでなく、場合によってはメンタル・ヘルスの危機をもたらしている。こうした問題を含めて、「ブラック企業」現象が顕著となっており、企業社会の近代化という20世紀労働法の課題が、残念ながら今世紀にも継続していると言わざるをえない。

　平等（権）については、雇用機会均等法の改正、非正規雇用のうちパート労働法の改正、労契法における有期労働契約の規制の挿入等の法改正が行われてきた。新たに障害者雇用についても、ポジティブ・アクション型の雇用促進政策に加えて、差別禁止というアプローチが採用されている。これらの分野は、とりわけ立法や法改正が活発で、それが新たな判例・裁判例を生み出しており、検討すべき理論課題も多い。また、雇用平等の実現に向けて常に発展途上にあり、今後も法改正が必要になってくる。

　高齢化社会、少子化社会が進展するなかで、福祉分野や保育政策を充実しなければならないが、労働法の分野では労働者の家族（的）責任の履行によってその一翼を担っていくことが求められている。現実には、これらが主として女性に任される傾向にあり、男性の参加を推し進めていくことが課題である。

　この課題は、また広くワーク・ライフ・バランスの法政策の一環を成してい

る。より良い働き方とより良い休み方は、コインの両側面だからである。休暇制度が貧弱なところでは、健康問題、育児や介護問題などの労働者の私的生活の時間が十分に確保されない。このことが指摘されて長いが、過労死や過労自殺の多発に顕著なように、抜本的な改善策が講じられない限り、現状の改善は難しい。

　このように労働者の人格（権）・平等（権）・家族（的）責任の保護・充実は、今後の労働法の姿を描く上に不可欠なコンセプトとなっていると言えよう。本巻は、このテーマに関する従来の法政策、今日的な状況を分析し、そのうえで今後の立法政策も含めた理論課題を明らかにするために編まれている。

　2017年6月

『講座労働法の再生』第4巻編集委員
和田　肇
名古道功
根本　到

講座労働法の再生 第4巻
人格・平等・家族責任

目　次

『講座労働法の再生』刊行について　i

『講座労働法の再生』第 4 巻刊行の趣旨　iii

略語一覧　xi

総　論　労働者の人権保障……………………………和田　肇　1
　　　　──人格権、雇用平等、家族責任に関する法理の新たな展開

　　　　はじめに
　　　　Ⅰ　人格権・プライバシー・個人情報の保護
　　　　Ⅱ　男女雇用平等
　　　　Ⅲ　雇用平等の拡がり
　　　　Ⅳ　家族責任
　　　　Ⅴ　ワーク・ライフ・バランス
　　　　Ⅵ　ブラック企業・ブラックバイトの問題
　　　　Ⅶ　企業における人権保護の新たな局面

第 1 部　人格権の保護

第 1 章　プライバシーと個人情報の保護………　長谷川　聡　29
　　　　Ⅰ　本章の課題
　　　　Ⅱ　プライバシー権の展開と保障の法構造
　　　　Ⅲ　プライバシー権保障の枠組みと課題
　　　　Ⅳ　むすびにかえて

第 2 章　職場のパワーハラスメントと人格権……　根本　到　49
　　　　Ⅰ　問題の所在
　　　　Ⅱ　EU とドイツにおけるハラスメント規制

　　　　　Ⅲ　職場のパワーハラスメントの背景事情
　　　　　Ⅳ　「職場のパワーハラスメント」の定義
　　　　　Ⅴ　パワーハラスメントをめぐる訴訟類型と行為類型
　　　　　Ⅵ　行為類型ごとの裁判例
　　　　　Ⅶ　パワーハラスメントをめぐる法的課題

第3章　労働者による企業コンプライアンスの実現
　　　　　　　　　　……………………………………………　山川和義　75

　　　　　Ⅰ　はじめに
　　　　　Ⅱ　内部告発者の不利益取扱いからの保護に関する法規制、
　　　　　　　裁判例の分析
　　　　　Ⅲ　公益通報者保護法
　　　　　Ⅳ　労働者による企業コンプライアンスの実現
　　　　　Ⅴ　おわりに――企業不正等通報権

第4章　キャリア権の意義………………………………　両角道代　95

　　　　　Ⅰ　はじめに
　　　　　Ⅱ　キャリア権の理論
　　　　　Ⅲ　政策理念としてのキャリア権
　　　　　Ⅳ　解釈理念としてのキャリア権
　　　　　Ⅵ　結びに代えて

第2部　雇用平等

第5章　雇用平等法の形成と展開………………………　柳澤　武　117

　　　　　はじめに
　　　　　Ⅰ　理論研究の発展
　　　　　Ⅱ　雇用平等法の現代的意義
　　　　　Ⅲ　新たな差別形態・差別事由の検討
　　　　　Ⅳ　おわりに――雇用平等法の展望

第6章　保護と平等の相克 …………………… 神尾真知子　137
——女性保護とポジティブ・アクション

- Ⅰ　はじめに
- Ⅱ　女性保護をめぐる立法の変遷
- Ⅲ　「保護と平等」の相克
- Ⅳ　「保護と平等」論の再検討
- Ⅴ　ポジティブ・アクションと女性活躍推進法
- Ⅵ　おわりに

第7章　非正規雇用の処遇格差規制 ……………… 櫻庭涼子　157

- Ⅰ　はじめに
- Ⅱ　非正規労働者の処遇格差をめぐる立法の経緯
- Ⅲ　EUの法規制
- Ⅳ　パートタイム労働者
- Ⅴ　有期雇用労働者
- Ⅵ　派遣労働者
- Ⅶ　今後の課題

第8章　差別の救済 ……………………………… 斎藤　周　187

- はじめに
- Ⅰ　差別の認定
- Ⅱ　救済の方法
- おわりに

第9章　雇用平等法の課題 ……………………… 相澤美智子　209

- Ⅰ　はじめに
- Ⅱ　雇用差別の現状
- Ⅲ　法規制の到達点
- Ⅳ　法的規制の問題点と課題
- Ⅴ　むすびにかえて

第3部　ワーク・ライフ・バランス

第10章　ワーク・ライフ・バランスと労働法……名古道功　237

　　　Ⅰ　序
　　　Ⅱ　ワーク・ライフ・バランスの展開
　　　Ⅲ　日本的雇用慣行の変化とワーク・ライフ・バランスの現代的意義
　　　Ⅳ　労働法規制と労働法理論の変革
　　　Ⅴ　おわりに

第11章　年休の制度と法理……………………武井　寛　255

　　　はじめに
　　　Ⅰ　制度と実態の推移概観
　　　Ⅱ　年休法理の現在
　　　おわりに

第12章　育児介護休業法の課題……………柴田洋二郎　275

　　　Ⅰ　はじめに
　　　Ⅱ　育児介護休業と休業以外の支援措置
　　　Ⅲ　育児介護休業法と裁判例
　　　Ⅳ　育児介護休業法の目的の変容？
　　　Ⅴ　おわりに

第13章　労働法上の権利行使と不利益取扱いの禁止
　　　　…………………………………………細谷越史　297

　　　Ⅰ　はじめに
　　　Ⅱ　年休取得を理由とする不利益取扱い
　　　Ⅲ　妊娠・出産等を理由とする不利益取扱い
　　　Ⅳ　不利益取扱い禁止法理の到達点および今後の課題と展望

索引　317

執筆者紹介　321

略語一覧

法令・通達

安衛法	労働安全衛生法
育児介護休業法（育介法）	育児休業、介護休業等育児又は家族介護を行う労働者の福祉に関する法律
一般法人法	一般社団法人及び一般財団法人に関する法律
求職者支援法	職業訓練の実施等による特定求職者の就職の支援に関する法律
均等法（男女雇用機会均等法）	雇用の分野における男女の均等な機会及び待遇の確保等に関する法律
憲法	日本国憲法
高年齢者雇用安定法(高年法)	高年齢者等の雇用の安定等に関する法律
国公法	国家公務員法
個別労働紛争解決促進法	個別労働関係紛争の解決の促進に関する法律
最賃法	最低賃金法
裁判員法	裁判員の参加する刑事裁判に関する法律
障害者雇用促進法	障害者の雇用の促進等に関する法律
職安則	職業安定法施行規則
職安法	職業安定法
職務待遇確保法（同一労働同一賃金推進法）	労働者の職務に応じた待遇の確保等のための施策の推進に関する法律
女性活躍推進法	女性の職業生活における活躍の推進に関する法律
地公法	地方公務員法
賃確法	賃金の支払の確保等に関する法律
パートタイム労働法	短時間労働者の雇用管理の改善等に関する法律
民訴法	民事訴訟法
労基則	労働基準法施行規則
労基法	労働基準法
労契法	労働契約法
労災保険法	労働者災害補償保険法
労組法	労働組合法
労調法	労働関係調整法

労働契約承継法	会社分割に伴う労働契約の承継等に関する法律
労働時間等設定改善法	労働時間等の設定の改善に関する特別措置法
労働者派遣法（派遣法）	労働者派遣事業の適正な運営の確保及び派遣労働者の保護等に関する法律
労働審判規則	労働審判法施行規則
労働保険料徴収法、徴収法	労働保険の保険料の徴収等に関する法律
（厚）労告	（厚生）労働省告示
発基	都道府県労働（基準）局長あて（厚生）労働事務次官通達
基発	都道府県労働（基準）局長あて（厚生）労働省労働基準局長通達
基収	（厚生）労働省労働基準局長（が疑義に答えて発する）通達
発地	都道府県労働（基準）局長あて（厚生）労働省大臣官房長通達

教科書、体系書

荒木・労働法	荒木尚志『労働法〔第3版〕』（有斐閣、2016年）
荒木ほか・労働契約法	荒木尚志＝菅野和夫＝山川隆一『詳説 労働契約法〔第2版〕』（弘文堂、2014年）
有泉・労働基準法	有泉亨『労働基準法』（有斐閣、1963年）
石井・労働法	石井照久『新版労働法〔第3版〕』（弘文堂、1973年）
石川・労働組合法	石川吉右衛門『労働組合法』（有斐閣、1978年）
片岡・労働法(1)(2)	片岡曻（村中孝史補訂）『労働法(1)〔第4版〕、労働法(2)〔第5版〕』（有斐閣、2007年、2009年）
久保＝浜田・労働法	久保敬治＝浜田冨士郎『労働法』（ミネルヴァ書房、1993年）
小西ほか・労働関係法	小西國友＝渡辺章＝中嶋士元也『労働関係法〔第5版〕』（有斐閣、2007年）
下井・労使関係法	下井隆史『労使関係法』（有斐閣、1995年）169頁
下井・労働基準法	下井隆史『労働基準法〔第4版〕』（有斐閣、2007年）
菅野・労働法	菅野和夫『労働法〔第11版〕』（弘文堂、2016年） ＊2017年に第11版補正版刊行
土田・労働契約法	土田道夫『労働契約法』（有斐閣、2008年） ＊第2版（2016年）は「土田・労働契約法〔第2版〕」
土田・労働法概説	土田道夫『労働法概説〔第3版〕』（弘文堂、2014年）
中窪＝野田・労働法の世界	中窪裕也＝野田進『労働法の世界〔第11版〕』（有斐閣、2015年） ＊2017年に第12版刊行
西谷・労働組合法	西谷敏『労働組合法〔第3版〕』（有斐閣、2012年）
西谷・労働法	西谷敏『労働法〔第2版〕』（日本評論社、2013年）

野川・労働法	野川忍『労働法〔新訂〕』（商事法務、2010年）
野川・労働協約法	野川忍『労働協約法』（弘文堂、2015年）
野川・労働契約法	野川忍『わかりやすい労働契約法〔第2版〕』（商事法務、2012年）
林＝山川・労働関係訴訟法	林豊＝山川隆一編『労働関係訴訟法』（青林書院、2001年）
外尾・労働団体法	外尾健一『労働団体法』（筑摩書房、1975年）
水町・労働法	水町勇一郎『労働法〔第6版〕』（有斐閣、2016年）
盛・労働法総論・労使関係法	盛誠吾『労働法総論・労使関係法』（新世社、2000年）
安枝＝西村・労働基準法	安枝英訷＝西村健一郎『労働基準法〔労働法Ⅱ〕』（青林書院、1996年）
山川・雇用関係法	山川隆一『雇用関係法〔第4版〕』（新世社、2008年）
山川・労働紛争処理法	山川隆一『労働紛争処理法』（弘文堂、2012年）
山口・労働組合法	山口浩一郎『労働組合法〔第2版〕』（有斐閣、1996年）
渡辺・労働法(上)(下)	渡辺章『労働法講義(上)(下)』（信山社、2009年、2011年）

注釈

青木＝片岡編・注解労基法ⅠⅡ	青木宗也＝片岡曻編『注解法律学全集　労働基準法ⅠⅡ』（青林書院、1994年～1995年）
吾妻編・註解労基法	吾妻光俊編『註解労働基準法』（青林書院新社、1960年）
厚労省・労組法・労調法	厚生労働省労政担当参事官室編『労働法コンメンタール①労働組合法・労働関係調整法〔6訂新版〕』（労務行政研究所、2015年）
新基本法コメ労基法・労契法	西谷敏＝野田進＝和田肇編『新基本法コンメンタール労働基準法・労働契約法』（日本評論社、2012年）
新基本法コメ労組法	西谷敏＝道幸哲也＝中窪裕也編『新基本法コンメンタール労働組合法』（日本評論社、2011年）
寺本・労基法	寺本廣作『労働基準法解説』（時事通信社、1948年）『日本立法資料全集別巻46』（信山社復刊、1998年）
東大・注釈時間法	東京大学労働法研究会『注釈労働時間法』（有斐閣、1990年）
東大・注釈労基法(上)(下)	東京大学労働基準法研究会編『注釈労働基準法(上)(下)』（有斐閣、2003年）
東大・注釈労組法(上)(下)	東京大学労働法研究会『注釈労働組合法(上)(下)』（有斐閣、1980年、1982年）
廣政・労基法	廣政順一『労働基準法──制定過程とその展開』（日本労務研究会、1979年）
労基局・平成22年労基法(上)(下)	厚生労働省労働基準局編『平成22年版労働基準法(上)(下)』（労務行政研究所、2011年）

講座・記念論集・その他

労働法講座(1)～(7)	日本労働法学会編『労働法講座第1巻～第7巻』（有斐閣、1956年～1959年） 　(1)総論、(2)団結権及び不当労働行為、(3)労働争議、(4)労働協約、(5)労働基準法、(6)労働法特殊問題、(7上)外国労働法第1、(7下)外国労働法第2
労働法大系(1)～(5)	石井照久＝有泉亨編『労働法大系第1巻～第5巻』（有斐閣、1963年） 　(1)労働組合、(2)団体交渉・労働協約、(3)争議行為、(4)不当労働行為、(5)労働契約・就業規則
新労働法講座(1)～(8)	日本労働法学会編『新労働法講座第1巻～第8巻』（有斐閣、1966年～1967年） 　(1)労働法の基礎理論、(2)労働組合、(3)団体交渉、(4)労働争議、(5)労働協約、(6)不当労働行為、(7)労働保護法第1、(8)労働保護法第2
現代労働法講座(1)～(15)	日本労働法学会編『現代労働法講座第1巻～第15巻』（総合労働研究所、1980年～1985年） 　(1)労働法の基礎理論、(2)労働組合、(3)組合活動、(4)団体交渉、(5)労働争議、(6)労働協約、(7)不当労働行為1、(8)不当労働行為2、(9)労働保護法論、(10)労働契約・就業規則、(11)賃金・労働時間、(12)労働災害・安全衛生、(13)雇用保障、(14)労働争訟、(15)官公労働法
講座21世紀の労働法(1)～(8)	日本労働法学会編『講座21世紀の労働法第1巻～第8巻』（有斐閣、2000年） 　(1)21世紀労働法の展望、(2)労働市場の機構とルール、(3)労働条件の決定と変更、(4)労働契約、(5)賃金と労働時間、(6)労働者の人格と平等、(7)健康・安全と家庭生活、(8)利益代表システムと団結権
石井追悼	石井照久先生追悼論集『労働法の諸問題』（勁草書房、1974年）
沼田還暦(上)(下)	沼田稲次郎先生還暦記念(上)『現代法と労働法の課題』、(下)『労働法の基本問題』（総合労働研究所、1974年）
久保還暦	久保敬治教授還暦記念論文集『労働組合法の理論課題』（世界思想社、1980年）
片岡還暦	片岡曻先生還暦記念『労働法学の理論と課題』（有斐閣、1988年）

外尾古稀	外尾健一先生古稀記念『労働保護法の研究』（有斐閣、1994年）
下井古稀	下井隆史先生古稀記念『新時代の労働契約法理論』（信山社、2003年）
中嶋還暦	中嶋士元也先生還暦記念論集『労働関係法の現代的展開』（信山社、2004年）
山口古稀	山口浩一郎先生古稀記念論集『友愛と法』（信山社、2008年）
角田古稀(上)(下)	山田省三＝石井保雄編『労働者人格権の研究（角田邦重先生古稀記念）(上)(下)』（信山社、2011年）
渡辺古稀	菅野和夫＝中嶋士元也＝野川忍＝山川隆一編『労働法が目指すべきもの（渡辺章先生古稀記念）』（信山社、2011年）
菅野古稀	荒木尚志＝岩村正彦＝山川隆一編『労働法学の展望（菅野和夫先生古稀記念論集）』（有斐閣、2013年）
西谷古稀(上)(下)	根本到＝奥田香子＝緒方桂子＝米津孝司編『労働法と現代法の理論（西谷敏先生古稀記念論集）(上)(下)』（日本評論社、2013年）
毛塚古稀	山田省三＝青野覚＝鎌田耕一＝浜村彰＝石井保雄編『労働法理論変革への模索（毛塚勝利先生古稀記念）』（信山社、2015年）
文献研究労働法学	労働法文献研究会編『文献研究労働法学』（総合労働研究所、1978年）
戦後労働法学説史	籾井常喜編著『戦後労働法学説史』（旬報社、1999年）
労働法の争点（新）	土田道夫＝山川隆一編『労働法の争点』（有斐閣、2014年）
労働法の争点〔第3版〕	角田邦重＝毛塚勝利＝浅倉むつ子編『労働法の争点〔第3版〕』（有斐閣、2004年）、〔新版〕（1990年）、〔第1版〕（1979年）

判例評釈

労働判例百選〔第8版〕	別冊ジュリスト『労働判例百選〔第8版〕』（有斐閣、2009年）同〔第9版〕（2016年）、〔第7版〕（2002年）、〔第6版〕（1995年）、〔第5版〕（1989年）、〔第4版〕（1981年）、〔第3版〕（1974年）、〔新版〕（1967年）、〔初版〕（1962年）社会保障判例百選〔第5版〕（2016年）、〔第4版〕（2008年）憲法判例百選ⅠⅡ〔第6版〕（2013年）教育判例百選〔第3版〕（1992年）
労働法の判例〔第2版〕	ジュリスト増刊『労働法の判例〔第2版〕』（有斐閣、1978年）
重判平成＊年度	ジュリスト臨増『重要判例解説』（有斐閣）
最高裁判所判例解説	『最高裁判所判例解説』（法曹会）
重要判例を読むⅠⅡ	唐津博＝和田肇＝矢野昌浩編『新版 労働法重要判例を読むⅠⅡ』（日本評論社、2013年）

判例集

民集	最高裁判所民事判例集
刑集	最高裁判所刑事判例集
行集	行政事件裁判例集
労民	労働関係民事事件裁判集
高民集	高等裁判所民事判例集
高刑集	高等裁判所刑事判例集
訟月	訟務月報
判時	判例時報
判タ	判例タイムズ
労判	労働判例
労旬	労働法律旬報
労経速	労働経済判例速報

総論

労働者の人権保障
—— 人格権、雇用平等、家族責任に関する法理の新たな展開

和　田　　肇

はじめに

「人格権、雇用平等、家族（的）責任あるいはワーク・ライフ・バランス」という法的価値は、今日ではいずれも憲法に淵源するものとして承認されている。すなわち、人格権やプライバシー権は憲法13条の個人の尊厳や幸福追求権の一内容を、雇用平等は同法14条の一内容を、家族責任は同法24条1項の一内容を、ワーク・ライフ・バランス（WLB）は憲法13条や同25条の一内容をそれぞれ成すものと考えられる。

こうした法的価値をめぐっては、一方では多くの判例法理が形成され、他方では立法が整備されてきた。しかし、判例法理の中には、古い革袋となり、こうした法的価値の発展の阻害要因となっているものがある。また、多くの立法には、それを実現、発展させるのにまだ多くの限界が含まれている。本稿では、判例法理や立法の到達点とその限界を明らかにし、今後の課題を示したい。

I　人格権・プライバシー・個人情報の保護

1　人格権
(1)　人格権とは、「各人の人格に本質的な生命、身体、健康、精神、自由、氏名、肖像および生活等に関する利益の総体」をいい、私法上の権利として古

くから認められてきたが、今日では憲法学においても承認されている。この人格権の一内容として、プライバシー権や肖像権などがある。また、プライバシー権には、個人の私的領域に他者を無断で立ち入らせない自由権的で消極的な側面と、自己に関する情報を管理・コントロールするという積極的な側面（情報プライバシー権）がある。さらに、人格権として、私生活上の自由であるプロダクティブ・ヘルス／ライツ、服装等の自由、医療選択の自由など、私的事項に関する自己決定権（人格的自律権）が認められるようになっている。

このような人格権は、労働関係においても最大限に尊重されなければならない。たとえば最高裁は、労働者が職場で自由な人間関係を形成する自由があり、使用者による特定の思想への非難、当該労働者への継続的な監視や孤立化策、尾行やロッカーの無断開閉等が、この自由を侵害するとともに、プライバシーや人格的利益の侵害行為であることを明らかにしている。労働者に使用が許されているメールについて、その利用状況を監視する立場にない者の監視や、監視について職務上の合理的必要性がない場合、あるいは管理部署に秘匿のまま恣意にもとづく手段・方法により監視した場合にも、プライバシーの侵害に当たるとされる。

さらに、髪型、頭髪の色、ひげ、服装など私的な事柄は、労働者の自己決定の領域であり、使用者に業務遂行上の必要性や合理性がない限り、これを制限することは許されない。医療行為を受けるか、どこで受けるかについても、一般的には労働者の自由であり、使用者は合理的な理由がない限り、業務命令で

---

1) 五十嵐清『人格権論』7頁以下（一粒社、1989年）、同『人格権法概説』9頁以下（有斐閣、2003年）等を参照。
2) 芦部信喜（高橋和之補訂）『憲法〔第六版〕』124頁（岩波書店、2015年）。
3) 芦部・前掲注2）122頁以下。
4) 佐藤幸司『憲法〔第3版〕』459頁以下（青林書院、1999年）。
5) この問題を体系的に論じた文献として、道幸哲也『職場における自立とプライヴァシー』（日本評論社、1995年）、角田邦重『労働者人格権の法理』（中央大学出版部、2014年）。
6) 関西電力事件・最三判平7・9・5労判680号28頁。かつて最高裁は、企業による従業員の思想、信条に関する情報収集等の行為を必ずしも違法とはしていなかった（東京電力塩山営業所事件・最二判昭63・2・5労判512号12頁を参照）。
7) F社Z事業部事件・東京地判平13・12・3労判826号76頁。
8) イースタン・エアポートモータース事件・東京地判昭55・12・15労判354号46頁、東谷山家事件・福岡地小倉支判平9・12・25労判732号53頁等。

これを制限することはできない[9]。

(2) 人格権は、民法の不法行為法の領域で発展してきた概念であり、損害賠償、謝罪広告あるいは差止請求との関係で意味を持っている。労働法においては、違法な業務命令を無効とするケースもあるが、効果の面では民法上のそれとほぼ同じであり、その限りで労働法固有の人格権概念を構想することに消極的な意見もある[10]。しかし、権力関係・使用従属関係である労働関係においては労働者の人格権侵害が起きやすく、それ故に労働法にとっては、本来的に保護・確保されるべき労働者の自由や利益を確認し、その保護法理を打ち立てることが重要となる。その意味では人格権は平等権と類似していると言える。

2 個人情報の収集

(1) 情報プライバシー権については、労働関係において特殊な状況が見られる。

かつて最高裁大法廷判決は、採用の自由との関係で次のように論じた[11]。使用者は、憲法22条および29条により財産権や営業の自由を保障されており、その一環として契約締結の自由を有しており、「法律その他による特別の制限」がない限り、採用の自由を有している。使用者には採用の自由があり、労働者の思想・信条を理由に雇い入れを拒んでも違法とはなしえない以上、労働者の採否の決定に当たりその思想・身上を調査し、これに関連する事項の申告を求めることも許される。つまり、使用者は、法律等の制限がない限り、労働者の思想・信条に関係することも、またその他の私的事項も、自由に調査・収集できることを、最高裁判決は許容している。

(2) その後、労働者の情報プライバシーの収集には、法令等により一定の制限が課されるようになってきている。すなわち、1995年に旧労働省が出した「職場におけるエイズ問題に関するガイドライン」では、事業主に、センシティブ情報であるHIV検査を行わないことを要請している。

---

9) 電電公社帯広局事件・最一判昭61・3・13労判470号6頁（同判決は、制限の合理性を認めている）。
10) 島田陽一「企業における労働者の人格権」講座21世紀の労働法(6)15頁以下。
11) 三菱樹脂事件・最大判昭48・12・12民集27巻11号1536頁。

また、1999年に出された職業安定法に関する旧労働省の指針（労告141号）のうち「法第五条の四に関する事項（求職者等の個人情報の取扱い）」では、労働者の募集を行う者（使用者も含む）は、「特別な職業上の必要性が存在することその他業務の目的の達成に必要不可欠であって、収集目的を示して本人から収集する場合」を除いて、「人種、民族、社会的身分、門地、本籍、出生地その他社会的差別の原因となるおそれのある事項」、「思想及び信条」、「労働組合への加入状況」といった「個人情報を収集してはならない」とされている。同様の指針は、2000年にも「労働者の個人情報保護に関する行動指針」として出されている。[12]

　2003年には個人情報保護法が制定される。ここでは、個人情報収集事業者である使用者は、雇用管理に関する労働者の個人情報の処理に当たり、利用目的をできるだけ特定すること（同法15条）、それを本人に通知し、または公表すること（同法18条）、事前の同意なく利用目的を超えて取り扱わないこと（同法16条1項）、不正な手段で個人情報を取得しないこと（同法17条）が求められている。なお、以上の規定を裏返せば、使用者は、利用目的を通知・公表すれば広範な個人情報の収集が可能である。

　裁判例でも、採用時におけるHIV検査について、人権保護の観点から、「客観的かつ合理性が認められ」かつ「本人の承諾がある場合」に限り、違法性が阻却されると解されている。[13]同法理は、同じくセンシティブ情報であるB型肝炎ウイルスについても認められている。[14]

　(3)　以上の状況はどのように理解したらよいのか。最高裁判例によれば、個人情報保護法の限りでは、使用者の質問権にも制限が課される。つまり、使用者は事前に利用目的を明らかにするか通知しなければならないが、その限りで

---

12) これらに先んじて1997年に策定されたILOの「労働者の個人情報保護に関する行動準則」（Code of practice on the protection of worker's data）では、使用者は「労働者の性生活」、「政治的・宗教的その他の信条」、「刑罰上の有罪判決」、「労働組織の構成員であることもしくは組合活動に関する情報」、「医療情報」の収集が原則として禁止されている（道幸哲也「労働者の個人情報に関するILOの行動準則について」世界の労働47巻7号24頁以下（1997年）を参照）。

13) 東京都（警察学校・警察病院）事件・東京地判平15・5・28労判852号11頁、T工業事件・千葉地判平12・6・12労判785号10頁。

14) B金庫事件・東京地判平15・6・20労判854号5頁。

の制限である。ところが、センシティブ情報に関する裁判例では、客観的かつ合理的な理由があり、かつ労働者の同意を得なければこうした情報を収集できないとされる。この制限には制定法の根拠があるわけではなく、その実質的な根拠は、人権保護の観点に求められている。最高裁判例は、基本権保障の私人間適用を否定したところから出発していたはずであるので、両者には矛盾が生じる。

　三菱樹脂事件最高裁判決については、「企業経営に関する高度の判断力や指導力を必要とされるという点で、世界観が職業的関連性を有していた幹部要員の採用事案における判旨と理解すべきである」との見解がある[15]。同事案は確かに幹部候補者に関するものであったが、最高裁判決の判示は、あくまでも憲法解釈の一般論を展開した部分で述べられている。厚労省のいくつかの指針やILO行動準則も、労働者の将来的な地位によって区別を設けてはいない。

　同最高裁判決に対しては、当初から人権保護の観点から、使用者の調査の自由は労働者の職業能力や適格性を判断するに必要な限りで許されるにすぎない、との批判が出されていた[16]。センシティブ情報に関する裁判例の見解は、こうした批判的見解に依拠したものと理解すべきである。人権（人格権）保護の観点からは、保護の対象は何もセンシティブ情報に限定されるわけではなく、広く個人情報やプライバシーに及ぶ。したがって、最高裁判例は修正を余儀なくされている[17]。

3　ハラスメント

　人格権との関係で、とりわけ1990年代以降に大きな問題として登場してきたのが、いじめ、嫌がらせ、あるいは多様なハラスメントである。ハラスメントについて明確な定義が存在するわけではないが、ここでは職場でのいじめ、嫌がらせ等の労働者の人格権を侵害する行為を指す包括的な概念として用いてお

---

15) 菅野・労働法218頁以下。
16) 山口浩一郎「採用の自由と思想・信条の調査」色川幸太郎＝石川吉右衛門編『最高裁労働判例批評(2)民事篇』359頁（有斐閣、1976年）、芦部信喜『憲法学Ⅱ人権総論』306頁以下（有斐閣、1994年）。三菱樹脂事件・東京高判昭43・6・12労民集19巻3号791頁も参照。
17) 和田肇『人権保障と労働法』3頁以下、32頁以下（日本評論社、2008年）。

く。古くはセクシュアル・ハラスメントが裁判例に多く登場し、均等法にそれに関する規定（現行11条）が導入された。その後、使用者が有する業務命令や人事等に関する権限の濫用的な行使であるパワー・ハラスメント[18]、精神的な暴力や嫌がらせを指すモラル・ハラスメント、妊娠や出産等をめぐるマタニティ・ハラスメント[19]やパタニティ・ハラスメント等、多様な場面でハラスメント概念が用いられている[20]。

　こうした状況で、これら概念の定義、相互関係、あるいは制定法との関係などを明らかにしなければならない。パワー・ハラスメントについて、厚労省は、「同じ職場で働く者に対して、職務上の地位や人間関係などの職場内の優位性を背景に、業務の適切な範囲を超えて、精神的・身体的苦痛を与える又は職場環境を悪化させる行為」と定義している[21]。これは人格権侵害行為ともなり得る[22]。

　いずれにしても、多様な概念が登場するほど、今日の雇用現場はハラスメントで満ちあふれているということもできよう。重要な課題は、そうした職場環境や人間関係を如何にしたら改善できるのかにある。理論的には、損害賠償請求の前提について、健康や安全に関して発展してきた安全配慮義務とパラレルに職場環境配慮義務が、あるいは不法行為法上の注意義務の拡張がなされてきた。しかし、さらに踏み込んで、ハラスメントを未然に防止したり、深刻になることを避けるための法理、すなわち健康配慮義務の履行確保を労働者は使用者に対して求めることができるのか、についての検討が必要になっている[23]。

---

18) この言葉は、岡田康子に依る（たとえば同『許すな！パワーハラスメント』（飛鳥新社、2003年））。なお、この用語法が、ハラスメントの抱える構造的問題（企業風土や経営問題であるという側面）や使用者責任の明確化を妨げているとして、ヨーロッパで用いられる「ワークハラスメント」概念を用いるべきであると主張するものとして、大和田敢太「ワークハラスメント（WH）の法的規制」西谷古稀(上)415頁以下。
19) この言葉は、杉浦浩美に依る（同『働く女性とマタニティ・ハラスメント』（大月書店、2009年））。
20) 和田肇「雇用におけるハラスメントの法的問題」労働法律旬報1858号31頁以下（2016年）も参照。
21) 厚生労働省「職場のパワーハラスメントの予防・解決に向けた提言」（2012年3月15日）。これを援用している裁判例として、暁産業事件・名古屋高金沢支判平27・9・16LEX/DB。
22) ザ・ウィンザー・ホテルズインターナショナル事件・東京地判平24・3・9労判1050号68頁等。
23) 安全配慮義務についてかねてから論点となっていた問題である（鎌田耕一「安全配慮義務の履行請求」『労働保護法の再生（水野勝先生古稀記念論集）』359頁以下（信山社、2005年）等）。

4　企業と労働者の新たな関係

　戦後日本の企業社会は、労基法の労働憲章の規定に支えられ封建遺制を排除しながらも、古い共同体も残存させ、労働者に過度の企業忠誠心を求めた。三菱樹脂事件最高裁判決のベースになったと思われる我妻意見書では、「資本主義経済社会においては、企業もまた、社員、従業員の思想・信条に統一を求め、その能率を高めて経済的競争場裡に活動する自由を保有すべき」であるという[24]。また宮沢意見書では、「企業が、自由主義体制を否定し、その変革を主張する政治的意見をもって、その企業における管理職に要求される資格に反すると判断」し、「そうした判断にもとづいて解雇、採用の取消又は差別的取扱をすることは自由であ」るという[25]。つまり、ここでは精神的・思想的統一体としての企業の観念が前提とされている。

　最高裁が前提とする企業観・雇用社会観は、その後大きく変化している。たとえば富士重工業事件最高裁判決[26]は、「労働者は、労働契約を締結して企業に雇用されることによって、企業に対し、労務提供義務を負うとともに、これに付随して、企業秩序遵守義務その他の義務を負うが、企業の一般的な支配に服するものということはできない」という。この判示は、企業と労働者の関係を問い直すのに常に念頭に置いておかなければならない言説である。

　内部告発の判例法理[27]や2004年の公益通報者保護法の制定[28]は、伝統的な企業社会とそこでの労働関係のあり方に問題提起をしている。伝統的な観念では、内部告発は懲戒事由たる「会社の対面を汚す行為」、あるいは使用者に対する誠実義務に反する行為で、それを行う者は一種の「反逆者」と見なされてきた。しかし今や、企業のコンプライアンスや社会的責任（CSR）は、まさにこうした反逆者によって維持されている。三菱樹脂事件最高裁判決から考えると、パ

---

24) 我妻栄「三菱樹脂事件意見書」労働判例189号28頁（1974年）。
25) 宮沢俊義「三菱樹脂事件意見書」労働判例189号31頁（1974年）。宮沢は、このことを傾向経営（Tendenzbetrieb）の問題として論じ、それが一般企業においても適用されるとしている（同「三菱樹脂事件について」ジュリスト553号42頁以下（1974年））。
26) 最三判昭52・12・13民集31巻7号1037頁。
27) 宮崎信用金庫事件・福岡高宮崎支判平14・7・2労判833号48頁、大阪いずみ市民生協事件・大阪地堺支判平15・6・18労判855号22頁等。
28) 角田邦重＝小西啓文編『内部告発と公益通報者保護法』（法律文化社、2008年）を参照。

ラドックスでもある。

　今日では、構成員の多様性と徹底した内部民主主義の確保・維持がCSRやコーポレート・ガバナンスを支える、という企業観が支配的である。三菱樹脂事件当時から憲法自体は何も変わっていないし、当時でも民主主義的な企業観を主張していた学者は多々いた。とすると、法学者に求められるのは時代透視能力だと言えそうである。

II　男女雇用平等

1　雇用機会均等法の性格

　1979年に国連で「女子に対するあらゆる形態の差別の撤廃に関する条約」が採択されたのを受けて、1985年に勤労婦人福祉法の改正という形で雇用機会均等法（均等法）が制定され、日本もようやく雇用平等法の本格的な展開の入口に到達した。その後、1997年改正および2006年改正を経て、今日に至っている。この間に、多くの規定が単に努力義務を定めるにすぎなかった状況から、雇用のすべてのステージでの差別禁止、均等処遇規定へ、そして女性の差別禁止法から性差別禁止法へと性格も変化させてきた。また、セクシュアル・ハラスメントの規定、間接差別の規定、ポジティブ・アクションの規定等が導入されている。

　均等法は、憲法14条の人権保障を雇用の場において具体化することを目的としており、その意味で人権保護法である。また同法は、職場での雇用平等を実現するための雇用政策立法でもあり、そのための諸方策を組み込んでいる。したがって、同法の評価については、規範論の面だけでなく、雇用政策の効果の面からも検証が必要になる。

2　均等法の成果

　いくつかの指標を見ておこう。

　(a)　女性の労働力率のM字型カーブは、谷の部分が年々浅くなってきている（1975年にはピークが68.7％、谷が42.6％であったのが、2012年にはそれぞれ77.6％、67.7％になっている。内閣府「男女共同参画白書平成25年版」）。女性の職場進出が進

み、結婚、妊娠、出産による離職が減少しているが、他方で、M字カーブは未だ解消されてはいない。

(b)　妊娠前に就業者であった女性のうち6割強が出産後に無職となっている。この割合にはほぼ変化がない（同書）。ただし、就業継続者の中での育休利用者は20年強の間に約3倍となっているから（同書）、この面での政策や制度の充実は効果を現している。

なお、日本では、育児や家事全般への男性の参加時間が極端に短く、逆にその分女性に負担がのし掛かっている（同書）。その裏返しとして、非農林業での週平均労働時間は、2014年で、男性が43.9時間であるのに対して女性は32.9時間である（総務省「平成26年労働力調査年報」）。

(c)　女性の職場進出は、かなり進展しているが、それは主として非正規雇用の増加によって行われている。1990年には、非正規雇用の割合が全体で20.0％、女性では37.9％であったが、2015年にはそれぞれ37.5％、56.3％になっている（総務省「労働力調査」）。

(d)　一般労働者（常用労働者から短時間労働者を除いた者）で比較したときに、男性の平均賃金水準を100とした場合の女性の賃金は、均等法制定時には60以下であったが、2013年には71強になっており、格差は縮小している。しかし、他の先進諸国と比べるとその差は依然として大きい。この格差の原因は、主として平均勤続年数と管理職比率の差による（厚生労働省「男女間の賃金格差解消のためのガイドライン」）。

以上の実態は、均等法が一定の成果を上げてきていることを示していると同時に、多くの点でまだ十分でないことも表している。2015年に制定された女性活躍推進法[29]では、採用、勤続年数、労働時間、女性管理職割合等に関心を示しているが、そのことはこれら分野での女性の雇用改善が進展していないことを意味する。同法で実施しようとしている施策・手法は、次世代育成対策支援法のときと同様に、事業主行動計画等を作成させ、その情報を公開させること、また認定制度を設けることである。したがって、こうした手法がどのくらい効

---

29) 同法については、相澤美智子「女性の職業生活における活躍の推進に関する法律」法学教室425号62頁以下（2016年）を参照。

果を発揮するか、あるいはコスト・パフォーマンスの視点から検証が可能であるし、それをすべきでもある。

しかし、翻って考えてみるに、そもそも性差別禁止法としての均等法が存在しながら、何故「女性」についてだけ活躍推進が求められるのであろうか。むしろ必要なのは、職場における男女均等の実現を妨げている男性中心社会あるいは意識の改革を求める法なのではないだろうか。それは女性中心アプローチあるいはジェンダーアプローチ[30]と同じ発想である。根本的な発想の転換がないと、雇用平等の実現は画餅に帰することを認識すべきであろう。

3　平等と保護

均等法自体に何か不十分な点があれば（たとえば間接差別の対象の狭さ）、それ自体が法改正の課題となる。ところが、男女雇用平等の実現には、労働法のみならず、保育園政策、社会福祉としての家族手当の支給等、総合的な対策が不可欠である。労働法の領域でも、WLBを目指した労働時間規制、男女共同の家族責任を目指した育児介護休業法の充実、休業中の所得保障の充実等が必要である。

ここでは労働時間規制の点にだけ言及しておきたい。その圧倒的な部分を男性が占める一般労働者の長時間労働が、女性の職場進出を阻害するもっとも大きな要因であることは、つとに指摘されていた。1985年の均等法制定当時から、母性保護を除いた労基法の女性（女子）の保護規定、特に労働時間に関する保護規定の廃止をめぐって議論がなされてきた[31]。その後1997年均等法改正の時にも同様の議論が起こり、結局女性の自主的な選択という形を取り[32]（実質は保護抜き平等を強力に主張した男性に押されて）、労基法の労働時間に関する女子の保

---

30) 浅倉むつ子「労働法の再検討——女性中心アプローチ」大沢真理編『承認と包摂』45頁以下（岩波書店、2011年）を参照。いま女性活躍推進法が必要とされているということは、均等法を女性差別禁止法から性差別禁止法にしたことが誤りであったか、あるいは時期尚早であったことを意味するのかもしれない。
31) 均等法制定時の議論については、大脇雅子「保護と平等」労働法学会誌65号81頁以下（1985年）が詳細な検討を加えている。大脇自身は、基本的に保護削減論に消極的な立場であるが、女性が現実に男性と平等に働ける現実的な対応策を提案する。
32) 浅倉むつ子「労働法にジェンダー視点の導入を」労働法律旬報1401号8頁（1997年）、同『労働とジェンダーの法律学』115頁以下、122頁以下、134頁以下（有斐閣、2000年）等を参照。

護規定は撤廃された[33]。

　なお、これら女性の保護規定に代えて、育介法において、現在では3歳未満の子を養育する労働者について、所定外労働の制限（同法16条の8）や所定労働時間の短縮措置等（同法23条）が、小学校就学前の子を養育する労働者について、時間外労働の制限（同法17条）、深夜業の制限（同法19条）あるいは始業時刻変更の措置等（同法24条）を講ずることが使用者に求められる。しかし、これらは、「事業の正常な運営を妨げる場合」には求められないため、従来存在していた女性（女子）の保護規定とは性格が異なる。

　以上の結果、一部の女性の職場進出にはつながったが、全体として見ると、多くの女性は非正規雇用を選択せざるを得なかった。そこでいま、「限定正社員制度」といった摩訶不思議な制度が提案されているが、この制度を利用するのは多くは女性であると推測されるから、これが雇用平等の特効薬になるとはとても考えられない[34]。男性中心主義的に均等法を考え、家族責任やWLBの視点を欠いていた平等論は、明らかに誤りであった[35]。

　このように、均等法の効果を考える際には、均等法のみを単体で検討するのでは十分ではない。また、「保護か平等か」という問題設定自体を考え直し[36]、そしてソフト・ローをめぐる議論にみられるように、法の機能を検討し直す必要もある[37]。

---

33) 1997年法改正当時の私見については、和田肇「労働時間に関する女子保護規定」季刊労働法183号37頁以下（1997年）を参照。また、この問題については、和田・前掲注17)74頁以下、88頁以下で詳しく論じている。
34) 和田肇『労働法の復権』70頁以下（日本評論社、2016年）も参照。
35) 横田耕一「平等論から人権論へ」『講座ジェンダーと法(1)』225頁（日本加除出版、2012年）は、「平等論の陥穽」と表現する。浅倉むつ子「労働法におけるワーク・ライフ・バランスの位置づけ」日本労働研究雑誌599号44頁以下（2010年）は、同様の問題意識から従来の自説への反省を述べる。
36) この論点との関係では、ポジティブ・アクションの効果（川口章「ポジティブ・アクションは有効に機能しているか」日本労働研究雑誌573号24頁以下（2008年）参照）とともに憲法論の検討（辻村みよ子「雇用・社会保障とジェンダー平等」嵩さやか＝田中重人編『雇用・社会保障とジェンダー』93頁以下（東北大学出版会、2007年）等）が必要である。
37) この概念については、荒木尚志「労働立法における努力義務規定の機能——日本型ソフトロー・アプローチ」中嶋還暦19頁以下を、その批判的な検討として、和田・前掲注34)196頁以下を参照。なお、非正規雇用の均等待遇に関する最近の立法を語るときに、荒木はソフトローに言及していない（荒木尚志「労働者像の変化と法政策のあり方——法学の立場から」野川忍＝山川隆一＝荒木尚志＝渡邊絹子『変貌する雇用・就労モデルと労働法の課題』33頁以下（商事法務、2015年））。

III 雇用平等の拡がり

1 憲法14条1項

　憲法14条で掲げる差別禁止事由は、例示列挙であり、規範意識の変化に対応して対象が広がり得る[38]。

　比較法的に見ても、たとえばアメリカでは、年齢（雇用における年齢差別禁止法）、障害（障害を持つアメリカ人法）、遺伝子情報（遺伝子情報差別禁止法）等にも拡大している[39]。また、EU法の影響を受けてドイツ法では、2006年に制定された一般平等取扱法において、法の下の平等を定めたボン基本法3条3項の差別禁止事由を超えて、年齢、障害、性的指向も差別禁止事由として掲げている（1条）。2000年に制定されたパートタイム・有期労働契約法では、雇用形態が差別禁止事由とされている（同法4条）。

　日本でも同様の拡がりを見せている。すなわち、2007年の雇用対策法10条の改正により、募集・採用時の年齢制限を禁止し、均等な機会付与を使用者に義務づけている（ただし、雇用対策法施行規則1条の3第1項では多くの例外が認められている）。

　雇用形態についても、雇用平等の考え方が、かなり限定的ではあるが、次第に導入されつつある。1993年にパートタイム労働法が制定され、3条に均衡処遇の努力義務規定が導入された。その後2007年に大きな改正があり、8条に差別禁止規定が、9条以下に均衡処遇の努力義務規定が導入された。2012年の労契法改正により20条に有期労働契約に関する不合理な差別禁止規定が導入された。また、これを受けて、2015年のパートタイム労働法改正が行われ、同様の規定が8条に置かれた（従来の8条は9条に移された）。これらは、いずれもソフトローに位置づけられるものであり、その射程はかなり限定されている。概してこの分野では、立法消極主義の影響が顕著である[40]。

---

38) 以下で述べる事例のほかに、性的指向やLGBT（レズビアン・ゲイ・バイセクシュアル・トランスジェンダー）による差別問題が顕在化している（「特集／問題提起・LGBTと労働法」季刊労働法251号（2015年）の各論考を参照）。
39) 中窪裕也『アメリカ労働法〔第2版〕』249頁以下（弘文堂、2010年）を参照。

障害者問題もまた、雇用平等法の影響を強く受けている[41]。すなわち、1960年に制定された当時は「身体障害者雇用促進法」であり、障害者雇用について法定雇用率を定めて雇用を促進するポジティブ・アクション方式を採用していた。この雇用率制度は現在でも変わらない。ただし、制定当初は民間事業主では努力義務とされていたにすぎなかったが、1976年改正で雇用率に基づく雇用の制度が義務化され、雇用納付金制度も導入された。1997年改正で知的障害者の雇用義務化がなされ、2005年改正で精神障害者の雇用対策が強化されている。この間、法の名称が「障害者雇用促進法」に変更され、また法定雇用率の引上げも行われてきた。障害者雇用が実際にも効果を上げてきたのは、法定雇用率未達成の事業主に対して是正計画書の作成を義務づけ、それでも未達成の事業主について氏名公表制度が設けられているからである（現行46条以下）。

この間2006年に国連の「障害者の権利に関する条約」が採択され、国内法の整備に取りかかった。そこで2013年に障害者差別解消法が制定されたが、ここでは障害者についての不当な差別が禁止され、また合理的な配慮の提供が求められている。これを受けて2013年に障害者雇用促進法が改正され、1条の目的に均等処遇が導入され、募集・採用から始まり雇用のすべてのステージでの均等取扱いや不当な差別を禁ずる規定が導入された（34条以下）。

このように障害者雇用については、一方では雇用率制度による雇用の促進という方式を、他方では差別禁止という方式を併存させている[42]。雇用率制度は積極的差別是正措置として差別禁止と矛盾しないと考えられているが、障害者の特別枠制度など一見障害者の優遇措置であっても、差別的要素が含まれることもあり得るし、雇用平等のために健常者と同等の能力が求められると、障害者雇用の場が狭まることも考えられる[43]。こうしたことを考慮した解釈や運用が必要となる[44]。

---

40) 菅野和夫＝諏訪康雄「パートタイム労働と均等待遇原則――その比較法的ノート」北村一郎編『現代ヨーロッパ法の展望』131頁以下（東大出版会、1998年）等。
41) 永野仁美＝長谷川珠子＝富永晃一『詳説障害者雇用促進法』3頁以下（弘文堂、2016年）を参照。
42) なお、差別禁止の対象は障害者雇用促進法2条1号に定める者であり（同法施行規則1条の4も参照）、雇用率制度の対象者はこれよりも若干狭くなっている（同法43条）。
43) 日本曹達事件・東京地判平18・4・25労判924号112頁（特別枠は嘱託契約社員であるため正社員と給与体系が異なる）参照。

2　人権保護法か雇用政策法か

ところで、差別の排除について、禁止規定としたり努力義務規定にしたり、また全体的な差別禁止規定にしたり不合理な差別禁止規定にしたり、多様な選択肢があるが、それらの違いはどこから生じるのか。このことを年齢差別や雇用形態の違いについてみてみたい。

たとえば年齢差別については、一方では、既存の雇用慣行や労働市場への影響を考えると、その差別には必ずしも不合理とはいえないものもあり、立法政策としては、性差別に関する雇用機会均等法のような人権保障を前面に出した年齢差別禁止法を制定するのではなく、雇用管理を個別に是正するような政策的アプローチをとるべきであるとされる[45]。これに対しては、政策目的を明確にしないまま年齢差別を部分的に排除していく立法政策に反対し、とりわけ募集を中心に年齢差別禁止法の制定の必要性が主張されることもある[46]。

雇用形態の違いについても同じ対立が見られる。差別禁止立法という形での国家法による介入に否定的な見解は、この処理をできるだけ労働市場の規制力、つまり契約の自由に任せようとする。これに対して立法介入を積極的に推進しようとする見解は、雇用形態の違いを憲法14条1項および労基法3条の「社会的身分」に類似したものと考え、不合理な差別を禁止することが法的正義に適うと考える[47]。

ニュアンスの違いを保留しながらも、あえて対比的に組み立てると、一方は差別禁止に対し何らかの対応策の必要性は認めながら、伝統的な雇用慣行との調和や労働市場の規制力を活かした方策を考えているのに対して、他方は人権保障としての性格を強調し、その相対化をできるだけ減殺しようと主張している。後者は差別禁止についての欧米型のアプローチ、前者は日本型のアプローチと言うこともできよう。

後者についてはアメリカの立法がつとに知られている。1964年の公民権法第

---

44) 長谷川珠子「障害者雇用の法政策」労働法の争点(新)35頁。
45) 桜庭涼子『年齢差別禁止の法理』309頁以下（信山社、2008年）。
46) 柳澤武『雇用における年齢差別の法理』282頁以下（成文堂、2006年）、同「年齢差別」森戸英幸＝水町勇一郎編著『差別禁止法の新展開』143頁以下（日本評論社、2008年）。
47) こうした論争については、和田・前掲注17)110頁以下、138頁以下を参照。

7編の制定から始まり、1967年の雇用における年齢差別禁止法の制定、1990年の障害を持つアメリカ人法の制定等へと展開していった。ここでは当初から一貫してハードローが採用されてきた。

後者のもう一つの例は、EU である。EU での差別禁止立法の動きは、1970年代の男女雇用平等指令から始まっていたが、1990年代になると、不合理な差別一般を排除しようとする動きが加速した。パートタイム労働者や有期雇用労働者の平等取扱い、人種・民族の平等取扱い、その他の雇用平等取扱いに関する指令が相次いで出され、その国内法化が求められた。ドイツではこれを受け、2000年にはパートタイム労働・有期雇用契約に関する法が制定され、そして2006年には「民族的背景、性別、宗教あるいは世界観、障害、年齢および性的指向」についての差別を禁止する一般平等取扱法が制定されている。雇用形態の違いとその他という差異はあるが、いずれも差別禁止規定を採用している。

非正規雇用対策については、概して雇用政策上の問題とされているが、そうしたアプローチが果たして妥当なのか、検討してみる必要がある。というのは、定年後の再雇用を除くと、非正規雇用の圧倒的な部分は女性によって占められており、その限りで性差別という人権問題としての性格を色濃く帯びていると考えられるからである。

むしろ重要なのは、雇用平等のターゲットをどこに絞るかである。たとえば労契法20条をめぐる紛争であるが、運転手の業務内容や勤続年数等に大きな差異が認められないにもかかわらず、正社員については業務上の必要性に応じて就業場所および業務内容の変更命令を甘受しなければならないし、出向も含め全国規模の広域異動の可能性があるなど、両者の職務内容や職務内容・配置の変更の範囲の異同等を考察すれば、通勤手当、無事故手当、作業手当、給食手

---

48) 中窪・前掲注39)195頁以下参照。
49) 川田知子「パートタイム労働の法制度 ドイツ」海外労働時報331号21頁以下（2002年）参照。
50) 山川和義「ドイツ一般平等取扱法の意義と問題点」日独労働法協会会報 8 号79頁以下（2007年）、山川和義・和田肇「ドイツにおける一般平等立法の意味」日本労働研究雑誌574号18頁以下（2008年）参照。
51) 労働政策研究・研修機構『雇用形態による均等待遇についての研究会報告書』（2011年 7 月）は、EU の差別禁止規定にも、両面的強行性を持つケースと片面的強行性を持つケースがあり、これを人権保障に関わる場合と労働政策上の要請に関わる場合とに対応させる。
52) 最近の文献として、緒方桂子「女性の労働と非正規労働法制」西谷古稀(上)457頁以下。

当を除いた諸手当（住宅手当、皆勤手当、家族手当）、一時金の支給、定期昇給ならびに退職金の支給に関する労働契約条件の相違は、不合理ではないとする裁判例がある[53]。こうした解釈では、勤務条件の差（その多くは人事処遇に関する差異）との有意性あるいは比例性を遙かに超えると考えられる賃金格差も、ごくわずかな救済しかなされないことになる。それでは、個人の尊厳に根ざした社会的正義・法的正義の実現にはほど遠い効果しかない。そうだとすると、どんなに同条を社会改革的規定と評しても、お題目に終わってしまいかねない[54]。

3 差別禁止規定の効果

雇用平等に関する法の差別禁止規定（均等法6条、9条、パートタイム労働法8条、労契法20条、障害者雇用促進法35条等）の違反については、解雇、配転、懲戒処分等の法律行為は無効になるし（労契法14条以下等）、契約は公序良俗違反として無効になるし（民法90条）、事実行為については不法行為（民法709条）を構成し得る。学説の多くは、障害者雇用促進法についてであるが、差別禁止規定や合理的配慮義務規定から、労働者の私法上（労働契約上）の請求権が導かれるものではないと解している[55]。その根拠としては、障害、差別あるいは合理的配慮の多様性と、法が行政機関による調整的手法を採用していることなどがあげられる[56]。

しかし、こうした行政主導型の差別救済システムには、個人の権利実現という観点から物足りなさがあることも指摘されている[57]。均等法でも同じ手法が用いられているが、現実に救済方法として限界があるのも事実である[58]。私法上の

---

53) ハマキョウレックス事件・大阪高判平28・7・26労判ジャーナル54号2頁。なお、一審判決（大津地彦根支判平27・9・16労判1135号59頁）は、通勤手当についてのみ請求を認容していた。
54) 菅野・労働法335頁。こう評するならば、同条のみならず、雇用機会均等法や障害者雇用促進法などにおける差別禁止規定のすべてが、多かれ少なかれ社会改革的規定といえるのではないだろうか。
55) 岩村正彦＝菊池馨実＝川島聡＝長谷川珠子「座談会・障害者権利条約の批准と国内法の新たな展開」論究ジュリスト8号23頁以下（2014年）での長谷川珠子発言、小畑史子「障害者雇用・就労の展望」村中孝史＝水島郁子＝高畠淳子＝稲森公嘉編『労働者像の多様化と労働法・社会保障法』205頁（有斐閣、2015年）、水町・労働法217頁以下等。
56) 菅野・労働法282頁以下。行政機関の調整的手法とは、紛争調整委員会における調停、必要な助言、指導、勧告などの措置（障害者雇用促進法36条の6、74条の6、74条の7）をいう。
57) 永野仁美「障害者雇用政策の動向と課題」日本労働研究雑誌646号11頁（2014年）。

請求権についていえば、請求内容（使用者の債務内容）の特定性如何の問題にすぎないとも言える。いずれにしても、差別禁止の有効な救済システムについては、立法論も含めて検討の余地がある。

Ⅳ　家族責任

1　家族責任というテーマ

　家族（的）責任は、広い意味では、夫婦の同居、協力と扶助の義務の履行（民法752条）、子どもの育児や看護、親や親族の介護、子どもの学校や地域での活動その他の社会的責任の履行をいう。ILOの「家族的責任を有する労働者の機会及び待遇に関する条約」（156号条約、1981年採択、1995年批准）では、家族的責任として主に「被扶養者である子に対する責任」を念頭に置いているが、それに限定されるわけではない。

　広い意味での家族責任は、仕事をしながら家族という私的な領域を尊重するコンセプトであり、WLBの一側面でもある。なお、WLBは、労働者の健康や文化的な価値を尊重する理念であり、家族を有さない労働者にも適用されるし、家族を有していても家族責任と相対的に独立させて考えることもできる法的価値である。

2　立法

　家族責任は、日本では1990年代以降に意識されるようになった新しいテーマである。

　1947年制定の労基法では、唯一67条に育児時間の規定が設けられたにすぎない。しかも、この権利主体は女性（制定当時は女子）だけである。

　他方で、女子についての時間外・休日労働を制限していた労基法62条や、深夜業を制限していた63条は、当時の国際条約に沿ったものであるが、家族責任[59]

---

[58] 2011年度の実績であるが、都道府県労働局への紛争解決援助申立ては610件、是正指導は約1万件、機会均等調停会議での調停受理は78件で、そのほとんどをセクシュアル・ハラスメントと婚姻・妊娠・出産等を理由とする不利益取扱い事案が占めている（内閣府「共同参画」2012年6月号）。

[59] 1934年改正の夜間に於ける婦人使用に関する条約（41号）等。

の側面ではなく、女子の健康保持という肉体的・生理的側面に着目して規定された[60]。しかし、現実には、男性稼ぎ主モデルの企業社会では、これらの規定の故に女性の家族責任の遂行が可能になった面も否定できない。これらの規定が縮減・廃止されて以降は、家族責任の履行のために、男性並みに働けない多くの女性は、労働時間が限定されているパートタイム労働の働き方を選択するしかなかった。

　ILO の考える家族責任の立法は、156号条約の採択から十数年遅れて1993年に育児休業法が制定されることによってようやく開始される。その後1999年改正で同法は育児介護休業法となり、2001年改正と2004年改正により、育児休業の対象が拡大され、子の看護休暇制度などが設けられた。こうした立法の特徴は、ILO 条約自体が求めていたように、男女を問わずに平等に家族責任を負えるようになっている点である。

　こうした家族責任の推進法が現実にどのような効果を及ぼしたのか。厚労省調査では、在職中に出産した女性のうち育児休業を所得した者の割合は、1996年度女性49.1％、男性0.12％（以下同じ）、2003年度で64.0％、0.33％、2009年度85.6％、1.72％、2012年度83.6％、1.89％、2013年度76.3％、2.03％である（厚生労働省「平成25年度雇用均等基本調査」）。女性については、育児休業法の制定や改正が好影響を与えているが、男性にとってはほとんど効果がないと言ってよい。しかも、育児休業の取得期間を見ると、2011年度の数値であるが、女性の場合は83％が6カ月以上なのに対し、男性の場合は83％が3カ月未満、5日未満が41％に達している（厚生労働省「平成24年度雇用機会均等基本調査・事業所調査」）。多くの男性の育児休業は、配偶者の出産前後の数日間の取得というのが実態である。

　なお、第1子出産後の女性の有職率を見ると、出産前の就業率は増加傾向にあるが、出産を契機に60％以上が無職になっており、この割合が増えている（厚生労働省「第1子出生別に見た、第1子出産前後の妻の就業変化」2012年12月4日）。したがって、家族責任という点から見ると、女性の職場進出を大きく阻む要因が依然として強く存在していることがわかる。

60）寺本・労基法291頁以下。

育児休業法の制定や改正にもかかわらず少子化の進行には歯止めがかからず、こうした状況に鑑み、2003年には次世代育成支援対策推進法が制定され、10年の時限立法であったのが、2014年に延長されている。同法3条では、育児休業制度が少子化の現状の中で次世代育成の有力な対策と位置づけられている。同法の施策の中心は、事業主に行動計画を策定させ、「くるみん」認定を行い、それを公表するというものであるが、大規模な事業の割には、育児休業の取得率が大きく向上したとはいえず、コスト・パフォーマンスが悪い仕組みである。

次世代育成や男女平等の家族責任の実現について、現行法が必ずしも有効に機能していないとしたら、何を改善すべきなのか（育児手当制度や保育施設の充実等、他の諸措置も含めて）、改めて本格的に検討すべきである。

3　判例法理の変遷

(1)　使用者に配転命令権や出向命令権があっても、当該人事異動に業務上の必要性がない場合、不当な動機による場合、あるいは労働者の被る生活上の不利益が労働者の通常甘受すべき程度を著しく超える場合には、この人事異動は権利の濫用として無効となる。この判例法理は、配転命令について形成されたものであるが[61]、出向命令についても妥当する[62]（労契法14条）。

不利益性の判断要素は、人事異動と労働者のWLBあるいは家族責任との調整を意味するが、かつての裁判例は、労働者の甘受すべき不利益の程度についてかなり高度なものを要求することによって、結果的に使用者側の利益を重視する判断を行っていた[63]。すなわち、7年強の別居を余儀なくされた配転命令も、

---

61) 東亜ペイント事件・最二判昭61・7・14労判477号6頁。
62) 出向命令については、さらに出向労働者の業務上の利益、労働条件についての配慮が加わる（新日鐵住金事件・最二判平15・4・18労判847号14頁参照）。
63) 労働者に通常甘受すべき程度を超えた不利益があるとされたのは、神経症で1年3ヵ月休職後に復帰し、まだ継続治療を要する労働者について、旭川から東京への転勤が命じられた事例（損害保険リサーチ事件・旭川地決平6・5・10労判675号72頁）、躁うつ病の疑いのある長女と脳炎の後遺症のある次女がおり、病身の両親を支えて農業を行わなければならない労働者について、帯広から札幌への転勤が命じられた事例（北海道コカ・コーラボトリング事件・札幌地決平9・7・23労判723号62頁）、非定型精神病を患っている妻がいる労働者と、要介護2の認定を受け在宅介護を必要とする母親がいる労働者について、姫路から霞ヶ浦への配転を命じた事例（ネスレジャパンホールディング事件・神戸地姫路支決平15・11・14判時1851号151頁）等においてのみである。

通常甘受すべき程度を超えた不利益ではないとされたし、単身赴任の不利益性の判断においては、当該労働者が女性であることは問題とならなかった。

多数の裁判例の中には、転勤命令に業務上の必要性があれば、家庭生活に配慮して当該労働者を転勤対象から外すことはかえって人事の公正さを欠くと言い、また、家庭生活を優先するという考え方が社会的に成熟していないとして、これを重視したいという労働者の自己決定を否定したり、あるいは、通勤距離が長くなる事業所への転勤に際しては、労働者の側で転居するなどして協力すべき義務があると述べるものもある。ここでも判例法理は、業務命令に関する使用者側の事情と労働者の家庭生活上の利益とを適切に調和させる判断枠組みを欠いている。

(2) ところで、2001年の育児介護休業法改正により、就業場所の変更を伴う人事異動につき育児や介護の状況に配慮すべきことを使用者に求める26条が導入された。それに伴い、同条の配慮が十分に行われていない場合に、配転命令によって受ける不利益が通常甘受すべき程度を著しく超えると判断した裁判例が登場している。

こうした裁判例の登場によって、東亜ペイント最高裁判決で示された、配転命令権の濫用の判断枠組みは、今日では大幅に修正を受けていると言わざるを得ない。今日の問題は、育介法26条を超えるような家族責任との調整の要請にどう応えるのか、という点に移っている。すなわち、法の予定した期間を超えた子の面倒や教育、その他の家庭事情により異動を希望しない（労契法3条3項も参照）労働者の自己決定を、人事異動の際にどのように考慮すべきかが、新たな課題となる。

---

64) NTT東日本事件・福島地郡山支判平14・11・7労判844号45頁。
65) チェース・マンハッタン銀行事件・大阪地判平3・4・12労判588号6頁、JR東日本（東北地方自動車部）事件・仙台地判平8・9・24労判705号69頁。通勤時間の増加も通常甘受すべき不利益とされる（日本電信電話事件・千葉地木更津支判平3・12・12労判599号14頁、東京高判平4・7・15労判613号28頁）。
66) 帝国臓器事件・東京高判平8・5・29労判694号29頁（最二判平9・9・17労判768号16頁）。
67) ケンウッド事件・東京地判平5・9・28労判635号11頁。同事件については、東京高判平7・9・28労判681号25頁、最三判平12・1・28労判774号7頁。
68) 明治図書事件・東京地決平14・12・27労判861号69頁、ネスレ日本事件・大阪高判平18・4・14労判915号60頁、NTT東日本事件・札幌高判平21・3・26労判982号44頁等。

就業規則の一般的な人事異動命令に関する規定を前提に、業務上の必要性があれば広範に人事異動命令の有効性を肯定する法理からの転換には、労働者の自己決定や意思を最大限に尊重し、使用者に事前の調整を求める理論が必要となる。後述の時間外労働にも言えることであるが、判例法理を前提にし、それに若干の手直しを施す理論では、どんなに家族責任やWLBを強調しても、その実現は困難である。

4　限定正社員制度について

配転法理や後述の時間外労働に関する判例法理などは、家族責任やWLBを犠牲にしながら働く猛烈型正社員を念頭に置いて形成されたものである。これに対する一つのアンチ・テーゼとして、勤務地や職種が限定された正社員（ジョブ型正社員）を制度化、ルール化しようという提案がなされている。

その提案理由として、①非正規雇用から正規雇用への転換が容易になること、②ファミリー・フレンドリーでWLBのとれた働き方が実現できること、③女性の積極的な雇用促進につながること、④正社員間の相互転換によるキャリア継続が可能になること、⑤外部市場へのオプションが広がることがあげられている。これらの理由には確かに合理的な面があるが、政策論に移した場合に話はそう単純ではなくなる。

WLBを尊重しようとする人たちは、これまでにも存在したが、会社への貢献度が低い社員と見なされ、処遇の面でもそうした扱いを受けており、いわば二級正社員扱いであった。場合によっては、懲戒解雇の脅威にさらされた。限定正社員制度は、これを制度化することになるのではないか。また、限定正社員制度には、結局は多くの女性がこの中に閉じ込められてしまうのではないか

---

69) 私はそうした法理として個別同意説を主張してきた（和田・前掲注17）166頁以下）。緒方桂子「労働契約の基本原則」西谷敏＝根本到編『労働契約と法』49頁以下（旬報社、2010年）も参照。

70) たとえば篠原信貴「家族責任を有する労働者の問題」村中孝史ほか編『労働者像の多様化と労働法・社会保障法』87頁以下、91頁以下、96頁以下（有斐閣、2015年）。

71) ジョブ型正社員制度は、濱口がかねてから主張していたものである（濱口桂一郎「『ジョブ型正社員』という可能性」神野直彦＝宮本太郎編『自壊社会からの脱却』114頁以下（岩波書店、2011年）等）。ここでの批判はそのまま濱口にも妥当する。また、これを具体化したものとして、2014年5月30日に規制改革会議に出されたワーキング・グループ報告書がある。

という危惧もある。それらは、正社員の二極化を意味し、ジョブ型正社員という美名の下で新たな身分状態が出現することになる。

　非正規雇用もこの中間型正社員に移行し、その結果、大きな処遇改善が行われるようになる可能性があるかもしれない。しかし、これまでの雇用実務を見ると、そうなる可能性は限りなく低いと考えざるを得ない。かくして現在以上に雇用管理による身分格差の固定化を招来することになるであろう。[72]

　こうしたことを考えると、限定正社員とは次のように特徴づけることができる。仮に職業生活の中で家庭生活や私的生活とのバランスへの配慮から地域限定型の正社員を選んだとしても（それは多くの場合に既婚女性であろうが）、その者は大きな賃金格差や容易な解雇の危険性を想定しておかなければならない。限定正社員制度には、未だ多くの検討課題が残されている。

V　ワーク・ライフ・バランス

1　WLB憲章

　2007年に「仕事と生活の調和（ワーク・ライフ・バランス）憲章」が制定されているが、そこでは「誰もがやりがいや充実感を感じながら働き、仕事上の責任を果たす一方で、子育て・介護の時間や、家庭、地域、自己啓発等にかかる個人の時間を持てる健康で豊かな生活ができるよう……仕事と生活の双方の調和の実現」をすることが宣言されている。

　この宣言を本気で実現しようとするならば、未批准であるいくつかの条約、すなわち1日の最長労働時間を定めている「商業及事務所に於ける労働時間の規律に関する条約」（30号）、最低年休日数、疾病休業を年休から除外すること、1回の年休の連続付与等を定める「年次有給休暇に関する条約」（132号）等の批准に向けた法改正が必要である。過労死や過労自殺が蔓延しているような企業社会は、WLBが欠けている社会である。その前提には正社員の長時間労働や年休未消化があるのであるから、まずもってこれを正す必要がある。[73]

　2014年の過労死等防止対策推進法の制定は、WLB実現への重要な一歩であ

72）中野麻美「雇用格差の核心に迫る改革が未来を決める」世界2013年5月号104頁以下。

るが、政府や厚労省が真剣に労働時間短縮対策に取り組んでいるとは考えられない。ここでは労働時間と休暇をめぐる判例法理について検討したい。

2 時間外労働・休日労働の拒否

日立製作所（武蔵工場）事件最高裁判決[74]によれば、三六協定が締結され、所轄労基署長に届け出られており、就業規則において三六協定の定める範囲内で使用者は労働者に時間外労働を命じることができる旨が定められている場合、三六協定は就業規則の一部となり、その規定内容は合理的であれば労働契約の内容となる。三六協定において時間外労働の時間が限定され、また、それを命じ得る事由が合理的であるか、あるいは網羅的であっても相当性が認められる場合には、この規定内容は合理的であるといえる。会社が行った時間外労働命令が、三六協定の内容にそった合理的なものである場合、事情いかんではこれを拒否した労働者に対し懲戒処分を行うことができるとされる。

上の最高裁判決は明示的には述べていないが、時間外労働命令を拒否することについて労働者に正当な事由があれば、この場合にまで時間外労働命令が拘束力を持つとするものではないであろう。とすると、判断枠組みとしては、時間外労働を命じる使用者側の必要性と、これを拒否する労働者側の事情が比較衡量されることになるが、前者が認められる場合には、後者の事情としては相当高度なものが要求される。

学説では判例法理に批判的な意見が強い[75]。判例法理のように、就業規則等の規定プラス三六協定の規定を根拠に使用者の時間外労働命令権を肯定し、労働

---

73) 年間総実労働時間は、全労働者平均ではこの20年間で約150時間減少しているが、一般労働者ではほぼ2,000時間強で推移している。全労働者平均での減少は、パートタイム労働者の増加によって説明できる。また、週労働時間が60時間を超える（月換算では過労死予備軍のラインである80時間以上時間外労働に従事する計算になる）労働者は、減少傾向にあるものの、なお9％いる（30代、40代の働き盛りでは2割弱）。さらに、年休の取得率は、2000年以降50％を割り込んだままである（厚生労働省資料「労働時間・年次有給休暇等について」http://www.mhlw.go.jp/file/05-Shingikai-12602000-Seisakutoukatsukan-Sanjikanshitsu_Roudouseisakutantou/0000036442.pdf）。
74) 最一判平3・11・28労判594号7頁。
75) 「日立製作所武蔵工場事件・最高裁判決を読む――労働法研究者アンケート①」労働法律旬報1282号38頁以下、「同②」労働法律旬報1283号19頁以下（ともに1992年）を参照。最近では、斎藤周「労働契約と家族生活」『講座ジェンダーと法(2)』65頁以下（日本加除出版、2012年）等。判例法理に賛成する意見として、菅野・労働法492頁。

者側によほどの合理的な理由がない限りその拒否を認めない見解と、その対極にある個別的同意説[76]はともに、理論的には可能である。多くの学説は、両説の亜種か中間説である。そうすると、WLB や労働者の健康管理といった重要な価値を如何に実現すべきか、その枠組みを模索することが課題となる。判例法理では、企業社会の実態を冷静に見れば、WLB の実現のみならず、労働者の健康管理も不可能であることだけは確かである[77]。

VI　ブラック企業・ブラックバイトの問題

　1947年に制定された労基法の眼目の一つが、雇用現場の封建的遺制を排除することにあった。労基法3条以下および16条以下の労働憲章の諸規定が一掃しようとする封建的遺制は、残念ながら今日でも完全に払拭されたわけではない。たとえば外国人研修生(2009年入管法改正前の制度)・技能実習生について、受入機関において旅券、預金、通帳等を強制的に管理していたことが違法と判断された事例がある[78]。ここには、外国人と単純労働者の差別問題が絡んでいる。

　また、今日的な現象としてブラック企業がある。厚労省は、この言葉こそ使ってはいないが、就職後3年以内に退職する者が多い企業や異常な時間外労働や過労死・過労自殺を起こしている企業など、若者を使い捨てにする企業を問題にしている[79]。ブラック企業という言説を生んだ社会運動でも、同様に若者を使い捨てにする企業、あるいは悪質な人権侵害や法律違反が横行している企業を指している[80]。この延長線上で問題とされたのが、学生の副業で顕著になって

---

76) 明治乳業事件・東京地判昭44・5・31労民集20巻3号477頁、山本吉人『労働時間制の法理』104頁以下（総合労働研究所、1970年）、和田・前掲注17)168頁以下。この説では、就業規則等の規定は、時間外労働があり得ることを示すだけにすぎない。
77) 労働時間の短縮が企業運営に寄与することを力説するものとして、小室淑恵『労働時間革命』（毎日新聞出版、2016年）。
78) スキールほか事件・熊本地判平22・1・29労判1002号34頁。裁判例については、小野寺信勝「外国人技能実習制度の制度設計と現在の状況」労働法律旬報1842号7頁以下（2015年）を参照。外国人研修制度の置かれていた実態については、外国人研修生権利ネットワーク編『外国人研修生・時給300円の労働者2』（明石書店、2009年）も参照。
79) 厚生労働省「若者の『使い捨て』が疑われる企業等の重点監督の実施状況」（2013年12月17日）。
80) 今野晴貴『ブラック企業』（文藝春秋、2012年）、同『ブラック企業2』（文藝春秋、2015年）、中沢彰吾『中高年ブラック派遣』（講談社、2015年）等を参照。

きているブラックバイト[81]や、求人情報と就職後の実態が大きく異なる求人詐欺[82]である。

こうした現象を見ていると、労基法が克服しようとした封建的遺制が蔓延していた戦前か、あるいは政治的・経済的な途上国にでも迷い込んだ感がある。労働法の足元を侵食しかねない重大事態である。なぜ21世紀の労働法が、こうした事態に直面しなければならないのであろうか。

Ⅶ　企業における人権保護の新たな局面

1990年代以降、経済のグローバル化の中で、企業、とりわけ多国籍企業による人権侵害が深刻になった。それを受けて国連人権理事会は、6年間にわたる詳細な調査報告に基づき、2011年6月16日に「ビジネスと人権に関する指導原則」を採択した[83]。

指導原則は、一般原則と31の原則からなっている。原則の内容は、人権を保護する国家の義務（原則1～10）、人権を尊重する企業の責任（原則11～24）、救済のアクセス（原則25～31）の3部で構成される。この指導原則には、21世紀労働法が取り組むべき重要な点が含まれている。

まず、同指導原則は、企業における人権保護を、国の保護義務、企業の尊重義務、国および企業における救済システムの整備という形で定式化している。保護されるべき人権は、(a)世界人権宣言、(b)これを条約化した主要文書である市民的及び政治的権利に関する国際規約と経済的、社会的及び文化的権利に関する国際規約、(c) ILOの中核的8条約（結社の自由及び団体交渉権に関する87号条約、98号条約、強制労働の禁止に関する29号条約、105号条約、児童労働の実効的な廃止に関する138号条約、182号条約、雇用及び職業における差別の排除に関する100号条約、111号条約）で定められたものである。これらはいずれも既存の条約であるが、

---

81) 今野晴貴『ブラックバイト』（岩波書店、2016年）。大内裕和中京大学教授が名付けた概念である。
82) 今野晴貴『求人詐欺』（幻冬舎、2016年）。
83) United Nations, Human Rights Council, Guiding Principles on Business and Human Rights. 日本語訳は、ヒューマンライツ大阪のホームページ（http://www.hurights.or.jp/japan/aside/ruggie-framework/）を、同原則の経緯等については、ジョン・ジェラルド・ラスキー（東澤靖訳）『正しいビジネス』（岩波書店、2014年）を参照。

ジェンダーや社会的弱者も保護の対象になっている。したがって、この指導原則は閉じたものではなく、常に発展途上にある。

　国には、人権保障に関する法律が、実際に執行されているか、もし執行されていなければその原因を突き止め、その改善策を検討することが義務づけられている。国は、必ずしもこうした法の執行を企業に強制力をもって強制するものではない。この点ではソフト・ローを用いている。しかし、人権侵害について司法的・非司法的な、アクセスのしやすい救済システムを構築しなければならない。また、企業内では、国際人権法で用いられる「人権デュー・ディリジェンス（Due Diligence）」いう概念を用いて、人権保障や侵害について適切な検証作業を行うことが求められている。

　日本政府と企業は、この指導原則をどのように受け止めるのであろうか。[84] プライバシー保護やヘイトスピーチ対応などを見るだけでも、積極的な対応をしているとは到底思えない。本巻全体が取り組むべき大きな課題である。

（わだ・はじめ　名古屋大学大学院法学研究科教授）

84）国際的な人権保護の関係では、国連女性差別撤廃委員会の日本に対する総括意見（Concluding observations on the combined seventh and eighth periodic reports of Japan、2016年3月7日）への対応も問題となる。労働分野では、構造的不平等の解消と同一価値労働同一賃金原則の実施、セクシュアル・ハラスメントの救済および雇用差別についての司法アクセスの保障（34項、35項）等を勧告している。

第 1 部　人格権の保護

第 1 部　人格権の保護

第 1 章　プライバシーと個人情報の保護

長谷川　聡

I　本章の課題

　労働者は労働契約を締結することにより使用者と所定の権利義務関係に入ることを承諾するが、これは当該労働者がその全人格を使用者に委ねることを意味しない。労働契約により形成される職業生活は家族生活や地域生活等と併存する労働者の生活領域の一つにすぎず、個々に特徴や属性を持つ労働者は個人として尊重され、それぞれの領域とその構成員との関係でそれぞれの自己実現と役割を果たし、思想や行動様式等様々な人生を選択する。労働者が使用者の組織において継続的に指揮命令下に入ることを約する労働契約関係の形成は、労働者がその私的領域に属する事項を使用者に一定範囲で明らかにし、自身の選択が制約されることを必要とするが、その範囲は生身の労働者が持つ権利や生活との調整を前提とするのである。

　こうした問題は、労働者人格権の問題として論じられてきた[1]。個人は生命・身体・健康といった基本的な人格的価値を保障されるという市民法上の命題は雇用の場においてもその特徴を反映した上で承認され、名誉やプライバシー等、憲法上個別的人権として列挙されていない精神的人格的価値の保障へと議論が

1）人格権論については、角田邦重「企業社会における労働者人格の展開」労働法学会誌78号 5 頁（1991年）を嚆矢とする諸研究を参照。

展開している。

　本章が扱うプライバシー権は、人格権の一領域である個人情報や自己決定に関わる権利を保障し、論じる際の理論的基礎である。労働者もプライバシー権を保障されることについて争いはなく、この保障を実質化する法律や判例法理も充実しつつある。だが当初プライバシー権が論じられる契機となった情報社会化がさらに進展し、健康や家庭責任等労働者の私的領域に属する事項を考慮する法制度・法理の充実に伴って、使用者が労働者のプライバシーに踏み込む場面も増加しつつあるうえ、労働者の価値観がいっそう多様化するなど、プライバシー権をめぐる問題状況はより複雑かつセンシティブになっている。本章の目的は、こうした動きを意識しながら問題状況を整理し、論点とその検討の視角を提示することにある。

　以下、労働者のプライバシー権をめぐる議論の展開と権利保障の構造を整理した上で（Ⅱ）、問題を類型化してその代表的なものについて各論的に検討を行う（Ⅲ）。

Ⅱ　プライバシー権の展開と保障の法構造

1　プライバシー権の展開と理論的基礎
(1)　プライバシー権の展開
　「宴のあと」事件一審判決[2]において「私生活をみだりに公開されない法的保障ないし権利」という定義で私法上の人格的権利として認められたプライバシー権は、幸福追求権（憲法13条）を基礎とする「新しい人権」の代表例として判例、学説において今日広く承認されている[3]。プライバシー権は当初、個人の私的領域に他者を無断で立ち入らせない自由権的・消極的権利として理解されたが、その後行政機関等に個人情報が集中的に管理される情報社会化の進展に

---

2) 東京地判昭39・9・28判時385号12頁。
3) 京都府学連事件・最大判昭44・12・24刑集23巻12号1625頁、江沢民講演会参加者名簿提出事件・最二判平15・9・12民集57巻8号973頁等。以下のプライバシー権の展開の整理について、芦部信喜＝高橋和之補訂『憲法〔第6版〕』118頁以下（岩波書店、2015年）、長谷部恭男『憲法〔第6版〕』147頁以下（新世社、2014年）等。

対応して、個人が自身の情報を閲覧、削除、訂正するといった個人情報の保護を公権力に対して積極的に求める権利を視野に入れ、情報コントロール権として理解されるようになった。近年ではマイナンバー制度の導入、行動ターゲティング広告やビッグデータ活用の一般化など、情報取得が集中的、無意識、大量になされて情報のコントロールすら困難な状況が生じ、プライバシー権の新たな展開が求められている。

　プライバシー権が情報コントロール権を基軸に構成されるようになったことにより、これに含まれない従来プライバシー権の一類型として理解されてきた諸権利——家族のあり方の自由、ライフスタイルの自由、生命処分の自由等——は、情報コントロール権とは区別される自己決定権に分類される権利として整理されるようになった。本章でも、プライバシー権を情報コントロール権と自己決定権に区別し、前者を「一人にしてもらう権利」のような自由権的プライバシー権と他者の下にある情報のコントロールを求める積極的プライバシー権に分類される狭義のプライバシー権、後者を広義のプライバシー権と整理して論述を進める。

(2) 労働法学におけるプライバシー権論

　従来いわゆる日本的雇用慣行の下で従業員の協調性や企業との一体感に高い価値を認めてきたことにより、労使のプライバシー意識は希薄であることが指摘されてきた[4]。こうした実態は、労働条件決定の個別化等労務管理方法の変化やプライバシー保護立法の展開等プライバシー権に関する権利意識の高まりを背景に、徐々に過去のものとなりつつある。今日の争点は、他の学問領域における理論動向を参考にしつつ、雇用の場の特徴を反映した雇用の場におけるプライバシー権を構成し、その権利保障の範囲や方法を具体化することにある。

　プライバシー権の構成については、積極的プライバシー権を含めるか否かを巡って学説間に温度差がある。一方には、労使関係においては契約関係を前提に労働力の適正な評価・コントロールのために使用者が関連情報を収集、評価

---

4) 道幸哲也「職場における人権保障法理の新たな展開」日本労働研究雑誌441号2頁、4頁（1997年）、西谷敏『人権としてのディーセント・ワーク』287頁（旬報社、2011年）等。

するという図式になっていることに着目して「秘匿しておきたい私的領域に不当に関与されない権利」と定義した方が適切であると指摘する立場がある[5]。他方、情報社会化の進展とコンピュータの「不可視性」を根拠に、私的情報の秘匿と自己決定権に積極的プライバシー権を含めてプライバシー権を理解するもの[6]や、情報化社会において他者に帰属することになった自己情報への関与の必要性を指摘するものがある[7]。

　労働者は、そもそも労働契約関係の維持のために個人情報を使用者に提供せざるを得ない立場にあり、職業外生活や個人的属性・内面を伴いながら使用者の支配下に置かれることで、労働者が望む内面と外面の境界を超えた情報収集を無意識的にも受ける立場にある。情報技術の進歩は、この傾向をいっそう強めるとともに、在宅勤務や事業所外勤務(空間的交錯)、職業外生活と混在する職場外での断続的勤務、海外企業・事業所との時差に合わせた会議(時間的交錯)等、物理的な公私の境界をも曖昧にしている。個人情報の使用者への蓄積、社内外の関係者・機関との共有はより容易になり、人事考課などにおけるその加工技術も高まって、使用者が労働条件をより詳細に決定する基礎となる。当事者間の力の格差と、情報の一方当事者への集中とこれに基づく他方当事者に対する支配という構造は、積極的プライバシー権が論じられた背景に通じる部分があり、さらに雇用の場では労使対等の原則(労基法2条1項、労契法3条1項)を脅かす意味も持つ。積極的プライバシー権の保障がILOの行動準則等[8]により国際標準となった現在、この権利を含む個人情報保護法が制定された国内状況を見ても、情報力格差と交渉力格差が重畳する雇用の場においても積極的プライバシー権を含めてプライバシー権を理解することが自然であるし、さらにその内容を問題の広がりとその性質の変化に応じて展開させる必要がある。

---

5) 道幸哲也『職場における自立とプライヴァシー』29頁(日本評論社、1995年)。
6) 山田省三「雇用関係と労働者のプライバシー」講座21世紀の労働法(6)56頁、57頁。
7) 砂押以久子「情報化社会における労働者の個人情報とプライバシー」労働法学会誌105号48頁、54頁(2005年)。
8)「労働者の個人情報保護に関する行動準則(Code of Practice on the protection of worker's personal data、以下「ILO行動準則」という)」。右準則について、道幸哲也「労働者の個人情報保護に関するILOの行動準則について」世界の労働47巻7号24頁(1997年)、竹地潔「ネットワーク時代における労働者の個人情報保護」季刊労働法187号26頁、29頁以下(1998年)。

(3) 権利保障の範囲を画する視角

　権利保障の範囲については、労働契約関係の形成・維持のために労働者のプライバシー権が一定の制約を受けることを前提に、当該プライバシー権侵害をめぐる労使の利益衡量を通じて確定されるという基本的な考え方が学説においておおむね共有されている[9]。この枠組みの中で労働契約関係の形成・維持に対する権利侵害の必要性の質や程度、侵害されるプライバシー権の性質や特徴、権利侵害の態様といった具体的事実をどのように評価、衡量するかについて、論者の社会認識や価値観が反映されることになる。

　前述の本章の社会認識によれば、雇用の場におけるプライバシー権の保護範囲は、後述のような問題領域の広がりを持つとともに、使用者がプライバシー権を積極的に保護する責務を負うことを前提として画定される必要がある。使用者が労働者の情報を労働者がコントロール可能な状態に置き、労働者の自己決定に内容に応じた価値を認め、その保障に配慮することを含むものとしてプライバシー権を理解しないと、前述の社会状況下ではプライバシー権の保障が実質化されないためである。

　他面で、プライバシー権行使を一定程度譲ることが、労働契約関係の実現に必要という構造は残る。例えば、労働者の私的領域に属する事柄の中には、それについて情報収集、配慮することが法律等に基づいて使用者に義務づけられる場合や、企業の手当支給等の前提として必要とされる場合がある。これらの場合に、使用者が当該事項の開示を求めたにもかかわらず、労働者がこれを拒否することを選択したときは、この選択がプライバシー権行使の一態様として尊重される反面、相互信頼の観点からその限りにおいて使用者は右義務違反の責めや給付責任を原則として免れると解すべきだろう[10]。進んで開示拒否を理由とする不利益取扱いを当該労働者に講じることが可能であるかは、後述するよ

---

9) 山田省三「職場における労働者のプライヴァシー保護」労働法学会誌78号33頁、40頁以下（1991年）、名古道功「労働者のプライバシー」西谷敏＝中島政雄＝奥田香子『転換期労働法の課題』161頁、168頁（旬報社、2003年）、土田道夫＝豊川義明＝和田肇『ウォッチング労働法〔第3版〕』169頁〔豊川・和田執筆部分〕（有斐閣、2009年）等。こうした比較考量の手法は雇用の場以外においても一般的に用いられている（長良川リンチ殺人事件・最二判平15・3・14民集57巻3号229頁）。

10) 島田陽一「労働者の私的領域確保の法理」法律時報66巻9号47頁、52頁（1994年）、山田・前掲注6) 69頁。

うに当該個人情報の開示を強制することが可能であるかの検討を通じて判断されることになる。

2 保護の対象となる私的領域

　以上のようにプライバシー権を理解すると、この権利の射程は非常に広がる。広くは、場所的に交錯する在宅勤務、時間的に交錯する労働時間、パートタイム労働法制も視野に入る。これは働くことの質がプライバシー権に広く支えられていることを示唆するものであり、プライバシー権が個人の様々な生き方の選択を承認し、社会の変化に対応した法理を展開する基礎となる。だがこの視野の広さを意味のあるものにして、法的救済の根拠となるような権利義務のレベルでプライバシー権を論じるためには、その内容をある程度明確化、類型化することが必要である。

　前掲「宴のあと」事件判決は、法的保護の対象となる自由権的プライバシーを、①公表された事実が、私生活上の事実らしく受け取られるおそれのある事柄であること、②一般人の感受性を基準にして当該私人の立場に立った場合、公表されることを欲しないであろうと認められる事柄であること、③一般の人に未だ知られていない事柄であることと定義したが、その後、周知の事実も保護の対象となることを認める裁判例が現れた。また、個人情報保護法における「個人情報」は、生存する個人に関する情報で特定の個人を識別可能なものを意味し（2条1項）、氏名、年齢等の事実に関する情報のほか、個人の身体、財産等の属性に関する判断や評価を表す全ての情報を含み、その利用目的や提供範囲の設定を本人の同意に基礎づけている。これらには狭義のプライバシー権による要保護性の認定において秘密性を重視せず、本人に関わる情報を、本人の意思に即して保護の対象とする観点が見える。雇用の場においてもこうした理解を否定する必要はない。

　狭義のプライバシー権に関わる情報には様々なものが含まれるが、中でも後述する個人情報保護法の「要配慮個人情報」のような、労働者の健康情報や政

---

11) ノンフィクション「逆転」事件・東京高判平元・9・5 判時1323号37頁。
12) 「雇用管理分野における個人情報保護に関するガイドライン」第2の1（平27厚労告454号）。なお「労働者の個人情報保護に関する研究会報告書」（厚労省、2000年）も参照。

治的・宗教的信念（思想良心の自由）、労働組合員としての地位（団結権）、犯罪歴、戸籍情報（法の下の平等）等は、原則として本人の同意がなければ収集不可能な個人情報として区別すべきである[13]。これらは労働者の生命身体や基本的人権に関わり、使用者が労働者の取扱いを決定する際に原則として考慮されるべきでない情報だからである。

　自己決定権については、伝統的な労働保護法は労働者の従属性を根拠にこれを制約したが、次第に労働条件決定において重視されつつある[14]。だが自己決定権という視角が法解釈に影響を与えたと考えられる場面は数多く存在するものの、この権利自体を正面から認めた労働判例はいまだ存在せず、その外延は明確でない。性的自己決定権など労働者の基本的人権に直接関わる自己決定については、狭義のプライバシー権と同様に他と区別して扱うべきである。その他何がこの権利の問題として論じられ、いかに類型化されるかは、評価指標である社会的価値基準の変化や個人の価値判断の多様性の尊重等を念頭に、今後も検討課題であり続けよう。

3　プライバシー権保障の法的根拠

(1)　実定法上の枠組み

　プライバシー権は、幸福追求権に基礎を置く。思想・良心の自由や法の下の平等など他の個別人権規定の下にある場面ではこれらによっても重層的に基礎づけられるが、狭義のプライバシー権のような特別性を獲得した領域を除き、その一般性からその内容が直接的に論じられることは少ない。

　自己決定権の保障が様々な法律の基底に存在することを別にして、労働者としてのプライバシー権を包括的に保障する法律は存在せず、個別法律において個人情報の収集や管理に関する定めが存在するにとどまる[15]。むしろ健康診断の義務づけを通じて労働者の承諾なしに健康情報が使用者に集約される仕組み

---

13) ILO 行動準則はこれらをいわゆるセンシティブ・データとして、原則として収集を禁止する (6.5-6.7)。
14) 労働者の自己決定権については、西谷敏『労働法における個人と集団』77頁以下（有斐閣、1994年）、同『規制が支える自己決定──労働法的規制システムの再構築』（法律文化社、2004年）、土田道夫「労働保護法と自己決定」法律時報66巻9号56頁（1994年）、三井正信「労働組合と労働者の自己決定」法律時報66巻9号66頁（1994年）。

（安衛法66条、66条の3）が存在するように、法制度の構築にプライバシー権の観点は十分に意識されてこなかった。法律のこの不十分さは判例法理により既存の法制度をプライバシー権の趣旨を反映して解釈することを通じて補充され、ここがプライバシー権の主要な展開領域となってきた。

　プライバシー権の問題領域のうち個人情報保護に関わる領域については、この領域に関する一般法である個人情報保護法の適用がある。個人情報保護法は個人の人格尊重の理念の下に慎重かつ適切に個人情報を取り扱うことを基本理念として掲げ（3条）、経済活動の活性化や豊かな国民生活の実現等に個人情報が有用であることに配慮しつつ、個人の権利利益を保護することを目的とする（1条）。同法は、本人の人種、病歴等「要配慮個人情報」（2条3項）については原則としてその情報取得自体に当該個人の同意を必要として区別したうえで（17条2項）、これも含めた個人情報の利用範囲を利用目的や提供範囲等の切り口から情報提供者の同意の範囲に限定し、その適正管理や開示訂正等に対応する事業主の義務等を規定する。その仕組みは労働契約関係を他と区別していない。

(2) 雇用の場における個人情報保護法の意義

　個人情報保護法が、企業組織の特殊性が強調されがちな雇用の場においても他の領域と同様に労働者の個人情報が保護されることを明確にした意義は少なくない。積極的プライバシー権を視野に入れて情報提供者の同意の範囲での情報利用を原則とする同法の視角は、労働者のプライバシー権保障を論じる際の理論的基礎を補強し、省庁を横断する個人情報保護委員会（59条）による報告の徴収、助言、立入検査、指導、一定の場面における罰則の適用等、行政がプライバシー権保障に関与する仕組みが整えられた。同法違反は使用者の不法行為責任を基礎づける事実となる点で違法評価を受けうる行為類型を例示した意味もある。[16]

　個人情報保護法を雇用の場において用いる際の論点の一つは、同法における

---

15) 寄宿舎における私生活の自由の保障（労基法94条）、私的情報の管理に関わる求職者等の個人情報の収集・利用の制限と管理（職安法5条の4）、健康情報に関する守秘義務（安衛法104条）等。
16) 社会医療法人A会事件・福岡高判平27・1・29労判1112号5頁。

労働者の同意の認定方法である。個人情報保護法は、要配慮個人情報についてはその取得自体に労働者の同意を必要とし、個人情報の利用について原則として本人が予め同意した目的（16条）や対象者（23条）の範囲という縛りをかける（オプトイン方式）。ただし第三者提供については、本人の権利利益の保護の要請と個人データの第三者への提供を目的とする産業の保護の要請との調和という観点から、要配慮個人情報を除き、第三者への提供を利用目的とすることや本人の求めに応じて情報提供を停止すること等を本人に予め明らかにし、個人情報保護委員会に届け出ている場合には、同意を待たずにこれを行うことを認める（23条2項、オプトアウト方式）。ここでの同意は、一般的には事後の紛争防止の観点から本人が十分に認識可能な程度に具体的に利用目的や提供対象者等を示した上での明示的なものである必要があると解されている。

　雇用分野ではこの点について就業規則等の包括的同意で足りるとする立場と、利用目的の特定の具体性、個別性をふまえて個別的同意を要するとする立場、個人情報の内容によって区別する立場が存在する。プライバシー権の存在を前提に本人の判断に基づいて提供・利用可能な個人情報の範囲を画し、オプトアウト方式を例外と位置づける個人情報保護法の構造や、この同意が本人の意思表示による承諾であることを明確に求めるガイドラインの定めによれば、個別的同意を要すると解するべきだろう。この同意の認定は他の場面における同意の認定と同様に慎重になされる必要があり、同意を取り消して個人情報の利用範囲を変更することも認められる。

　個人情報保護法と従来からの判例法理は、個人情報をめぐる当事者の利害を

---

17) 宇賀克也『個人情報保護法の逐条解説〔第5版〕』63頁（有斐閣、2016年）。
18) 「雇用管理分野における個人情報保護に関するガイドライン」（平27厚労告454号）第4の1(1)。
19) 宇賀・前掲注17) 125頁、156頁。
20) 岩出誠「個人情報保護法と労働関係」日本労働研究雑誌543号16頁、21頁（2005年）。
21) 砂押以久子「個人情報保護法の労働関係への影響」労働法律旬報1606号4頁、12頁（2005年）、竹地潔「新たな段階を迎えた労働者の個人情報保護と企業の対応」季刊労働法213号71頁、83頁（2005年）。
22) 土田・労働契約法120頁。
23) 「雇用管理分野における個人情報保護に関するガイドライン」前掲注18) 第2の15。
24) 例えば、シンガー・ソーイング・メシーン事件・最二判昭48・1・19民集27巻1号27頁。
25) 宇賀・前掲注17) 125頁。

労働者の同意内容等を考慮しながら調整する点で共通する。だが個人情報保護法は目的外利用や第三者提供といった特定の切り口から同意内容や違法性の有無を吟味するのに対し、従来からの判例法理はプライバシー権の侵害等をより直接的にとらえて、使用者にとっての当該情報の必要性や労働者の認識等を総合判断して同意内容や違法性の有無を検討する点で異なる。申立人は、問題類型に即して利用しやすい法的構成を選択、あるいは並行して利用することになる。

(3) プライバシー配慮義務

これらに加え、それぞれ詳細は異なるものの、労働契約上の付随義務等の形式で使用者に労働者の人格やプライバシーに対する配慮義務を認める見解が複数存在する[26]。人格的価値の保護が内面的・精神的価値に及ぶことを基礎に人格的権利を尊重する義務を信義則から導く見解や[27]、民法学の議論や労働の提供と労働者の身体・人格を切り離すことができない労働契約の特性からプライバシー保護義務を導く見解がある[28]。

労働契約関係においては、適切な雇用管理を行い、労務指揮・提供の効率化を徹底するために人格的適性や協調性といった労働者の内面に踏み込んで積極的に情報を収集する動機が使用者に常に働き、この傾向は労働条件決定の個別化や、労働保護法制と労働契約法理の充実と深化が使用者の責務を増加させることによって着実に強化されている。特に狭義のプライバシー権に関わる情報は複製や共有が容易であり、一度流出するとその原状回復が困難であり、こうした状況は情報社会化の進展により強化されている。労働契約関係の基底にある労働条件の対等決定の原則や労働者のプライバシー権は、こうした実態を織り込んだ労働契約の下で信義則を通じて使用者に課される労働者のプライバシーを尊重、配慮する義務としてその内容が具体化すると考えるべきである。個

---

26) 後掲する研究のほか、荒木・労働法275頁、土田・労働契約法114頁、名古・前掲注9) 169頁等。
27) 角田邦重「労使関係における労働者の人格的権利の保障」季刊労働法143号20頁、28頁（1987年）、山田・前掲注6) 63頁、77頁。
28) 砂押以久子「職場における労働者のプライバシーをめぐる法律問題」日本労働研究雑誌543号4頁、8頁（2005年）。

人情報保護法により情報開示や訂正等を含むプライバシー保護に関する使用者の責務の具体化が進み、セクハラを予防し、働きやすい職場環境を保つ信義則上の配慮義務が裁判例において認められている（三重セクシュアル・ハラスメント（厚生農協連合会）事件・津地判平9・11・5労判729号54頁）現状においては、こうした義務を認めることは不自然ではない。

4　プライバシー権侵害の救済

プライバシー権侵害の救済は、この権利の保障に資する個別立法やその他の法令の解釈・適用を通じて部分的・反射的に行われてきたほか、主に不法行為制度の下でこの権利を被侵害利益とすることで行われてきた。また個人情報保護法を根拠とした行政的救済も行われる。

これらに加えて、プライバシーが損なわれないような環境の整備や後述する情報公開請求、内容訂正、利用停止等を使用者に求める法理の構築可能性が検討されている[29]。プライバシー権という法的構成の意義の一つは被侵害権利を具体化することでこの可能性を高めることにあり、プライバシー配慮義務もこうした救済の根拠となりうる（Ⅲ4）。

Ⅲ　プライバシー権保障の枠組みと課題

1　問題類型の整理

プライバシー権の侵害が問題となる事案は、各論者のプライバシー権の理解を基礎に様々な観点から整理されてきた[30]。複数の特徴を持つ事案も存在するためその分類は容易ではないが、ここでは本章のプライバシー権の理解を基礎に、①個人情報の収集・開示強制、②個人情報・自己決定に基づく取扱いの区別、③個人情報の不正管理、④個人情報の開示・訂正に分類し、使用者の行為態様に着目して各紛争類型の例とこれが争点となった事件の一例を示すことにしたい。その上で次節以降において、この分類の③を除く各問題領域に属する典型

---

[29] 前掲プライバシー配慮義務に関する諸研究のほか、例えば人格権と差止請求の文脈において、鎌田耕一「労働者の人格的利益と差止請求」角田古稀(上)243頁。
[30] 他所に掲げた諸研究のほか、今野順夫「私的自由と労働契約」講座21世紀の労働法(6)95頁等。

的テーマ——①採用時の調査（2）、②ひげ・服装規定等労働者の身だしなみに対する規制（3）、④個人情報の開示請求（4）——について各論的な検討を行う。

(1) 個人情報の収集・開示強制

使用者が労働者の意に反してその個人情報を収集したり開示させたりすることは、自由権的なプライバシー権との抵触が疑われる。こうした収集・開示強制自体、あるいはこれらに従わなかったことを理由とする不利益取扱いの適法性が争われる。所持品検査（西日本鉄道事件・最二判昭43・8・2民集22巻8号1603頁）や私物の無断撮影（関西電力事件・最三判平7・9・5労判680号28頁）、着替えの隠し撮り（京都セクシュアル・ハラスメント（A呉服販売社）事件・京都地判平9・4・17労判716号49頁）など、労働者の身体や所有物に関する情報収集はその典型例といえる。[31] 周囲に認識可能な職場内での行為であっても子細にわたるその監視はプライバシー権の侵害が疑われうるし（前掲関西電力事件）、使用者が業務遂行のために利用を認めているメール・インターネットの利用状況の監視も無制限ではない（F社Z事業部事件・東京地判平13・12・3労判826号76頁）。

個人情報の収集は、監視や検査だけでなく面接などにおいて思想信条の申告を求めたり（三菱樹脂事件・最大判昭48・12・12民集27巻11号1536頁）、あるいは業務命令として特定の党員でないことの表明を求めたりすること（東京電力塩山営業所事件・最三判昭63・2・5労判512号12頁）を通じても行われる。あるいは面接時には問われなかった使用者が不都合と考える個人情報が後から明らかになり、これについて労働者に積極的に真実を告知する義務があったかという形で争われることもある（大森精工機事件・東京地判昭60・1・30労民集36巻1号29頁）。また、職場でのネームプレートの着用の義務づけ（東北郵政局事件・仙台高判平9・8・29労判729号76頁）のように、従業員その他第三者に対して個人情報の開示を命じることが問題になることもある。

---

31) 監視・調査類型および健康情報に関わる事案に関する研究として、竹地潔「人事労務管理と労働者の人格的利益の保護」講座21世紀の労働法(6)79頁。特に電子機器を用いた監視の問題性について、竹地潔「スマート化する職場と労働者のプライバシー」日本労働研究雑誌663号47頁（2015年）。

(2) 個人情報・自己決定に基づく取扱いの区別

自己決定権が広がりを持つ権利であることの影響を受けて、労働者の自己決定に関わる事案は多岐にわたる。例えば、健康診断の受診強制（電電公社帯広局事件・最一判昭61・3・13労判470号6頁）、身だしなみを理由とする不利益取扱い（東谷山家事件・福岡地小倉支決平9・12・25労判732号53頁）、婚外子の出産を理由とする解雇（大阪女学院事件・大阪地決昭56・2・13労判362号46頁）、兼業規制（国際タクシー事件・福岡地判昭59・1・20労判429号64頁）、私生活への上司の介入（ダイエー事件・横浜地判平2・5・29労判597号35頁）等がある。政治的自己決定権を侵害する選挙演説の傍聴の強制（ダイニンテック事件・大阪地判平11・8・20労判765号16頁）、性的自己決定権を侵害するセクハラ（横浜セクシュアル・ハラスメント事件・東京高判平9・11・20労判728号12頁）等もここに含めることが可能である。

逆にある個人情報や自己決定を考慮して、多くの場合に配慮という形で取扱いを区別しないことが問題となることもある。労働者の健康情報を基礎に具体化される安全配慮義務（労契法5条）、転勤命令における家庭責任への配慮（育児介護休業法26条、北海道コカ・コーラボトリング事件・札幌地決平9・7・23労判723号62頁）等を実施しないことはその例といえる。

(3) 個人情報の不正管理

個人情報の管理に関わるこの類型は、労働者の個人情報を保有する使用者が、当該情報を外部に漏洩したり、あるいは企業内部においても労働者が期待しない当事者と共有したりしたときに問題になる。この種の事案は、使用者に許容された利用範囲を超えて個人情報を用いる点で主に自由権的プライバシー権を侵害する事案類型として整理することが可能である。使用者がある個人情報を利用可能な範囲は、法令や労働契約に基づいて設定される。それゆえここでの問題も使用者の守秘義務等の契約上、法令上の義務違反（東京地判平21・9・17ウエストロー・ジャパン文献番号 WLJ2009WLJPCA09178019）や個人情報保護法の目的外利用、第三者提供の問題（前掲注16）社会医療法人A会事件）として現れる。

(4) 個人情報の開示・訂正

プライバシー権に積極的プライバシー権を含めて理解すると、使用者の下にある労働者の私的情報について労働者が関与することがこの権利の視野に入る。個人情報保護法における使用者に対する個人情報の開示等の請求がその例であるが、同法制定以前においても民事訴訟法上の文書提出命令（民訴法220条3項）の文脈で人事考課情報の開示（商工組合中央信用金庫事件・大阪地決平10・12・24労判760号35頁）の可否が争われている。

2 採用時の調査

契約自由の原則を基礎に使用者には採用の自由が認められ、法律その他の制限に反しない限り、採用基準や方法、対象者などを自由に決定することが認められている[32]。他方労働者もプライバシー権を保障され、労働契約関係はいまだ存在していないものの、採用決定権を握る使用者に対して弱い立場にある。採用時の調査の限界は、こうした募集・採用時の力の格差の下に、使用者の採用の自由と労働者の主に自由権的プライバシー権との調整をめぐって問題となる[33]。

採用の自由に関する最高裁としての立場を示した三菱樹脂事件最高裁判決は、採用時に思想信条の調査をしこれと関連する事項の申告を求めることの違法性を否定するにあたり、使用者の採用の自由を前提に、これらの取扱いを禁止する法律の不存在、継続的な人間関係として相互信頼を要請する労働契約関係の特徴、思想・信条の調査が間接的であること等を挙げた。使用者の採用の自由（憲法22条1項、29条）と応募者の思想信条の自由（憲法19条）・法の下の平等（憲法14条）とを比較衡量する姿勢を見せつつ、実質的には採用の自由を優位させた点等、判決には批判が多く、その射程を限定的に解する見解も多い[34]。プライバシー権の視角からは、プライバシーに配慮することが相互信頼に資することを無視して採用の自由と労働契約関係の特徴を使用者による労働者の人格的支

---

32) 前掲三菱樹脂事件。
33) 募集採用時のプライバシー保護について、砂押以久子「労働契約締結・履行過程における労働者のプライバシー保護」法律時報78巻4号61頁（2006年）。
34) 萬井隆令「『判例』についての一試論——三菱樹脂事件最高裁判決・採用の自由は『判例』なのか」龍谷法学40巻1号72頁（2007年）、和田肇『人権保障と労働法』32頁（日本評論社、2008年）、西谷・労働法136頁等。

配を認める根拠とした点や、思想信条の自由という人格の根本に関わるプライバシー権の侵害であることを考慮していない点について批判が可能である。

その後採用の自由を制約する立法や法理が増加したが、プライバシー権の文脈も例外ではない。職安法は、募集時に収集可能な個人情報の範囲を、本人の同意その他正当な事由がある場合を除き、その業務の目的の達成に必要な範囲に限定し（5条の4第1項）、その指針において原則として収集してはならない個人情報として、人種、民族、社会的身分、門地、本籍、出生地その他社会的差別の原因となるおそれのある事項、思想および信条、労働組合への加入状況を明示した[35]。また、個人情報保護法は採用に際して労働者から個人情報を書面で提出させる場合には、予めその利用目的を労働者に明示することを使用者に義務づけた（18条2項）。裁判例においても労働者に無断でHIVやB型肝炎の検査を行ったことについて違法評価したものが現れた[36]。三菱樹脂事件最高裁判決を明確に覆す裁判例は存在しないものの、その影響力は事実上相当程度縮小していると評価してよいだろう。

採用時の調査は当該労働契約の趣旨に照らして信義則上合理的と認められる範囲に限られる[37]、という従来からの基本的な考え方は今日も妥当しようが、その合理的範囲をいかに確定するかが課題の一つである。労働者を評価し、労働条件を決定するために必要な範囲に収集可能な情報の範囲を限定するという前述の基本論理の下で、例えばこれらとは直接関連しないが関連性も否定しきれない情報の提供要請をどのように考えるべきだろうか。裁判例は、使用者に問われていない自身に不利な情報を自発的に告知する義務までは認めていないが[38]、こうした事実についても問われれば信義則上労働者が真実告知義務を負う余地があることを認めている[39]。この点、労務の提供と労働者の人格とを切り離せないのは確かであるにせよ、少なくとも利用目的等を限定の上、三菱樹脂事件最高裁判決の価値基準を離れて個人情報の使途の設定権限が第一に労働者にある

---

35) 平成11年労告141号。
36) T工業（HIV解雇）事件・千葉地判平12・6・12労判785号10頁、B金融公庫（B型肝炎ウィルス感染検査）事件・東京地判平15・6・20労判854号5頁。
37) 前掲大森精工機事件。
38) 学校法人尚美学園事件・東京地判平24・1・27労判1047号5頁。
39) 炭研精工事件・東京高判平3・2・20労判592号79頁、最一判平3・9・19労判615号16頁。

ことを前提とした当該情報をめぐる労使の利益衡量に基づく対象の限定が必要であろう。

また裁判例は、使用者による開示要求が強制的なものではなく、労働者がこれを拒否したとしても不利益が課されない場合にはこれを許容する傾向にある[40]。だが採用を希望する労働者は使用者からの情報開示要求をこれが不当と考えても拒否することが困難な立場にあり、情報コントロール権の視角からは、不開示により不利益を受けることのみならず、開示させられること自体も問題としてとらえられる[41]。この観点からは第一に開示要求の内容や方法の適切性が問われるべきであり、裁判例の枠組みによる場合には、不利益を受ける可能性の有無を労働者が判定困難であることを考慮しつつ、事実上の強制の程度を実質的に問う必要がある。

3 身だしなみに対する規制

服装や髪型は個人の自己表現の一環であり、その決定は個人の自由に属する。他面で使用者にとっては服装や髪型にルールを設けることが業務遂行の安全性や効率、企業イメージの向上に資することがある。職場においていかなる範囲で労働者に一定の身だしなみを義務づけることが可能かという労働者の自己決定権に関わるこの論点は、以上のような利害対立の下で、一般に就業規則等に基づいて設定された身だしなみ規定に労働者が従うことを拒否し、これを理由として行われた懲戒処分等の不利益取扱いの適法性を当該労働者が争うという形式で問題とされてきた。その解決に用いられる判断枠組みは、その事件の事案類型に依存し、労働者の自己決定権はその判断枠組みの中で考慮されてきた。

この論点は当初組合活動の文脈で争われることが多かった。就業時間中に組合の主張を示すリボンや腕章を着用した労働者に対して使用者が取り外しを命じ、これを拒否した労働者に対する懲戒処分の適法性が争われる、というのが典型例である（大成観光事件・最三判昭57・4・13労民36巻4号659頁等）。この場合は、判例によれば職務専念義務を負う就業時間中の労働者の組合活動としての

---

40) 前掲東京電力塩山営業所事件。
41) 例えば、前掲江沢民講演会参加者名簿提出事件でも不法行為を認定するにあたり不利益性の認定を十分に行っておらず、開示行為自体の問題性を問う視点が見られる。

ある身だしなみの選択が正当な組合活動（憲法28条）に該当するか否かが争点となり、労働者の自己決定はその陰に隠れることになる。

　組合活動の低調により近年中心となっているのが、身だしなみを決定した主体が労働者個人であるケースである。そこでは労働者の自己決定がより直接的に争点となり、就業規則等に身だしなみに関する明確な定めを置くことを前提として、労働者が身だしなみを自己決定する利益とある身だしなみを強制する使用者の必要性（営業の自由）との比較衡量が行われる。ここでは「労働者の髪の色・型、容姿、服装などといった人の人格や自由に関する事柄について、企業が企業秩序の維持を名目に労働者の自由を制限しようとする場合、その制限行為は無制限に許されるものではなく、企業の円滑な運営上必要かつ合理的な範囲内にとどまるものというべく、具体的な制限行為の内容は、制限の必要性、合理性、手段方法としての相当性を欠くことのないよう特段の配慮が要請される」（前掲東谷山家事件）といった判断枠組みが用いられてきた。

　この比較衡量の枠組みの中では、髪の長さやひげの有無への規制など身だしなみ規定に従うことの影響が職業外生活に及ぶ場合には、その規定の適法性はより厳格に審査される。顧客への印象が重みを持つサービス業や信頼性が求められる公共性の高い業務であることは身だしなみ規定の合理性を補強する事実ではある。だが、身だしなみの決定が労働者の自己決定に基礎を置く本来自由であるべきものであることからすれば、その制限の程度もその身だしなみ規定の目的を達成するために必要な限度に限られ、この趣旨に沿わない身だしなみ規定は限定解釈されることになる。ネームプレートの着用義務づけの適法性は、第三者に向けて氏名表示を強制する点で自由権的なプライバシー権の侵害の問題であると同時に、身だしなみに関する自己決定の問題としてとらえることも可能である。

　労働者の基本的自由を基礎とする自己決定を制約する身だしなみ規定の適法性は、本章の立場からはより厳格に解される。例えばひげを生やしたり特定の

42）沖縄米軍基地事件・那覇地沖縄支判昭63・12・15労判532号14頁。
43）郵便事業（身だしなみ基準）事件・大阪高判平22・10・27労判1020号87頁。
44）イースタン・エアポートモータース事件・東京地判昭55・12・15労民31巻6号1202頁。
45）神奈川中央交通事件・横浜地判平6・9・27労民45巻5・6号353頁。

服装をしたりすることが宗教上の理由に基づく場合には、これらの身だしなみを禁ずることが宗教的自己決定を侵害するとともに、差別的取扱いと評価されることになる。また、性同一性障害を理由に身体の性別とは異なる性別での服装で出勤することについても、性的アイデンティティに関わる自己決定の問題としてその自由の保障が論じられる必要がある。

4 個人情報の開示請求

情報コントロール権は、労働者が使用者に対し自身の個人情報の取得・利用範囲を限定する不作為だけでなく、その開示や訂正などの作為を求めることを視野に入れる。この問題類型において最も鋭く争われてきたのが労働者の人事考課情報の開示である。いわゆる労働条件決定の個別化は労働者の労働条件決定に与える人事考課の影響力を高め、その公平性確保への労働者の関心を高めているが、人事考課情報の開示はこの関心を実現する第一歩にもなるためである。

個人情報保護法は、本人による個人情報の開示請求、これを前提とする内容の訂正と削除、利用の停止請求を認め（28条〜30条）、労働者の積極的情報コントロール権を具体化した。人事考課情報も開示等の対象となる個人情報に該当するが、問題は、全部または一部の開示の拒否が認められる例外事由、特に「業務の適正な実施に著しい支障を及ぼす場合」（28条1項2号）に該当するケースとはいかなるものかである。

この点「雇用管理分野における個人情報保護に関するガイドライン：事例集」は、非開示とすることができる事項の例として「人事考課、選考に関する個々人の情報」を挙げる。事例集はこのように解する理由を示しておらず、この例外事由に関する裁判例の蓄積も本章執筆時点では十分でないが、個人情報保護法に類似する情報開示の仕組みを持つ条例に基づく人事考課情報の開示の可否が争われた事件で、この情報を本人に知らせないことが正当、あるいはそ

---

46) この点が争点となった事案として、S社事件・東京地決平14・6・20労判830号13頁。
47) 砂押以久子「近時の法改正と労働者の個人情報の取り扱い」季刊労働法253号139頁、147頁（2016年）。
48) 厚生労働省、平成24年5月（平成27年11月改正）。

の開示により行政執行の妨げになるため非開示とすべき理由として、上司との対立関係の発生や、職場の信頼関係や一体感の喪失、勤務評価制度の形骸化等を挙げたものがある。

　個人情報保護法における個人情報開示の定めは、積極的プライバシー権の視角から個人情報の取扱いの透明性と適切さを担保しようとするものである。他方で労働法学では労働条件決定に対して人事考課が次第に強い影響力を及ぼすようになる中で、職業的能力の尊重配慮の必要性や賃金支払義務の適切な履行の確保等、様々な理論構成で人事考課が公正に行われる必要があることが多くの論者に指摘され、その中で人事考課情報の開示にも言及されてきた[50]。これらの論理は、人事考課情報の開示こそが勤務評価制度の実質化・公正化に結びつくことを示唆し、これにより労使間対立が生じ信頼関係が失われたことは、むしろ使用者が信頼関係を損なう労使対等原則に反する人事考課を行い、当該人事考課情報の大元である労働者個人を尊重していなかったことの証左となることを示唆しよう[51]。事例集の記述もそもそもケースバイケースであることを前提としており、人事考課情報の多様性と業務等に支障がない限り部分的にでも情報開示を認める個人情報保護法の立場からすれば、先の記述をあらゆる人事考課情報を非開示とすることを認めたものと読むことは困難である。労働者は使用者に対して自身のプライバシーを放棄するのではなく[52]、自らの意思で一定範囲での利用を認めているにすぎないし、いかなる個人情報が蓄積され加工されているかを認識することすら困難な状態に置かれている。人事考課情報を例外的に非開示とするためには、さらなる理由付けを探す必要がある。

　個人情報保護法の適用がない場面でも、同法を基礎の一つとするプライバシー配慮義務の一内容として同様の開示請求が可能と解される[53]。一般法としての個人情報保護法の理念は同法の適用がない場面でも無視できず、指針レベルで情報開示等を義務づけるものもある以上[54]、積極的プライバシー権を基礎とする

---

49) 高槻市個人情報保護条例事件・大阪高判平13・10・12判例地方自治229号34頁。
50) 例えば毛塚勝利「賃金処遇制度の変化と労働法学の課題」労働法学会誌89号5頁、22頁（1997年）、土田道夫「能力主義賃金と労働契約」季刊労働法185号6頁、11頁（1998年）。
51) 角田邦重「人事考課資料の開示請求」労働法律旬報1503号4頁（2001年）。
52) ILO行動準則はプライバシー権の放棄を認めていない（5.13）。
53) 同様の方向性を主張する見解として、山田・前掲注6）77頁。

人事考課情報の開示請求は一般性を持たないという論理（前掲商工組合中央信用金庫事件）は今日もはや採り得ない。人事考課の公正さを担保するためにはこの権利が不可欠であり、これが労働者の人格的・職業的発展と不可分であることからすれば、労働契約関係はこの権利の存在を前提としていると解すべきである。

Ⅳ　むすびにかえて

　プライバシー権の議論は、社会と個人の変化を反映してダイナミックに展開してきた。本章で行ったプライバシー権の分類と体系化は、本章執筆時点でのその大枠を示すにとどまり、問題の時点での修正と補完を要する。

　プライバシー権の守備範囲の拡大は、領域の異なる法制度・法理の関係性を整理すべき場面を増やしている。雇用の場におけるプライバシー保護法理と個人情報保護法との相互関係は、一般法と雇用の場の特徴の評価に関わるこの種の論点の一つである。労働法内部においても、ある労働法制度をそこに内在する労働者のプライバシー権保障の視角から分析することは、その時代の社会を考慮して当該制度を相対的にとらえる作業として今後も重要性を持つだろう。

　他方、労働契約の維持・配慮の実施とプライバシー保護、自己決定の尊重と労使の力の格差に着目したパターナリスティックな規制の必要性といったプライバシー権をめぐる基本的対立構造はなお残る。情報化社会のさらなる進展と労働者の一層の個別化がこの対立構造にいかに反映されるべきかを検討することは、今後の課題としたい。

（はせがわ・さとし　専修大学法学部准教授）

---

54)「職業紹介事業の運営に当たり留意すべき事項に関する指針」第4の2(3)、「派遣元事業主が講ずべき措置に関する指針」第2・10(2)。

第 1 部　人格権の保護

第 2 章　職場のパワーハラスメントと人格権

根本　到

I　問題の所在

　労働者の人格権侵害が問題となる職場におけるハラスメントは、当人に望まれない性的行為や社会的に望ましくない性的行為を意味するセクシュアル・ハラスメントがあるが、このほかにも、いわゆるパワーハラスメントやモラルハラスメントなどと呼ばれる職場におけるいじめ・嫌がらせの問題も生じている。
　こうした各種のハラスメントのうち、セクシュアル・ハラスメントについては、男女雇用機会均等法11条に特別な規定が置かれたため、他のハラスメントと比較して、防止措置が先行して実施されるようになった。事業主は、均等法上、セクシュアル・ハラスメントについては、労働者からの相談に応じ、適切に対応するために必要な体制の整備その他の雇用管理上必要な措置を講じなければならず、これらの措置の具体的内容については指針が出されている[1]。セクシュアル・ハラスメントに関しては、都道府県労働局長が紛争当事者から援助を求められた場合、必要な助言、指導、勧告を行い（均等法17条1項）、本人がさらに調停を求めるときは紛争調整委員会が調停を行う（同法18条1項）。また、厚生労働大臣は職権によって、事業主に報告を求め、助言、指導、勧告を行う

---

[1] 職場における性的な言動に起因する問題に関して雇用管理上講ずべき措置についての指針（平18厚労告615号。最終改正：平28・8・2厚労告314号）。

ことができ（同法29条）、この勧告に従わない事業主に対しては企業名の公表がなされ（同法30条）、同法29条に規定する報告をせず、または虚偽の報告をした事業主は過料に処される（同法33条）。さらに、職場における妊娠、出産等に関する言動に起因する問題に関しては、雇用管理上講ずべき措置に関する規定が均等法11条の2に新たに設けられ、2017年1月1日からは、妊娠・出産等に関するハラスメント防止措置を適切に講じることが事業主に義務づけられた。

これに対し、セクシュアル・ハラスメント以外の職場におけるいじめ・嫌がらせについては、これに関する法律的な規定がないため、一般の損害賠償請求や、労災保険給付の不支給取消を求める請求などに委ねられてきた。こうした裁判例においては、全体としてその事象を性格づけた場合に職場のいじめ・嫌がらせだと評価される事案もあるが、なかにはパワーハラスメントという概念を得たことにより、それに該当する発言それ自体について不法行為の成否が問題とされた事案もある。また、労災認定に関しても、精神障害等の認定基準が何度か見直され、2011年12月に出された「心理的負荷による精神障害の認定基準について」によって、パワーハラスメントの心理的負荷が明らかにされた。

厚生労働省の「平成27年個別労働紛争解決制度の施行状況」によれば、総合労働相談件数は1,034,936件であり、民事上の個別労働紛争相談件数が245,125件となっているが、この中で「いじめ・嫌がらせ」に関する相談件数は66,566件で、解雇（37,787件）、自己都合退職（37,648件）を超えて、2012年度以降トップとなっている。また、あっせん申請においても、4,775件の申請件数のうち「いじめ・嫌がらせ」は1,451件といった状況にあり、事件数は近年急増していることがわかる。

日本では、2012年3月に厚生労働省の「職場のいじめ・嫌がらせに関する円卓会議（ワーキンググループ）」が出した「職場のパワーハラスメントの予防・解決に向けた提言」も公表されている。この提言は、職場におけるいじめ・嫌がらせの定義や問題の所在などを一定程度明らかにしたといえるが、この問題の深刻さに対する実情把握はいまだ充分とはいえない。

そこで本章では、まずEUとドイツにおけるハラスメント規制がどうなっているかを考察したうえで、日本の状況を概観し、法的概念をめぐる議論を確認する。そのうえで、職場のパワーハラスメントの類型ごとに生じている法的論

点を考察し、日本でどのような課題が存するかを取りあげてみたい。

Ⅱ　EUとドイツにおけるハラスメント規制

1　EU指令

　国際的には、1990年代初め頃から、北欧で職場におけるハラスメントに関する研究が始まったといわれているが、その後ヨーロッパの国々、オーストラリア、カナダ等へと広がり、法学分野の研究も行われてきた。そこで、EUとドイツの法規制をみておきたい。

　まず、EUでは2000年代に入ってから、差別の一形態としてハラスメントを明示し、均等待遇に関する立法の規制対象として取りあげられるようになった。[2]1997年アムステルダム条約によりローマ条約13条を改正し、性だけでなく、人種、民族的出自、宗教・信条、障がい、年齢、性的嗜好を理由とする差別と闘うことを宣言したが、この差別概念にハラスメントを含めることを規定したのである。これは1997年に、セクシュアル・ハラスメントと闘うために労使交渉による合意形成を試みる新ラウンドを始めたにもかかわらず、結局それが失敗に終わったことから、生まれたものであった。

　具体的には、①人種・民族均等指令（2000年6月29日）、②宗教、信条、障がい、年齢または性的嗜好を理由とする差別を禁じた雇用労働平等取扱一般枠組指令（2000年11月27日）、③男女の均等待遇指令において、それぞれの理由に基づく直接差別や間接差別に加え、ハラスメントの概念が明示された。なかでも、2006年7月5日の男女均等待遇指令2条（定義）は、まず1項において、(a)直接差別、(b)間接差別に加えて、(c)ハラスメントと(d)セクシュアル・ハラスメントが規定された。このハラスメントは、人の性別に関連する望まれない行為が、人の尊厳を侵害する目的または効果を有し、かつ、脅迫的、敵対的、冒涜的、屈辱的または攻撃的な環境を作り出す目的または効果を有するとき、と定義づけられている。また、セクシュアル・ハラスメントは、いかなる形態であれ、

2）山崎文夫「職場におけるハラスメントの法理」法律論叢81巻2＝3号329頁以下（2009年）、中窪裕也「『セクハラ』と『パワハラ』」NBL870号73頁以下（2007年）、濱口桂一郎『EUの労働法政策』459頁以下（労働政策研究・研修機構、2017年）参照。

性的性質を有する言語的、非言語的または身体的行為が、人の尊厳を侵害する目的または効果を有し、特に脅迫的、敵対的、冒涜的、屈辱的または攻撃的な環境を作り出す目的または効果を有するとき、と定義づけられた。

この概念規定に基づいて、(a)ハラスメントおよびセクシュアル・ハラスメントならびに人がかかる行為を拒否したことまたは受け入れたことに基づくあらゆる不利益待遇、(b)性別を理由として人を差別する指示、(c)指令92／85／EEC にいう妊娠または母親出産休暇に関する女性への不利益待遇は、本指令にいう差別とみなすと定められた。間接差別などの差別概念の拡大は、EC 裁判所の判例に根拠があるものであったが、このハラスメント概念の差別概念への統合は EU 独自の業績であるとされている。[3]

2　ドイツ

ドイツは、2006年8月14日に、一般平等取扱法[4]を制定したが、この法律にハラスメントに関する規定が定められている。この法律の目的は、人種、民族的出自、性別、宗教もしくは世界観、障がい、年齢または性的嗜好による不利益待遇を防止すること（同法1条）にあったが、ハラスメントやセクシュアル・ハラスメントが明示された。具体的には、ハラスメントは、同法3条3項において、「第1条に掲げる理由の一と関連する望まれない行為方法が、該当する者の尊厳を傷つけ、かつ、威圧的、敵対的、侮辱的、屈辱的もしくは不快感を与える環境を生み出すことを目的とし、またはそのような作用をもつとき、不利益待遇となる」と規定されている。また、セクシュアル・ハラスメントは、同条4項において、「望まれない性的行動およびその要求、性的意味を有する身体的接触、性的内容の発言並びにポルノグラフィー表現の望まれない掲示および見えるような表示をも含む望まれない性的意味を有する行為が、該当する者の尊厳を傷つけることを目的とし、またはそのような作用をもつとき、とくに威圧的、敵対的、侮辱的、屈辱的もしくは不快感を与える環境が生み出されるとき」、非独立および独立の職業活動の採用条件や昇進のための選抜基準な

3）黒岩容子「EU における間接差別禁止法理の展開」ジェンダーと法4号68頁以下（2007年）。
4）山川和義「ドイツ一般平等取扱法の意義と問題点」日独労働法協会会報8号79頁以下（2009年）参照。Bauer/Göpfert/Krieger, Allgemeines Gleichbehandlungsgesetz, 3. Auflage, 2011, S.101ff.

どに関して不利益待遇となる、と規定されている。

そのうえで、同法7条1項において不利益待遇を禁止し、同条2項は「前項に定める不利益待遇禁止に違反する合意は無効とする」と、同条3項は「使用者または労働者による第1項に規定する不利益待遇は、契約上の義務違反である」とそれぞれ定めている。また、同法12条においては、使用者の措置義務（同条1項）を規定したうえで、「警告、異動、配置転換、解雇その他不利益待遇を止めさせるため」（同条3項）と、「労働者を保護するため」（同条4項）に、「個々に適切、必要かつ適当な措置を講じなければならない」ことが定められている。さらに、このほかにも、苦情処理機関への申立権（同法13条）、報酬を保障されたうえで就労を拒否する権利（同法14条）、使用者の損害賠償義務（同法15条）、妨害排除請求権（同法21条）などが規定されているうえ、同法22条には、証明責任の分配の規定（「訴訟において、一方当事者が第1条に掲げる理由の一による不利益待遇を推定させる間接証拠を示したときは、他方当事者は不利益待遇からの保護のための諸規定に対する違反がないことの証明責任を負う」）も定められている。

このようにドイツでは、実に広範にハラスメントをめぐる規定が定められたのであるが、現在のところその利用件数は多くはない。一般人格権侵害の不法行為等の民法規定や、従業員代表委員会に関する規定をめぐって争うことが多いといわれている。[5]

III　職場のパワーハラスメントの背景事情

つぎに日本の問題に入っていくことにするが、法的問題の検討に入る前に、職場のパワーハラスメントがいったいどのような背景事情のもとで生じているのかを確認したい。

日常生活の様々な領域で、いじめ・嫌がらせ問題が顕在化しているが、この要因としては社会的な事情だけでなく、様々な個別事情が複雑に絡み合って発生していると考えられる。こうした中で深刻化しているのが、職場のパワーハ

5）マルティン・ボルメラート「職場におけるいじめ——ドイツ労働世界における深刻な問題」季刊労働法218号85頁以下（2007年）参照。Schleusener/Suckow/Voigt, Allgemeines Gleichbehandlungsgesetz, 4. Auflage, 2013, S. 114ff.

ラスメントである。職場における上司から部下への厳しい業務上の注意、指導または叱責や従業員間のトラブルは従前から存在していたのであるが、最近では従前と比べて急増しているうえ、問題が複雑かつ深刻になっている。職場においてパワーハラスメントが起きる背景事情としては、次の二つを挙げることができるだろう。

　第一に、企業間競争の激化など経営環境の変化や雇用状態の劣化である。2008年のリーマンショック等による業績不振に加え、少子高齢化の進行やグローバル経済化により企業間競争が激化している。また、「雇用の流動化」が進展し、非正規雇用が増大したことで、余裕のない働き方が常態化しており、パワーハラスメントを増大させている。

　第二に、職場での人間関係の複雑化・希薄化という事情も挙げることができる。従業員間のコミュニケーション・ギャップは、部下と上司の間だけでなく、中高年の従業員と若手の従業員との間や正社員と非正規社員との間など様々な形で生じている。厚生労働省による「職場のパワーハラスメントに関する実態調査」[6]によれば、パワーハラスメントに関連する相談がある職場に共通する特徴として、「上司と部下のコミュニケーションが少ない職場」（51.1％）、「正社員や正社員以外など様々な従業員が一緒に働いている職場」（21.9％）、「残業が多い／休みが取り難い」（19.9％）、「失敗が許されない／失敗への許容度が低い」（19.8％）などが報告されている。

Ⅳ　「職場のパワーハラスメント」の定義

1　パワーハラスメントという用語に対する批判

　「パワーハラスメント」（通称「パワハラ」）という概念は、15年以上前に考案された和製英語であるが[7]、国際的には通用しない「素性のいい英語」ではない

6）厚生労働省の業務委託により民間の調査会社が2012年12月に行った実態調査である。正社員30人以上の企業17,000社および民間企業に勤務している者9,000名を対象に実施された。
7）小宮教授によれば、2001年頃に、岡田康子氏が「上司から部下への『指導という名の人格攻撃』を表す和製英語として提唱した」とされている。小宮文人「パワハラという用語について」労働法律旬報1782号4頁（2012年）。

と評されている。ただし、「職場のいじめ・嫌がらせに関する円卓会議ワーキング・グループ」では、パワーハラスメントという言葉が、「職場のいじめ・嫌がらせを指す言葉として用いられている」と断ったうえで、「上司から部下に行われるものを指している場合と、その他の関係間で行われるものを含んでいる場合の両方が見られる」と指摘している。

　こうした定義づけに対しては、まず、「『パワハラ』という用語は、いじめの一部の行為を表象することはあり得ても、一般的な定義概念とすることは、いじめ問題の本質の理解を誤らせるだけでなく、この問題の対象領域を不当に狭めてしまうという点で、重大な欠陥を有するもので、学術用語あるいは法的概念として、不適切である」と批判する論者がいる。また、「パワー」の用語についても、「上司が職務権限にもとづきまたはそれに関連させて行う場合と同僚が職場の人間関係を利用して行う場合とでは、その性格が全く異なるから、やはり共通項として用いることには無理がある」と批判する論者もいる。さらに、EUにおける職場のハラスメント概念の動向を取りあげ、ハラスメントの用語が使用されるのは、身体的ハラスメントおよび性的（セクシュアル）ハラスメントに限定され、心理的なものについては、パワーハラスメントという用語が一切用いられていないことを指摘したうえで、パワーハラスメントを上位概念として法的に承認するか否かについては、慎重な検討が必要であると指摘する論者もいる。

　たしかに、これらの指摘は参考に値するが、日本の裁判例の中では「パワーハラスメント」という概念が広く浸透していることも忘れてはならない。こうした事情を考慮して、本章では「職場のパワーハラスメント」という概念を使用することにしたいと考えている。

8）「職場のいじめ・嫌がらせ問題に関する円卓会議ワーキング・グループ報告」（2012・1・31）の脚注1の内容。
9）大和田敢太「『職場における暴力・いじめ』の法的規制の課題」労働判例1038号2頁（2012年）。同「ワークハラスメント（WH）の法的規制」西谷古稀(上)435頁も参照。
10）小宮・前掲注7）4頁。
11）山田省三「職場におけるハラスメント」労働法律旬報1779号4頁（2012年）。

2　裁判例で使用されてきた概念

つぎに、裁判例において、パワーハラスメントがどのように定義されてきたのかであるが、明確に定義した例はほとんど存在しない。損害賠償請求事件では、問題の言動が不法行為や債務不履行に当たるか否かが問題となり、また、労災等の事件では、業務起因性に関する心理的負荷の有無、程度が判断されるため、あえて法律上の概念ではないパワーハラスメントを定義する必要がないのだと考えられる。

裁判例で使用される用語をみてみると、日常用語に近い「いじめ」の用語が当初使われていたが[12]、続いて「嫌がらせ」と表現されるようになり[13]、その後はパワーハラスメントという用語が定着している[14]。裁判例のなかには、当事者がパワーハラスメントといった用語を主張したため判示されたという事案だけでなく、裁判所自らがこの概念を使って定義づけを行った例も存在する。幾つか紹介してみたい。

まず、パワーハラスメントという概念を使った事案としては比較的古い例であるが、A保険会社上司（損害賠償）事件・東京地判平16・12・1がある[15]。この判決は、被告会社が使っていたパワーハラスメントの定義として、「仕事上のミスを注意するのに人格を否定するような発言（罵倒、暴言）がなされる」を挙げたうえで、それが「厳密に正確かどうかはともかく（例えば、働きかけが繰り返し行われることを要件としているように読めるところ）、一応の基準として参考となる」と判示した（結論的には、人格侵害の発言とは認めず、請求棄却）。ただし、同事件の控訴審の判断は、第一審の判断を維持せず、定義を示すことなく、パワーハラスメントの意図があったとまでは認められないと判示した[16]。

また、三洋電機コンシューマエレクトロニクス事件・鳥取地判平20・3・31[17]は、「全体として、原告の勤務先ないし出向先であることや、その人事担当者

---

12) 例えば、いじめによる自殺の事案である川崎市水道局事件・横浜地川崎支判平14・6・27労判920号6頁。
13) 東京教育図書事件・東京地判平4・3・30労経速462号5頁。
14) 山田・前掲注11) 4頁。
15) 労判914号86頁。
16) 東京高判平17・4・20労判914号82頁。
17) 労判987号47頁。

であるという優越的地位に乗じて、原告を心理的に追い詰め、長年の勤務先である被告会社の従業員としての地位を根本的に脅かすべき嫌がらせ（いわゆるパワーハラスメント）を構成する」と判示したうえで、慰謝料300万円を認定した。しかし、同事件の控訴審の判断は、この判断を否定的に解し、定義を与えず、「大きな声を出し、Aの人間性を否定するような不相当な表現を用いて叱責した点については、従業員に対する注意、指導として社会通念上許容される範囲を超えている」と判示したが、それに続けて「もっとも発言に至るまでの経緯等からすれば、慰謝料の額は相当低額で足りる」と述べて、慰謝料額をわずか10万円にしている。

　パワーハラスメントの定義をさらに試みた事案としては、損保ジャパン調査サービス事件・東京地判平20・10・21と医療法人財団健和会事件・東京地判平21・10・15がある。両事件とも、判決文に、「パワーハラスメント（組織・上司が職務権限を使って、職務とは関係ない事項あるいは職務上であっても適正な範囲を超えて、部下に対し、有形無形に継続的な圧力を加え、受ける側がそれを精神的負担と感じたときに成立するものをいう、と一応定義する。以下「パワハラ」という。）」という判示が出てくる。ただし、両判決とも、「事実の概要」として当事者の主張を要約している箇所での判示であることに加え、損保ジャパン調査サービス事件では、「嫌がらせないしパワーハラスメント」が認められないと判示し、医療法人財団健和会事件も、「安全配慮義務違反及び不法行為を構成するようなパワハラ及びいじめ並びに違法な退職強要の事実」は存在しないと判示されている。

　また、「職場のいじめ・嫌がらせに関する円卓会議」の提言とほぼ同様の概念定義を述べる裁判例も幾つか出されている。例えば、富士通関西システムズ事件・大阪地判平24・3・30は、「同じ職場で働く者に対して、職務上の地位や人間関係などの職場内の優位性を背景に、業務の適正な範囲を超えて、精神的・身体的苦痛を与える又は職場環境を悪化させる行為などと定義される」と

18）広島高松江支判平21・5・22労判987号29頁。
19）労経速2029号11頁。
20）労判999号54頁。
21）労判931号65頁。

判示している。しかし、その一方で、ザ・ウインザー・ホテルズインターナショナル（自然退職）事件・東京地判平24・3・9のように、「パワーハラスメントを行った者とされた者の人間関係、当該行為の動機・目的、時間・場所、態様等を総合考慮」したうえで、「企業組織もしくは職務上の指揮命令関係にある上司等が、職務を遂行する過程において、部下に対して、職務上の地位・権限を逸脱・濫用し、社会通念に照らし客観的な見地からみて、通常人が許容し得る範囲を著しく超えるような有形・無形の圧力を加える行為」を行ったと評価される場合に限り、違法なパワーハラスメントがあったとする事案もある。この事案は、定義づけの面でも厳格な判断基準を示した例であろう。

このように裁判例におけるパワーハラスメントの定義をみてきたが、パワーハラスメントの該当性が定義に照らして判断されているような例は存在しない。パワーハラスメントの定義は、裁判例においては、必ずしも必要だとは認識されていないのだと言わざるを得ないだろう。

3 「職場のいじめ・嫌がらせに関する円卓会議」の提言

「職場のいじめ・嫌がらせに関する円卓会議」が公表した「職場のパワーハラスメントの予防・解決に向けた提言」（2012年3月15日）によれば、職場のパワーハラスメントの定義づけとして採用したのは、次のようなものであった。すなわち、「職場のパワーハラスメントとは、同じ職場で働く者に対して、職務上の地位や人間関係などの職場内の優位性を背景に、業務の適正な範囲を超えて、精神的・身体的苦痛を与える又は職場環境を悪化させる行為をいう」と定義されている。

ここで与えられている概念の特徴としては、第一に、職場での優位性という概念を使用していることである。優位性というのは抽象的な言葉ではあるが、パワーハラスメントという事象が、上司から部下へのいじめ・嫌がらせをさして使われる場合が多いものの、先輩・後輩間や同僚間、さらには部下から上司に対して行われることもあることを意識したものだとされている。「職場内での優位性」には、職務上の地位に限らず、人間関係や専門知識、経験などの

---

22) 労判1050号68頁。

様々な優位性が含まれることが意味されているのである。

　第二に、「業務の適正な範囲を超えて」と定義されていることである。業務上の必要な指示や注意・指導を不満に感じたりする場合でも、業務上の適正な範囲内で行われている場合には、パワーハラスメントには該当しないのである。後に裁判例等を考察して、何が業務の適正な範囲で、何がそうでないのか、その範囲を明確にする作業をしてみたいが、この点を確認しておきたい。

　第三に、繰り返すこと（継続すること）を概念として使用していないことを指摘しなければならない。職場のいじめ・嫌がらせの定義づけの例をみると、職場のいじめに関する研究を重ねてきた水谷英夫氏は、職場のいじめの定義を、「職場およびそれに隣接する場所、時間において従業員若しくは使用者らから一時的若しくは継続的になされる心理的、物理的、暴力的な苦痛を与える行為の総称」としているが、「一時的若しくは継続的」な行為と論じている。

　また、2001年に職場における上司が持つパワーを背景にしたハラスメントをパワーハラスメントと定義することを提唱したシオレ・シー・キューブは、電話相談等を通じて把握した実例を素材にして、パワーハラスメントを、「職務上の地位または職場内の優位性を背景にして、本来の業務の適正な範囲を超えて、継続的に相手の人格や尊厳を侵害する言動を行うことにより、就労者に身体的・精神的苦痛を与え、また就業環境を悪化させる行為」と定義した。これは、パワーハラスメントには段階があり、継続的な人間関係の中で生じる問題であるという見方をベースにしているが、「継続的」に行われる行為だと定義している。ただし、回数が少なければOKだが、回数を多く重ねるとパワーハラスメントになる危険が高まる行為を「イエローゾーン」、「グレーゾーン」と呼ぶのに対し、行為の頻度・回数が、1回でもパワーハラスメントに当たる行為を「レッドゾーン」（違法な業務命令、物理的暴力、法に違反する行為の強要、人格侵害行為など）と呼んでいるなど、絶対に継続的でなければならないとしたわけではないようである。

---

23) 水谷英夫『職場のいじめ・パワハラと法対策〔第4版〕』12頁（民事法研究会、2014年）。
24) 岡田康子＝舘野聡子「パワー・ハラスメントを発生させない職場管理」『労働判例別冊　職場のトラブル防止ハンドブック』28頁以下（産労総合研究所、2006年）。また、岡田康子＝稲尾和泉『パワーハラスメント』43頁（日本経済新聞社、2011年）も参照。

これに対し、フランスの労働法典 L.122条の49第 1 項は、「いかなる労働者も、その権利および尊厳を毀損し、身体的若しくは精神的健康を損なわせて、またはその職業的将来を危うくさせるおそれのある、労働条件の悪化を目的とし、またはそのような結果をもたらす精神的ハラスメントの反復した行為を受けてはならない」となっているが、「反復した行為」だと明示されている²⁵⁾。

　このように職場のパワーハラスメントの定義に関しては、行為の継続性を求めるか否かが一つの争点となるが、1 回でもそれがひどい人格侵害行為であるならば、違法性が認められることはあり、「継続的」などという用語を定義に加えることはできない。これは、パワーハラスメントの定義は、ある程度開放性のある概念にしておくことが必要だからである。ただし、労働者側代理人でさえ、「1 回や 2 回一時的に怒鳴られたくらいや 1 回や 2 回無視されたくらいでは違法なパワハラとは言えないと相談者に対して率直に言うことにしている」と述べていることもあわせて考えると、違法性が認識される行為の多くは継続的なものが多いともいえよう。

　なお、この提言では、第三者からのいじめは含まれていないが、裁判例では顧客からのストーカー行為につき使用者の安全配慮義務違反を認めた事案（バイオテック事件・東京地判平11・4・2）もあり、これを含めていくことが求められる。こうして考えてみると、先の提言のうち、「同じ」を削除して顧客も対象にできるようにし、「職場のパワーハラスメントとは、職場で働く者に対して、職務上の地位や人間関係などの職場内の優位性を背景に、業務の適正な範囲を超えて、精神的・身体的苦痛を与えるまたは職場環境を悪化させる行為をいう」とした方が説得的であろう。

---

25) 石井保雄「職場いじめ・嫌がらせの法理――フランス法と比較した素描的考察」水野勝先生古稀記念論集『労働保護法の再生』415頁（信山社、2005年）参照。
26) 棗一郎「職場のパワーハラスメントの予防と解決策の検討――職場のいじめ・嫌がらせ問題に関する円卓会議の提言・報告の検討をふまえた実務家からの提言」労働法律旬報1776号25頁（2012年）。
27) 労判772号84頁。
28) 内藤忍「『職場のいじめ・嫌がらせ問題に関する円卓会議』提言と今後の法政策上の課題」季刊労働法238号11頁（2012年）、同「パワーハラスメント」労働法の争点(新)33頁。

V　パワーハラスメントをめぐる訴訟類型と行為類型

　職場のパワーハラスメントをめぐる訴訟は、様々な形で争われている。それを少し挙げてみれば、①パワーハラスメントに対する損害賠償請求、②配転などの人事権限の無効確認、③パワーハラスメントの差止請求、④パワーハラスメントによる欠勤期間中の賃金請求[29]、⑤パワーハラスメントによって労働者が精神疾患等に罹患もしくは自殺した場合の労災保険給付不支給処分の取消請求、⑥パワーハラスメントを理由とした懲戒処分の取消請求などの類型があるといえよう[30]。

　このうち、訴訟の数として多いのは、①の類型である。この類型の裁判は、被害者から加害者個人に対して訴える場合と、被害者から会社あるいは取締役（代表取締役を含む）に対して請求する場合の二つがあるが、数は少ないものの加害者から被害者あるいは会社等に対して起こされる事件もあるらしい。

　また、被害者から会社に対して請求する場合は、①加害者としての使用者の不法行為（民709条）の成否が問題となることもあるが、使用者責任として②不

---

[29] 東芝府中工場事件・東京地八王子支判平2・1・18労判558号68頁は、執拗に反省書を求めるなど、上司が部下に対する指導監督権の範囲を逸脱した行為を繰り返した末、労働者が欠勤することになり、労働者が欠勤に伴う賃金や慰謝料を請求した事案である。裁判所は、労働者が心因反応を示すなど上司の行為が行きすぎていたとして、賃金（約5万円）と慰謝料（約15万円）を認める判示をした。

[30] ハラスメントの加害者とされた者などが懲戒処分され、当該処分を争う事案が最近増えている。例えば、ある労働者が同僚のアルバイト従業員と交際するなどしていたことを理由になされた5日間の出勤停止処分の有効性を争った東京地判平26・9・5 LEX/DB25504755は、懲戒事由がないことを認識しながら事態を収束させるために同処分を行ったとして、同処分が無効であり、休職期間中の賃金を支払うことに加え、30万円の慰謝料の支払いを判示した。これに対し、L館事件・最一判平27・2・26労判1109号5頁は、セクシュアル・ハラスメントを理由としてなされた懲戒処分を無効だと判断した原審（大阪高判平26・3・28労判1099号33頁）の判断を覆し、懲戒処分は有効であると判示している。この判決の評釈としては、水町勇一郎「職場における性的発言等を理由とした懲戒処分の有効性」ジュリスト1480号4頁（2015年）、野崎薫子「セクシュアル・ハラスメントを理由とする管理職に対する懲戒処分及び降格の有効性」ジュリスト1486号95頁（2015年）、皆川宏之「職場における性的な内容の発言等によるセクシュアル・ハラスメント等を理由としてされた懲戒処分が懲戒権を濫用したものとはいえず有効であるとされた事例」判例時報2277号203頁（2016年）、大木正俊「セクシュアル・ハラスメントに関わる懲戒処分の有効性」法律時報88巻12号159頁（2016年）などがある。

法行為の成否（労働者がその事業の執行について第三者に加えた損害の賠償責任。民715条）もしくは③債務不履行責任（職場環境配慮義務違反や安全配慮義務違反。民415条）が問題になる。①の場合としては、パワーハラスメントがあったにもかかわらず、十分な事後措置をとらなかったということは、会社そのものの不法行為だと捉えられるということである。また、加害者が代表取締役の場合には、④会社への責任は会社法350条に基づいて問うことにもなる。最近の事案では、代表取締役がハラスメントをした場合だけでなく、社員の誰かがパワーハラスメント行為をしたのに対し、代表取締役が十分な事後措置をしなかったことについても会社に責任があると判示されている[31]。さらに、会社法429条を使って、取締役に対する損害賠償請求という方法もある。

つぎに、職場のパワーハラスメントの行為類型である。「職場のいじめ・嫌がらせに関する円卓会議」が公表した「職場のパワーハラスメントの予防・解決に向けた提言」によれば、次の6つが明らかにされている。ただし、この提言では、ここで挙げられた類型は典型的なものであり、すべてを網羅するものではないと断っている。

第一に暴行・傷害（身体的な攻撃）、第二に脅迫・名誉毀損・侮辱・ひどい暴言（精神的な攻撃）、第三に隔離・仲間外し・無視（人間関係からの切り離し）、第四に業務上明らかに不要なことや遂行不可能なことの強制、仕事の妨害（過大な要求）、第五に業務上の合理性なく、能力や経験とかけ離れた程度の低い仕事を命じることや仕事を与えないこと（過小な要求）、第六に私的なことに過度に立ち入ること（個の侵害）である。

このうち、第一の類型については、業務の遂行に関係するものであっても、「業務の適正な範囲」に含まれるとすることはできないと論じられ、第二と第三の類型については、業務の遂行に必要な行為であるとは通常想定できないことから、原則として「業務の適正な範囲」を超えるものと考えられるとしている。また、第四から第六の類型については、業務上の適正な指導との線引きが必ずしも容易でない場合があり、具体的な判断については、行為が行われた状況や行為が継続的であるかどうかによって左右される部分もあると論じられて

---

31) 大阪地判平21・10・16LEX/DB25441354。

いる。以下では、それぞれの類型ごとの裁判例の動向を少しみておこう。

Ⅵ 行為類型ごとの裁判例

1 暴行・傷害

まず、対象とする行為が暴行・傷害にあたると評価された場合には、「業務の適正な範囲」に含まれると判断されることはほとんどなく、たとえ1回限りの行為でも、業務遂行に関連して行われたとしても違法性が認定されている[32]。例えば、同僚や上司による殴打、足蹴り、エアガンで撃つ行為などの暴行があった場合、これらはすべて行為者の不法行為責任を肯定するとともに、使用者の損害賠償責任も肯定されている[33][34]。また、店長代行として勤務していた従業員に対して、店長が、同人の説明や態度に激昂して、胸倉を掴み、その背部を板壁に3回ほど打ちつけたうえ、側にあったロッカーに同人の頭部や背部を打ち付けたり、顔面に頭突きを加えたりした行為[35]、針のついたボールを投げつけたり、ガムを吐いたりした行為[36]、シンナーの撒布[37]、上司が背中を殴打したり、面談中に叱責しながら膝を足の裏で蹴ったりしたうえで、12月から6月までの期間、喫煙者の従業員に対し継続的に扇風機の風を当て続けた行為[38]、代表取締役らが従業員の仕事上のミスに対して汚い言葉で怒鳴ったりするとともに、同人の頭を叩いたり、殴ったり、蹴ったりした行為[39]、恒常的に「使えない」等の暴

---

[32] 2012年までの裁判例は、浅野毅彦「職場のいじめ嫌がらせパワハラの裁判例の検討」労働法律旬報1776号6頁以下（2012年）を参照しつつ、その後の裁判例については、奥山明良「職場のパワー・ハラスメントをめぐる法律問題を考える――論点の整理と学説・裁判例の考察を中心として」成城法学85号203頁以下（2017年）や佐々木亮＝新村響子『ブラック企業・セクハラ・パワハラ対策』71頁以下（旬報社、2017年）を参照した。

[33] アジア航測事件・大阪地判平13・11・9労判821号45頁、エール・フランス事件・千葉地判平6・1・26労判647号11頁、ヨドバシカメラほか事件・東京地判平17・10・4労判904号5頁、国（護衛艦たちかぜ〔海上自衛隊員暴行・恐喝〕）事件・横浜地判平23・1・26労判1023号5頁、航空自衛隊事件・静岡地浜松支判平23・7・11判時2123号70頁など。

[34] ただし、ヨドバシカメラほか事件では、派遣元の使用者責任を肯定したが、派遣先使用者の使用者責任および安全配慮義務違反は認めていない。

[35] ファーストリテイリング（ユニクロ店舗）事件・名古屋地判平18・9・29労判926号5頁。

[36] 日本土建事件・津地判平21・2・19労判982号66頁。

[37] 東京都ほか（警視庁海技職員）事件・東京高判平22・1・21労判1001号5頁。

[38] 日本ファンド（パワハラ）事件・東京地判平22・7・27労判1016号35頁。

言を吐いたことに加え、しゃもじで殴る等の暴行をしたことなどが問題となり、いずれも違法性があり、パワーハラスメントによる精神障害と自殺との間の因果関係（業務起因性）があると判断され、不法行為の成立が認められている。

このなかで、シンナーの撒布の違法性を認めた東京都ほか（警視庁海技職員）事件においては、ネクタイを掴んで引っ張った行為の違法性は否定されている。ただし、この事案に対しても、被害者がけが等をしていなくとも、精神的に大きな負荷がかかる違法な行為ではないかと批判する見解もある。

2　脅迫・名誉毀損・侮辱・ひどい暴言

上司の発言や態度が労働者の人格的利益を侵害している場合、不法行為等の訴訟においては違法性が認められるが、他方で、従業員間で行われる言動がすぐに違法なものと認定されてしまえば、組織内のコミュニケーションの自由は成り立たなくなってしまう。したがって、どのようなケースが違法性の対象となるのかが問題となる。

この類型に属する事案は数多く存在するが、次のような事案が示されている。例えば、他の従業員の面前において名指しで「お前やっただろ」等と横領行為の共犯者であるかのような発言をすること、職員会議において別組合に加入した労働者を非難、糾弾する発言をし、参加した職員らを誘導、扇動したこと、仕事振り等について突然一方的に非難し、何かと不快感をあらわにするといった態度を繰り返すこと、高卒新入社員の仕事上のミスに対する上司の発言等が叱責の域を超えて、人格を否定し威圧するものであったことなどは違法性が認められ、不法行為の成立が認められている。

これに対し、必要な工事日報が作成されていなかったことなどを考慮すると、ある程度の厳しい改善指導をすることは正当な業務の範囲内にあると判断され

39）メイコウアドヴァンス事件・名古屋地判平26・1・15労判1096号76頁。
40）サン・チャレンジほか事件・東京地判平26・11・4労判1109号34頁。
41）浅野・前掲注32）7頁。
42）クレジット債権管理組合等事件・福岡地判平3・2・13労判582号25頁。
43）U福祉会事件・名古屋地判平17・4・27労判895号24頁。
44）天むす・すえひろ事件・大阪地判平20・9・11労判973号41頁。
45）暁産業ほか事件・福井地判平26・11・28労判1110号34頁。

ている。また、販売実績を把握しておらず質問に答えることができなかったため、「販売担当者として、その程度のことは把握しておくように」などと言って注意したことや、外国人研修生・技能実習生に対してお辞儀を強制したことも違法性が否定されている。

さらに、横河電機事件・東京高判平25・11・27は、長時間の残業を強いられたうえ、人格を否定するような非難、罵倒、叱責等を受けたことから、肉体的、精神的に疲労ぱいし、うつ病等に罹患して休職し、休職期間の満了を理由に退職を余儀なくされたことが問題になった。この判決は、上司の業務上の指示・指導は違法なものとは認められず、不法行為に基づく損害賠償請求および使用者である会社に対する使用者責任に基づく損害賠償請求をいずれも否定したが、この労働者が休業に至るまでの安全配慮義務違反だけを認める判断を出している。

3　隔離・仲間外し・無視

この類型に属する事件の多くは、会社（使用者）の指示や方針に従わなかった労働者に対する報復的、懲罰的な措置の結果が問題となっている。例えば、松陰学園事件・東京高判平5・11・12は、使用者が労働者（私立学校の女性教諭）の権利主張と組合活動を嫌悪していたところ、二度にわたって産休をとったのに対し、それまで担当していた学科の授業、クラス担任等一切の仕事を外された上、何らの仕事も与えられないまま4年半にわたって別室に隔離され、さらに7年半にわたって自宅研修させられたことが問題となり、使用者の損害賠償責任を認めている。

また、国際信販事件・東京地判平14・7・9は、整理解雇の対象になった労働者が永久欠番と書かれたり、座席の移動を命じられたりする嫌がらせを受け、孤立化させられた事件である。裁判所は、本件解雇を権利の濫用として無効と

---

46) 前田道路事件・高松高判平21・4・23労判990号134頁。
47) 北海道銀行（自殺）事件・札幌地判平17・1・20労判889号89頁。
48) デーバー加工サービス事件・東京地判平23・12・6労判1044号21頁。
49) 労判1091号42頁。
50) 判時1484号135頁。
51) 労判836号104頁。

判断するとともに、この労働者に対して約2か月間にわたり具体的な仕事を与えず、繰り返し嫌がらせしたことは違法であるとして、会社と会社代表者の不法行為責任を認めている。

さらに、アールエフ事件・長野地判平24・12・21[52]は、社長に対し異論を述べたりして折り合いの悪かった労働者について、大阪支店から長野本店に異動させたうえ、同僚に作業場所等について嫌がらせを指示し、当該労働者を無視することや威圧的・脅迫的な圧迫を行わせたりすることによって退職を強要した行為が問題となった。裁判所は、社長の意を体した従業員らが退職強要を行ったものであり、退職に追い込むために嫌がらせ的な業務内容を指示していたことが認められるため、不当な差別的取扱いを行っているとして、不法行為の成立を肯定した。

4　業務上明らかに不要なことや遂行不可能なことの強制、仕事の妨害（過大な要求）

まず、業務上の必要性がないと判断された例としては、次のようなものがある。例えば、日本老人福祉財団事件・東京地判平13・3・16[53]では、組合委員長であった福祉施設職員に対し命じられた二度にわたる英文レポートの翻訳作業が、業務上の必要性のないもので、同人に対する嫌がらせであると判断して、不法行為の成立を認めた。また、JR西日本（森の宮電車区・日勤教育等）事件・大阪高判平21・5・28[54]は、あらかじめ達成目標が明示されないまま結果として73日間にも及んだ日勤教育を違法であると判断している。

つぎに、不当な動機・目的が認められた事案であるが、一方で不当な動機があると認められ、他方で労働者の受ける不利益が大きいかが考慮される傾向にある。例えば、神奈川中央交通（大和営業所）事件・横浜地判平11・9・2[55]は、接触事故を理由としてなされた1か月間の除草作業を内容とする下車勤務命令について、もっとも過酷な炎天下で終日等従事させたことは、下車勤務の目的

---

52) 労判1071号26頁。
53) 労判805号144頁。
54) 労判987号5頁。
55) 労判771号32頁。

から大きく逸脱しており、恣意的な懲罰の色彩が強く、安全な運転をさせるための手段としては不適当で、裁量権の範囲外であると判断している。また、JR 西日本吹田工場（踏切確認作業）事件・大阪高判平15・3・27[56]は、踏切横断についてのトラブルがあった後、真夏の炎天下に、日除けのない白線枠内に立って、終日、工場内踏切横断者の指差確認状況を監視、注意する作業に従事する命令をしたことは、肉体的、精神的に極めて過酷で労働者の健康に対する配慮を欠いたものであり、従前行われていた定点監視作業とは内容を異にするとして、合理性を欠くと判断している。さらに、カネボウ化粧品販売事件・大分地判平25・2・20[57]は、参加義務のある研修会で、販売目標個数未達成の罰ゲームとして、「ウサギの耳の形をしたカチューシャ」を含む「易者のコスチューム」の着用を強要した上司の行為が問題となったが、着用が任意であったとしても、これを拒否することは非常に困難な状況であり、後日別の研修会において労働者の了解なくコスチュームを着用したスライドを投影した事実も認められるから、この上司の行為は、社会通念上正当な職務行為とは言えず、労働者に心理的負荷を過度に負わせる行為であり、不法行為に該当すると判断している。

このように、この第四類型に属すると考えられる事案は違法性を認めたものが多いのであるが、国労バッジの取り外し命令に従わなかったことを理由として火山灰除去作業を命じたことが問題となった国鉄鹿児島営業所事件・最二判平5・6・11[58]があることも忘れてはならない。同事件は、一審[59]および原審[60]が業務命令権の濫用と認定していたにもかかわらず、職務管理上やむをえず、違法なものではないと判断したのである[61]。

5　能力や経験とかけ離れた程度の低い仕事を命じること

この類型に該当すると考えられる事案も数多い。例えば、従来の業務とは大

56）労判858号154頁。
57）労経速2181号3頁。
58）労判632号10頁。
59）鹿児島地判昭63・6・27労民集39巻2＝3号216頁。
60）福岡高宮崎支判平1・9・18労民集40巻4＝5号505頁。

きく異なる草取り、ガラス拭き等の雑務を命じたこと、配転の打診を拒否した労働者に対して、約1年間仕事をさせず、同僚に仕事の話をさせなかったこと、組合結成後、担当業務を取りあげて個別訪問を命じ、トイレ掃除やチラシ配布等を命じて元の職場に戻さなかったこと、ヤミカルテル等の内部告発後に、個室に配転し、きわめて補助的な雑務をさせることなどは、いずれも違法性が認められている。また、退職強要や異動あるいは降格処分の違法性・有効性が問題となった事案も多く、30年以上勤務している課長職にあった者に受付業務への配転を命じたことや、退職勧奨を拒否する副院長を実質的に降格したことなどが、違法・無効であると判断されている。

これに対し、担当業務を外したこと、受持ち患者数を減らしたこと、EHS（環境・安全衛生）室長から物品等の受入検査部門（トランザクション業務）への配転、建設プロジェクトに参加させず、再就職支援をしなかったことは、いずれも違法性が認められず、適法だと解されている。

---

61) この判決の理論的問題点については、具体的・客観的な業務の必要性を超えて職場規律を最大限重視し、「労働者の個人の尊厳や基本的人権が職場においても保障されるべきこと、業務命令によって侵害することが許されない場合があることを軽視する」との批判（脇田滋「業務命令——国鉄鹿児島自動車営業所事件」労働判例百選〔第7版〕34頁）、労働者の被る「不利益を過小評価する半面、本件業務命令の必要性を過大評価している」との批判（土田道夫「火山灰除去作業を命じる業務命令の違法性」重判平成5年度237頁）がある。
62) 平安閣事件・東京高判昭62・3・25労判506号15頁、同事件・第二判昭62・10・16労判506号13頁。
63) ネスレ日本事件・神戸地判平6・11・4労判タ886号224頁。
64) 東京教育図書事件・東京地判平4・3・30労経速1462号5頁。
65) トナミ運輸事件・富山地判平17・2・23労判891号12頁。
66) このほかにも、学校法人明泉学園（S高校）事件・東京地川崎支判平24・10・3労判1071号63頁および同事件・東京高判25・6・27労判1077号81頁は、私立学校の教員であり組合員であった者に、立ち番を他の教員よりも多く命じたのは、教師としての誇り、情熱を大きく傷つけるとともに、不当労働行為にもあたるとして、労働契約に基づく指揮監督権の著しい逸脱・濫用に当たる違法なものだと判断している。
67) バンク・オブ・アメリカ・イリノイ事件・東京地判平7・12・4労判685号17頁。
68) 日野市（病院副院長・降格）事件・東京地判平21・11・16労判998号45頁。
69) NTT東日本（東京情報案内）事件・東京地判平12・11・14労判802号52頁。
70) F病院事件・福井地判平21・4・22労経速2040号14頁。
71) GEヘルスケア・ジャパン事件・東京地判平22・5・25労判1017号68頁。
72) キリンエンジニアリング事件・東京地判平23・12・22判時2144号143頁。

6 私的なことに過度に立ち入ること

業務とは関係のない個人的、私的な生活時間への干渉行為も、行き過ぎれば職場のパワーハラスメントとして問題なりうる。

例えば、上司が家主との和解等を強要したことについては、不法行為の成立を認める判断が示されている[73]。また、結婚指輪を身に付けることが仕事に対する集中力低下の原因となるという独自の見解に基づいて、この労働者に対してだけ結婚指輪を外すよう命じたことは、労働者の自殺にあたり大きな心理的負荷を与えたとして業務起因性が認められると判断されている[74]。

また、勤務時間後も先輩職員の遊び等に無理やりつき合わせたり、幼児のために車の送迎等を命じた先輩看護師は、自殺について予見可能性が認められるため、いじめおよびいじめを原因とする自殺によって生じた損害を賠償する責任を負うが、自殺した者が勤務していた病院（使用者）については、自殺について予見可能性が認められないため、いじめ防止措置を採らなかったことについてのみ、安全配慮義務違反として債務不履行による損害賠償責任を負うと判示されている[75]。

さらに、財布の中身をチェックしたり、免許証を取り上げて預かったりしたことが問題となり、たとえ私生活面での規律を正すことが業務の改善に資すると期待されるとしても、そのような目的で所持品検査を行うことが正当化される余地はなく、所持品検査に正当な理由は認められず、上司の行為は不法行為を構成するうえ、会社の業務執行の一環であるとして、使用者責任が認められると判示する例もある[76]。

Ⅶ パワーハラスメントをめぐる法的課題

1 違法性の認定基準と立法の必要性

パワーハラスメントの違法性の判断においては、主に、①パワーハラスメン

---

73) ダイエー事件・横浜地判平2・5・29労判579号35頁。
74) 名古屋南労基署長（中部電力）事件・名古屋高判平19・10・31労判954号31頁。
75) 誠昇会北本共済病院事件・さいたま地判平16・9・24労判883号38頁。
76) コスモアークコーポレーション事件・大阪地判平25・6・6労判1082号81頁。

ト加害者の数、②パワーハラスメントの程度、回数、態様、③労働者の権利・利益の内容と侵害の程度、④使用者の権利の範囲内か、⑤パワーハラスメント加害者の動機・目的などの諸事情が総合考慮されている。このなかで、使用者が業務命令権を有する場合には、裁量の範囲を逸脱しているかが問題となるが、労働者の人格的利益の侵害が取りあげられた場合でも、加害者（使用者ということもある）の動機・目的の存否を重視する考え方と、労働者の侵害状況を重視する考え方の二つがありうる。これまでの裁判例をみると、安全配慮義務違反など使用者の信義則上の義務違反を認定できるケースであれば、客観的な義務違反が存在すれば足りるため、加害者の動機・目的は特に大きな問題にならない。使用者が業務命令権に基づいて、パワーハラスメントと疑われる行為を行っている場合でも、違法性を認定するのが困難なこともあるが、学説においては、こうした状況をにらんで、加害者の主観的意図ではなく、信義則上の義務を使用者に課すことによって処理する方が妥当であるとの指摘もなされている。現在、職場のパワーハラスメントの防止義務は法律上定められていないが、不利益取扱いの不作為義務が定められている規定（労組法7条や均等法の諸規定など）に関しては、業務命令権の違法性を使用者の義務違反の観点から問題にできることになる。

　また、労働者が、パワーハラスメントに対して損害賠償を求める場合、セクシュアル・ハラスメントと同様、加害者とともに、会社の責任を追及することが少なくない。使用者の責任の根拠づけに関しては、働きやすい職場環境を保つように配慮すべき義務（職場環境配慮義務）を負っているとされる。ただし、セクシュアル・ハラスメントに関しては、学説上、労働者の人格的利益に関わり、契約上の債務として（つまり債務不履行構成として）、配慮義務を理論的に根拠づけることは困難であるとする見解も主張されている。たしかに、人格的利益への配慮義務を過度に課すことは、契約当事者の契約の自由に過度に介入するおそれもあるだろう。しかし、使用者はパワーハラスメントが労働者の精神的、身体的な健康を害すると認識できた場合には、安全配慮義務（労働契約法

---

77) 石井・前掲注25) 431頁。
78) 山川隆一「わが国におけるセクシュアル・ハラスメントの私法救済」ジュリスト1097号70頁（1996年）。

5条)に基づき防止義務を課されるだけでなく、パワーハラスメントを除去することに向けて積極的な措置をとることを義務づけられるべきであろう。パワーハラスメントを防止する義務か、あるいは職場環境配慮義務を法律に規定するべきである。[79]

なお、エール・フランス(仮処分命令)事件・千葉地決昭60・5・9では、[80]嫌がらせ行為が継続している場合、暴行、脅迫、名誉毀損に当たる行為の差止請求が認められたが、西谷商事事件・東京地決平11・11・12は、[81]侵害行為の差止めを求めることができるという一般論を判示しながら、名誉感情が害されることはあるとしても、そのことが名誉という人格的利益を侵害するものとはいえないとして、差止請求を否定している。しかし、パワーハラスメントは、労働者の人格権を侵害し、メンタル面の疾患を引き起こす可能性が高いものであり、事後的な金銭賠償では十分回復できず、予防が何よりも重要だといわれている。紛争になってしまったときには、人格的利益の侵害が認められるのであれば、パワーハラスメントの差止請求を認めることにも大きな意義があるだろう。[82]

2 精神障害の労災認定基準

精神疾患等の労災認定基準は、これまで何度か見直されてきた。まず、1999(平成11)年には「心理的負荷による精神障害等に係る業務上外の判断指針」[83]というものが出されている。しかし、労基署の労災認定が裁判所で覆される事例がたくさん出てきたことから、2008(平成20)年に「上司の『いじめ』による精神障害等の業務上外の認定について」[84]や、2009(平成21)年に「『心理的負荷による精神障害等に係る業務上外の判断指針』の一部改正について」[85]が示されている。これによれば、「職場における心理的負荷評価表」の具体的出来事の

---

79) 裁判例のなかには、管理職に「職場いじめ報告義務」を課すもの(骨髄移植推進財団事件・東京地判平21・6・12労判991号64頁)もある。
80) 労判457号92頁。
81) 労判781号72頁。
82) 鎌田耕一「労働者の人格的利益と差止請求」角田古稀(上)243頁以下、鈴木隆「企業の懲戒・制裁」講座21世紀の労働法(6)162頁参照。
83) 平11・9・14基発544号。
84) 平20・2・6基労補発0206001号。
85) 平21・4・6基発0406001号。

追加または修正等が行われており、「強度Ⅲ」に「ひどい嫌がらせ、いじめ、又は暴行を受けた」という項目が新たに追加されたこと、「強度Ⅱ」に「達成困難なノルマが課せられたこと」という項目が新たに追加されたこと、「部下とのトラブル」という項目が「強度Ⅰ」から「強度Ⅱ」に変更されるということがそれぞれ修正された。また、「出来事に伴う変化等を検討する視点」については、「出来事後の状況が持続する程度の視点」という形に変えられ、各項目の「着眼項目」を明記して、「こういう問題が起こっているかどうかを見て、この強度を判断する」ということになった。

その後、2011（平成23）年12月に示されたのが「心理的負荷による精神障害の認定基準について[86]」である。この内容が現在でも妥当している。これによれば、「強」となった「ひどい嫌がらせ、いじめ、又は暴行を受けた」という項目の具体例として、「部下に対する上司の言動が業務指導の範囲を逸脱しており、その中に人格や人間性を否定するような言動が含まれ、かつ、これが執拗に行われた」あるいは「同僚等による多人数が結託して人格や人間性を否定するような言動が執拗に行われた」、「治療を要する程度の暴行を受けた」といった事柄が挙げられている。また、強中弱のうち「中」には「上司とのトラブルがあった」という事項が挙げられているが、「上司から、業務指導の範囲内である強い指導・叱責を受けた」や「業務をめぐる方針等において、周囲からも客観的に認識されるような対立が上司との間に生じた」といった例が挙げられている。さらに、従来は、セクシュアルハラスメントなどは、「出来事」として「対人関係のトラブル」の中で取り上げられているだけであったが、「対人関係のトラブル」から独立させたうえで、強中弱のそれぞれの具体例が示された。

この認定基準が出された結果、裁判例の判断の次元では認定基準の顕著な影響は見受けられないが、パワーハラスメントによる労災補償の支給は増加しているといわれる。これは評価すべきことであろう。ただし、認定基準の検証は今後も必要であり、具体例を追加していくことも求められる。

なお、この認定基準では業務による心理的負荷の認められる期間の基準は

---

86) 平23・12・26基発1226号第1号。

「おおむね 6 か月」となっているが、渋谷労基署長(小田急レストランシステム)事件・東京地判平21・5・20は、「当該労働者の置かれた具体的状況における心理的負荷とは、精神障害発症以前の 6 か月間等、一定期間のうちに同人が経験した出来事による心理的負荷に限定して検討されるべきものではないが、ある出来事による心理的負荷が時間の経過とともに受容されるという心理的過程を考慮して、その負荷の程度を判断すべきである」と判示しており、6 か月に縛られずに検討したことがうかがえる。パワーハラスメントは、長期間にわたって行われることもあり、6 か月という期間に拘束されずに心理的負荷との因果関係が判断されることも説得的なこともあるだろう。

(ねもと・いたる　大阪市立大学大学院法学研究科教授)

---

87) 労経速2045号 3 頁。

第1部　人格権の保護

第3章　労働者による企業コンプライアンスの実現

山川和義

I　はじめに

　2015年の東芝の不正会計、そして2016年の三菱自動車の自動車燃費の不正など、企業不祥事は続発している。企業不祥事は国民生活に大きな影響をもたらし、その発覚は企業の存続を危うくする。また、労働者の立場から企業不祥事をみると、発覚前は、不正、違法な業務命令での就労を余儀なくされるなど労働者本人は良心の呵責に苛まれたり、発覚後は、企業の存続が危うくなり、その雇用喪失の不安におそわれたりする。

　企業不祥事は、本来、企業が自発的に是正するべきものであるが、内部告発をきっかけに是正されることが多く、現在、内部告発は、企業不祥事の発覚・是正に役立つ、企業コンプライアンスの実現に欠かせない手段のひとつとなっている[1]。もっとも、内部告発を行うのは容易ではない。それは、内部告発を行った者が会社内では裏切り者とされ、多様で陰湿な嫌がらせを受ける例が続発していることからみてとれる。

　内部告発を抑制する大きな要因である内部告発を行った労働者（以下、「内部告発者」という）に対する不利益取扱いは、公益通報者保護法（以下、「公益通報

1）2014年度の行政機関への外部労働者からの公益通報は、受理件数4,285件、調査着手件数4,099件、是正措置件数3,200件である（消費者庁「平成26年度行政機関における公益通報者保護法の施行状況調査の結果について」）。

法」という）により禁止されているが、その実効性には疑問がもたれている。また、公益通報法が適用されない場合、内部告発者に対する不利益取扱いからの保護に関する判例法理が形成されているが、検討の余地がある。

　そこで、本章では、内部告発者の不利益取扱いからの保護に関する法規制および判例法理（Ⅱ）、ならびに公益通報法の課題を整理し（Ⅲ）、労働者による企業コンプライアンスの実現という観点からこれらの課題を検討し（Ⅳ）、最後に労働者による企業コンプライアンスの実現のために今後検討すべき点を論じる（Ⅴ）。これは、労働者の保護という観点だけでなく、内部告発を通じた企業コンプライアンス実現という観点からも重要な検討課題である。なお、本章では内部告発を、労働者が所属する企業の法律違反などの社会的不正を、企業外部に通報することと定義しておく。[2]

Ⅱ　内部告発者の不利益取扱いからの保護に関する法規制、裁判例の分析

1　労基法による内部告発者保護

　内部告発に関しては、使用者による労基法違反の事実の行政監督機関への申告（労基法104条等）や、紛争解決援助を求めたこと（均等法17条等）を理由とする不利益取扱いを禁止する規定がある。労基法104条は、1項では、労働者に労基法違反事実について行政官庁または労働基準監督官への申告権を与え、2項では、当該申告を理由とする解雇その他の不利益取扱いを禁止する。同項違反の法律行為は無効であり、さらに不法行為を構成しうる。

　同条1項は行政監督制度の実効性確保の一手段と位置づけられているため、[3]労働者に法令違反の申告をする権利を超えて、具体的な是正措置を求める権利までは保障していない。[4]もっとも、2014年度の同条に基づく申告件数31,709件のうち約7割に監督が実施されており、申告制度は労基法違反の是正に貢献し

---

[2]　小宮文人「内部告発」ジュリスト1438号24頁（2012年）参照。
[3]　新基本法コメ労基法・労契法283-285頁〔梶川敦子〕。
[4]　労働者の申告権行使に対して、労働基準監督官には原則として積極的に対応する義務はないとされている（池袋労基署事件・東京高判昭53・7・18判時900号68頁）。

ているといえる。他方、申告を理由とする不利益取扱いの禁止の規定の実効性については明らかではないが、同条2項違反に対する罰則の適用（同119条1号）がほとんど行われていないことから、刑事罰は同条の実効性にはほとんど意義がない状態にある。

2　労働組合による内部告発

労働組合による内部告発は、団体交渉の行き詰まりの打開や、会社の労務・経営政策への批判のなかで組合活動の一環として行われる。そのため、労働組合による内部告発の正当性は組合活動の正当性の問題として扱われる。

たとえば、組合員による会社批判および代表取締役らの不正告発を内容とするビラ配布の不法行為該当性が争われた事案では、「ビラの配布は表現の自由の一環であるし……団結権の一環として許容される余地があ」り、その正当性判断は、「本件ビラの摘示する事実の真実性、真実と信じるについての相当性、表現活動の目的、態様、影響等の事情を考慮して」行われている。これは組合による内部告発の正当性についての一般的な判断枠組みといえる。一見、後述の内部告発に関する判例法理と似た事情が考慮されているが、ここでは判例法理にみられる内部告発の目的の公益性に特に配慮がなされていない点が異なる。

3　内部告発者保護に関する判例法理の分析
(1)　内部告発の問題の構図

内部告発を行うには、労働者は企業の不正の証拠を確保し、企業内部情報を外部に開示する必要がある。これらの行為は、就業規則上、秘密保持義務、会社の名誉・信用保持義務、企業秩序遵守義務などに違反するとして、懲戒処分の対象とされうる。このように、内部告発は形式的には原則として企業のルール違反行為であるために、懲戒処分等の不利益を受ける覚悟をもっていなけれ

5）平成26年『労働基準監督年報（第67回）』22頁参照。
6）2011年から2014年の間、労基法104条2項違反の送検件数は通算5件にとどまる（前掲注5）付属資料10（送検事件状況）参照）。
7）インフォーマテック事件・東京地判平19・11・29労判957号41頁。本件では、真実性、真実相当性の立証が果たされていないとして、組合員に対する取締役らによる損害賠償請求が認められている。

ば行うことができない構図となっている。

(2) 問題状況と判断枠組み

内部告発を理由とする不利益取扱いの類型は、解雇、懲戒処分、配転、賞与や退職金の不支給、損害賠償請求など多岐にわたるが、懲戒処分の有効性が問題となることが多い。裁判所は、内部告発に関する行為が形式的に懲戒事由に該当しても、正当な内部告発の場合には違法性が阻却される（よって、懲戒処分は無効）という判断枠組みを形成してきた[8]（以下、これを単に「判例法理」という）。

判例法理では、正当な内部告発は企業の運営方法等の改善の契機となるとされる一方、不当な内部告発は企業の名誉、信用等に大きな打撃を与えうるものととらえられているが[9]、これは内部告発が諸刃の剣であることを表す。そして、「労働者は、人的・継続的な性格を有する労働契約の特殊性から、使用者の名誉・信用を毀損してはならないという誠実義務を負う」が、内部告発者の言論・表現の自由[10]、公益という高度の価値の優先[11]、内部告発者の人格権ないし人格的利益[12]などを踏まえて、懲戒処分は無制限に許されるものではないとされる。その上で、「内部告発事案においては、①内部告発事実（根幹的部分）が真実ないしは原告が真実と信ずるにつき相当の理由があるか否か（以下「真実ないし真実相当性」という）、②その目的が公益性を有しているか否か（以下「目的の公益性」という）、そして③労働者が企業内で不正行為の是正に努力したものの改善されないなど手段・態様が目的達成のために必要かつ相当なものであるか否か（以下「手段・態様の相当性」という）などを総合考慮して、当該内部告発が正当と認められる場合には、仮にその告発事実が誠実義務等を定めた就業規則の規定に違反する場合であっても、その違法性は阻却され」るとされている[13]。なお、

---

8) 宮崎信用金庫事件・福岡高宮崎支判平14・7・2労判833号48頁。なお、この枠組みは懲戒処分に限らず使用者による内部告発を理由とする不利益取扱い全般において利用されている。
9) 大阪いずみ市民生協（内部告発）事件・大阪地堺支判平15・6・18労判855号22頁。
10) 海外漁業協力財団事件・東京地判平16・5・14労判878号49頁。
11) 首都高速道路公団事件・東京地判平9・5・22労判718号17頁。
12) 大阪いずみ市民生協事件・前掲注9)。
13) 学校法人田中千代学園事件・東京地判平23・1・28労判1029号59頁、甲社事件・東京地判平27・1・14労経速2242号3頁など。

学説もこの判断枠組みを主張ないし支持している。[14]

　もっとも、内部告発にかかわる紛争にあらわれる事情が実に多様であるため、内部告発の正当性判断は複雑化し、結果の予測が容易でない点は問題である。そこで、判例法理にみられる判断要素①ないし③を中心とした内容の整理が必要と思われる。

(3) 告発対象事実

　公益通報法は、公益通報という観点から、通報対象事実を法令違反かつ刑事罰が科される事実（刑事罰に関連する事実）に限定している（公益通報法2条3項）。他方、判例法理では、内部告発の対象を「違法行為等社会的に不相当な行為」とするなど、公益通報法よりも広く対象とする。[15]具体的には、医療保険の違法な保険請求[16]、銀行の不正融資[17]、食中毒の危険など法令違反の疑いのある公益に関するもののほか、動物園の象の飼育方法や死因[18]、会社の実施する道路建設工事の内容などの企業の事業活動[19]、そして賃金・昇格差別[20]、嫌がらせなどの不当な労働条件・労働環境[21]などがある。なお、判例法理は総合判断であるため、告発対象事実が広く認められても、正当な内部告発の範囲がいたずらに広がるものではない。[22]

(4) 真実ないし真実相当性（上記①）

　内部告発は使用者の名誉・信用を毀損する誠実義務に違反する行為に該当しうるから、告発事実には真実ないし真実相当性が要求される。真実相当性とは、

---

14) 島田陽一「労働者の内部告発とその法的論点」労働判例840号15-16頁（2003年）、大内伸哉編著『コンプライアンスと内部告発』204頁以下（日本労務研究会、2004年）、小宮文人「内部告発の法的諸問題」労働法学会誌105号74頁（2005年）など。
15) 首都高速道路公団事件・前掲注11）。
16) 医療法人穀峰会事件・大阪地決平9・7・14労判735号89頁。
17) 宮崎信用金庫事件・前掲注8）。
18) 甲社事件・前掲注13）。
19) アワーズ（アドベンチャーワールド）事件・大阪地判平17・4・27労判897号26頁。
20) 首都高速道路公団事件・前掲注11）。
21) メリルリンチ・インベストメント・マネージャーズ事件・東京地判平15・9・17労判858号57頁。
22) 三和銀行事件・大阪地判平12・4・17労判790号44頁。

「内部告発者が当該事実を真実と信ずるにつき相当の理由」があることをいう。内部告発事実に真実とは符合しない点が含まれていても、その大筋（根幹部分）においては客観的な事実関係と符合しており、告発者がことさら事実に反した申告をしたり、事実を歪曲したりしていない場合は、真実相当性は否定されない[23]。たとえば、配食サービス業の店舗で食中毒の危険があるとして複数の事実を保健所に申告した事案で、告発事実は認められなかったが、店舗の不衛生な状態などから告発内容の根幹部分である食中毒の危険性があることに真実相当性が認められた例がある[24]。

(5) 目的の公益性（上記②）

判例法理は、内部告発の目的に公益性が要求されていると整理されることが多い。これは、内部告発による誠実義務等違反の責任追及や企業への不利益よりも優先させるべき公益があるという観点から内部告発者を保護すべきとするものであり[25]、目的の公益性は判例法理における内部告発者保護の基本的要件といえそうである[26]。

しかし、個々の裁判例では、目的の公益性が厳格に求められているわけではない。たとえば、必ずしも公益とはいえない労働条件や労働環境の改善目的の内部告発も正当な内部告発となりうるし[27]、また、目的の公益性の有無を積極的に判断するのではなく、「使用者を害する目的・意図にでたものではない」として不正な目的によらないことを確認するにとどまる例もある[28]。そうすると、判例法理で明確なのは、意に沿わない人事異動への報復意図[29]や個人的悪感情によるなど私的な目的による内部告発は不正な目的によるものとして、その正当

---

23) 聖路加国際病院事件・東京高判昭54・1・30労判313号34頁。
24) 甲社事件・前掲注13)。
25) 学校法人田中千代学園事件・前掲注13)。
26) 菅野・労働法656頁参照。
27) 会社の監査法人に時間外割増賃金の不払いや不当な長時間労働、嫌がらせや差別、退職強要が横行しているなどの内容の文書を交付した例として、カテリーナビルディング（日本ハウズイング）事件・東京地判平15・7・7労判862号78頁。
28) 海外漁業協力財団事件・前掲注10)。
29) アンダーソンテクノロジー事件・東京地判平18・8・30労判925号80頁。
30) 群英学園（解雇）事件・東京高判平14・4・17労判831号65頁。

性が否定されうる点であろう。もっとも、労働者が公益目的と同時に個人的感情によって内部告発を行う場合があるが（目的の競合）、ただちに内部告発の正当性が否定されるわけではない。[31]

(6) 手段・態様の相当性（上記③）

判例法理では、内部告発の手段や態様が目的達成のために必要かつ相当かという点も問題となる。これは、内部告発は企業に甚大な悪影響を与えうることから、労働者が誠実義務を負う以上、正当な内部告発であってもこれにより生じる企業の不利益ができるだけ小さくなるようにすべきであるということから要請される。具体的には、内部告発は、基本的にはまず会社内部での是正（以下、「内部通報」という）、その後、行政機関への通報（以下、「行政通報」という）や、それ以外の外部第三者への告発（本章の内部告発はこれにあたる）という手順を踏まなければならないことになる（これを「内部通報前置」とする）。その意味で、裁判所でいわれる内部告発は外部への通報に限定されず、内部通報から外部への告発までを包含する。

内部通報前置を特に強く要請する裁判例では、「マスコミの報道による甚大かつ回復困難な影響を考えると、仮に不正経理問題が合理的な根拠のある事実」であっても、「その公表が控訴人（会社、筆者注）の経営に致命的な影響を与えることに簡単に思い至ったはずであるから、まずは……内部の検討諸機関に調査検討を求める等の手順を踏むべきであり」、内部通報をせずに行われた内部告発は「控訴人との雇用契約において被控訴人（労働者、筆者注）らが負担する信頼関係に基づく誠実義務に違背する」とする。[32]すなわち、内部告発の企業への影響を踏まえると、内部通報をせずに行われた内部告発は、「誠実義務に違背する」と評価するものである。[33]このように、企業に損害をなるべく与えないようにという労働者の誠実義務を前提とする判例法理では、内部通報前置

---

31) トナミ運輸事件・富山地判平17・2・23労判891号12頁。
32) 群英学園（解雇）事件・前掲注30）。
33) 手技料の不正請求などを内容とするビラを直接近隣住民に配布した事案では、監督官庁ではなく近隣住民等に流布したことが正当な行為とはいえないとされた（毅峰会（吉田病院・賃金請求）事件・大阪地判平11・10・29労判777号54頁）。

が内部告発の正当性判断において非常に重要な要素といえる。

　とはいえ、この立場は、あくまでも企業内部での是正が可能である場合のことであり、企業・業界ぐるみの不正行為の是正事案で、発言力のない労働者が内部努力をしても会社が是正措置を講じた可能性は極めて低かったことから、「十分な内部努力をしないまま外部の報道機関に内部告発したことは無理からぬこと」として、内部通報前置を要求しない例もみられる[34]。また、内部通報による是正が可能かどうか不明でも、内部通報をしなかったことが他の要素と総合考慮され、内部告発全体の正当性は肯定されうる。労働者が内部通報をせずに企業のゴミ不正搬入問題についての記者会見に列席し発言したケースにつき、いささか軽率な面があったものの、これは不正搬入を放置していた会社にも責任の一端があるとするべきで労働者らのみが不利益を被ることは不均衡、不合理であり、記者会見後の報道により、結果的には会社の営業実態が是正、改善された面もあることから、本件内部告発は正当で懲戒解雇が無効とされた例がある[35]。これは、不正の責任が企業にあること、そして、企業の運営が改善されたことなどから、手段・態様の相当性に対する要求がゆるやかになった例として、注目される。

(7)　**告発資料の収集・開示と内部告発の正当性**

　上記の3つの要素のほかに、内部告発の真実性を高めるための資料の収集方法、その開示などが、秘密保持義務や企業秩序遵守義務違反となりうる点で、内部告発の正当性に影響する。判例法理では、まず、内部告発において企業秘密を不正に収集、開示することが形式的に誠実義務違反にあたっても、内部告発が直ちに不当となることはない。たとえば内部告発の目的や、内部告発により企業不正の是正につながることなどを踏まえて、秘密の不正取得等の「違法性が大きく減殺される」とする例がある[36]。これは内部告発の資料の収集・開示に関する違法性が、内部告発の目的、内部告発の是正効果や真実性担保の必要

---

34) トナミ運輸事件・前掲注31)。
35) 生駒市衛生社（第一審）事件・奈良地判平16・1・21労判872号59頁、同（控訴審）事件・大阪高判平17・2・9労判890号86頁。
36) 宮崎信用金庫事件・前掲注8)。

不可欠性などの観点による総合判断の結果、阻却されうることを示している[37]。また、内部告発により企業秘密を第三者に開示する行為は、告発先が秘密保持義務を負うなど秘密漏洩の危険性が低い場合には、違法性が阻却される傾向がある[38]。

(8) 小括

ここで、判例法理の特徴と課題を整理しておきたい。まず、判例法理からは内部告発を正当化する規範的根拠が明らかとはいえない点が特徴的である[39]。これは単に規範的根拠を明示しないことが問題なのではなく、規範的根拠と判断枠組みの関連性が不明確である点が問題である。たとえば、このことは、内部告発の正当化根拠が公益の優先であるとした場合、告発対象事実や告発の目的は公益目的に限定されるはずであるが、いずれも厳格には要求されていないことにみられる。規範的根拠は内部告発の正当性の基盤であり、かつ判断枠組みや具体的判断のあり方に影響を与えるものであるから、あいまいなままであってはならないと考える。また、判例法理は、労働者の誠実義務を根拠に内部通報前置を重視するが、そもそも内部通報制度の整備が使用者に法的に要請されていない点で検討の余地がある。

Ⅲ 公益通報者保護法

1 公益通報法の制定とその見直し

公益通報法は、企業不祥事続発、公益通報者（以下、単に「通報者」という）への不利益取扱い事案の増加のなか、公益通報による消費者利益の擁護を図る[40]

---

37) 当該告発資料の提出を禁じれば具体的な内部告発が不可能となるようなケースにおいて、カルテやレセプトの無断コピーの行政機関への提出行為につき、それが不当な目的によるものでなかったことから、提出行為も不当でないとされている（医療法人毅峰会事件・前掲注16))。
38) 通報者と秘密保持の合意をし、職務上も秘密保持義務を負う弁護士への通報が、労働者の秘密保持義務違反にあたらないとされた例として、メリルリンチ・インベストメント・マネージャーズ事件・前掲注21)。
39) 島田・前掲注14) 14-15頁参照。
40) 消費者庁消費者制度課編『逐条解説　公益通報者保護法』2頁（商事法務、2016年）。公益通報法の解釈は別の引用がない場合、これによった。

必要性が高まり、2004年に制定された[41]。公益通報法は、通報者の保護を図るとともに、国民の生命、身体、財産その他の利益の保護にかかわる法令の規定の遵守を図り、もって国民生活の安定および社会経済の健全な発展に資することを目的として（公益通報1条）、公益通報を理由とする不利益取扱いを禁止している（同3条、5条）。これは、企業コンプライアンスの促進を主たる目的とするもので、通報者の保護はそのための手段と位置づけられる[42]。

公益通報法は、判例法理による保護のうち、通報者に対する不利益取扱いからの保護要件を明確化した点に意義があるが、通報者の範囲や通報対象事実の限定、保護要件の厳格さなどから公益通報をかえって抑止するとの批判がされている[44]。また、公益通報者保護制度の労働者認知度は低く、公益通報法制定後も企業不祥事が続発し、その実効性にも疑問がなげかけられていた。そこで、消費者庁は「公益通報者保護制度の実効性の向上に関する検討会」を設置し、同検討会のワーキング・グループでの議論を経て、2016年12月15日に最終報告書（以下、「報告書」という）を公表している。以下では報告書の議論も踏まえつつ、また判例法理との比較を意識しながら公益通報法の内容と課題を整理する。

2 公益通報の定義

(1) 公益通報の目的

公益通報法では、「公益通報」を、労働者が不正の目的でなく、法所定の通報対象事実を法所定の通報先に通報することとする（公益通報2条）。「不正の目的でないこと」とは、公序良俗違反の目的（公益通報によって利益を得るとか他者を攻撃するなど）による公益通報を保護すべきでないとの趣旨であるから、公益通報の目的として「専ら公益を図る」ことまでは必要でない[45]。たとえば、

---

41) 公益通報法については、國武英生「公益通報者保護法の法的問題」労働法律旬報1599号11頁（2005年）、角田邦重＝小西弘文編『内部告発と公益通報者保護法』（法律文化社、2008年）参照。
42) 小宮・前掲注2）25頁参照。
43) 小宮・前掲注14）84頁。
44) たとえば日本弁護士連合会『公益通報者保護法日弁連改正試案』1頁（2015年9月）。
45) たとえば、希望部署への異動を実現するための公益通報は、「不正の目的」による通報とされる（ボッシュ事件・東京地判平25・3・26労経速2179号14頁）。

労使交渉を有利に進めようとした公益通報は「不正の目的」によるものには当たらないし、使用者たる司法書士が雇用保険未加入・残業代未払い、非弁行為を行ったこと等に不満を持って公益通報を行った場合も、不正な目的があると認められるわけでもない[46]。また、不正の目的と公益目的が競合する公益通報でも、公益通報法の適用は否定されない[47]。

　不正の目的の要件については、通報対象事実がある以上は不正の目的があったとしてもそれを公表すべきこと等から、削除すべきであるとの意見がある。この点報告書は、不正目的通報者の保護に社会的コンセンサスが得られるのかという点と、公益目的を要求している判例法理との整合性から、削除の適否を判断すべきとする。なお、本章の分析では判例法理は公益目的に固執しているわけではないから、前者の社会的コンセンサスの点のみ問題となる。

(2) 通報対象事実

　次に、公益通報法の保護対象となる通報対象事実は、国民の生命、身体、財産その他の利益の保護にかかわる法律（別表に掲載されたもの、別表1号ないし7号のもの7、別表8号に基づくもの444（2017年6月現在））に規定する罪の犯罪行為ないし刑事罰が予定されている行為の事実に限定されている（同2条3項）。

　企業コンプライアンスの実現の観点から通報対象事実を拡大すべきとの意見があるが、保護対象となるかどうかの予見可能性や濫用的な公益通報の拡大のおそれの観点から、報告書は、拡大するとしても当該通報対象事実の該当性が判断しやすい指標の設定が必要であり、また、通報濫用のおそれをふまえ、目的の要件と併せて検討すべきとしている（報告書42頁）。

3　通報先と保護要件

　公益通報法は、通報先を(i)労務提供先、(ii)処分・勧告等の権限を有する行政機関および(iii)行政機関以外の事業者外部（通報対象事実の発生またはこれによる被害の拡大を防止するために必要である者）に分け、それぞれ異なる要件で公益通報

---

46) 大阪高判平21・10・16（2009WLJPCA10166010）。
47) ボッシュ事件・前掲注45)。

者の保護を行う。まず、(i)労務提供先等に対する通報（以下、「内部通報」という）は、通報対象事実が生じ、または生じようとしていると「思料する場合」（通報者がそう考える場合）に保護される（公益通報3条1号）。これに対し、処分・勧告権限を有する行政機関への通報（同条2号。以下、「行政通報」という）や事業者外部への通報（同条3号。以下、「外部通報」という）は、通報対象事実につき「信ずるに足りる相当の理由がある場合」（真実相当性）という要件が加重される。真実相当性とは、通報内容を裏付ける内部資料等がある場合や関係者による信用性の高い供述がある場合などをいう。

真実相当性の要件により公益通報が抑制される等からこの要件を緩和すべきとの意見があるが、報告書では裁判例の実態を調査して、まずは緩和の必要性を検討するとされるにとどまっている（報告書45頁、46頁）。なお、内部通報に真実相当性が要求されないのは、企業の名誉・信用の毀損や秘密漏洩のおそれがないためである。

他方、公益通報による企業への不利益の大きさに配慮して、外部通報は行政通報よりも保護要件が厳しくなる。外部通報は、①内部通報を行うと通報の目的が達成されない場合（内部・行政通報により不利益取扱いを受けるおそれがあること、証拠隠滅のおそれがあること、正当な理由なく労務提供先が内部・行政通報をしないよう要求されたこと、内部通報後20日以内に調査を行う旨の通知がないこと）か、②人の生命・身体への危害が発生する急迫した危険があることという要件を満たす場合にかぎり、保護の対象となる（同3条3号イないしホ）。要件がこのように限定されているのは、保護対象の明確化を通じて保護の予測可能性を高めるためでもある。なお、この仕組みは、外部通報については、あらかじめ内部通報を試みることを要求するのが妥当でない場合に限って法の保護を与えようとする立場といえ、内部通報を前置すべきとする判例法理と同様である。[48] ただし、公益通報法は企業の不利益発生リスクを念頭に内部通報を優先すべきとするが、判例法理は労働者の誠実義務を根拠にする点で、背景にある考え方は異なる。

外部通報の要件の厳格性により公益通報が抑制的になるとして、その要件を

---

48) 荒木尚志「内部告発・公益通報の法的保護——公益通報者保護法制定を契機として——労働法学の立場から」ジュリスト1304号152頁（2006年）参照。

緩和すべきとの意見が出されている。この点につき、企業の不利益の発生のおそれは行政通報と外部通報とでは異なるから同一には考えられない旨の意見もあるところ、報告書は、行政通報と外部通報の要件の差異の必要性や、当該要件が差異を正当化する合理的な内容であるかを引き続き検討するべきとするにとどめる（報告書46頁、47頁）。

4　効果および実効性確保

保護要件を満たす公益通報を理由とする解雇は無効であり（公益通報3条）、不利益取扱いは禁止され、無効ないし不法行為を構成しうる（同5条）。通報者が裁判を通じてこれらの保護を受けるには、公益通報と不利益取扱いとの因果関係を立証しなければならないが、これが大きな負担となる。そのため、公益通報と不利益取扱いとの間の因果関係の推定規定を導入すべきとの意見がある。他方、このような推定規定は、非違行為を行った労働者が公益通報することで不利益取扱いの危険を免れるという不都合な事態が生じうるとの懸念もある。この点報告書は、両者の意見を踏まえつつ引き続き検討すべきとする（報告書48頁、49頁）。

公益通報法の規定は、労基法、労契法などの他の法令の規定の適用を妨げるものではない（同6条）。なお、公益通報法にはこれらの一般的な私法上の救済のほかに、実効性確保のための罰則や行政的措置等の規定はないため、さらなる実効性確保のため、刑事罰および行政的措置の導入が検討されている。報告書は、刑事罰についてはそれを導入する場合に検討すべき点の指摘にとどまるが、行政的措置については、その導入の必要性があることはおおむね一致しているとし、担当機関、行政的措置の内容、これに従わない場合の刑事罰につき検討すべきとした（報告書50頁）。

5　小括

ここでは報告書の議論も踏まえ、公益通報法の課題を整理しておきたい。現在、公益通報法は通報対象事実、保護要件の厳格さや不明確さにより、実効性に疑問が持たれ、改正が検討されるに至っている。具体的には、不正の目的の要件（主観的要件）、通報対象事実の刑事罰の担保による限定、真実相当性要件

および外部通報における保護要件加重（内部通報前置等）などの必要性、その他に、通報と不利益取扱いとの因果関係の立証責任の緩和、公益通報法の実効性を確保するための刑事罰ないし行政的措置の導入が検討課題である。この課題はⅣで検討する。

Ⅳ 労働者による企業コンプライアンスの実現

1 オリンパス事件と判例法理・公益通報法の課題

　判例法理および公益通報法の課題は、内部通報を理由とする不当配転事例であるオリンパス事件によっても明らかになる。まず、本件では、内部通報先の担当者が被通報者に通報情報を漏らしたことにより不利益取扱いが始まった点である。これは内部通報前置の要請に疑問を投げかける。次に、地裁は、本件配転は内部通報理由としないとして配転を有効としたが、高裁は、内部通報したことを一つの動機とする配転であるとしてこれを無効とした点である（最高裁は高裁判決を支持）。ここから、判例法理の予測可能性の低さがみてとれる。本件には、さらに大きな問題がある。それは最高裁判決確定後も会社が不利益配転を継続した点である。そのため、労働者は再度の訴訟を余儀なくされた。裁判を通じた是正の限界である。また、オリンパス事件の原告労働者に対する労働組合の支援は見られず、会社内で孤独な闘いを強いられていた点も看過できない。

49）オリンパス事件については、中村雅人「オリンパス配転無効・パワハラ損害賠償事件」法学セミナー697号2頁（2013年）、深町隆＝山口義正『内部告発の時代』（平凡社、2016年）。オリンパス事件の問題点を的確に整理するものとして、名古道功『『内部告発の時代』？』労働法律旬報1869号4頁（2016年）。
50）東京地判平22・1・15労判1035号70頁。
51）東京高判平23・8・31労判1035号42頁。
52）最一決平24・6・28LEX/DB25481842。
53）提訴後約3年半後、会社は改善取り組みが不十分であったことを認め、解決金1,100万円を支払う内容で、和解が成立した（毎日新聞　2016年2月19日（東京朝刊））。

2 労働者による企業コンプライアンスの実現——判例法理および公益通報法の検討

(1) 企業不正等通報と企業コンプライアンス

　判例法理および公益通報法の課題を検討する前に、用語の整理、確認をする。まず、以下では、内部告発は企業外部への告発に限定し、内部通報、行政通報および内部告発を合わせて企業不正等通報とする。また、企業コンプライアンスは、通報対象事実に照らすと公益通報法では法令遵守を意味すると考えられるが、以下では、法令遵守だけでなく、社会的責任（CSR）の実践や社会規範の遵守[54]、労働条件に関するルール（就業規則や労働協約など）の遵守[55]も企業コンプライアンスの対象に含むこととしたい。

　企業不正等通報は企業コンプライアンスの実現に寄与する。よって、企業不正等通報を理由とする不利益取扱いからの保護は、企業不正等通報を促進するという形で企業コンプライアンスの実現に寄与するものである。そこで、企業不正等通報が抑制されるべきではないという観点を踏まえつつ、主に、判例法理および公益通報法の課題を検討する。なお、判例法理および公益通報法は、その対象事実の範囲の違いに照らし、判例法理は、この問題の一般的判断枠組みを示し、公益通報法は企業コンプライアンスの実現にかかる企業不正等通報に特化したものと整理できる。

(2) 判例法理の検討

　判例法理の検討の前提として、企業不正等通報の正当化根拠の確認が必要であろう。この点、裁判例は、公益、言論・表現の自由、人格権ないし人格的利益等を挙げる。学説では、使用者に労働契約上労働者の人格権に配慮する義務があることに求める説[56]、企業の法益は公益（公共の福祉）の制約を受けることから公益を重視する説[57]、企業のコンプライアンスの実現手段として正当化され

---

54) 落合誠一「企業コンプライアンス確立の意義」ジュリスト1438号12-13頁（2012年）参照。
55) 徳山誠「コンプライアンス経営に労働組合はどう対処していくのか」日本労働研究雑誌530号53-54頁（2004年）参照。
56) 島田・前掲注14) 15頁。
57) 小宮・前掲注14) 74頁、土田道夫＝安間早紀「内部告発・内部通報・公益通報と労働法」季刊労働法249号138頁（2015年）。

るとする説、個々の従業員の有する表現の自由とする説⁵⁸⁾など、裁判例にみられるのと同様のものも主張される⁵⁹⁾。これらは互いに矛盾するものではないこと、企業不正等通報の実態がこれらのいずれの側面も持ちうることから、いずれかに限定する必要はなく、あいまって企業不正等通報を正当化すると考える。

そうすると、企業不正等通報の目的は必ずしも公益に限られず、不正な目的でなければよい。通報対象事実は企業コンプライアンスの実現に関する範囲とすべきである。これに対し、真実ないし真実相当性は、いずれの正当化根拠からも要求される企業不正等通報の正当化の重要な要素である。もっとも、秘密漏洩や企業の名誉・信用の毀損がない内部通報の場合は、通報対象事実の真実性は要求されない[60]。また、通報の真実性を高めるための資料収集は、真実ないし真実相当性の重要性に鑑みて、当該資料が通報対象事実の直接的な証拠である場合、またはそうでなくても通報対象事実の直接的な証拠であると信じるに足る合理的な理由がある場合であれば、原則として秘密保持義務違反等に問われないと解すべきである。他方、資料の開示については、企業の不利益発生のおそれをふまえ安易には許容できないが、開示先との間で当該資料につき秘密保持の合意があるとか、開示先が職務上秘密保持義務を負う場合など、秘密漏洩の危険性が少ない場合には、原則として秘密保持義務違反等に問われないと解すべきである。もっとも、当該資料に個人情報が含まれる場合は、開示の際に通報対象事実と関連のない個人情報部分の開示は、原則として許されない。

他方、内部通報前置については、労働者に課される誠実義務の観点から、企業への不利益の発生のおそれの低い内部通報を前置すべきという見解も説得的である[61]。しかし、このような誠実義務の要請は労働者に一般的に課されるべきではなく、企業不正等通報の場合は、使用者に内部通報制度を適切に整備する義務を前提として課すべきである。よって、外部通報は原則として正当化され、使用者がこの義務を履行していたと立証できたときに初めて、外部通報の誠実義務違反が問題となる。企業コンプライアンスの実現に寄与する労働者による

---

58) 大内・前掲注14) 199頁。
59) 大和田敢太「企業リスク管理と内部告発者保護制度」彦根論叢342号227頁（2003年）。
60) 土田＝安間・前掲注57) 150-151頁。
61) 小宮・前掲注14) 78-79頁、土田＝安間・前掲注57) 147頁。

企業不正等通報により生じる不利益は、第一に、使用者が軽減する努力を行うべきであろう。なお、使用者のこの義務は当該企業の内部通報制度が単に公益通報法のガイドラインに従うだけでは足りず、実質的に機能していなければならない。

(3) 公益通報法の検討

公益通報法については、法令遵守という狭義の企業コンプライアンス実現による国民の安全・安心の確保という目的をより重視して、公益通報の促進という観点から検討すべきである。そうすると、公益通報の不正の目的の要件は不要である。公益通報による不正是正の利益を優先させるべきであり、不正目的により生じる問題への配慮は一般法で対処すればよい。通報対象事実の刑事罰による担保という限定が保護対象の明確化を意図するのであれば、それは不要である。現状でもその予見可能性は低く、行政機関に照会する必要があると考えられるからである。むしろ行政による照会体制の充実が望まれる。また、真実相当性要件は、真実相当性のない公益通報には行政機関が対応しなければよいから、行政通報については不要であろう。さらに、外部通報における内部通報前置にかかる要件は、適切な内部通報制度の法的担保がない以上、削除すべきである。現在、内部通報制度の整備についてはガイドラインが出されているが、十分に浸透しているとはいえない。[62]

そのほかに、公益通報と不利益取扱いとの因果関係の立証責任の緩和については、労基法104条2項違反が争われた事例が参考となる。労働局による是正指導を受けた会社が、それを申告した労働者を解雇したケースでは、労働者が就労可能であったこと、会社が是正指導を受けたときに行政機関に対しては労働者を解雇しない旨答える一方で、労働者には解雇を言い渡したこと等から、「労働局に……行政指導を求めたことを嫌悪して、原告に対し……解雇という不利益な処分を行ったものと推認でき」、解雇が不法行為にあたるとされている。[63] 申告の結果是正指導に至ったケースにおいて、申告と不利益取扱いとの因

---

[62]「平成24年度民間事業者における通報処理制度の実態調査報告書」によれば、「公益通報者保護法に関する民間事業者向けガイドライン」の認知度は36.8％と低く、内部通報制度の導入事業者も46.3％にとどまる。

果関係の立証責任を実質的に使用者に転換したものと思われる。公益通報法と労基法104条2項の趣旨は異なるが、少なくとも、公益通報が是正に結びついたケースでは、原則として公益通報と不利益取扱いとの因果関係を推定する規定を導入するべきであろう。

また、公益通報法の実効性確保について、労基法104条2項の状況をみると刑事罰の導入は効果が薄く、必要ないであろう。他方、公益通報の促進という観点から、行政的措置の導入は賛成できる。裁判所の命令に従わない使用者には、行政による継続的な是正指導をもって対応するしかあるまい。

(4) **企業コンプライアンスの実現における労基法104条などの意義**

労基法104条などは、申告対象事実および申告先は限定されており個々の射程は狭いが、企業不正等通報の促進という観点からは、次のような意義が見られる。まず、判例法理および公益通報法はいずれも企業不正等通報を権利として構成していないが、労基法104条は申告を権利として保障するため、申告することに抵抗が少ない点である。次に、上で見たように、申告と不利益取扱いとの因果関係の推認がされうる点である。

2　企業コンプライアンスの実現における労働組合の役割

企業不正等通報の促進には、それを理由とする労働者個人に対する不利益取扱いの回避という観点から、労働者個人に代わり労働組合を通じた企業不正等通報が積極的に行われるべきである。また、企業不正等のない職場環境の維持、企業不正等通報による会社倒産ケースにみられる雇用喪失のおそれの回避のためにも、労働組合は、企業コンプライアンスの実現のために企業不正等通報を行う主体となる必要がある。そしてこの活動は、労働組合員の経済的地位の安定や労働組合の強化という組合の重要な目的につながる。

労働組合による企業不正等通報に関する判例法理では、企業コンプライアンスの実現という観点は考慮されておらず、企業不正等通報にかかわるビラ配布

---

63) テー・ピー・エスサービス事件・名古屋地判平20・7・16労判965号85頁。
64) 継続的に企業コンプライアンスの状況をモニタリングすることなどが必要である（徳山・前掲注55）53頁参照）。

や街宣活動は、労働組合の一般的な組合活動の問題として捉えられてきた。しかし、企業コンプライアンスの実現が労働組合の重要な目的となることを踏まえると、これらの活動の正当性については、労働組合の表現の自由により保障されるだけでなく、企業コンプライアンスの実現という公益を含む観点からの判断枠組みの見直しが必要である。具体的には、企業不正等通報にかかわるこれらの行為は、真実ないし真実相当性が認められれば正当な組合活動と認められるべきと考える。[65]

V　おわりに——企業不正等通報権

　労働者は、なぜ、不利益を受けながらも企業不正等通報を行うのだろうか。それは、一市民としての社会的正義感や、愛社精神のような会社への帰属意識、私的怨恨や派閥闘争のような私的な動機[66]、さらには、労働者が違法行為や不正の行われている職場で働きたくないと思うこと等からであろうか。企業不正等通報が企業コンプライアンスの実現に役立つとしても、労働者にこれを強いることは適切でない。しかし、自らこれを行おうとする労働者のためには、企業不正等通報を懲戒処分の違法性阻却事由の問題としてではなく、労働者の権利として規範的に正当化する根拠を改めて示す必要があると、私は考える。

　企業不正等通報は、公益、企業活動の利益、不正のない職場で労働者が働くことのできる利益に資する。特に、労働者が不正のない職場で働くことは、労働契約上の労務提供の前提であり、使用者は労働契約上これに配慮する義務を負うと解すべきである[67]。また、違法行為や不正な行為を強いられながら労働を提供せざるを得ない状況は、労働者の個人の尊厳（憲法13条）が踏みにじられると評価すべきである。このような状況を解消するために、労働者には労働者の有する表現の自由を通じて、個人の尊厳を守るために企業不正等通報をする権利が、労働契約当事者間において保障されると解すべきである。さらに、企業不正等通報により企業コンプライアンスの実現に貢献することは、労働者の

---

65) 西谷・労働組合法264-265頁参照。
66) 新田健一「内部告発の社会心理学的考察」日本労働研究雑誌530号29頁（2004年）。
67) 島田・前掲注14) 15頁。

幸福追求権（憲法13条）の一環を成していると解することもできる。これを企業不正等通報権[68]としておく。これに対して、使用者は内部通報に誠実に対応する義務を負い、正当な企業不正等通報による不利益を受忍すべき義務を負うと解したい。[69]

　企業不祥事が続発する昨今の状況を踏まえると、労働者が正当な権利行使として企業不正等通報をすることができる環境整備を通じて、労働者が企業コンプライアンスの実現に積極的に寄与できる社会の構築を検討すべき時期にあると考える。

（やまかわ・かずよし　広島大学大学院法務研究科教授）

---

68) 和田肇『人権保障と労働法』255頁（日本評論社、2008年）。
69)「告発」という言葉に伴う「裏切り」や「秘密を暴く」などのイメージなどから離れるためにも、「通報」という言葉を積極的に用いることにする（岡本浩一＝王晋民＝本多-ハワード素子『内部告発のマネジメント』8頁以下参照（新曜社、2006年））。

第1部　人格権の保護

第4章　キャリア権の意義

両角道代

I　はじめに

　日本型雇用慣行の下では、長期雇用を前提に、OJT を中心とした企業主体の人材育成の仕組みが発達した。国の雇用政策や労働法制、判例上の労働契約法理も、このような仕組みを前提として、同一企業における雇用の維持に重点を置き、労働者のキャリアを使用者の人事権に委ねてきた。そこでは、個人のキャリア形成という利益は雇用保障の中に吸収され、それ自体として法的保護の対象とされることはなかった。

　誰でも就労意思があれば安定した雇用と収入を得られる社会であれば、個人のキャリア形成に関わる利益を法的に保護する必要性は低いかもしれない。しかし、従来の雇用慣行の下では、多くの女性や非正規労働者が不安定雇用と低処遇に甘んじ、キャリア形成の機会を得られずにいた。さらに近年、雇用をめぐる状況は大きく変化し、日本型雇用慣行の及ぶ範囲が縮小する一方で、要求される職業能力の水準は高まる傾向にあり、労働者が職業生活を全うするためには生涯にわたる能力開発が必要だともいわれている。

　これらを踏まえて今後の雇用政策や労働法のあり方を考えるとき、個人のキャリアに関わる利益を雇用の維持のみに還元することは、もはや適切とは言えない。このような問題意識が共有される中、キャリア権の理念は徐々に雇用政策や労働法制の中に反映されつつある。本章は、その動きを踏まえつつ、労働

法におけるキャリア権の意義について考察するものである。

II　キャリア権の理論

1　「キャリア権」構想

　「キャリア権」は、諏訪康雄教授が1999年に発表された論文[1]において、今後の雇用政策と労働法を主導する基本理念として構想された概念である。

　従来、日本の雇用政策においては、企業が行う人材育成の支援・促進が重視される一方、個人のキャリア形成という視点は希薄であり、自発的な能力開発や転職を支援するしくみも未発達であった[2]。諏訪教授は、右論文の中で、雇用政策の役割は労働者の生活・職業キャリア・生き甲斐を保障することにあるとし、従来の雇用政策の成果を評価しつつも、今後は外部労働市場も視野に入れた新しい方策を模索する必要があると指摘する。そして、雇用の維持だけでなく個人のキャリア保障にも目を向け、不本意な転職や失業などで雇用が中断することがあっても、キャリアは中断せず発展していくことを可能にする仕組みを作ること、すなわち、雇用政策や労働法が「雇用の安定からキャリアの安定へ、雇用保障からキャリア保障へ軸足を移していく」ことが重要であるとの主張を展開している[3]。

　諏訪教授によれば、キャリア権の法的性質は「労働権を中心において、職業選択の自由と教育権とを統合した性格の権利」であり、その保障は「個人の主体性と幸福追求権（憲法13条）に根本的な基礎を置くとともに、…憲法22条1項の職業選択の自由と憲法27条1項の勤労権すなわち労働権の双方に基礎づけられ」る[4]。別の論文では、諏訪教授は、キャリア権を「人びとが意欲、能力、適性に応じて希望する仕事を準備、選択、展開し、職業生活をつうじて幸福を追求する権利」と定義している[5]。このような内容をもつキャリア権は、「職業

1）諏訪康雄「キャリア権をめぐる一試論」日本労働研究雑誌468号54-64頁（1999年）。
2）両角道代「雇用政策法と職業能力開発」労働法学会誌103号21頁（2004年）。
3）諏訪・前掲注1）57頁。諏訪教授と共通する問題意識から、内部労働市場の偏重を見直し、自律的な職能型労働市場を整備することを説く見解として、石川経夫「労働市場の将来像を求めて」『分配の経済学』385-387頁（東京大学出版会、1999年）。
4）諏訪・前掲注1）58頁。

をめぐる人間の自己実現の権利そのもの」であり、労働権の核となる重要な構成要素だが、憲法上の労働権はプログラム規定としての社会権であることから、キャリア権もそれ自体としては法的拘束力を持たず、雇用政策や労働立法の基本理念として、また法律や労働契約の解釈に当たって考慮されるべき理念として位置づけられる[6]。

　キャリア権の理念は、まず国に対して、個人の主体的なキャリア形成を重視し、これを支援する雇用政策を強化し、その根拠となる法律を整備することを要請する。具体的な施策としては、とりわけ個人を対象とする能力開発の支援やキャリアカウンセリング、各種の資格制度など、職業能力開発や教育訓練の充実が重視される。

　また、使用者に対しても、労働者の職業能力を尊重しキャリア形成を意識した人事労務管理を行うことが要請される。諏訪教授によれば、法解釈論としてキャリア権から直接に具体的な権利義務を導くことは難しいが、労働契約の解釈に当たり、教育訓練・配置・人事異動・整理解雇・就労請求等の場面において労働者のキャリアへの配慮を求めるという、新たな視角が提起される（たとえば、労働者本人の意思に反し、そのキャリアを著しくないがしろにする人事上の措置は、人事権の濫用と評価されうる[7]）。

　以上のように、キャリア権構想は、今後の雇用政策と労働法の基本的方向性に関して、内部労働市場における雇用維持とキャリア形成のみを重視する従来のあり方を見直し、外部労働市場をも視野に入れた雇用の安定（security）と柔軟性（flexibility）の新しいバランスを模索するものである[8]。出発点における「キャリア権」は抽象的理念であるが、今後、雇用社会にキャリア権の理念が徐々に定着し、雇用政策や労働立法、現実の労働関係における労使の取組みが

---

5) 諏訪康雄「学際研究対象としてのキャリア——法学からの寄与に向けて〈キャリア法学への誘い〈第1回〉〉」季刊労働法249号198頁（2015年）。
6) 諏訪・前掲注1) 58-59頁。
7) 諏訪・前掲注1) 63頁。
8) キャリア権構想は、その発想と方向性において、EU の労働市場政策の基本理念である flexicurity とも共通する点がある。EU の雇用政策および労働法における flexicurity の意義については、Mia Römmar "Flexicurity, Labour Law and the Notion of Equal Treatment" in Labour Law. Fundamental Rights and Social Europe（2011, Hart Publishing）pp.157-161.

進むにつれ、法律・労働協約・労働契約・労働慣行等を通して、その内容が徐々に具体化されていくことを期待されている[9]。

2 「労働市場の法」とキャリア権

(1) 労働法と労働市場

キャリア権構想は、しばしば、個人のエンプロイアビリティ（雇用されうる能力）を向上させることにより転職などの雇用流動化を促す、市場重視の労働法理論として位置づけられる[10]。1で述べたことから明らかなように、キャリア権構想は単純な市場中心主義に基づく雇用流動化論ではない。他方、キャリア権構想では、雇用システムにおいて市場が果たす機能が積極的に評価されており、この点が伝統的な労働法理論とは大きく異なる[11]。労働法の役割を市場の排除・制限に限定せず、労働法の市場サポート機能を重視する点は、同構想の理論的特徴の一つである[12]。また、理論の射程を外部労働市場の法に限定せず、労働法全体を「労働市場と法の関わり」という観点から見直そうとする点も、重要な特徴として挙げることができる[13]。

今日の社会では、人間の労働は他の多くの財と同様に市場で取引される[14]。近

---

9) 諏訪・前掲注1) 61頁、諏訪康雄「キャリア権を問い直す」季刊労働法238号60頁 (2012年)。
10) 野川忍「労働法制から見た雇用保障政策——活力ある労働力移動の在り方」日本労働研究雑誌647号73頁 (2014年)、大内伸哉「ITからの挑戦——技術革新に労働法はどう立ち向かうべきか」日本労働研究雑誌663号85頁 (2015年)、石田信平「ディーキン＝ウィルキンソン『労働市場の法——産業化、雇用と法発展』」日本労働研究雑誌669号87頁 (2016年) など。
11) 労働市場と法の関わりについては、他の理論的アプローチとして、労働市場政策（職業紹介や職業訓練など）に関する法を、国家が市場に介入して憲法に基づく労働権保障の責務を果たすための法的措置と位置づける「雇用保障法」論がある（有田謙司「労働市場法学」日本労働研究雑誌621号78-79頁 (2012年)）。
12) このような考え方は、諏訪教授がキャリア権構想に先立って菅野教授とともに発表された論文にも示されている（菅野和夫＝諏訪康雄「労働市場の変化と労働法の課題——新たなサポートシステムを求めて」日本労働研究雑誌418号2-15頁 (1994年)）。ただし、この論文は労働法という制度を市場のサポートシステムと位置づけるなど、後のキャリア権構想と比較して、より市場中心的な考え方が強く打ち出されている。
13) 荒木・労働法731-732頁。この点に関して、外部労働市場と内部労働市場（企業組織）は基本原理を全く異にするものであり、後者を対象とする法に労働市場という観点からアプローチするのは適切でないとの批判もなされている（島田陽一「労働市場政策と労働者保護」労働法の争点〔第3版〕253頁）。
14) カール・ポランニー（玉野井芳郎ほか訳）『経済の文明史』38-39頁 (ちくま文芸文庫、2003年)。

代的な労働市場の存在は、労働関係を身分関係ではなく、当事者の自由な合意に基づく契約関係と捉える労働法理論とも深く関連している。他方、労働はそれを提供する人間の身体や人格と切り離すことができないという特殊な性質をもち、労働者が自らの労働力を使用者の指揮命令に委ねる雇用関係は非対称的なものとならざるをえない。それゆえ、労働市場は本質的に「完全市場」ではあり得ず、国家が介入せず市場の自由な取引に委ねることにより社会全体の効用が最大化されるという経済学の一般理論は妥当しない[15]。また、効率性や社会全体の効用の増大は、法的な価値観に照らしても望ましいことではあるが、それらと同等、あるいはそれ以上に重要な法的価値（たとえば公平な分配、個人の自由や安全など）も多数存在する。

これらを踏まえると、労働法の基本的なあり方としては、労働市場の機能を悪として否定することも、逆に最善の結果をもたらす自律的メカニズムとして肯定することも適切ではない。労働法の役割は、労働市場の機能と不完全性を正しく理解した上で、労働関係の特質を踏まえた適切な規制をすることにより、市場が法的価値と両立しうる形で、できるだけ円滑に機能しうる仕組みを作ることにあると考えられる。その意味で、労働法は「労働市場の法」としての側面を有する。

(2) キャリア権の意義と本質

このように見ると、キャリア権構想の理論的な意義は、「労働市場の法」としての労働法に着目し、経済学とは異なる視点から、国家が法という制度により労働市場において何を保障すべきなのかを明らかにしようとした点にあるといえるだろう。

諏訪教授によれば、国家は憲法の要請を受け、雇用政策や労働法を通して個人の生活・職業キャリア・自己実現の機会を保障する責任を負う[16]。かつて、日本型雇用慣行や男性稼ぎ主モデルが支配的であった時代には、これらの利益は

---

15) 玄田有史『人間に格はない――石川経夫と2000年代の労働市場』8頁（ミネルヴァ書房、2010年）。Deakin,S. "Labour Law and Development" in Davidov.G/Langille.B（ed.）*The Idea of Labour Law*（2011.OUP）pp.159-163.
16) 諏訪・前掲注1）57-58頁。

正社員の雇用を守ることを通して一定の範囲で保障された。しかし、企業における能力主義の広がり、雇用流動化、家族形態の変化、少子高齢化、情報化、国際化など社会経済的状況が大きく変化する中で、従来の雇用モデルは機能を失い、個人や企業の置かれている状況は多様化し、不安定性を増している。このような社会では、かつてのように単一モデルを前提とした社会制度は妥当性をもちえない。[17]

　キャリア権構想は、このような変化を踏まえ、同一企業における雇用に代えてキャリアを保障することにより、多様な条件の下にある個人の「生活保障・職業キャリア保障・自己実現の機会保障」を図る方向に進むことを提案している。その理論的意義を適切に評価するには、キャリア権を単に能力開発や教育訓練の問題と捉えるのではなく、より広く、雇用政策や労働法のあり方全体に関わる大きな理念として理解する必要がある。このように見ると、キャリア権の核心にあるのは、職業生活における個人の実質的自由、すなわち個人が労働市場に参入し、自分の職業生活のあり方を選択し実現していく実質的自由だと考えられる。[18] 換言すれば、キャリア権とは、様々な条件の下に置かれた個人が労働市場に参入し、労働契約を締結して労働力の活用を使用者に委ね、時には意に反する異動や転職を経験しつつ、長期的に見れば自分の設定した（状況に応じて修正されうる）職業生活上の目標に近づいてゆく実質的可能性を意味する。[19]

---

17) 両角道代「家族の変化と労働法」長谷部ほか編『岩波講座現代法の動態3　社会変化と法』138頁（岩波書店、2014年）。
18) このように理解すると、キャリア権構想は、厚生経済学者のアマルティア・センが提唱する「潜在能力（capability）アプローチ」の理論と多くの共通点を有しているように思われる。センのいう潜在能力とは、個々人が価値を認める理由のある生き方を選ぶ実質的自由（the substantive freedoms to choose a life one has reason to value）を意味する。Sen.A., Development as Freedom（1999, Anchor Books),p.74.
　　なお、石田・前掲注10）87頁は、キャリア権構想は外部労働市場におけるエンプロイアビリティに着目した理論であり、潜在能力アプローチとは根本的に異なるとする。
19) 諏訪・前掲注1）57頁。なお、フランスの労働法学者であるシュピオは、センの理論に示唆を得つつ、EUの雇用政策や労働法・社会保障法のあるべき方向性につき、雇用の不安定化が進む中で個人の職業的自由を保障するには、雇用の安定よりもキャリアの継続性を保障することが重要であるとの指摘をしている。Supiot.A., *Beyond Employment. Changes in Work and the Future of Labour Law in Europe*（2001,OUP）p.205. 同書の日本語の解説として、矢野昌浩「シュピオ『雇用を超えて』」日本労働研究雑誌669号72-75頁（2016年）。

Ⅲ　政策理念としてのキャリア権

1　雇用政策法の基本理念としてのキャリア権

　キャリア権は、上にも述べたように、第一次的には国家の雇用政策や労働立法の基本的方向性を示す理念である。現代社会において、国家は憲法上の要請に基づき、雇用政策や労働法を通して、個人のキャリア権（労働市場に参入しキャリアを形成・展開する実質的自由）を保障する責任を負う。もっとも、キャリア権自体は政策的な理念であって具体的な権利義務を導くものではなく、キャリア権をどのような形でどこまで保障するかは国家の立法政策に委ねられる。

　近年、雇用政策に関する法律の中には、理念や目的のレベルでキャリア権を反映するものが増えてきている[20]。

　まず、雇用政策の基本法である雇用対策法には、2001年の法改正により、労働者に対して「職業生活」（＝キャリア）の適切な設計と右設計に即した能力開発および転職支援を行うことにより、職業の安定を図ることが基本理念として掲げられた（同法3条）。また、職業能力開発促進法（能開法）にも「職業生活設計」（労働者が自らの職業生活における目的を定め、その実現を図るために職業の選択や能力開発等について自ら計画すること。同法2条4項）という新たな概念が導入され、基本理念として「職業能力の開発及び促進は…労働者の職業生活設計に配慮しつつ、その職業生活の全期間を通じて段階的かつ体系的に行われること」（同法3条）が掲げられた。さらに2015年の法改正では、「労働者は、職業生活設計を行い、その職業生活設計に即して自発的な職業能力の開発及び向上に努める」（同法3条の3）ことが追加された。そのほかにも、高齢者雇用安定法（3条）、障害者雇用促進法（3条）、女性活躍推進法（1条）、青少年雇用促進法（2条）など多くの雇用政策立法において、労働者の「職業生活」という言葉が用いられている。

---

20) 諏訪康雄「職業能力開発をめぐる法的課題」日本労働研究雑誌618号5-9頁（2012年）、同「キャリア権尊重に向けた流れ（キャリア法学への誘い〈第3回〉）」季刊労働法251号276-277頁（2015年）。

2 キャリア権の政策的要請

(1) 労働市場の障壁や分断の解消

次に、具体的な法政策のレベルでは、キャリア権の理念は国家に対してどのようなことを要請し、その要請はどのような形で反映されているのだろうか。

今日では家族や雇用の多様化が進み、性別・年齢・家族構成等を問わず、様々な条件の下にある人々が、自分や家族の生計を維持するために、また社会とのつながりを得るために、雇用労働に従事し、キャリアを築くことを必要としている。しかし、現実の労働市場には様々な障壁や分断が存在し、誰でも就労意思があれば労働市場に参入してキャリアを形成する機会を得られるわけではない。[21]

キャリア権は、憲法上の幸福追求権や労働権に基礎を置く、すべての国民を対象とする権利であり（II参照）、従来の雇用システムの下で十分なキャリア形成の機会を得ることができなかった人々（非正規労働者、家庭責任を負う女性など）や、労働市場に参入すること自体が困難であった人々（障害者、ニート、元受刑者など）に対しても、キャリアを形成する可能性を実質的に保障することを要請する。[22]

この観点からは、近年、「全員参加型社会の実現」という政策目標の下に、非正規労働者や女性、障害者等を対象に、キャリア形成の道を開こうとする一連の立法政策がとられていることが注目される（それらが適切かつ十分なものであるか否かは、別途検討を要する）。

その中でも重要と思われるのは、2013年の障害者雇用促進法の改正により、障害者差別の禁止とともに事業主に「合理的配慮」の提供が義務づけられたことである（同法34条、35条、36条の2、36条の3）。[23]「合理的配慮」とは、機会均等の確保や「障害者である労働者の有する能力の有効な発揮」の支障となっている事情を改善するために必要な、労働者の障害の特性に配慮した措置（同法

---

21) 玄田・前掲注15) 13頁。
22) 諏訪康雄「労働権保障」労働法の争点〔第3版〕11頁。
23) これらの規定はそれ自体としては私法上の効果を有しないが、違反行為は民法の一般規定や労働契約法・労働契約法理に照らして違法・無効と評価されうる。水町・労働法217-218頁、菅野・労働法283頁など。

36条の2、36条の3^(24)）を意味する。すなわち、合理的配慮の義務づけは、障害を持つ個人が労働市場に参入し、職業能力を発揮する上での障壁を除去ないし軽減することにより、キャリア形成の実質的可能性を開くことをめざすものといえる。

　もう一つの例は、2015年に改正された労働者派遣法（同年9月施行）により、派遣元企業に対し、派遣労働者のキャリア形成支援が義務づけられたことである。改正法によれば、派遣元企業は雇用する派遣労働者全員に対して段階的かつ体系的な教育訓練の実施計画を定め、有給かつ無償で教育訓練を行い、また、希望者に対してはキャリアコンサルティングを行わなければならない[25]（同法30条の2）。改正法の趣旨は、派遣労働においては雇用と使用が分離し、派遣元・派遣先双方に派遣労働者に対する教育訓練を行うインセンティブが働きにくいという問題を改善することにあるとされている[26]。なお、右措置の実施は措置義務であり、私法上の権利義務を根拠づけるものではないが、キャリア形成支援制度を有することは労働者派遣事業の許可基準に加えられている（派遣法施行規則1条の4。同改正により全派遣事業が許可制とされた[27]）。

(2) 組織内キャリアと組織間キャリアのバランス

　人的資源管理の基本書[28]によれば、「キャリア」とは多義的な言葉であり、様々な捉え方が可能である。その一つに、キャリアを組織内キャリア（一組織

24）「合理的配慮指針」（同法36条1項。平27労告117号）は、合理的配慮の具体的内容は、障害者の個別的事情と事業主との相互理解のなかで個別的に決定されるべき性質のものであるとしつつ、別表において、障害の性質ごとの具体例として、就業時間や業務量の調整、職場内での移動の負担の軽減、業務上の指示の出し方の工夫、マニュアルの作成、プライバシーに配慮した同僚への情報提供などを挙げている。
25）厚生労働省職業安定局　派遣・有期労働対策部　需給調整事業課「労働者派遣法改正のあらまし」ジュリスト1487号16頁（2015年）。
26）鎌田耕一「改正労働者派遣法の意義と内容——労働契約申込みみなし制度を含む」法学教室425号58頁。
27）また、右派遣法改正では、派遣期間に関して、同じ派遣労働者（派遣元に無期雇用されている者を除く）を3年を超えて同一企業の同一組織単位に派遣してはならないというルールが導入された（35条の3、40条の3）が、このルールは派遣労働者のキャリアアップに資するものと評価されている（佐藤博樹「改正労働者派遣法と派遣活用企業・派遣会社の人材活用上の課題」ジュリスト1487号27頁（2015年））。
28）奥林康司＝上林憲雄＝平林光俊『入門 人的資源管理〔第2版〕』93-95頁（中央経済社、2010年）。

内で積み重ねる経歴）と組織間キャリア（転職等により組織の境界を越えて構築される経歴）に分類する方法がある。[29]

　キャリア権構想は、これまで日本で重視されてこなかった組織間キャリアに目を向け、個人のエンプロイアビリティを高める能力開発や転職支援の重要性を指摘する。ただし、組織内キャリアを軽視するわけではなく、組織内キャリアと組織間キャリアの新たなバランス、すなわち「人事権とキャリア権の適切な調整により、関係者間の利益と幸福を最大化すること」[30]をめざすものである。このような観点からは、雇用政策上の課題として、キャリア形成へ向けた個人の努力を国や使用者がサポートする仕組みの整備が強く要請される。

　近年の雇用政策においては、雇用安定重視の基本姿勢が維持される一方、人口減少期には人的資本の最大活用が経済成長に不可欠であるとして、個人主体のキャリア形成や能力開発の重要性が指摘され、[31]キャリア支援策も若年者を中心に徐々に整備されつつある。[32]具体例としては、求職者支援法（2011年）や青少年雇用促進法の制定（2015年）、ジョブ・カード制度の法制化やキャリアコンサルタントの国家資格化（2015年）などが挙げられる。また、2013年6月に閣議決定された「日本再興戦略」[33]においては、「行き過ぎた雇用維持型から労働移動支援型への政策転換（失業なき労働移動の実現）」のため、「雇用維持型の政策を改め、個人が円滑に転職等を行い、能力を発揮し、経済成長の担い手として活躍できるよう、能力開発支援を含めた労働移動支援型の政策に大胆に転換する」との方針が示され、右基本方針の下に、若者の学び直し支援を意図した教育訓練給付の大幅な拡充（雇用保険法60条の2）などが実施された。

　他方、事業主に対しては、能開法が、労働者の能力開発機会の確保に配慮し（8条）、職業訓練（9条、10条1号）や職業能力検定を受けさせること（10条2号）、有給教育訓練休暇を付与すること（10条の4第1項1号）、能力開発計画を

29）奥林ほか・前掲注28）94頁。
30）諏訪・前掲注9）論文63頁。
31）近年の雇用政策や立法の動向については、菅野・労働法41-139頁、荒木・労働法734-759頁、有田謙司＝唐津博＝古川陽二『ニューレクチャー労働法』295-347頁（成文堂、2016年）。
32）たとえば、厚生労働省・雇用政策研究会『平成27年度雇用政策研究会報告書』（座長　樋口美雄）8-17頁など。
33）http://www.kantei.go.jp/jp/singi/keizaisaisei/pdf/saikou_jpn.pdf

作成し（11条）、職業能力開発推進者を選任すること（12条）などを求めている。しかし、これらはいずれも努力義務や措置義務であり、労働者の能力開発は基本的に使用者の裁量と自主努力に委ねられ、雇用保険事業の各種助成金等により教育訓練費用の一部を負担する施策が中心となっている。

　このように、個人のキャリア形成支援が徐々に整備されつつあるものの、雇用政策全体の方向性としては、現在も組織内キャリア重視の雇用政策が維持されているといえる。[34]

(3) 客観的キャリアと主観的キャリアのバランス

　次に、上記とは別の観点から、キャリアという概念を客観的キャリアと主観的キャリアに分類することもできる。[35] 昇進、異動、転職のように外部から観察できる事実から捉えられるのが客観的キャリアである。これに対して、主観的キャリアは、労働者自身が自分のキャリアをどう認知し、どう意味づけているかという側面に着目した概念である。客観的にはキャリアの停滞と見られる場合でも、その状態を本人がどのように認識しているかは各人の立場や状況により異なる。たとえば、客観的には管理職に昇進する見込みがない状態でも、本人が何らかの事情で管理職にならないことを望んでいる場合には、主観的には満足のいくキャリアでありうる。[36]

　この分類法は、キャリア権構想に新たな視点を提供する。キャリア権は「職業における自己実現の権利」[37]であり、個人の主観的な満足が無視されているわけではない。しかし、キャリア権構想の基礎には、客観的キャリアの構築こそが個人の幸福、ひいては企業や社会全体の利益につながるという考え方があり、[38]個人が自らキャリアの停滞や後退を選択することはキャリア権の内容として想定されていないように思われる。

　しかし、個人の多様性を前提としてキャリア権を捉え直すと、改めて主観的

---

34) 野川忍「労働法制から見た雇用保障政策——活力ある労働力移動の在り方」日本労働研究雑誌647号67頁（2014年）。
35) 奥林ほか・前掲注28) 93頁。
36) 奥林ほか・前掲注28) 96頁。
37) 諏訪・前掲注1) 59頁。
38) 諏訪・前掲注1) 57頁。

キャリアの重要性が浮かび上がってくる。今日の労働市場においては、非常に多くの人々が、家族や健康など様々な事情により、時間的・場所的な制約を設けずに働くことが困難な状況に置かれている（そして、誰でも職業人生の一時期においては、そのような状況に置かれる可能性が高い）。これらの人々にとってキャリア形成が現実的な可能性であるためには、客観的キャリア形成をサポートする能力開発や就職支援等と並んで、各人が自分の置かれた条件に応じて、休業・勤務時間の短縮・勤務場所の限定・軽易業務への転換・昇進の回避など、柔軟な働き方を選択する自由が実質的に保障されることが不可欠である。それは客観的にはキャリアの停滞や後退であっても、主観的キャリアの観点からは肯定的に評価されうる選択である。

　そのように考えると、キャリア権保障の一環として、個々人が自らの状況に応じて、客観的キャリアと主観的キャリアのバランスをとることを可能にする仕組みが重要になる。日本の雇用システムには、中断や制約のない働き方を標準とし、そこから外れた働き方を選ぶことが職業上の大きな不利益につながりやすい構造が存在する。そこで、労働法政策として、柔軟な働き方の選択肢を個人に対し法的に保障するとともに、その選択が不当に大きな不利益をもたらすことを防ぐルールの整備が求められる[39]。このような観点からは、一連のワーク・ライフ・バランス関連の法政策、たとえば育児介護休業法上の諸制度、均等法上の間接差別禁止（7条）や妊娠出産等を理由とする不利益取扱いの禁止（9条3項）、パートタイム労働者の均衡待遇（パートタイム労働法8条、9条）などが、キャリア権の保障と密接に関連するものと位置づけられる。

3　小括

　現代社会において、国家は憲法上の要請に基づき、雇用政策や労働法政策を通して、個人のキャリア権を保障する責任を負う。政策理念としてのキャリア権は、労働市場の分断・障壁を取り除くことにより、様々な属性をもつ個人が労働市場に参入する道を開くとともに、個々人が自らの置かれた条件や価値観に応じて、組織内キャリアと組織間キャリアのバランス、客観的キャリアと主

39）両角・前掲注17）141頁、147頁。

観的キャリアのバランスをとりながら、長期的には自分が設定・修正した職業上の目標に近づいていく可能性を実質的に保障することを、国家に対して要請する。このように捉えた場合、キャリア権と関連を有する法政策は、狭義の能力開発や教育訓練の分野だけではなく、雇用平等や非正規雇用法制、ワーク・ライフ・バランスなど広い範囲に及ぶことになる。

Ⅳ 解釈理念としてのキャリア権

1 法解釈とキャリア権

Ⅲで述べたように、キャリア権の保障は国家に対する憲法上の要請であり、基本的には雇用政策や立法政策上の理念として位置づけられるべきものであるが、法解釈上の理念としても一定の範囲で機能しうる。

まず、上記Ⅲ2で検討したように、労働関係の法律の中には、キャリア権の理念と深い関連を有するものが存在する。これらの法律の解釈（たとえば、障害者雇用促進法に基づく合理的配慮の内容や、育児休業等の取得を理由とする不利益取扱いが禁止される範囲など[40]）に際しては、キャリア権の理念を適切に考慮することが求められよう。

次に、労働契約の解釈に際しても、キャリア権の理念を一定の範囲で考慮することが可能である。ただし現時点では、キャリア権の内容は抽象的なものであり、労働契約の解釈理念としての機能は限定的なものにとどまる。この点については、項を改めて論じる。

2 労働契約とキャリア権

(1) 判例法理――使用者の裁量権とその限界

日本型雇用慣行の下では、企業は新規学卒者を採用して教育訓練を行い、様々な職務を経験させて人材を育成し、人事考課を通して選抜し昇進・昇格させる。判例の労働契約法理は右慣行を反映し、教育訓練・人事異動・役職の任

---

40) 近時の広島中央保健生活協同組合事件最高裁判決（平26・10・23民集68巻8号1270頁）は、労基法に基づく妊娠中の労働者の軽易業務転換を契機とする降格と均等法9条3項の関係について判示したものであるが、この観点からも興味深い判断を含んでいる。

免などキャリア形成と密接に関わる事項については、法律で禁止された差別（均等法6条、労基法3条、労組法7条1号等）や不利益取扱い（均等法9条3項、育介法10条、16条、労契法20条、パートタイム労働法8条、9条等）、または権利濫用（労契法3条5項、民法1条3項）に当たらない限り、使用者の人事権を広く認めている。

　(a)　教育訓練

　企業が行う教育訓練は労働契約に基づく業務遂行の一形態であり、使用者は指揮命令権や業務命令権に基づいて受講を命じうる。判例は、教育訓練の内容や方法について使用者の判断を尊重し[41]、業務の遂行と直接関連のない教育訓練についても命令権を肯定している[42]。ただし、命令権の範囲内であっても、業務上の必要性に乏しく、労働者に身体的・精神的な苦痛を与える教育訓練を命じることは権利濫用に当たり、不法行為を構成しうる[43]。

　(b)　人事考課と人事異動

　人事考課や役職の任免は労働契約に基づく人事権の行使であり、基本的に使用者の裁量に委ねられる[44]。職能資格制度上の昇格についても使用者の裁量が広く認められるが、職能資格や等級を引き下げる場合には、就業規則上の規定など労働契約上の根拠が必要とされる[45]。

　職種限定のない一般的な労働契約においては、使用者は労働者の従事する職務を決定し、就業規則や採用時の包括的合意に基づいて配転を命じうる。労働者はそれまでに培った知識や技能・経験を活かせない職種への配転命令であっても原則として拒否することはできない[46]。もっとも少数ながら、専門的職務に

---

41) JR東海（大阪第三車両所）事件・大阪地判平10・3・25労判742号61頁。
42) 動労静岡鉄道管理局事件・静岡地判昭48・6・29労判182号19頁。
43) JR東日本〔本荘保線区〕事件・最二判平8・2・23労判690号12頁。
44) 人事考課につき、ダイエー事件・横浜地判平2・5・29労判579号35頁、エーシーニールセン・コーポレーション事件・東京高判平16・11・16労判909号77頁など。役職の引下げ（降格）につき、東京都自動車整備新興会事件・東京高判平21・11・4労判996号13頁、バンク・オブ・アメリカ・イリノイ事件・東京地判平7・12・4労判685号17頁〔管理職社員を総務課受付に降格したことは人事権を逸脱し権利濫用に当たると判断された〕。
45) アーク（本訴）事件・東京地判平12・1・31労判785号45頁。
46) 九州朝日放送事件・最一判平10・9・10労判757号20頁、日産自動車村山工場事件・最一判平元・12・7労判554号6頁。

従事してきた労働者に対する配転命令につき、能力発揮やキャリア形成の機会の喪失という重大な職業上の不利益をもたらす、業務上の必要性を欠き退職勧奨の意図が推認される等として、権利濫用に当たると判断した裁判例も存在する。職種転換を伴う出向命令についても、労働者が被る職業上の不利益は権利濫用(労契法15条)判断の一要素として考慮され、専門的業務に従事してきた中高年労働者を身体的負担の大きい単純業務に転換する出向命令は退職勧奨につながりうるとして権利濫用に当たると判断されている。

(c) 就労請求権

使用者が労働者の就労を拒否することは、賃金が支払われていても、キャリア形成の機会を失わせるという点で労働者に損害を与えうる。しかし判例は、労働者にとって労務提供は労働契約上の義務であり権利ではないとして、例外的に当事者間に特段の合意を認めうる場合や業務の性質上労働者が労務提供について特別の合理的な利益を有する場合を除き、原則として就労請求権を否定する立場を採っている。ただし、合理的理由なく労働者を長期にわたって業務から外し、能力発揮の機会を与えないまま雇用を継続することは、不法行為に当たる可能性がある。

(2) 解雇規制との関係

以上で述べてきたように、判例法理によれば、労働者は労働契約に基づいて職業能力の活用を包括的に使用者に委ねるのであり、キャリア形成に関わる労働者の利益は、特約等のない限り、それ自体としては法的保護の対象とされな

---

47) 北海道厚生農協連合会〔帯広厚生病院〕事件・釧路地帯広支判平9・3・24労判731号75頁〔副総婦長に対する中央材料室への配転命令〕、エルメスジャポン事件・東京地判平22・2・8労判1003号8頁〔IT技術者に対する在庫商品の保管業務への配転命令〕など。
48) フジシール(配転・降格)事件・大阪地判平12・8・28労判793号13頁。
49) JR東海事件・大阪地決昭62・11・30労判507号22頁、リコー事件・東京地判平25・11・12労判1085号19頁。
50) 労働者が労務提供につき特別の利益を有すると認められた例として、レストランスイス事件・名古屋地判昭45・9・7労判110号42頁。
51) 読売新聞社事件・東京高決昭33・8・2労民集9巻5号831頁。
52) 学校法人兵庫医科大学事件・大阪高判平22・12・17労判1024号37頁、社会医療法人天神会事件・福岡高判平27・1・29労判1112号5頁。

い。

　その反面、使用者は、いったん雇用した労働者については、キャリア形成がうまくいかなくても雇用し続ける義務を負う（労契法16条）。職種限定のない労働契約においては、労働者の能力不足を理由とする解雇は、その程度が著しく、教育や指導による改善の見込みも他職種への配転の余地もないような場合でなければ、解雇権の濫用に当たり無効とされる[53]。他方、特段の能力や経験を期待して雇い入れられた労働者については、労働契約上職種やポストの限定が認められることも多く、他職種への配転等を検討せずに解雇しても有効とされたケースがある[54]。ただし、職種を限定して中途採用された労働者でも、能力が使用者の期待を下回っていれば解雇できるわけではなく、能力不足の程度や改善機会の付与状況、改善可能性等を考慮して解雇の効力が判断される[55]。

2　学説
(1)　概要

　このように、判例法理は、労働者のキャリア形成について使用者に広範な決定権を与える一方で、それが十分にできなかった場合のリスクも負わせており[56]、そこにキャリア権理論の影響はあまり見られない。他方で、学説上は、近年、個人のキャリアや職業能力に関する利益を意識した労働契約理論が有力に主張されている。その方向性は以下のように大別することができる。

　第一は、判例法理の基本枠組自体は変更せず、権利濫用法理や労働契約の合理的解釈などの手法を活用することにより、キャリアに関する利益に法的保護を及ぼそうとする学説である。すなわち、労働者のキャリア形成が基本的には使用者の人事権に委ねられること自体は肯定しつつ、①労働者のキャリア形成を阻害する行為（たとえば、適性やキャリアへの配慮を欠く人事異動を命じることや、

---

53) セガ・エンタープライゼス事件・東京地決平11・10・15労判770号34頁、エース損害保険事件・東京地決平13・8・10労判820号74頁、昭電線電纜事件・横浜地川崎支判平16・5・28労判878号40頁など。
54) フォード自動車事件・東京地判昭57・2・25労民集33巻1号175頁、類設計室事件・大阪地判平22・10・29労判1021号21頁など。
55) ブルームバーグ・エル・ピー事件・東京高判平25・4・24労判1074号75頁。
56) 両角道代「雇用政策法と職業能力開発」労働法学会誌103号29頁（2004年）。

能力開発の機会を与えないまま低い評価をし続けること等)を権利濫用法理により柔軟に規制していくことや、②個別労働契約の合理的解釈を通してキャリアや就労に関わる当事者間の明示・黙示の合意(たとえば「専門技能を発揮できる職種に就けるよう努力する」旨のゆるやかな職種限定の合意など)を積極的に認定し、労働者の就労請求権や能力開発等に関わる利益の法的保護を柔軟に認めていくことが提唱されている。

第二は、よりラディカルなアプローチを採り、労働者の職業能力を尊重する義務や公正評価義務、就労請求権等を、労働契約上の権利義務として構成することを試みる学説である。たとえば、毛塚勝利教授は、成果主義賃金制度の定着により「賃金は職業能力の表現である」という視点が提起されるとし、この視点から労働契約を解釈することにより、労働者は職業能力について法的に保護されるべき一定の利益を有し、使用者は信義則に基づき、労働契約の付随義務として労働契約上の権限行使に当たり右利益を尊重すべき義務(職業的能力の適正評価義務、職業的能力の尊重配慮義務)を負うと主張される。また、唐津博教授は、キャリア権の理念を踏まえて就労請求権を肯定する立場から、使用者は信義則に基づく労働契約上の付随義務として、就労それ自体に内在する労働者の利益(職業上・人格上の諸利益)を尊重する義務を負い、その義務の中に合理的理由なく労働者の就労を拒否しない義務や、就労価値に配慮した就労機会を提供する義務(労働付与義務)が含まれるとの議論を展開されている。この唐津教授の学説を踏まえて、有田謙司教授は、再構成された労働権の規範的要請により、使用者は指揮命令権の行使等に当たり、信義則に基づいて就労価値の実現に協力すべき労働契約上の付随義務を負うと主張される。

(2) 私見

上記第二のグループに属する学説は、①労働者が就労を通して能力を発揮し

---

57) 土田・労働契約法〔第2版〕399-400頁、424-425頁。
58) 諏訪康雄「就労請求権──読売新聞社事件」労働判例百選〔第8版〕53頁、水町・労働法118頁など。
59) 毛塚勝利「賃金処遇制度の変化と労働法学の課題」労働法学会誌89号19-24頁(1997年)。
60) 唐津博『労働契約と就業規則の法理論』86-87頁(日本評論社、2010年)。
61) 有田謙司「『就労価値』論の意義と課題」労働法学会誌124号119-120頁(2014年)。

キャリアを形成する利益を有すること、②雇用や人事管理制度の変化により、右の利益をそれ自体として法的に保護する必要性が高まっていること、③右の利益は使用者の関与や協力なしには実現しえないこと等を強調し、ここから労働契約上の職業能力尊重義務や労働付与義務を肯定する。このような考え方はキャリア権構想と共通の問題意識に立ち、労働契約理論にキャリア権の理念を反映させることにつながるものとして注目される。

　しかし、本章で繰り返し述べてきたように、キャリア権は、第一次的には雇用政策・立法政策の方向性を示す政策理念である。もちろん、キャリア権の理念は、使用者に対しても労働者のキャリアを尊重するよう求めているが、その要請が直ちに労働契約上の権利義務を構成するとはいえず、私的労働関係における「キャリア権」の内容は今後の労働立法や労働慣行の発展により徐々に形成されていくものと考えられる。現時点では、キャリア権は抽象度の高い理念であって、労働契約関係を直接的に規律する法規範として十分に成熟しているとはいえず、キャリア権の理念（あるいは労働者のキャリアや職業能力に関する利益が重要であるということ）から、労働契約の一般的な解釈として具体的な権利義務を導くことには無理があるといわざるをえない。

　したがって、現時点における私見としては、上記の第一の流れのように、労働契約の合理的解釈や権利濫用法理の適用を通して、キャリア権の理念を意識した法解釈を行うことを基本とすべきである。すなわち、個別契約の解釈にあたってキャリアに関わる合意や慣行（職種の限定、教育訓練の機会付与など）を柔軟に認定するとともに、労働者のキャリアを損なう使用者の行為（人事異動、退職勧奨、就労拒否など）を権利濫用法理や不法行為のルールを活用して規制することにより、キャリアに関する労働者の利益の保護を図っていくことになろう。

　なお、就労請求権に関しては、判例と同様に「原則否定・例外肯定」の立場を採る学説も多いが、近年は肯定説も有力に主張されており、見解が対立する状況にある。[62] この点につき、民法上の受領遅滞（民法413条）に関して、判例・

---

62) 学説の状況につき、新屋敷恵美子「就労請求権」労働法の争点〔第4版〕40-41頁、長谷川珠子「就労請求権——読売新聞社事件」労働判例百選〔第9版〕50頁。

通説は債権者の受領義務を原則として否定しつつ、受領拒否により債務者が大きな不利益を被る場合などには当事者間の合意や信義則に基づく受領義務を認めている[63]。労働契約についても、労働者にとって就労は義務であり権利ではありえないというような硬直的な解釈をとらず、個別事情によっては合意や信義則に基づく労務受領義務（就労請求権）を認めていくべきであろう[64]。このほか、合理的理由や相当性を欠く就労拒否が不法行為に該当しうることはもちろんである。

　問題は、就労自体が労働者にとって重要な利益であるという労働契約の特殊性から、一般的に使用者の労務受領義務を肯定しうるかである。キャリア権はしばしば肯定説の論拠として援用されるが、就労拒否はたしかに労働者のキャリア形成に不利益な影響を与えうるものの、その不利益の内容や程度は場合により様々である[65]。また、キャリア権の観点から重要なのは、単に就労することではなく、適切な職務（能力を発揮しうる職務、キャリア形成につながる職務等）に従事することであるところ、現行法の下では、仮に一般的な労務受領義務を認めたとしても、同義務違反の効果として使用者に労働者を適職に従事させるよう強制することまでは困難だと思われる[66]。そうであるとすれば、少なくともキャリア権の観点からは、労働契約の一般的解釈として就労請求権を肯定する必然性はそれほど高くないと考えられる。

---

63) 最一判昭46・12・16民集25巻9号1472頁。平井宜雄『債権総論』126頁、内田貴『民法Ⅲ 債権総論・担保物権〔第3版〕』97-98頁、平野裕之「買主の引取義務」民法判例百選Ⅱ〔第7版〕24-25頁など。判例・学説の詳細については、奥富晃『受領遅滞責任論の再考と整序』52-83頁、112-118頁（有斐閣、2009年）。もっとも、民法上の議論は売買契約や請負契約における物の引取りを念頭に置いたものであり、労務受領義務にそのまま当てはめることは想定されていない。
64) 義務違反の法的救済としては、損害賠償（民法415条）のほか、現実に使用者に労務受領を強制しうるかという問題がある。個別事情に応じて判断すべきである（水町・労働法117-118頁）が、労働契約に基づく労務提供の性質からして困難な場合が多いと考えられる。
65) 楢崎二郎「労働契約と就労請求権」現代労働法講座(10)35頁。
66) 土田・労働契約法〔第2版〕142-144頁は、労働契約について一般的に労務受領義務を認めた上で、その効果として債務不履行による損害賠償責任を肯定し、労務の受領強制を否定する。

VI　結びに代えて

　本章で検討したキャリア権の理論は、労働法学の中で特異な位置づけを有する。その意義を理解するには、キャリア権を単なる能力開発や教育訓練の問題としてではなく、より広く、労働法のあり方全体に関わる政策的理念として位置づける必要がある。

　今日では、雇用システムの転換期を迎え、労働法制度の再検討が求められる中、労働経済学など隣接科学と対話しつつ立法政策を論じることの重要性が高まっている。しかし、労働法学における立法政策論の発達は遅れており、雇用システムの中で労働法制度が市場など他の社会制度とどのような関係にあるのか（また、どのような関係にあるべきなのか）、労働法の意義やその基礎となる考え方・論理はどのようなものであるのか等を、専門を異にする人びとに対して説明することは、しばしば困難を伴う。

　キャリア権構想は、これまで労働法学が看過してきた立法政策の理論であり、大きく捉えるならば、労働をめぐる「市場と法」の関係はどうあるべきかという根本的な問題について、法学の立場から考察を試みたものである。そこで示された考え方に対する疑問や批判はありうるにせよ、この分野における研究の端緒を開き、隣接科学との対話可能性を広げた点で、その意義は高く評価されるべきである。現時点では、法解釈上の理念としてのキャリア権は未熟な段階にあるが、そのことはこの理念の価値を減じるものではない。

　＊本章の執筆に当たっては、諏訪康雄教授（前中央労働委員会会長）に多くの質問にお答えいただき、草稿について多くの有益なコメントをいただいた。また、就労請求権に関しては、鹿野菜穂子教授（慶應義塾大学大学院法務研究科）、沖野眞己教授（東京大学大学院法学政治学研究科）に有益なご教示をいただいた。ここに記し、心から御礼申し上げる。なお、文中の誤りはすべて筆者の責任である。

（もろずみ・みちよ　慶應義塾大学大学院法務研究科教授）

第 2 部　雇用平等

第 2 部　雇用平等

第 5 章　雇用平等法の形成と展開

柳　澤　　武

はじめに

　日本国憲法の人権規定の総則的な意味を持つ憲法14条は、人間生来の「人格の平等」原則に根差した法の下の平等を定めており、この平等理念を雇用の場面で具体化するものを「雇用平等法」と位置づけることができる。労働関係における平等の実現は、「個人の尊重」（憲法13条）と人格の平等を実現するために不可欠な手段であり、社会全体の課題としても位置づけられる。

　日本の制定法としての「雇用平等法」は、労基法（3 条、4 条）、均等法、雇用対策法（10条）、障害者雇用促進法（特に34条以下）を軸に据えつつ、労働法全体に拡散した形で構成されている。また、社会的な注目度が高まっている雇

---

1 ）和田肇「今なぜ雇用平等法を問題にするのか」労働法学会誌117号 3 頁（2011年）は、「均等待遇」と「差別禁止」の上位概念として「雇用平等」を位置づける。本章の定義と、このような理解とは、矛盾するものではない。同誌「シンポジウム：雇用平等法の新たな展開」掲載の各論考や記録も参照。
2 ）「人間の尊厳」との異同や憲法との関係について、西谷敏『労働法の基礎構造』94頁、114頁（法律文化社、2016年）、矢島基美『現代人権論の起点』15頁（有斐閣、2015年）、玉蟲由樹『人間の尊厳保障の法理』（尚学社、2013年）、佐藤幸治『日本国憲法論』196頁（成文堂、2011年）など。
3 ）古今東西、差別禁止法と呼ばれる法律の多くは、「雇用」差別も対象としていることを想起されたい。
4 ）そのほか、国家公務員法27条、地方公務員法13条、職業安定法 3 条（均等待遇）、船員職業安定法 4 条（均等待遇）、労働組合法 5 条 2 項 4 号（人種、宗教、性別、門地、身分を理由とする資格差別の禁止）などが挙げられよう。ただし、不当労働行為にかかる差別については、本章から除外する。

用形態を理由とする差別の禁止（パートタイム労働法8条以下、労契法20条、労働者派遣法30条の3）も雇用平等法に該当する。

本章は、まず、雇用平等法の理論的基盤に関わる議論を検討の上、「平等取扱い」と「差別禁止」をめぐる論争を紹介し、差別禁止理論の新展開や到達点を確認する（I）。つぎに、先駆的な欧米諸国の動向について概観の上、日本の雇用平等法を個別に検証し、その現代的な意義を検討する（II）。さらに、これから問題となりうる差別概念や差別禁止事由を示し（III）、今後の課題と展望を述べたい（IV）。

I 理論研究の発展

1 新たな分析視角——「労働市場アプローチ」論争

諸外国の差別禁止法を研究するプロジェクトにより、雇用差別の分析視角として「差別禁止アプローチ」と「労働市場アプローチ」が提唱された。差別禁止の対象となるカテゴリーへの政策的な観点も取り入れた場合、①人権思想に基づく「差別禁止アプローチ」（法形式としても差別禁止法で実現する）と、②雇用政策的な視点から行う「労働市場アプローチ」（法形式は、差別禁止法とは限らず、法定雇用率のような制度も含む）との双方が考えられるとの視角である。また、いずれかのアプローチを選択することは、論理必然ではないものの、ハー

5）非正規雇用と雇用平等については、本書第7章で論じられる。
6）平等理論の重要性は憲法学でも認識されており、たとえば棟居快行『人権論の再構成〔改版〕』113頁（信山社、2008年）は、「現代は自由以上にむしろ平等が求められる時代」と述べる。また、平地秀哉「平等理論」辻村みよ子＝長谷部恭男編『憲法理論の再創造』339頁（日本評論社、2011年）は、近年の憲法学の平等法理には、それほど大きな展開はみられないと指摘していたが、その後には平等法理に関わる最高裁判決が複数出ており、今後の理論構築が期待される。深谷信夫「労働法における平等と公正と」講座21世紀の労働法(6)18頁も参照。
7）ここでは、原則として講座21世紀の労働法刊行後となる、2000年以降の展開を検討する。
8）雇用平等法の展開を論じる論考として、注1）のほか、森戸英幸＝水町勇一郎編著『差別禁止法の新展開』（日本評論社、2008年）、櫻庭涼子「雇用差別禁止法制の現状と課題」日本労働研究雑誌574号4頁（2008年）、山川和義「雇用差別禁止法制の到達点と課題」法律時報85巻3号37頁（2013年）。「雇用平等法制の新展開」法律時報79巻3号（2007年）所蔵の対談・各論考も参照。
9）複数の論者が用いているが、山川隆一（主査）ほか「雇用差別禁止法制の比較方法的研究」労働問題リサーチセンター（2004年）の共同研究に端を発するものと思われる。

ドローかソフトローかという法の執行方法をめぐる議論にも結び付きやすい（②であればソフトローへ傾きがちである）[10]。

かかる分析手法に対しては、「差別禁止のもつ重層的規範構造を考えれば、対立的に捉えすぎてはならないであろう」[11]、「一種の社会身分化している非正規雇用について、人権問題なのか、それとも政策的な配慮が働きうるのか、といった二項対立はもはや適切ではない」[12]との批判がなされている。

私見では、差別禁止法制定の背景に政策的な要請が働きうること自体は、以前から繰り返し指摘されてきたことであり、否定しがたい事実として認めざるを得ない。しかしながら、法政策的な側面が含まれることを強調しすぎることで、雇用平等法が——本章の冒頭で示したような——本来的な意義を喪失し、進むべき方向性を見誤るような事態は避けなければなるまい。

2　理論の体系化——「平等取扱い」「差別禁止」論争を中心に

雇用形態を理由とする差別の禁止など、これまでの伝統的な差別禁止概念では捉えがたい（ようにもみえる）禁止事由が浮上し、さらには日本でも差別禁止事由が広がりつつあることが背景となり、これらを全体として包摂しうる差別禁止概念を構築する試みがなされている。その全てを詳説することはできないが、ここでは「平等取扱い」と「差別禁止」を峻別すべきか否かという論争を軸に、まずは3人の論者から取り上げる。

毛塚勝利は、差別禁止と平等取扱いを峻別すべきであると提唱し、独自の理論を提示した[13]。まず、差別を「人間の個別的特性ではなく類型的属性にもとづき異別取扱いを行い、社会生活を営むうえで不可欠な権利に関して不利益を与えること」と定義し、かかる意味での差別がもたらす三層構造の反規範性を示す。その上で、平等とは、「一定の生活空間を支配する者が、そこに所属する者が等しく個人として尊重されることを求める平等感情を基礎に、その構成員

---

10) 差別禁止法とソフトロー・アプローチとの関係について、荒木尚志「労働立法における努力義務規定の機能」中嶋還暦44頁。
11) 毛塚勝利「労働法における差別禁止と平等取扱」角田古稀(下)3頁。同論文を検証しつつ、異なる視角を提示する論考として、藤本茂「雇用平等法の基礎論的検討」毛塚古稀555頁。
12) 和田肇・労働法の争点(新)23頁。
13) 毛塚・前掲注11)　3頁。

として同一のルール(規範・基準)をもって対応する」ことと定義する。ゆえに、平等規範の名宛人は「支配」者となり、支配者の恣意性を排除することが求められる点が、差別禁止規範と決定的に異なる。労働契約論のレベルでは、使用者は労働者に対して社会的差別をしてはならない義務を付随的義務として負うほか、社会一般の差別を解消する協力義務(ポジティブ・アクション)も求められるとの主張である。

比較対象者に着目した妊娠差別の研究から着手した富永晃一は、「平等法理」を分配・配分についてあるべき状態を志向する法理、「差別」を差別禁止事由が配分に影響を与えることと定義することで両者を峻別し、「結びつき」という概念を用いて差別禁止事由との因果関係を考察する。[14] 差別禁止事由については、1でみたアプローチで分類し、職務への影響を3段階に分け、双方が交錯するマトリックスを提示している。その結果、新しい雇用平等法の手法は、差別意思から義務違反へ、異別取扱い禁止から不均衡取扱い禁止へ、「結びつき」が緩和されていると分析し、政策的で緩やかな「差別抑制」へと拡大した帰結であると主張する。

これらの論者に対して、水町勇一郎は「平等取扱い」と「差別禁止」の非峻別論に立つ。[15] 差別禁止法に関する共同研究の成果でもある安部圭介の論考を参照し、[16]「不可変の属性を理由とする」差別であれ、「基本的権利にかかわる」差別であれ、「個人の尊重」という法の基本原理に反するという点では同じであり、いずれも違法な差別となることを明らかにした。そして、雇用形態による差別も取り入れた包括的な差別禁止法制の構築を提言している。[17] 筆者の立場は、冒頭に掲げた雇用平等法の定義で示したように、この見解に最も近い。[18]

その他にも、性差別・年齢差別・障害者差別などに焦点を絞り、その法構造

---

14) 富永晃一『比較対象者の視点からみた労働法上の差別禁止法理』(有斐閣、2013年)、同「雇用社会の変化と新たな平等法理」荒木尚志ほか編『社会変化と法』59頁(岩波書店、2014年)、同「差別禁止法理の基本的概念に関する試論」労働法学会誌126号116頁(2015年)ほか一連の論考。
15) 水町勇一郎「『差別禁止』と『平等取扱い』は峻別されるべきか?」労働法律旬報1787号48頁(2013年)。
16) 安部圭介「差別はなぜ禁じられなければならないのか」森戸=水町編著・前掲注8)16頁。
17) 水町勇一郎=連合総研編『労働法改革』65頁(日本経済出版社、2010年)。
18) 森戸=水町編著・前掲注8)の各著者間(筆者も一員である)で、差別禁止の意義については共通認識があったと理解している。

や特質を明らかにしようとする複数の業績、職務分析を前提とした同一価値労働同一賃金からのアプローチ[19]、法社会学的な観点からアメリカ雇用差別の歴史的変動を描く労作[20]など、雇用平等法の在り方に示唆を与える重要な研究の発展がみられた。また、差別禁止法の法的構造を分析の上、各差別事由に関わるILO条約との関係を論じるなど、独自の問題点を指摘した一連の論考も存在する[21][22]。以上のように、21世紀以降の差別理論研究では、これまで曖昧にされてきた差別禁止概念について新たな知見が提供され、雇用平等法理の全体像を描く試みが行われるなど、優れた研究成果の蓄積がみられる。

一方で、本項が焦点を当てた「労働市場アプローチ」論争あるいは「平等取扱い」「差別禁止」論争以外の部分では、各理論の総論同士が鋭く対立したり、あるいは、お互いの理論が相互作用を与えたりするような関係を見出すことは難しかった。各々の理論やシェーマとしての完成度は高く、比較法的な視点も生かされているのだが、完璧な理論を追求するが故に、閉じた議論（closed theory）へと陥ってしまっているようにも思われる。隣接学問分野との関係や差別禁止法の歴史的・思想的な背景など、いまだ探究すべき課題は残されており、今後は一層オープンな理論研究の発展を望みたい。

II 雇用平等法の現代的意義

1 欧米諸国の動向

「雇用差別禁止法」が労働法の重要部分となっているアメリカでは、2008年

---

19) 既に掲げたもののほか、長谷川聡「差別禁止構造と性差別禁止法の法的性質」角田古稀(上)39頁、永野仁美『障害者の雇用と所得保障』（信山社、2013年）、所浩代『精神疾患と障害者差別禁止法』（旬報社、2015年）、柳澤武『雇用における年齢差別の法理』（成文堂、2006年）、櫻庭涼子『年齢差別禁止の法理』（信山社、2008年）など。
20) 森ます美＝浅倉むつ子『同一価値労働同一賃金原則の実施システム』（有斐閣、2010年）。ただし、同一価値労働同一賃金の理解は、論者によって異なることがある。遠藤公嗣『これからの賃金』（旬報社、2014年）などと比較。
21) 相澤美智子『雇用差別への法的挑戦』（創文社、2012年）。
22) 小西國友「差別の法的構造」山口古稀409頁は、差別を5つの基本的要素（差別者・被差別者、差別事由・差別的行為、合理的理由）から把握し、合理的理由が存在しないことが違法な差別事由の存在を基礎づけることもあると指摘する。小西國友『国際労働法』206頁（信山社、2012年）も参照。

に障害を持つアメリカ人法（ADA）が改正され、同年に遺伝子情報差別禁止法（GINA）も制定され、連邦法レベルで差別禁止事由の拡大がみられた。また、賃金差別の申立期限などを改正する公正賃金法（Fair Pay Act）は、差別の救済という観点から実務的な影響を与えたばかりでなく、賃金の男女格差を改めてクローズアップさせる契機となった[23]。他方で、パートタイム労働者への労働条件差別を規制する法律は、現在に至るまで存在しない[24]。

ヨーロッパでは、21世紀に入ってから、EUと加盟国において急速な展開がみられた。2000年指令（2000/43/EC、2000/78/EC）により、人種・民族的出身、宗教・信条、障害、年齢、性的指向を理由とする差別を禁止することが加盟国に求められた[25]。これらを受けて、フランスは早くも2001年の「差別防止に関する法律」によって、「性的指向、容姿、苗字、年齢」を理由とする差別を禁じ、2005年には障害者差別の禁止を強化、2008年には指令を反映させた差別禁止法を制定するなど、矢継ぎ早な対応がなされた。ドイツでは、2006年に一般平等取扱法（AGG）が制定され、人種・民族的背景、性別、宗教・世界観、障害、年齢、性的指向を理由とする不利益取扱いが禁じられた。イギリスは2010年、これまで拡散していた差別禁止法を統合するとともに、起因差別（後述）なども規定する包括的な平等法（Equality Act）を制定した。イタリアでは、2003年の立法により、指令の文言に近い形で国内法化されている。

これらの国々と比して、日本の雇用平等法は、いかなる現状にあり、どのような射程や到達点を持つのであろうか。旧来からの雇用平等法についても検証

23）アメリカ雇用差別禁止法の動向について、中窪裕也『アメリカ労働法〔第2版〕』（弘文堂、2010年）、藤本茂『米国雇用平等法の理念と法理』（かもがわ出版、2007年）、相澤・前掲注21）。州法レベルにまで目を転じると、差別禁止事由の拡大傾向は、より顕著である。

24）同法の背景や意義について、リリー・レッドベター『賃金差別を許さない！』（岩波書店、2014年）、柳澤武「賃金差別の起算点と救済範囲」山田晋ほか編『社会法の基本理念と法政策』308頁（法律文化社、2011年）。

25）EUと各国の動向について、ロジェ・ブランパン『ヨーロッパ労働法』353頁（信山社、2003年）、櫻庭涼子「EUの雇用平等法制の展開」法律時報79巻64頁（2007年）、小宮文人『現代イギリス雇用法』158頁（信山社、2006年）、山川和義＝和田肇「ドイツにおける一般平等立法の意味」日本労働研究雑誌574号18頁（2008年）、永野・前掲注19）、鈴木尊紘「フランスにおける差別禁止法及び差別防止機構法制」外国の立法242号44頁（2009年）、大木正俊「イタリアの新しい雇用差別禁止法」季刊労働法234号223頁（2009年）。なお、雇用形態を理由とする差別についても、各指令（1997/81/EC、1999/70/EC、2008/81/EC）が国内法化を求めている。

の上、その現代的な意義を明らかにしたい。

2　国籍・信条・社会的身分──労基法3条

　労基法3条は、「国籍」、「信条」、「社会的身分」を理由とする「労働条件について」の差別を禁じている。

　「国籍」差別が争われた近年の類型としては、外国人寮の住居費・光熱費を多く徴収することは本条違反であるとする裁判例が確立しつつある[26]。一方で、外国人教員を賃金面で優遇の上で有期雇用とする事案では、国籍差別に該当しないとして、労基法3条違反が否定されている[27]。また、在日韓国人の労働者に通名を強要することについて、本条を明示的に引用の上で、「［本条］の適用される場面以外であっても、労働者の人格的利益が侵害される場合には、不法行為法による救済が図られるべき」として、損害賠償を認めた裁判例があり[28]、本条が人格権侵害を構成する論拠として用いられることもある。

　社会的身分には、生来的な身分（門地、被差別部落、非嫡出子、母子・父子家庭）のほか、後天的な身分（犯罪・受刑歴、破産者、クレジット履歴）も含まれるとするのが通説である。他方で、雇用契約上の地位（パートタイム・有期雇用など）が含まれるかについては、これを否定する裁判例が蓄積している[29]。欧米では差別禁止事由に含まれることも少なくない「婚姻制度上の地位」（独身・既婚・離婚歴）についても、性差別やハラスメントに繋がるものとして禁止すべきとの見解もあるが、多くの企業にみられる家族手当の支給要件にも関わっており、本条によって規制することは困難であろう。

　「信条」については、特定政党支持者への差別が争われる裁判例が、現在も続いている[30]。今後は、宗教の多様化とともに、宗教的な休日への配慮、宗教的

---

26) デーバー加工サービス事件・東京地判平23・12・6労判1044号21頁。ナルコ事件・名古屋地判平25・2・7労判1070号38頁。いずれも外国人研修生の事案であり、最賃法違反なども争点となっている。
27) 東京国際学園事件・東京地判平13・3・15労判818号55頁。ジャパンタイムス事件・東京地判平17・3・29労判897号81頁も、「期間の定めが設けられていることが専ら原告の国籍や人種を理由とするものであるとはいえない」と判示した。
28) カンリ事件・東京高判平27・10・14LEX/DB文献番号25541315。
29) 嘱託職員について争われた京都市女性協会事件・大阪高判平21・7・16労判1001号77頁など。
30) 倉敷紡績（思想差別）事件・大阪地判平15・5・14労判859号69頁など。

なシンボルや服の着用、社員食堂の原材料など、宗教的な信条との衝突が顕在化する可能性がある。信仰を貫くための言動（宗教的儀式や行為）は、就業規則の服務規律や他の労働者との平等取扱いと相反する蓋然性が高い反面、宗教色を完全に排除してしまうだけでは本条の趣旨を没却しかねない。そこで、一つの解決策として、障害者差別の場合（障害者雇用促進法36条の3）とは異なった意味で、信義則上の「合理的配慮」を使用者に求めることが考えられる。[31]

上記の差別禁止事由に共通し、本条自体が抱える最大の課題は、著名な最高裁判決により、本条が募集・採用段階には及ばないと解された点である。[32] もっとも、判決自身が「法律その他による特別の制限がない限り」と留保していることから、皮肉を込めるなら、むしろ雇用平等法による積極的な規制が期待されているともいえる。雇用平等法が拡大しつつある現在（2～4の新立法については、全て募集・採用段階を規制する）、さらには国際的な差別禁止法理の展開に鑑みても、本条の差別禁止事由については、新たな立法によって、募集・採用段階も含めた法規制を構築すべきであろう。

3　性差別──均等法・労基法4条

形式的には勤労婦人福祉法の改正として誕生した1985年均等法は、女性のみを適用対象とし、判例法理で確立していた差別的定年制度や解雇のみを禁止し、その他は努力義務規定としてスタートした。その後、1997年改正では努力義務規定の多くが禁止規定に改められ、ポジティブ・アクションの規定などが新設された。そして、2006年改正では、男性も適用対象となる「性差別禁止法」へと変容し、現在では、募集・採用、採用後の労働条件（配置・昇進・教育訓練・福利厚生など）、退職・解雇に至るまで、雇用の各ステージが一応の適用対象と

---

31) 雇用における信条（宗教）を理由とする差別は、日本が早くから禁じており、米英のほうが遅かった（アメリカ：1967年公民権法第7編、イギリス：2003年雇用平等規則）。アメリカの公民権法第7編は、宗教上の行為についての合理的な配慮を規定しているが、求められる配慮は障害者差別の場合ほど高度ではない。中窪・前掲注23）228頁。
32) 三菱樹脂事件・最大判昭48・12・12民集27巻11号1536頁。使用者の「採用の自由」を過度に強調する判旨は、学説から繰り返し批判されている。近年のものとして、和田肇『人権保障と労働法』2頁（日本評論社、2008年）、有田謙司「採用の自由」労働法の争点(新)46頁、萬井隆令「『採用の自由』論復活の試み」労働法律旬報1834号39頁（2015年）など。

なっている。以下では、2006年改正時に議論となった事項を中心に検討し、最後に労基法4条の意義を論じる。

第一に、2006年に改正された均等法の9条3項は、「妊娠・出産・育児休業を理由とする不利益取扱い」を禁じている。2014年の最高裁判決は、同項を強行規定と解した上で、「妊娠、出産、産前休業の請求、産前産後の休業又は軽易業務への転換等を理由として解雇その他不利益な取扱いをすることは、同項に違反するものとして違法であり、無効であるというべきである」と判示し、マタニティー・ハラスメントという言葉や妊娠差別の実態を社会に広め、さらには厚生労働省による実態調査や通達の改正が行われるなど、行政・実務にも大きな影響を与えた。同時に、同判決は、「当該労働者につき自由な意思に基づいて降格を承諾したものと認めるに足りる合理的な理由が客観的に存在するとき」には、同項の禁止する取扱いには当たらないとも述べており、妊娠への配慮と差別禁止の双方を両立させる難しさを改めて浮き彫りにした。

第二に、均等化促進のために事業主が女性労働者に対して行うポジティブ・アクション（積極的是正措置）（均等法8条）については、2006年改正で両性が適用対象となったことから、理論的な位置づけが問われることになった。すなわち、女性のみに対して行う措置に、雇用平等法の観点から合理性が認められるか否かという問題を孕んでおり、「理論的な整合性に欠ける」との批判が想定される。この点は、やや逆説的だが、ポジティブ・アクションを推進することで、最終的にはポジティブ・アクションが不要となる社会状況を作り出すことを目標とすべきであろう。また、2015年に制定された女性活躍推進法について

---

33) 均等法の到達点や課題について、労働法学会誌126号（2015年）「男女雇用機会均等法をめぐる理論課題の検討」掲載の各論考、浅倉むつ子ほか「男女雇用機会均等法成立から30年」労働法律旬報1844号6頁（2015年）の座談会、前掲注1）、前掲注8）の各論考などを参照。
34) 広島中央保健生協（C生協病院）事件・最一判平26・10・23民集68巻8号1270頁。
35) 最高裁判決の射程や同意による例外を認めることの適否については、論者によって争いがある。たとえば、長谷川珠子「妊娠中の軽易業務への転換を契機とした降格の違法性」法学教室413号35頁（2015年）と水町勇一郎「妊娠時の軽易作業への転換を契機とした降格の違法性」ジュリスト1477号103頁（2015年）を比較。
36) 浅倉むつ子「日本における間接差別禁止とポジティブ・アクション」ジェンダーと法4号63頁（2007年）。ただし、ポジティブ・アクションの意義自体を否定しているわけではない。むしろ、実効性のあるポジティブ・アクションを制度化することを主張している。
37) 安部・前掲注16）33頁。

は、行動計画の策定を通じた均等化促進を求めている点では共通する趣旨がみられるが、雇用管理区分の枠内にとどまるという弱点などがあることから、同法ではなくポジティブ・アクション規定の強化という形で進め、義務化を推進すべきとの見解が示されている。[38]

第三に、2006年改正では、間接（性）差別の禁止が導入されたことが大きな目玉となった（同7条）。しかしながら、諸外国の規定や本来の姿とは異なる形で導入され、極めて不十分な内容となっているからであろうか、一般的には全くといってよいほど認知されておらず、労働訴訟でも全く活用されていない（この問題については Ⅳ で述べる）。

第四に、日本ではセクシュアル・ハラスメント（以下、セクハラという）が性差別の一環として明確に位置づけられているわけではなく、判例法理によって違法性が認められるようになった。[39] 均等法は、セクハラの防止措置を講ずることを事業主に義務づけており、その範囲も徐々に拡充されている（同11条）。男性に対するセクハラはもとより、[40] 同性に対するセクハラについても認められ、ジェンダーにもとづく言動はセクハラ成立の有力な要因となりうるであろう。[41]

最後に、均等法の陰に隠れてしまいがちだが、労基法4条の男女同一賃金も、引き続き重要な意義を有する。男女別の賃金表といった明白な差別のみならず、コース別人事や昇格差別により男女賃金格差が生じている場合にも、使用者側が合理的な理由を立証しない限り、同条違反が成立する。また、世帯主への手当て支給といった性中立的な基準を用いた場合でも、差別の意図が明白であるならば、同条違反となる。[42] ごく最近でも、コース別人事制度が実質的な男女別

---

38) 神尾真知子「男女雇用機会均等法の立法論的課題」労働法学会誌126号137頁。同「男女賃金差別の法理」講座21世紀の労働法(6)191頁も参照。
39) 歴史的な形成過程については、山﨑文夫「セクシュアル・ハラスメントの法理」講座21世紀の労働法(6)112頁などを参照。
40) 結論としては否定したが、日本郵政公社事件・大阪高判平17・6・7労判908号72頁。一方で、同事件の地裁判決はセクハラの違法性を認めている。野川忍「郵政公社における女性管理職のセクハラ行為とこれに対する上司の対応策の違法性」ジュリスト1305号142頁（2006年）も参照。
41) 平18・10・11厚労告615号を参照。これらは、LGBT に対する雇用差別（Ⅲ 1）とも深く関わる問題である。
42) 三陽物産事件・東京地判平6・6・16労判651号15頁。現在であれば、間接差別（均等法7条）としても争いうるが、意図が明白な事案で間接差別を主張するメリットは乏しい。

賃金制度であるとして同条違反を認めた裁判例があり[43]、たとえば限定正社員が事実上の男女コース別となっている場合など、今後も同条の適用が予定される範囲は広い。

4　障害差別

日本では、これまで法定雇用率制度を中心に障害者雇用を促進してきたが、2013年改正の障害者雇用促進法により、事業主に障害者差別の禁止や合理的配慮提供が義務づけられたことで、雇用平等法としての障害者差別禁止というアプローチが導入された[44]。改正の際には、平等を志向する差別禁止という法規制を導入するのであれば、従来からの法定雇用率制度の存在意義を再検討し、場合によっては廃止すべきであるとの意見も出されている[45]。私見では、将来的に障害者差別禁止規定が十分に機能するようになってから法定雇用率制度の廃止を視野に入れるべきであり、募集・採用差別の立証が難しいという実態にも鑑みると、現時点では雇用確保のために必要な手段であると考えている。諸外国でも、アメリカ・カナダ・イギリスなどでは差別禁止法のみの規制を行っているが、フランスやドイツを含む多くのヨーロッパの国々は法定雇用率のような制度と併存させている[46]。

同法は、労働者の募集および採用において、障害者に対して均等な機会を与えなければならず（34条）、賃金の決定、教育訓練の実施、福利厚生施設の利用その他の待遇についても、「障害者であることを理由として、障害者でない者と不当な差別的取扱いをしてはならない」（35条）と規定する。その上で、

---

43) 東和工業事件・名古屋高金沢支判平28・4・27LEX/DB文献番号25542687。
44) 同法の改正経緯や解釈等について、永野仁美ほか編『詳説　障害者雇用促進法』（弘文堂、2016年）、所・前掲注19）など。日本は、同法制定後の2014年1月に「障害者の権利に関する条約」（2006年）を批准しており、同条約が法改正の契機となった。障害者差別全般・諸外国の動向について、既に引用したもののほか、杉山有紗『障害者差別禁止の法理』（成文堂、2016年）、植木淳『障害のある人の権利と法』（日本評論社、2011年）など。
45) 少数ではあるが、障害者団体から出されたという。永野ほか編・前掲注44）340頁。
46) フランスでは、雇用義務制度と差別禁止原則とでは対象となる障害者が異なるため、相衝突するものではないと考えられた。永野・前掲注19）145頁参照。また、ドイツにおける障害者差別禁止の導入は、アメリカの場合とは意義が異なるとの見解もある。小西啓文「ドイツ障害者雇用政策における合理的配慮論の展開」季刊労働法235号14頁。

いずれの場面についても、「当該障害者の障害の特性に配慮した」必要な措置を講じなければならない（36条の2、36条の3）として、いわゆる「合理的配慮」（Reasonable Accommodation）を使用者に求めている。合理的配慮は、障害者を特別に優遇するという趣旨ではなく、障害によって不利益を受けている実態を改善する義務を課すことによって、障害者と非障害者との実質的平等を実現するという観点から求められるものであり、現代の障害者差別禁止法に共通して内包される要素である。

また、同条の但書は、合理的配慮提供義務について、「事業主に対して過重な負担を及ぼすこととなるときは、この限りでない」（36条の2但書、36条の3但書）とも定めている。国際的には「過大な困難」（undue hardship）とも呼ばれる共通概念であるが、その具体的な判断基準は各国の制定法によって異なる。

「合理的配慮」と「過重な負担」の具体的な内容については、指針が定められている[47]。同指針では、基本的な考え方として、合理的配慮は障害者と事業主との相互理解の中で提供されるべきであり、合理的配慮に係る措置が複数あるときは、障害者の意向を十分に尊重した上で提供しやすい措置を講ずることは差し支えないこと、職場内で障害の特性に関する正しい知識・理解を得ることの重要性などが示されている。より具体的な手続や内容は多岐にわたるが、雇用の場面においては、合理的配慮提供義務によって職務能力を発揮できるか否かが焦点とされている[48]。過重な負担については、①事業活動への影響の程度、②実現困難度、③費用・負担の程度、④企業の規模、⑤企業の財務状況、⑥公的支援の有無、という6つの要素を総合的に勘案しながら、やはり個別判断にならざるを得ないことが示されている。

同法が禁止する差別禁止の範囲については、障害「者」のみを対象としていることから、「障害」を理由とする差別（関連差別や誤認差別・後述）への規制も行うべきであるとの批判がなされている[49]。今後は、諸外国の差別禁止法も参照

---

47) 平27年厚労告117号。
48) 施行直後のため本条が問題となった裁判例は存在しないが、排便が困難となる障害を有するバス運転手に対して、労働契約承継後の使用者が適切な配慮を行わないことが争われ、勤務配慮を行うことが認められた事案が参考になる（阪神バス（勤務配慮・本訴）事件・神戸地尼崎支判平26・4・22労判1096号44頁）。本条の施行により、かかる配慮は「合理的な配慮」として位置づけられるため、使用者には一層誠実な対応が求められることになろう。

しつつ、本法の対象となる障害の範囲や間接差別禁止規定を検討するとともに、いかに差別概念の深化を実現できるかが焦点となろう。

5 年齢差別

アメリカでは1967年の雇用における年齢差別禁止法（ADEA）により、ヨーロッパ諸国でも2000年前後から広がりをみせた雇用における年齢差別禁止法制だが、日本では雇用の入口（募集・採用）の規制に留まっている。[50] 雇用の出口（引退過程）については、定年制度を基軸に据えた継続雇用制度が認められるなど、年齢規範に基づく法政策が行われている。

入口の規制について、2001年改正の雇用対策法旧7条は、努力義務として年齢制限を行わないことを求めながら、指針によって10類型もの例外を許容し、骨抜きともいえる法規制であった。その後、2004年の高年法改正により、高年齢者雇用確保措置が求められるとともに、年齢制限の理由説明義務（18条の2第1項）が課された。そして、2007年の雇用対策法10条によって、募集・採用時における年齢制限の禁止が義務規定化され、例外として許容される場合も6類型に限定された。同条制定の直接的な契機は、年長フリーター問題への対応であり、法政策としてアンビバレントな構造を孕んでいたのだが、まずは募集・採用段階での差別規制を図ったという方向性は妥当であった。[51]

問題は、雇用対策法10条の実効性である。採用段階では、差別が存在したことを認識すること自体が困難であり、「年齢」を理由として採用拒否されたことを特定することは一層難しい。本条の違反に対して、罰則は規定されておらず、制裁としての企業名の公表も存在しない。かくして、本条の実効性については、司法救済という側面からも、行政指導やADRによる解決に頼ったとし

---

49) 所・前掲注19）276頁、永野ほか編・前掲注44）181頁など。
50) 雇用における年齢差別禁止については、柳澤・前掲注19）、櫻庭・前掲注19）、山川和義「年齢差別禁止の特徴と規制の方向性」前掲注1）49頁、櫻庭涼子「年齢差別禁止と定年制」日本労働研究雑誌643号31頁（2014年）など。なお、朴孝淑「日韓における高年齢者雇用政策と定年制をめぐる不利益変更問題について」ソフトロー研究25号79頁（2015年）によれば、出口の規制については韓国と共通点が多い。
51) 柳澤武「雇用対策法10条（年齢制限禁止規定）の意義と効果」日本労働研究雑誌642号23頁（2014年）。

ても、極めて脆弱であることは否めない。

　雇用の出口については、60歳未満の定年制度は禁じられ（高年法8条）、65歳までの雇用確保措置が求められる（高年法9条）。より詳しくは本講座第6巻5章に譲るが、雇用確保措置の一つである継続雇用制度が抱える構造自体の複雑さと相まって、現在まで様々な法的紛争が生じている[52]。また、非正規雇用（とりわけ有期労働契約）の労働者には、定年制度のメリットである雇用保障などが及ばないにもかかわらず、年齢を理由とする雇止め（事実上の定年制）についての法規制が存在しない[53]。

　私見では、定年制度をコアに据えた日本独自の枠組みは、徐々に限界に達しつつあるように思われる。就労への意欲を持つ労働者が、主体的な意思によって、年齢にかかわりなく働くためには、年齢差別禁止法のアプローチが有効であると思われる。労働からの引退過程や年金との接続において、労働者自身が引退を決定できるような「手続的規制」は、年齢差別の禁止という法政策と親和的である[54]。その際には、雇用確保措置が求める65歳を過ぎても就労が可能となるよう、再就職やキャリア設計に関わる法政策が求められる。65歳の半数近くが就労を希望しているという実態に鑑み、2016年の雇用保険法改正は65歳以上で雇用される者を雇用保険の適用対象とした。この改正に象徴されるように、雇用の出口についても年齢基準からの脱却に向かう動きが生じており、また、そのような方向へ進むべきであろう。

III　新たな差別形態・差別事由の検討

1　概念・対象者・主体の見直し

　今世紀に入ってからも、差別に関わる様々な概念が提唱・再定義されている。もっとも、従来の差別の延長で捉えることが可能な概念も多く、これまでの法

---

[52] 労働法学会誌114号3頁（2009年）、同124号19頁（2014年）以下の各論考を参照。日本労働法学会に限っても、短期間で2度テーマとして採択されており、社会的な注目度や課題の多さが伺える。
[53] 年齢を理由とする雇止めの可否については、裁判例が分かれている。市進事件・東京高判平27・12・3労判1134号5頁、日本郵便（期間雇用社員ら・雇止め）事件・東京高判平28・10・5労判1153号25頁。
[54] 柳澤武「高年齢者雇用政策」労働法学会誌124号35頁（2014年）。

構造や理論を根本から改めるものではない。

1つ目は、「複合差別」(multiple discrimination) あるいは「結合差別」(combined discrimination) と呼ばれるもので、EU 指令やイギリス2010年平等法が規定しており、人種と性別あるいは年齢と性別といった複合的な要因で差別される場合を意味する[55]。この概念を用いることで、差別の立証が容易になるとの効果が期待されている[56]。

2つ目の「関連差別」(associated discrimination) や「関係差別」は、当該事由に関連する事由によって差別される場合を意味する[57]。たとえば、差別される特性を持った者の友人・家族であること、介助犬を含む動物の一律入場禁止（障害に起因する差別であり、とくに起因差別と呼ばれることもある）、使用者から指示された差別を行わなかったことを理由とする解雇（このケースは「移転差別」(transferred discrimination) とも位置づけられる）などが、関連差別に該当する。関連差別を独自の差別と解する見解もあるが、イギリスでは直接差別に含まれると理解されている。直接差別の対象者が関連する個人であるにすぎないともいえ、あくまで直接差別の一環として禁止することが妥当であろう。

3つ目は、「誤認差別」(perceptive discrimination) あるいは「憶測差別」といわれており、主にイギリスの判例法理によって形成された概念である。具体的には、氏名から特定の国籍だと誤認して差別を行ったり、LGBT だと誤認して差別を行う場合などが該当する。誤認差別によりハラスメントを行った場合は、通常の場合と同様に認められる可能性が高いが、労働者個人に対する誤認差別を直接差別として規制しうるかについてはイギリスでも結論が出ていない。

最後に、差別を行う主体には差別的な意図がない場合（そして間接差別も成立しない場合）であっても、差別的な意図を持った者の手足となって行動してしまう可能性を指摘しておきたい。アメリカでは、差別的意図を持つ部下からの影響で、差別的偏見を持たない人事決定権者が手先 (cat's paw) となって差別

---

55) 浅倉むつ子「労働法の再検討」大沢真理編『承認と包摂へ』54頁（岩波書店、2011年）。
56) アメリカでは、労働者が複数の差別禁止事由に該当するとして申立・訴訟提起を行うことが常態化している。イギリスで複合差別概念を用いることにより、理論上・実務上、いかなる差異が生じるのかを見極める必要がある。
57) 山田省三「イギリス雇用法における関連差別および誤認差別」季刊労働法250号128頁（2015年）、龔敏「雇用における『移転された差別』」労働法律旬報1694号40頁（2009年）など。

的取扱いがなされた場合、使用者は雇用差別の責任を負うとの判例法理が形成された[58]。人事査定や被解雇者選定において、意思決定権者が差別禁止事由による影響下にないことを求めるという趣旨も含まれており、その限りでは日本の雇用平等法にも示唆的である。

2　性的マイノリティー（LGBT）

　国際的には、LGBT（Lesbian, Gay, Bisexual, and Transgender）といった性的マイノリティーのうち、「性的指向」である「レズビアン、ゲイ、バイセクシャル」（LGB）を理由とする差別の禁止が先行していたが（2000年指令・前掲）、イギリス2010年平等法やアメリカ州法のように、トランスジェンダー（T）を含むLGBT差別全般を禁じる立法も登場している。日本でも、LGBTへの関心が急速に高まっており、雇用の問題もクローズアップされるようになった[59]。

　職場におけるトランスジェンダーに関わる著名な裁判例として、性同一性障害であると認定された生物学的には男性の労働者に対し、女性風の服装・化粧等をしないとの服務命令がなされ、これに違反したとして行われた懲戒解雇処分の有効性が争われた事案がある[60]。同判決は、「性同一性障害に関する事情を理解し、〔当該労働者〕の意向を反映しようとする姿勢を有していたとも認められ」ず、業務遂行にも影響しないとして、性同一性障害に対する配慮を求めるとともに、かかる懲戒処分を無効であると判断した。もっとも、同判決は、本件原告が使用者に求めた、①女性トイレの使用、②女性更衣室の使用については判断しておらず、労働者の意向を反映する姿勢をどこまで求めうるかは明らかでない[61]。

　ごく近年の裁判例としては、中学校教師の懲戒事由として生徒への「同性愛

---

58) Staub v. Proctor Hosp., 562 U. S. 411, 131 S. Ct. 1186（2011）。日本語による判例紹介として、アメリカ法2011年2号565頁（2012年）がある。
59) 大阪弁護士会『LGBTsの法律問題Q&A』（LABO、2016年）、LGBT法連合会『「LGBT」差別禁止の法制度って何だろう？』（かもがわ出版、2016年）、季刊労働法251号（2015年）の特集「問題提起・LGBTと労働法」収録の各論考、季刊・労働者の権利312号の特集「LGBTの労働問題」収録の各論考、柳沢正和ほか『職場のLGBT読本』（実務教育出版、2015年）、名古道功「性的マイノリティと労働法の課題」労働法律旬報1844号4頁、森戸＝水町・前掲注8）173頁を参照。
60) S社（性同一性障害者解雇）事件・東京地決平14・6・20労判830号13頁。

的感情」が含まれていた事案、同僚に性同一性障害やリストカットを告白したところ、会社側から職場の風紀秩序を乱したとして解雇され、係争中に当該原告が自殺した事案などがある。

　LGBTに対する差別禁止法の制定に向けた動向として、2015年4月に「LGBT法連合会」が「性的指向および性自認等による差別の解消、ならびに差別を受けた者の支援のための法律」という私案を公表した。この私案には、LGBTへの偏見から生じる「関係差別」「憶測差別」への対応も含まれており、包括的な雇用平等法を展開する契機ともなりうる。

3　遺伝子情報

　遺伝子情報（genetic information）は病気の診断や治療などで威力を発揮する反面、雇用差別や保険加入拒否に繋がるとの懸念も拭えない。アメリカでは1980年代から州レベルで遺伝子差別を禁止する立法がみられ、90年代になると遺伝子テストとプライバシーをめぐる法的紛争が生じるようになった。2000年には大統領令により連邦政府の被用者に対する遺伝子差別が禁止され、2008年には「遺伝子情報差別禁止法」が成立した。同法が規制する遺伝子情報とは、本人と家族の「遺伝子テスト」のみならず、「家族の疾病・障害を明らかにする当該個人についての情報」も含まれており、家族の範囲には本人と1/16の遺伝子を共有する近親が含まれる。

　遺伝子情報を規制することの困難さは、プライバシー保護の法理とは異なり、

---

61) 戸籍上は男性だが性同一性障害により女性として勤務する中央官庁の職員が、皮膚疾患のため性別適合手術が受けられない状況下で、女性用トイレの使用制限を受けたとして処遇改善や損害賠償を求める訴えを東京地裁に提起している（日本経済新聞2015年11月14日42頁）。
62) 学校法人大谷学園（中学校教諭・懲戒解雇）事件・横浜地判平23・7・26労判1035号88頁。もっとも、教員の中学生に対する恋愛行動が問題となったのであるから、「同性」であったことが結論を左右したとまでは断言できない。
63) U社（性同一性障害・解雇等）事件・広島高判平23・6・23労判1148号73頁。同事件の遺族からは、自殺についての労災認定を求める行政訴訟も提起されていたが、棄却された（広島地判平29・1・25LEX/DB文献番号25545376）。また、性同一性障害を理由とする解雇の慰謝料請求訴訟（大阪地裁）では、180万円の解決金と「遺憾の意」を表すことで和解した（朝日新聞夕刊2008年1月10日12頁）。
64) 柳澤武「遺伝子情報による雇用差別——2008年アメリカGINA制定」名城法学60巻別冊224頁（2010年）。

「公開・利用」の促進という相反しかねない要素を内包しているところにある。たとえば、職場の安全衛生管理という観点からは、労災の原因究明・特定に遺伝子モニタリングが有効である場合もあり、匿名性を保ったまま遺伝子情報が「公開」され、十二分に「利用」できることが望ましい。また、遺伝子差別への懸念をなくすことで、遺伝子情報の公開・利用が促進されることになり、遺伝子研究の発展が期待される。

日本でも、安価な検査キットが出現しつつある現在、職場での遺伝子検査が急速に普及する可能性は否定できない。遺伝子には、生涯変わらないという特性や、近親者が共通した情報を持っているという特性があることから、差別が発生してからの権利回復は困難である。遺伝的情報を理由とする雇用差別の禁止は、現実の人権侵害が発生する前の規制が肝要である。

Ⅳ　おわりに——雇用平等法の展望

21世紀に入ってからの雇用平等法は、「差別禁止」法としての性格を強めながら、様々な方向に拡大しつつあるように思われる。雇用平等法による差別禁止は、職場における多様性（diversity）の確保にも重要な役割を果たすものであり、これからの社会変動に対応するためにも不可欠である。ここでは、今後の課題を指摘するとともに、若干の私見と展望を述べたい。[65]

まず、間接性差別の禁止規定（均等法7条）の不明瞭さを是正することである。雇用における間接差別という概念は、1971年にアメリカの連邦最高裁判決（Griggs事件）が判示した「差別的インパクト」法理に由来するものであることは今ではよく知られているが、[66]同判決は『きつねとコウノトリ』というイソップ寓話のタイトルを明示的に引用している。[67]すなわち、間接差別という概念は、極めて革新的・画期的であるとともに、ロジックとしては幼児でも理解できる

---

65) 雇用平等法の課題全般については、第9章で論じられる。
66) 差別的インパクト法理が形成された要因や背景について、相澤・前掲注21）127頁。
67) 両者がお互いを家に招待したものの、コウノトリはきつね用の平皿ではミルクを飲むことができず、逆にきつねはコウノトリ用の細長い壺ではミルクを飲むことができなかったとの寓話である。中立的な基準のインパクトを見事に物語っている。

ほど明快なコンセプトであることが改めて確認されたのである。ところが、均等法7条は、一読しただけでは内容を理解しがたい書きぶりとなっており、省令で3類型に限定していることとも相まって、間接差別の本質を見えにくくしている。省令が定める措置の範囲については、2013年に見直されているが、微修正に留まっており、根本的な構造は変わっていない。

次に、「傷病・健康状態」を理由とする取扱いについても、差別禁止法理の観点から捉えなおす必要がある。障害であると認定されるような傷病については、障害差別として禁止することができるが、極めて限定的にならざるを得ない。現在の裁判例は、整理解雇の人選基準で「私傷病等による休職・病欠がある者については、客観的な事実として、現実に一定期間就労していないのであるから……貢献度が劣る」とまで述べており、傷病に対する差別という発想は皆無である。

最後に、雇用平等法理を考察する際は、差別の多くがステレオタイプ（肯定的・否定的の双方がありうる）から生まれることを改めて認識すべきである。差別の要因としてのステレオタイプという捉え方は、ジェンダーなど社会構造から形成される差別が認識されている現在では、古典的に思われるかもしれない。だが、情報の非対称性がもたらす「統計的差別（statistical discrimination）モデル」は、ステレオタイプを一層強化することで生じると考えられており、多様性の確保によってバイアスを減少させることこそが有効な対抗手段となる。また、例えば、ネオ・ジェロントロジー（新・老年学）の分野では、画一的な高齢者像からの脱却が求められており、雇用や引退という場面に求められる差別

---

68) もっとも、「合法的な目的により客観的に正当化されかつそれを達成する手段が適当かつ必要であるのでない限り」との留保を付すEC指令（2006/54/EC）2条1項の定義も、わかりやすいとはいえまい。
69) アメリカの一部州法では「健康状態」（physical or mental condition）を理由とする雇用差別を禁じている。一例として、Vermont Fair Employment Practices Act Title 21, §495(a)など。実際には「障害」に近い概念として用いられることも多い。
70) 日本航空（整理解雇）事件・大阪地判平27・1・28労判1126号58頁。この「傷病」基準に対しては、高橋賢司「日本航空事件大阪訴訟意見書」労働法律旬報1840号23頁など、複数の論者からの批判がある。
71) このモデルについては、飯田高「経済学からのアプローチ」森戸＝水町編著・前掲注8）74頁を参照。

禁止事項（この場合は年齢）に対する多面的な理解が前提となる。宗教・障害・妊娠差別など、当該差別事由によって現実の差異が生じる可能性が高い類型であっても、雇用において職務能力を発揮するための合理的な配慮（その中身は禁止類型ごとに、かつ、個々の事案ごとにも異なる）を行うことで、過度のステレオタイプが除去されることが期待される。「雇用」における差別の特質を理解するためには、このようなコンセプトからの着想やある種の原点回帰も有用であり、ここに労働法学の果たす重要な役割があるように思われる。

（やなぎさわ・たけし　名城大学法学部教授）

---

72) Ian Stuart-Hamilton, An Introduction to Gerontology, Cambridge University Press (2011).

第2部　雇用平等

第6章　保護と平等の相克
―― 女性保護とポジティブ・アクション

神尾真知子

I　はじめに

　雇用の分野における男女の均等な機会及び待遇の確保等に関する法律（以下「均等法」）の制定をめぐり、いわゆる「保護と平等」論が経営側から主張され、主な争点となった。男女を平等に扱うためには、男女が同じ基盤に立たなければならず、性別による異なる取扱いである女性保護の見直しが必要であるという主張であった。そこでは、女性保護、特に一般女性保護は平等と相克するものとして提示された。
　30年前に熱く議論された「保護と平等」論は、雇用における男女平等を考察する上で重要な論点を含んでいる。それは、性別による異なる取扱いは、どのような場合に認められ、平等と相克しないものとしてとらえることができるのかという論点である。ポジティブ・アクションもこの論点の視野に入る。
　本章は、まず、各時代の女性労働の位置づけを踏まえながら、女性保護がどのような立法趣旨によって制定されたのかを、工場法にさかのぼって検証する。そして、「保護と平等」をめぐる議論をたどり、主に立法論から「保護と平等」論を再検討する。さらに、性別による異なる取扱いであるポジティブ・アクションについても、2016（平成28）年4月施行の女性の職業生活における活躍の推進に関する法律（以下「女性活躍推進法」）の位置づけを含めて考察する。

II 女性保護をめぐる立法の変遷

1 工場法における女性保護

　女性保護の原点は、工場法である。1911（明治44）年制定の工場法は、常時15人以上の職工を使用する工場および事業の性質から危険なものまたは衛生上有害なおそれのあるものを扱う工場を適用対象とし、工場労働者の中から、保護職工の範囲を①年齢、②男女、③健康状態を基準として定め、女性は年齢にかかわりなく、保護職工とした。その背景には、初期の資本主義の下で女工たちが「無制限搾取のもとになかば奴隷的な生活」を続けていた現実があった。

　女性が保護職工とされた理由は、①女性は男性より体格が劣小で智能も劣る、②女性特有の健康上の特徴があり罹病罹災のおそれが男性よりも多い、③女性の健康の保持は次世代の国民の保護につながることにあった。そのほか、通勤する女工については、主婦たるべき女性を保護する必要も述べられていた。また、女性の身体の保護は、労働力のみならず、「健全ナル壮丁」の再生産も目的としていた。女性保護の背景に、国家的な人口政策があった。

　さらに、女性や幼少年者は、同盟罷業すべき原因があっても、工場主または工場監督の一睨で畏縮し、その利益をあくまで争うことはまれであることから、一層政府が女性や幼少年者を保護する必要があったとされており、「弱い性」である女性に対するパターナリズムもあった。

　工場法制定において、女工の夜業問題が最も問題となり、紡績業では、機械の利用率を高めるために、昼夜兼行で作業が続けられた。夜業は若い女工たちの肉体を甚だしく消耗させ、病める者は農村に帰り、農村では疾病、特に肺結

---

1) 岡實『工場法論　改訂増補　第三版〔復刻版〕』384-399頁（有斐閣、1917年）。
2) 労働省婦人少年局編『働く女性の保護──労働基準法と女子労働者』（産業労働福祉協会、1949年）「序」の山川菊榮の言葉。
3) 岡・前掲注1）210-211頁。
4) 岡・前掲注1）218-219頁。
5) 1906（明治39）年の女性の徹夜業禁止に関するベルン条約への加入も、女性の深夜業禁止を促した。
6) 北川信編集　谷野せつ論文集『婦人工場監督官の記録(上)』（ドメス出版、1985年）。

核が増加した。この事実が工場法制定を促した最も有力な理由とされており、工場法の深夜業禁止は、「母性としての女性の身体」を保護する目的があった。[7]

他方、工場法では、女性労働者の妊娠や出産を保護する規定は不十分であった。同法12条は、主務大臣が病者または産婦の就業の制限または禁止の規定を定めることができると規定し、同法施行規則9条は、原則産後5週日を経過していない者の就業を工場主に禁止した。産婦のみが保護職工とされ、病者と同じカテゴリーでとらえられていた。[8]

その後、1919（大正8）年にワシントンで開催された第1回国際労働会議は、「産前産後における婦人使用に関する条約案」を採択し、妊娠、出産、哺育という女性労働者の母性期間中の労働条件に関する保護を定めた。

日本は、1926（大正15）年の改正工場法で妊婦を保護する規定（産前休業4週間）を初めて設けた。繊維工業の工場労働の中心は未婚の若い女性であったが、繊維工業以外の業務においては、有配偶者がかなり多かった。有配偶者については必然的に妊娠の問題が起き、妊娠中における過激な労働または長時間の作業のもたらす障害および危険は、母体および生児の生命の点からも、また道徳的見地からも許されるべきものではなく、国家が保護すべき義務を生ずるとされた。[9] また、出産に引き続いて起こる問題として授乳問題があり、「嬰児の保護」として生児を哺育する女性に対して授乳を求める権利を認めた（工場法施行規則9条ノ2）。[10]

2　労働基準法における女性保護

1947（昭和22）年制定の労働基準法（以下「労基法」）は、最低の労働条件を定め、男性も含めた労働者全般を保護した。年少者と女性は、特別に保護する労働者として最低の労働条件を上回る労働条件が定められた。

女性保護規定の多くは、工場法等を受け継いだものであるが、重量物の制限、[11]

7）しかし、工場法の深夜業禁止には例外が設けられ、さらに15年間の施行猶予が設けられた。1929（昭和4）年7月1日施行の改正工場法によって、深夜業禁止が全面施行された。
8）岡・前掲注1）401頁。
9）谷野・前掲注6）270-271頁。
10）谷野・前掲注6）277-278頁。同書277頁は、人工栄養児が、母乳栄養児に比して、罹病率や死亡率が高いことは既に著明であると述べている。

生理休暇、帰郷旅費の規定が加わった。危険有害業務就業制限の拡大によって、これまでの業務に就けなくなった女性労働者の失業問題が出現し、「保護か失業か」が論じられた[12]。結果的に女性保護が女性たちをそれらの業務から排除した。

生理休暇の法制化は、女性保護問題の焦点であった。国際条約になく、当時の諸外国の労働法にも見当たらない特殊な条項だったからである。生理休暇は、戦前の労働運動において既に母性保護として要求されており、実際に権利を獲得する労働組合もあった。戦後の労働運動においても生理休暇の労働協約化が行われ、労働組合からの生理休暇法制化の強い要求があり、労使の攻防のなかで制定されるに至った。その背景には、劣悪な労働条件や衛生施設の不備があった[13]。

労基法の女性保護規定は、性別により異なる労働条件を定めるので、憲法14条に違反しないかが問題となった。労働基準法案解説および質疑応答（第92議会提案、厚生省労政局）の「憲法14条違反ではないか」という第19問に対し、要旨「憲法14条は、女子の健康及び母性としての機能を保護するための差別的取扱を禁止している趣旨ではない。その趣旨とするところは、男女間の機械的平等に非ずして、本質的平等を意味するものと解する」と政府は答えた[14]。女性保護があって平等という考え方であり、ここでは、女性の生理的特殊性を、妊娠・出産に限定していない。

当時の憲法学も、労働条件につき女性を特に優遇することは、男女の肉体的な違いに立脚する差別であり、法の下の平等に違反しないなど[15]、労基法の女性保護規定は憲法14条に違反しないと解していた。

この時期、労働法の学説は、労基法に定める女性保護の必要性を肯定し、保護が平等と相克するという問題意識は持っていなかった[16]。

---

11) 労務法制審議会総会（第1回）議事速記録（昭和21年7月22日）（渡辺章編『労働基準法〔昭和22年〕(2)日本立法資料全集52』592頁〔信山社、1998年〕）。
12) 大羽綾子『男女雇用機会均等法前史』128頁（未來社、1988年）。
13) 田口亜紗『生理休暇の誕生』98-195頁（青弓社、2003年）。
14) 渡辺章編『労働基準法〔昭和22年〕(3)上　日本立法資料全集53』131頁（信山社、1997年）。
15) 宮澤俊義『日本國憲法』209頁（日本評論社、1955年）。

3 女性保護の見直し論

　1965（昭和40）年には、女性雇用者が大幅に増加し、家族従業者を上回り、1967（昭和42）年には、女性雇用者は1000万人を突破した。女性雇用者が増加するなか、当時、人手不足のため、女性や年少者を第2次産業に導入したいという経営側の強い要請から、1970（昭和45）年10月に東京商工会議所は労働大臣に「労働基準法に関する意見」を提出した。女性保護規定は就業の機会を狭め女性を「過保護」にしているとし、女性の時間外労働の制限緩和、危険有害業務の就業制限の緩和などを主張した。他方、1976（昭和51）年には、日本有職婦人クラブから、直接保護（母性機能の保護）と間接保護（危険有害業務、労働時間の制限、生理休暇等）とを区別して考え、直接保護は充実し、間接保護は再検討のうえ存続・撤廃ないし男性への適用という方向で考えるべきとする意見が出された。

　国連総会は、1967（昭和42）年に女性差別撤廃宣言を採択したが、母性保護と一般女性保護とが未分化のままであり、固定的性別役割分業を前提としていた（機能平等論）。

　それまで女性が家庭役割を担うことは生物学的性差を根拠に自然なこととされてきたが、1960年以降の第二波フェミニズムは、社会的・文化的性差に基づくものであることを明らかにし、機能平等論を否定した。男女の差異とされてきたことや女性の特性とされてきたことに内在するジェンダーを明らかにし、男女の差異は妊娠・出産にあるとした。

　1975（昭和50）年は、国際的に新しい動きがあった年である。国際女性年世界会議で採択された世界行動計画は、女性保護を母性保護と一般女性保護に分

16）なお、花見忠・赤松良子は、女性労働者が一方で男性労働者との間の差別的取扱いに反対し、平等の権利を主張しながら、他方で男性とは異なった保護を要求することは明らかに矛盾すると指摘していた（「労働時間（法律）」大河内一男＝磯田進編『講座労働問題と労働法第6巻　婦人労働』118-135頁〔弘文堂、1956年〕）。
17）松岡三郎「労働力流動化政策と労働基準行政」法律時報493号15頁（1970年）。
18）赤松良子『詳説男女雇用機会均等法及び改正労働基準法』354頁（日本労働協会、1985年）。
19）山下泰子＝戒能民江＝神尾真知子＝植野妙実子『法女性学への招待〔新版〕』27-28頁（有斐閣、2000年）。
20）小久見祥恵「第3章　フェミニズム法学の展開──源流を学び未来を探る」犬伏由子＝井上匡子＝君塚正臣編『レクチャージェンダー法学』74頁（法律文化社、2012年）。

け、母性保護に関する規定は男女の不平等な待遇とみなされるべきでないとする一方、一般女性保護は、科学的・技術的な見地からの再検討を加え、必要に応じ改訂、廃棄またはすべての労働者に適用を拡大すべきであるとした。同じ年のILO第60回総会も、「女性労働者の機会及び待遇の均等」を議題に討議し、雇用における男女の機会の平等と待遇の均等に関する立法を要請するとともに、女性保護の再検討と母性保護措置の拡充を指摘した。[21]

このように女性保護は、それまでは使用者による酷使(劣悪な労働条件)から女性労働者を守る目的を持ち、人口政策から「母性という女性の身体」に着目して保護していたが、男女平等の主張の高まりのなかで、男性と比較した異なる取扱い(差別的取扱い)の視点から論じられるようになった。そして、女性保護は母性保護と一般女性保護に区別されてとらえられるようになり、母性保護は、妊娠・出産に限定されるようになった。

女性保護に関するパラダイムが国際的に転換するなかで、1978(昭和53)11月に、労働基準法研究会報告(女子関係)(以下「労基研報告」)が公表された。労基研報告は、女性保護を、一般女性の保護(時間外労働、休日労働、深夜業、危険有害業務、坑内労働、生理休暇)と母性保護(産前産後休業、軽易業務への転換、育児時間)に分け、男女平等を法制化するためには、女性保護のうち、合理的理由のない保護は解消し、母性機能等男女の生理的諸機能の差等から規制が最小限必要とされるものに限るべきであるとした。労基研報告は、国際的なパラダイム転換に即した内容を含んでいるが、女性保護のなかから一般女性保護を取り出し、平等に相克するものとして提示した。

労基研報告に対しては、女性労働者が置かれている劣悪な労働条件や労働環境により、条件整備なくしての女性保護解消に反対するなど、反対意見が多かった。[22]

婦人少年問題審議会婦人労働部会の申し合わせを受けて設置された男女平等専門家会議は、1982(昭和57)年に「雇用における男女平等の判断基準の考え方について」(以下「専門家会議報告」)を労働大臣に報告した。専門家会議報告

---

21) 赤松・前掲注18) 46-53頁、62-72頁。
22) 松岡三郎「労基法研究会報告書の検討」季刊労働法111号12-19頁(1979年)。

で注目すべき点は、女性保護規定と男女別雇用管理との関係について検討したことである。

4　均等法制定・改正と女性保護

1984（昭和59）年5月に労働大臣に提出された婦人少年問題審議会の答申「『雇用の分野における男女の均等な機会及び待遇の確保を促進するための関係法律案（仮称）要綱案』について」における労使の対立点は次のようであった。①経営側は、男女の均等な機会及び待遇の確保の法律部分と労基法の女性保護規定を改正する法律部分との間に論理的整合性および一貫性がなければならないとした。労働側は均等法制定には労基法の女性保護規定の改正が必要であるとの立場に立っていなかった。②一般女性保護の見直しについて、経営側は、時間外労働および休日労働の制限や深夜業の禁止に関して女性全般についての廃止を主張した。労働側は、時間外および休日労働の制限に関しては、女性の家庭責任を軽減する諸方策を進めた上で見直すべきであるとし、深夜業については人間らしい労働と生活の確保という視点から現行規制を存続すべきであるとした。③生理休暇について、経営側は、疾病による就業不能の場合と同様であり、あえて規定する必要はないとした。労働側は、母性保護のために必要であり、現行どおり存続すべきであるとした。④母性保護について、経営側は、産前産後休業の拡充の必要は認められないとした。労働側は、この点について答申では意見を述べていなかったが、1984（昭和59）年4月の労働四団体および全民労協の「男女平等法に関する申入書」では、母性に対する保障の措置を充実するとともに、母性保護を理由とした差別を禁止することを求めた。女性団体も、労働側と同じ立場に立っていた。

　日本労働法学会は、均等法施行前の1984年10月にシンポジウム「男女雇用平等法論」を開催した。大脇雅子「保護と平等」[23]は、男女の役割分業の固定化を排除し、雇用の機会と待遇の平等を実現するために、性差別是正の一環として、保護規定の見直しは、現実の法改正の次元において法の論理上不可避としながら、男女雇用平等法の制定と女性保護規定見直しとはトレードオフの関係にあ

23）大脇雅子「保護と平等」労働法学会誌65号81-111頁（1985年）。

るとはみなかった。

　1997（平成11）年の均等法改正と共に改正された労基法によって、時間外労働、休日労働、深夜業に関する一般女性保護規定が廃止された。これに対して、男女共通の労働条件規制の前に女性保護規定を廃止したことは本末転倒、女性保護の撤廃には慎重な検討が必要であり、時間外労働等についての男女共通の厳格な規制を模索していくべきであるという厳しい批判が大勢であった。

　改正労基法の1999年4月1日施行に先立ち、1998年春の日本労働法学会第95回大会のミニ・シンポジウムは、「女子保護規定廃止に伴う法律問題」をテーマとした。奥山明良「女性保護規定の廃止に伴う法律問題――時間外・休日労働・深夜業を中心に」は、均等法には労働時間に関する男女差別禁止を明確にする直接の規定がないことなどを指摘した。

　現行労基法は、母性保護中心の規定になっている。一般的に女性を保護する規定は、一定の坑内業務の禁止（64条の2第2号）、2業務の危険有害業務就業制限（64条の3第2項）、生理日の就業が著しく困難な女性に対する措置（68条）があるにすぎない。このほか、年少者の深夜業禁止の例外として認められる交替制によって使用する場合でも、満16歳以上18歳未満の女性年少者の場合には、深夜業は認められていない（61条1項ただし書）。

　ところで、女性保護により男女の取扱いの差異を生むが、均等法の指針は、募集・採用、配置、昇進において性別により異なる措置を講ずることが差別的取扱いとは解されず、均等法違反とならない3つの例外を定めている。女性保護に関連する例外として、労基法61条1項、64条の2もしくは64条の3第2項により女性を就業させることができないことから、通常の業務を遂行するために、労働者の性別にかかわりなく均等な機会を与えまたは均等な取扱いをすることが困難であると認められる場合がある。通達では、男女の均等な取扱いが困難であることが、真に労基法の規定を遵守するためであることを要するとされている。しかし、企業が就業規則、労働協約等により女性について労基法を

24）中島通子「改正均等法・労基法をどう生かすか――働く女性の立場から」ジュリスト1116号64頁（1997年）。
25）和田肇「労働時間に関する女子保護規定」季刊労働法183号43-45頁（1997年）。
26）奥山明良「女性保護規定廃止による労働者への影響と課題」労働法学会誌92号81-103頁（1998年）。

上回る労働条件を設定したことによりこれを遵守するために男女の均等な取扱いをすることが困難な場合は含まれないとしている。

また、均等法は、1985年制定時には、妊娠・出産を理由とする退職制および解雇のみを禁止していたが、2006年改正によって、妊娠・出産以外の妊産婦に関する保護にも範囲を拡大し、かつ解雇のみならず不利益取扱い一般を禁止した（9条3項）。

III 「保護と平等」の相克

1 憲法において

労基法の女性保護規定は、憲法14条1項の「法の下の平等」と相克するか。

憲法学では、14条1項の「平等」について、いかなる場合にも絶対的に等しく扱うという絶対的平等ではなく、「等しいものは等しく、等しくないものは等しくないように扱う」という相対的平等を意味すると解するのが、通説・判例の立場である。したがって、合理的な理由による異なる取扱いは許されると解されている[27]。

「合理性」の判断基準については、いくつかの見解があるが、憲法学で、労働条件についての女性優遇を違憲とする見解をとっているものは、私の知る限りであるが見当たらない。肉体的・生理的な違いによって女性保護のための区別は認められるとするもの[28]、特に理由を示さないもの[29]などがある。

2 労働基準法において

それでは、女性保護は、労基法3条の均等待遇原則と相克するのだろうか。

労基法3条は、憲法14条を受けて制定されているが、「性別」が規定されていない理由として、労基法が、時間外・休日労働、深夜業、危険有害業務、産前産後休業等の事項について女性の保護基準を定め、女性に対して労働関係上

---

27) 辻村みよ子『憲法〔第5版〕』104頁（日本評論社、2016年）。
28) 浦部法穂『憲法学教室〔全訂第2版〕』110頁（日本評論社、2007年）、渡辺康行＝宍戸常寿＝松本和彦＝工藤達朗『憲法I 基本権』135頁（日本評論社、2016年）。
29) 芦部信喜『憲法〔第6版〕』130-131頁（岩波書店、2015年）。

男性と異なる取扱いをしてきたことにあると解されている[30]。それは、労基法3条の「差別的取扱」が、有利に扱うことも不利に扱うことも含むと解されているからである。このように、労基法3条に「性別」が入っていないことから、女性保護を定めること自体は労基法3条違反ではなく、女性保護と均等待遇原則との相克は労基法上回避されている。

3 均等法において

女性保護と均等法は相克するのだろうか。

均等法は、労働時間等における性別による差別的取扱いを一般的に禁止していない。したがって、女性保護は、均等法と相克しない。

しかし、労基法61条1項（満16歳以上18歳未満の女性年少者の交替制による深夜業禁止）、64条の2（妊産婦およびそれ以外の女性の坑内労働禁止）もしくは64条の3第2項（妊産婦以外の危険有害業務禁止）については、指針の適用除外とされ、募集・採用、配置、昇進に関する性別による差別的取扱いが認められる場合があり、平等と相克するものとして規定されている。

Ⅳ 「保護と平等」論の再検討

経営側の提示した「保護と平等」論は、「女性保護を認めるか否か」の問いの回答を「男女を平等に扱えるか」の問いの回答とただちに結びつかせていた点で不当な構造を有していた[31]。これまでの議論を振り返ると、「平等の視点から見た女性保護のあり方」は論じられてきたが、「女性保護を理由とする差別的取扱い」の問題は立法論として十分議論されなかった。本章は、前者の問題を、①女性保護は性差別禁止立法と相克するのか、②どのように女性保護を規定すべきか、後者の問題を、③女性保護と差別的取扱いの問題をどう扱うのか、という視点から論じる。

---

30) 菅野・労働法247頁。
31) 江原由美子『フェミニズムと権力作用』12-34頁（勁草書房、1988年）の論証を参照した。

1　女性保護は性差別禁止立法と相克するのか

　経営側は、立法論として、女性保護規定の改正（廃止）は男女雇用平等立法の前提であると主張した。確かに、ILO や女性差別撤廃条約制定における議論において、女性保護のうち、一般女性保護の再検討が論じられ、女性差別撤廃条約4条2項は、母性保護を差別と解してはならないと規定するが、一般女性保護については規定していない。しかし、このことからただちに、一般女性保護規定の存在が性差別禁止立法と相克すると解することはできない。女性差別撤廃条約を審議した女性の地位委員会26会期（1975年）では、女性保護の妥当性は議論されたが、一般女性保護と性差別禁止立法とがトレードオフであるとの議論はなされていない。[32]

　そして、何よりも、均等法制定が議論された当時も現在においても、労働時間等の労働条件における性別による差別的取扱いを禁止する規定はなく、憲法14条の解釈においても合理的な性差別は認められている。[33] 実定法上、女性保護を違法とする規定は存在しない。

　さらに、堀木訴訟・最大判昭57・7・7民集36巻7号1235頁が述べているように、「憲法25条の規定の趣旨にこたえて具体的にどのような立法措置を講ずるかの選択決定は、立法府の広い裁量にゆだねられて」いる。労働法が社会保障法と同じ程度の立法裁量なのかについては議論があろうが、少なくとも、男女雇用平等立法と女性保護規定の改廃をトレードオフとする立法のあり方は「立法裁量」のひとつの選択肢にすぎない。

　日本では、労働法の法政策は、公労使の三者構成の審議会によって議論されるが、1985年の均等法制定および労基法改正の議論では、経営側がリードし、異なる選択肢の主張が労働側等よりなされたが、顧みられなかったのである。

2　どのように女性保護を規定すべきか

　女性保護は男女雇用平等立法と相克するものではないが、女性保護が男女の均等な機会および待遇の実現と相克することがある。たとえば、Ⅱの2で見て

---

[32]　金城清子『法女性学〔第2版〕』67-72頁（日本評論社、1996年）。
[33]　住友セメント事件・東京地判昭41・12・20判時467号26頁は、女性保護規定を「性別を理由とする労働条件の合理的な差別」と解している。

きたように、女性に対する危険有害業務の就業禁止により当該業務への就労の機会が奪われたり、女性保護があることを理由として男女別雇用管理がなされたりするからである。また、女性保護のなかには、女性は弱く劣った労働者であるという偏見、家事・育児などの家庭責任は女性にあるという固定的性別役割分業、カテゴリーとして女性をとらえていることによる多様な個人の捨象を根拠とするものがあり、それらは、男女の均等な機会および待遇の実現と相克し、見直しを必要とする。

　では、どのように女性保護を規定すればよいのだろうか。地公災基金大阪支部長（市立中学校教諭）事件・大阪地判平25・11・25労判1088号32頁（以下「大阪地裁判決」）が手がかりとなる。大阪地裁判決は、憲法14条1項を「事柄の性質に応じた合理的根拠に基づくものでない限り、法的な差別的取扱いを禁止する趣旨のものである」（最大判昭39・5・27民集18巻4号676頁、最大判昭48・4・4刑集27巻3号265号等）と解し、「当該立法が基礎とした立法事実を踏まえた場合に、その区別を設けることが一定の合理性を有する場合には、それは何ら合理的な理由のない不当な差別的取扱いということはできない」とする。立法の基礎となった社会状況は時代と共に変遷するものであること、および性別という憲法の定める個人の尊厳原理と直結する憲法14条1項後段に列挙されている事由によるものであることから、遺族補償年金受給資格における夫のみの年齢要件（以下「本件区別」）の合理性については、憲法に照らし不断の検討と吟味が必要であるとする。本件区別は、立法当時、一定の合理性を有していたとしたが、「共働き世帯が一般的な家庭モデルとなっている今日においては、配偶者の性別において受給権の有無を分けるような差別的取扱いはもはや立法目的との間に合理的関連性を有しないというべきであ」るとして、憲法14条1項違反の不合理な差別的取扱いであると判断した。

　大阪地裁判決の考え方によれば、女性保護規定について、性別による差別的取扱いと立法目的との合理的関連性を検討することになる。

　まず、女性保護の立法目的を確認する。労基法1条1項は、労働条件の原則として、労働条件は、「労働者が人たるに値する生活」を営むための必要を充たすべきものでなければならないとする。「人たるに値する生活」とは、憲法25条1項の「健康で文化的な」生活を内容とすると解されているが[34]、労基法が

憲法25条の趣旨を受けて制定されていることを踏まえると、その解釈は妥当である。「人たるに値する生活」には、単に労働者としての生活だけではなく、労働しながら子どもを妊娠し、産み、育てることも含まれる。

　同じ「人」である労働者のうち、女性だけを保護する規定を設ける理由は、女性が「母性としての身体」を持っているからである。女性保護によって、女性は「母性としての身体」を損なうことなく健康に働き、子どもを妊娠し、産み、授乳することができる。立法目的は、「母性としての女性の身体の保護」にあり、「人たるに値する生活」の保障にある。

　したがって、「母性としての女性の身体の保護」という立法目的からすると、一般的に女性であることから、時間外労働・休日労働・深夜業（以下「時間外労働等」）や危険業務について、労基法の一般的な規制に上乗せして保護することは「過剰な保護」であり、立法目的と合理的関連性はないことになる。

　しかし、労働実態や労働環境が過酷であれば、時間外労働等の一般女性保護も「母性としての女性の身体の保護」という立法目的に沿うものと解されることになる。1947年の労基法制定時には、一般的に時間外労働等からも女性を保護しなければ、「母性としての女性の身体の保護」は可能でなかった労働実態や労働環境があったといえる。生理休暇についても、バスの車掌など生理休暇がなければ健康に働くことが困難な職種につく女性たちや過酷な労働実態が存在していた。1997年の労基法改正時に、時間外労働等の一般女性保護の廃止に対し学界等から厳しい批判がなされたが、その批判は過酷な労働実態が現実にあり、女性一般を保護しなければ「母性としての女性の身体」が損なわれるという問題意識があったと理解できる。

　しかしながら、労働時間の問題は、女性保護規定によって解決すべき問題ではなく、本来労基法の時間外労働等の規制によって解決すべき問題である。男女労働者が共に「人たるに値する生活」を営めるように、時間外労働等の法規制のみならず、法規制の法的実効性を担保するような監督行政の強化が必要である。

　ところで、時間外労働等を女性のみ規制する理由として、女性には家事・育

34）労基局・平成22年労基法(下)66頁。

児等の家庭責任があることが指摘されていた。機能平等論を否定する平等論の立場からすると、固定的性別役割分業に基づく理由づけは、合理性がない。また、従来、育児も女性保護の範囲ととらえられていたが、育児は男女共に担うものであるので、女性保護には入らない。そのほか、個人の体力の差異を捨象してカテゴリーとして女性をとらえて筋力の劣った者とすること、女性は技術的に劣った脆弱な存在であるとすること、女性は国が保護しなければならない存在であること（パターナリズム）を根拠とする一般女性保護は廃止しなければならない。

　上記の視点から見ると、カテゴリーとして女性年少者をとらえている点で、交替制の深夜業を女性年少者には認めない労基法61条1項ただし書は問題である。厚生労働省は、同項ただし書の立法趣旨を、「比較的抵抗力のある」16歳以上の男性年少者を交替制の深夜業に使用することを認めたとしているが[35]、そもそも「比較的抵抗力のある」として男性年少者を交替制の深夜業に使用することを認めること自体が、「年少者保護」の趣旨に反する。同項ただし書はただちに廃止すべきである。

　また、現行法において母性保護とされている範囲についても再検討が必要である。厚生労働省が母性保護としているのは、妊産婦に対する坑内労働の就業禁止、危険有害業務の就業禁止、変形労働時間・時間外労働・休日労働・深夜業の就業制限、産前産後休業、妊婦の軽易業務への転換、育児時間である。すなわち、母性保護は、妊婦および産後1年以内の産婦を保護するものとなっている。

　本章では「母性保護」（本章の定義する母性保護にはカギカッコをつける）は「母性としての女性の身体の保護」にあると解するので、一般女性保護のうち、危険有害業務の就業禁止および生理日の就業禁止は、「母性保護」と解する。危険有害業務の就業禁止は、妊娠・出産機能を有する身体を持つ女性の健康と安全を保護することが目的である。また、生理日の就業禁止も、生理という妊娠・出産機能を保護するものである。

　しかし、一般的に女性に対する一定の坑内業務の禁止を「母性保護」と解す

35）労基局・平成22年労基法(下)688頁。

ることはむずかしい。2005（平成17）年7月の「女性の坑内労働に係る専門家会合」報告書は、作業環境および作業態様について格段に高い安全衛生の確保が図られるようになり、そのような安全衛生の水準が保たれていることを前提に、現在では女性の坑内での就労を一律に排除しなければならない事情が乏しくなってきていると指摘しており、労基法64条の2第2号は廃止すべきである。

ところで、「母性保護」には、立法趣旨に沿った使われ方をしていないものがある。それは、育児時間である。育児時間は歴史的に見ると、女性が生後1年未満の子どもを哺育することおよび嬰児の保護が目的であり、休憩時間以外に1日2回各々30分与えることとされている。しかし、2回に分けず勤務時間の始めまたは終わりにまとめてとることを可能とし、また、哺乳等のために乳児のところまで往復する時間を含めて各々30分確保されていれば法的に問題はないとされている。そのため、育児時間は、企業内保育所が設置されている場合などを除き、多くの場合、保育所の送り迎えに使われている。

育児時間のそのような使われ方の背景には、保育所の送り迎えのために使える法制度がなかったことにある。しかし、今では、育児のための所定労働時間短縮措置が事業主の必須措置義務とされ（育児介護休業法23条）、短時間勤務制度を保育所の送り迎えに使うことができる。そして、育児は男女が共に担うべきであるから、保育所の送り迎えに、女性のみが利用できる育児時間を使うのではなく、男女共に利用できる短時間勤務制度を利用することが適切である。育児時間の本来の立法趣旨に沿った行政解釈の見直しが必要である。

3　女性保護と差別的取扱いの問題をどう扱うのか

均等法は、女性保護と差別的取扱いの問題を、①適用除外（指針）および②不利益取扱い禁止（9条3項）として扱っている。

現行法では、①と②の間に不整合が生じている。指針は、労基法64条の2第1項（妊産婦の坑内労働禁止）を、募集および採用、配置、昇進に関する差別的取扱いの理由として認めているが、均等法9条3項は、労基法64条の2第1項の規定による不利益取扱いを禁止している。不利益取扱いのなかには、配置および昇進も入るので、両者は矛盾する。その原因は、均等法9条3項の改正が、均等法の適用除外を定める指針との整合性を意識せずに行われたことにある。

指針と均等法 9 条 3 項との整合性を再検討する必要がある。

　そのためには、女性保護を均等法の適用除外としてとらえることは妥当なのかの検討が必要である。性別による差別的取扱いの禁止は、「母性としての身体」を女性が持っていること、すなわち「母性保護」を前提とし、「母性保護」においては男性と異なるものとして扱いながら、機会および待遇においては性別にかかわりなく「同じもの」として扱うことと解される。そう解さなければ、「母性としての身体」を持つ女性は、性差別禁止の対象とされながら、同時に性差別禁止の例外として差別的取扱いが許容されることになる。

　「母性としての身体」を女性が持つことを理由とする差別的取扱いがなされないようにするためには、妊娠等を理由とする差別的取扱いを性差別として禁止することが考えられるが、本章では紙幅の関係で、現行均等法の「母性保護」を理由とする不利益取扱い禁止としてとらえることが妥当であるとして、検討を行う。

　行政解釈は、①妊娠・出産したこと、②母性保護規定による申出をしたことや利用したこと、③妊娠・出産により労務不提供や労働能率の低下を生じたことを、均等法 9 条 3 項の不利益取扱いの「理由として」にあたると解している。広島中央医療保健生協事件・最一判平 26・10・23 労判 1100 号 5 頁を受けて出された行政通達および厚生労働省の「妊娠・出産・育児休業等を契機とする不利益取扱いに係る Q＆A」の問 2 によれば、妊娠・出産に起因する症状による労務不提供等を、不利益取扱いの理由とすることは、法の禁止する妊娠・出産等を理由とする不利益取扱いに該当すると解している。これは、異なっていたとしてもそれを異なるものとして不利益に取り扱ってはならないと解するものであり、上述した私見と通ずるものであるが、②には「母性保護」規定を利用したことによる労働能率の低下等は含まれないので、そのような場合にも含まれると解すべきである。

　ところで、現行法の不利益取扱い禁止の範囲であるが、募集・採用を対象と

36）浅倉むつ子『雇用差別禁止法制の展望』298-301 頁（有斐閣、2016 年）の「女性中心アプローチ」に賛同する。
37）富永晃一「差別禁止法理の基本的概念に関する試論」労働法学会誌 126 号 120-122 頁（2015 年）は、この問題を均衡取扱い法理で論じている。

していない。確かに、妊婦については一律、産婦については申出によって就かせられない業務があるが、妊娠・出産は、一時的な出来事であることを考えると、募集・採用も含めて不利益取扱いは禁止されるべきである。

V　ポジティブ・アクションと女性活躍推進法

　2005（平成17）年のポジティブ・アクション研究会報告書（以下「研究会報告書」）は、ポジティブ・アクションを「社会的・構造的な差別によって、現在不利益を被っている者（女性や人種的マイノリティ）に対して、一定の範囲で特別の機会を提供することにより、実質的な機会均等を実現することを目的として講じる暫定的な措置」と定義している。また、ポジティブ・アクションの手法として、①クオータ制（性別等を基準に一定の人数や比率を割り当てる制度）、②ゴール・アンド・タイムテーブル方式（達成すべき一定目標と達成までの期間の目安を示してその実現に努力する制度）、③プラスファクター方式（同等の能力・資格があることを前提として、プラス要素として進出が遅れている性であることを重視する制度）などがある。本章は、同定義および手法に基づいて、ポジティブ・アクションを論じる。

　ポジティブ・アクションは、形式的平等に反することであるので、導入することが「なぜ必要なのか」を正当化しなければならない。ここでも大阪地裁判決の考え方が有用である。すなわち、性別による差別的取扱いと立法目的との合理的関連性を検討することになる。

　ポジティブ・アクションの立法事実である「社会的・構造的な差別によって、現在不利益を被っている者」が雇用労働において存在しているかを問うことになる。以下、主な数字を述べる。①女性労働者の56.3％は非正規職、②一般女性労働者の男女賃金格差は72.2、③女性管理職（課長以上）は管理職全体の8.7％（以上2015年）、④男性のみ採用／高校卒技術系68.1％、4年制大学卒技

---

38) 盛誠吾「判例と行政通達──マタニティ・ハラスメント最高裁判決の意味」労働法律旬報1840号5頁（2015年）。
39) 糠塚康江「なぜポジティブ・アクションなのか」ジェンダー法学会編『ジェンダー法学が切り拓く地平（講座ジェンダーと法4巻）』41頁（日本加除出版、2012年）。

術系61.5％、女性のみ採用／高校卒事務・営業系52.7％、4年生大学卒事務・営業系24.7％（2014年）、⑤男性のみ配置／営業39.2％、研究・開発・設計38.5％（2013年）、⑥2005年から2009年にかけて第1子を出産し、出産前有業だった妻のうち出産後も継続就業する割合は38.0％で、1985年から1989年の5年間の39.0％よりも微減した。これらの女性労働の実態は、女性が雇用労働において社会的・構造的な差別によって、採用、雇用形態、賃金、昇進、配置などにおいて現在著しい不利益を被っている者であることを示している。

　ポジティブ・アクションを行うべき立法事実が存在している。しかし、均等法8条は、ポジティブ・アクションを行うかどうかは事業主の任意としている。

　そして、均等法違反とならないポジティブ・アクションには条件があり、①暫定的、一時的に講ずること、②女性労働者が男性労働者と比較して相当程度少ない雇用管理区分（募集・採用に関しては役職区分も含まれる）において行うことである。「相当程度少ない」とは、全労働者に占める女性労働者の割合が約4割なので4割を下回っていることをいうとされている。

　均等法が想定するポジティブ・アクションの措置は、①女性労働者のみを対象とした措置や、②男性と比較して女性を有利に取り扱う措置である。②には、A募集・採用に係る情報の提供について女性に有利な取扱いをすること、B採用基準を満たす者の中から男性より女性を優遇して採用すること、C募集・採用の対象を女性のみとすること、D募集・採用に当たって男性と比較して女性に有利な条件を付すことなどが含まれている。Bはプラスファクター方式であるが、CやDの措置は、女性営業職が2割しかいない場合、女性のみを募集することや若干条件が劣っても女性を優先的に採用することを認めるものであり、クオータ制を可能とする。[40]

　私はかつて、次世代育成支援対策推進法の一般事業主行動計画のように、ポジティブ・アクションについても行動計画の策定を事業主に義務づけることは可能であると主張したが、奇しくも2016年4月に女性活躍推進法が施行され[41]、常時使用する労働者が300人を超える民間事業主（以下「事業主」）に対して女

40）労働省女性局監修『〔改正〕男女雇用機会均等法　労働基準法　育児・介護休業法』42頁（労働基準調査会、1998年）。
41）神尾真知子「ポジティブ・アクションの現状と課題」季刊労働法204号170頁（2004年）。

性活躍を推進するための一般事業主行動計画の策定が義務づけられた。女性活躍推進法は、ポジティブ・アクションを事業主に義務づけた初めての法である。しかし、女性活躍推進法には、少なからぬ疑問がある。

　第1に、立法のあり方に疑問がある。女性活躍推進法は、安倍政権の成長戦略の一環として女性活躍推進の法的枠組みとして制定されたものである。そのため、均等法との関係性を精査することなく、限られた期間にあわただしく立法化が進められた。ポジティブ・アクションを推進する法として、女性が置かれている「社会的・構造的差別」の実態およびその原因を解明し、どのような手法が効果的であるか、あるいは法的に許されるのかについて時間をかけて議論する必要があった。

　また、均等法8条は、ポジティブ・アクションを事業主に義務づけていないのに、女性活躍推進法によって女性活躍推進のための行動計画の作成を事業主に義務づけることは、均等法8条の範囲を超えることであり、均等法改正が必要不可欠だった。

　第2に、ポジティブ・アクションの手法について疑問がある。女性活躍推進法は、事業主に対して、行動計画には1つ以上の数値（実数、割合、倍数など）で定める目標設定を行うことを義務づけている。

　そのような数値目標をどのような手法で実施していくのかについては、女性活躍推進法は事業主に委ねている。たとえば、10人しか女性管理職がいない企業で、3年間で「女性管理職を20人にする」という数値目標を設定した場合にとる方法として考えられるのは、①管理職のうち一定数を女性に割り当てるクオータ制をとる、②通常の管理職選考で基準に達した人のうち、女性を優先的に登用するプラスファクター方式をとる、③3年後の達成目標を女性管理職20人としてそのための種々の取組みを行うゴール・アンド・タイムテーブル方式をとるなどである。

　ポジティブ・アクションの手法が合理的な範囲である限りで、憲法14条の下での特別措置が認められるが、クオータ制については、消極的な考えもある。

---

42) 2014年8月7日第145回労働政策審議会雇用均等分科会における雇用均等政策課長の発言。
43) 辻村・前掲注27) 159頁。

均等法と共に女性活躍推進法のポジティブ・アクションの手法を改めて検討する必要がある。

　第3に、法的実効性に疑問がある。女性活躍推進法の法的実効性確保は、厚生労働大臣の報告徴収、助言・指導・勧告（26条）によるが、それが及ぶ範囲は、行動計画の策定、届出、周知、公表についてと考えられ、行動計画に基づく取組みの実施と目標の達成は努力目標とされており、行政指導は及ばないと考えられる[44]。ポジティブ・アクションによって成果が出なければ、「実質的な機会均等」は実現できない。

Ⅵ　おわりに

　紙幅の関係で本章では論じることのできなかったいくつかの点を記し、今後の課題と展望としたい。

　第1に、労働時間等の労働条件について、男女で異なる取扱いをすることは、性差別として禁止されるべきなのか。均等法も労基法も沈黙し、労使自治に委ねられているが、それでよいのか。

　第2に、妊娠や出産は性差別の問題ではないとされているが、性差別として禁止することの意義と可能性を検討すべきではないか。

　第3に、女性活躍推進法は、ポジティブ・アクションの取組み内容を事業主に委ねているが、日本のように女性に対する著しい社会的・構造的差別が存在している場合には、女性差別撤廃委員会が勧告するように、クオータ制の検討をすべきではないか[45]。

　　　　　　　　　　　　　　　（かみお・まちこ　日本大学法学部教授）

44）相澤美智子「女性の職業生活における活躍の推進に関する法律」法学教室425号68頁（2016年）。
45）日本女性差別撤廃条約NGOネットワーク（JNNC）訳「女性差別撤廃委員会（CEDAW）第63会期第7次・第8次日本報告審議総括所見」19（http://www.jaiwr.net/jnnc/index.htm）。

第2部　雇用平等

第7章　非正規雇用の処遇格差規制

櫻庭涼子

I　はじめに

　「非正社員」をめぐって、学説では、最初は臨時工について、次いでパートタイム労働者と有期雇用労働者について、その後派遣労働者も加わり、規制の是非が議論されてきた。2000年代からは、後述するように、これらの雇用形態について立法による対処が本格的に始まり、現在は、規制の内容および趣旨をめぐる議論が盛んに行われている。そこで本章では、学説で議論され、立法の対象にもなってきたパートタイム労働者・有期雇用労働者・派遣労働者をまとめて「非正規雇用」に就いている者として、あるいは「非正規労働者」としてとり上げ、「正規労働者」との処遇格差をめぐる現行法の規制枠組みおよび解釈問題について検討する。

　以下では、まず非正規労働者の処遇格差をめぐる立法の経緯を確認し（II）、それらの立法に大きく影響を与えた EU の法規制の概要・趣旨を紹介した上で（III）、日本の現行の規制枠組みおよび解釈問題について上記3つの雇用形態ごとに検討を加えることにより（IV・V・VI）、学説の到達点を明らかにすることを試みたい（今後のあるべき方向性については、本講座第6巻第3部の各章を参照）。

II　非正規労働者の処遇格差をめぐる立法の経緯

　非正規労働者の中で先行して規制対象になったのはパートタイム労働者である。1993年に制定されたパートタイム労働法では、パートタイム労働者の就業の実態等を考慮し、「通常の労働者」（フルタイム労働者）との均衡のとれた待遇の確保を図る努力義務規定が設けられた（3条）。
　2000年代には、非正規労働者層の量的拡大・質的変化に伴い、その処遇の低さが社会問題となった。2007年には、労契法が制定され、労働契約の締結・変更に際して、就業の実態に応じ、均衡を考慮すべきものと定められた（3条2項）。同年にはパートタイム労働法も改正され、パートタイム労働者がフルタイム労働者と職務内容と配置範囲において同一であり、無期労働契約で雇われている場合につき、パートタイム労働者への差別的取扱いが禁止された（2007年改正パートタイム労働法8条（2014年改正パートタイム労働法9条））。
　正規労働者と非正規労働者の間の格差是正政策は、リーマン・ショック後の経済不況の中で強化された。労働者派遣法では、派遣元事業主は同種の業務に従事する派遣先労働者の賃金水準との均衡等を勘案して派遣労働者の賃金を決定するよう配慮しなければならないと規定された（2012年改正労働者派遣法30条の2第1項（2015年改正労働者派遣法30条の3第1項））。派遣元に課される配慮義務は、賃金だけでなく職業訓練・福利厚生等に及ぶものとされた（同条2項）。同年にはさらに、労契法改正によって、有期契約労働者と無期契約労働者との間の不合理な労働条件の相違を禁じる規定が創設された（20条）。続いて、2014年パートタイム労働法改正により、差別禁止規定から無期要件が除かれ（9条）、労契法20条と同様に、フルタイム労働者とパートタイム労働者との間の不合理な待遇の相違を禁じる規定が設けられた（8条）。
　労働者派遣法は、2015年に再び改正され、前記配慮義務の実効性を確保するため、派遣元事業主に対し、均衡待遇確保のために考慮した事項について派遣労働者に説明する義務が課された（31条の2第2項）。また、派遣先事業主は、派遣元事業主からの求めに応じ、派遣労働者が従事する業務と同種の業務に従事する労働者の賃金水準に関する情報等を提供すべきことが、配慮義務として、

定められた（40条5項）。

Ⅲ　EUの法規制

　雇用平等法制は一般にアメリカに起源をもつことが多いが、こと非正規労働者の処遇格差規制に関しては、アメリカは立法をもたず、その発展はヨーロッパ諸国を中心としてきた。なかでも、日本の立法に与えた影響という観点から、EUの諸指令について、非正規労働者への取扱いがどのような場合に違法になるのか、いかなる立法趣旨によるのかを把握しておくことが、日本の立法の評価のために肝要だと思われる[1]。

1　非正規労働者の処遇格差に係る規制の内容

　EUの法規制は、パートタイム労働者とフルタイム労働者の賃金格差が女性に対する「間接差別」に当たり得るという欧州司法裁判所の判決から始まった[2]。パートタイム労働者には女性が多いから、間接差別として、男女賃金差別を禁じる欧州経済共同体設立条約（ローマ条約）119条に反する場合があるとされたのである。

　1990年代後半からは非正規雇用に特化した立法も行われている。1997年の97/81/EC指令によれば、パートタイム労働者は、パートタイム労働であることのみを理由として、比較可能なフルタイム労働者よりも労働条件において不利益に取り扱われないものとされている（指令に転換された枠組協約4条）。有期契約労働者についても同様に、1999年の1999/70/EC指令により、有期契約を締結していることのみを理由として、比較可能な無期契約労働者よりも不利益に取り扱われてはならないとされている（指令に転換された枠組協約4条）。EU加盟国はこうした規制を実施しなければならない。いずれについても、「客観的な」理由による正当化の可能性が認められている。

　EUレベルでは、雇用分野における人種や性別による差別も禁止されている

1）EUの諸指令については、労働政策研究・研修機構編『諸外国における非正規労働者の処遇の実態に関する研究会報告書』47頁以下（同機構、2016年）。
2）Case 170/84 Bilka-Kaufhaus GmbH v Weber von Harz [1986] ECR 1607.

が（2000/43/EC指令および2006/54/EC指令）、そこでは、このような労働条件に関する直接差別の正当化の余地は認められていない。これに対し、パートタイム労働・有期雇用については、「客観的な」理由による正当化が可能であるという点において、より緩やかな規制となっている。[3]

　派遣労働者については、2008/104/EC指令により、派遣労働者の基本的労働条件は、当該派遣先企業に配置されている期間については、当該労働者が同一職務に就労するために当該派遣先に直用された場合に適用されると見込まれる基本的労働条件を下回ってはならない旨規定されている（5条1項）。基本的労働条件に含まれるのは、労働時間関係（具体的には、労働時間・時間外労働・休憩・休息期間・深夜労働・休暇・休日）と賃金である（3条1項(f)）。基本的労働条件以外の処遇格差規制として、派遣先企業における食堂、託児所、送迎サービス等の従業員のための付加給付・施設について、それらを利用する機会は、派遣先企業に直用されている労働者と同一の条件の下で派遣労働者に対しても付与するものとされており、異なる取扱いをする場合は客観的な理由により正当化されなければならない（6条4項）。また、派遣労働者の職業訓練の機会について、派遣元企業での職業訓練および派遣先労働者のための職業訓練を受ける機会がより付与されるよう、加盟国は、適切な措置を講じるか、あるいは労使対話を促進すべきものとされる（同条5項）。

　基本的労働条件に係る均等待遇については、加盟国が労使団体との協議を経た上で例外としてよい場合が3つある。第1に、賃金については、派遣元企業に無期労働契約で雇用され、派遣されていない期間も賃金を支払われている労働者について、規制の対象外としてよい（5条2項）。第2に、労働時間関連も含め、労働協約によって定められる労働条件について、派遣労働者を全体として保護している限り、例外としてよい（同条3項）。第3に、均等待遇規定によって保護される条件として一定の勤続期間を要するとすること等も、派遣労働者への十分な保護が提供される限り、許される（同条4項）。

　以上から、派遣労働者に関する規制は、適用対象が限定され、例外がより広

3）川田知子「EC指令における差別禁止事由の特徴と相違」亜細亜法学44巻2号77頁（2010年）参照。

く認められているといえる。たとえば性差別については、労働協約によることそれ自体は男女賃金格差を正当化しないと解されている。有期雇用労働者についても同様である。

2　趣旨

これらの諸規制の趣旨は、指令の規定や前文に着目すると次のように解される。すなわち、後記のとおり、パートタイム労働者や有期雇用労働者については、規制の目的として、差別の除去や非差別原則を適用することが、派遣労働者については均等待遇原則を確保することが挙げられている。この点に照らすと、これらの諸指令の規制は、人種や性別など人権保障としての差別規制と連続したものと位置づけられているように見える。

しかし有期雇用と派遣労働については、原則それ自体が目的ではなく、目的達成の手段として要請されているものと解される。有期雇用労働者については、非差別原則の適用により「有期労働の質を向上させること」が目的とされている（1999/70/EC 指令に転換された枠組協約1条(a)および指令前文14）。また、派遣労働者に関する規制は、均等待遇原則の確保により「派遣労働者の保護を確保すること」および「派遣労働の質を向上させること」を目的とする（2008/104/EC 指令2条）。このように、差別禁止・均等待遇といっても、それらはあくまで目的達成の手段として要請されているのである。このことは、人種差別や性差別、宗教・障害・年齢・性的指向による差別、つまり個人の属性による差別に関する指令において、差別禁止の目的が、「均等待遇原則の実施」そのものにあるとされていること（2000/43/EC 指令、2006/54/EC 指令、2000/78/EC 指令のそれぞれ1条参照）と対照させると明らかである。

また、これらの個人の属性による差別に関する諸指令では、前文において、人権および基本権の尊重が謳われ、平等権に係る各種国際人権文書に言及するものがある（2000/43/EC 指令前文2および前文3）。これに対し、有期雇用労働者や派遣労働者については、1989年に採択された「労働者の基本的社会的権利

---

4) Case C-127/92 Enderby v Frenchay Health Authority and Secretary of State for Health [1993] ECR I-5535.
5) Case C-307/05 Del Cerro Alonso v Osakidetza-Servicio Vasco de Salud [2007] ECR I-7109.

の共同体憲章」の定め——市場統合は労働者の生活・労働条件の向上につながるものでなければならず、これは特に、有期契約労働、パートタイム労働、派遣労働、季節的労働等の雇用形態に係る生活・労働条件が加盟国間で接近することで達成されるであろうとする定め——が前文で挙げられるにとどまり（1999/70/EC 指令前文3および2008/104/EC 指令前文2）、同様の定めはみられない。

　パートタイム労働は、人種や性差別を一方の極に置き、有期雇用や派遣労働を他方の極に置いた場合に、この中間に位置づけられていると解される。規制の目的は、パートタイム労働者に対する差別の除去を規定すること「及び」パートタイム労働の質を向上させること、とされており、差別の除去はパートタイム労働の質の向上の手段としてではなく独立した目的の1つとされている（97/81/EC 指令に転換された枠組協約1条(a)）。指令前文でも、平等権に係る諸々の国際人権文書にこそ触れていないものの、性差別・人種差別の禁止やヨーロッパ人権条約により保障される基本的権利への言及がみられる（前文23および24）。

3　解釈・適用

　パートタイム労働者とフルタイム労働者の処遇格差については、前述のとおり、女性に対する間接差別として争われてきているが、その正当化の判断枠組みの特徴を抽出すると、当該労働者の能力等、個人の特性だけでなく、フルタイムでの就労を促すためにフルタイム労働者を優遇して取り扱うといった、パートタイム労働者であることそのものを理由に雇用形態によってカテゴライズすることも正当化され得るという点を指摘できる。ただし、その理由は具体的に裏付けられるものでなければならない。たとえば、フルタイムで働くことを奨励するためにフルタイム労働者のみを企業年金に加入させるという取扱いは、その理由が裏付けられる限り、客観的な理由によるものとして認められる[6]。パートタイム労働者は企業組織に組み入れられていない、依存していない、といった一般化のみで正当化することはできない[7]。

6）Bilka-Kaufhaus 事件判決（前掲注2））。
7）Case 171/88 Rinner-Kühn v FWW Spezial-Gebäudereinigung GmbH & Co. KG [1989] ECR 2743.

有期契約労働者に係る規制については、前述のように、パートタイム労働者に関する規制と趣旨の違いが見受けられることからすると、パートタイム労働者と比較して緩やかな判断が下されるようにも思える。しかしながら、有期契約労働者に対する不利益な取扱いについても、一時的・臨時的な雇用であるということのみでは客観的理由とはいえず、明確かつ具体的な裏付けを要する[8]。異なる取扱いをやめると使用者に経済的な負担がかかるという理由でも正当化できないとされている[9]。

Ⅳ　パートタイム労働者

1　規制の枠組み

パートタイム労働者に関する現行の規制は、(i)その待遇に係る原則として、通常の労働者との不合理な待遇の相違が禁止され（パートタイム労働法8条）、(ii)職務内容・配置範囲が通常の労働者と同一のパートタイム労働者について「差別的取扱い」が禁止される（9条）という枠組みになっている。

このほかにも、(iii)①職業訓練について、職務内容が同一の通常の労働者に対して職務の遂行に必要なものとして実施している場合にはこれをパートタイム労働者にも実施すべき義務が設けられており（11条1項）、②福利厚生施設（給食施設・休憩室・更衣室）について、配慮義務として、職務内容の同一性の如何を問わず、パートタイム労働者に対しても利用の機会を与える義務が定められ（12条）、③努力義務規定として、賃金について、職務内容の同一性の如何を問わず、通常の労働者とパートタイム労働者との均衡を図る義務（10条）が定められている。

上記の規制に関し、厚生労働大臣は、事業主に対して報告を求め、または助言・指導・勧告をする権限を与えられている（18条1項）。また、差別的取扱い禁止規定（9条）と職業訓練の実施義務規定（11条1項）および福利厚生施設の配慮義務規定（12条）については、勧告に従わない事業主についてその旨を公

8）Del Cerro Alonso 事件判決（前掲注5））。
9）Case C-486/08 Zentralbetriebsrat der Landeskrankenhäuser Tirols v Land Tirol [2010] ECR I-3527.

表することができるという企業名公表の制度も設けられている（18条2項）。

　上記(ⅱ)のパートタイム労働法9条はもともと2007年パートタイム労働法改正により設けられたものであるが、当該パートタイム労働者の職務内容（業務内容および責任）、配置の範囲、（実質）無期契約という3点に関するフルタイム労働者との同一性を前提とし、その前提となる要件を明確に定めるという規制のあり方について、企業の規制回避行動を促しかねないことが懸念された。同条は、無期要件については2014年同法改正により削除されたものの、適用の前提となる2要件が依然として残されている。この課題を克服するために同改正で設けられたのが、2012年改正労契法20条に倣い不合理な待遇の相違を禁止する上記(ⅰ)の規定（パートタイム労働法8条）である。同条は、同法9条の前記2要件を満たさない場合であってもパートタイム労働者とフルタイム労働者との待遇の相違を違法とする根拠になると解されている。

　しかしながら、上記(ⅰ)から(ⅲ)による規制枠組みについて課題がないわけではない。上記(ⅱ)と(ⅲ)によって形成される規制は、賃金、職業訓練、福利厚生、その他の処遇それぞれに係る規定の適用対象になるかどうかが、当該パートタイム労働者がフルタイム労働者との職務内容の同一性を満たすかどうか、配置範囲の同一性を満たすかどうかにより定められる3類型のいずれにあてはまるのかに依存する。この仕組みは2007年パートタイム労働法改正によるものであり、学説では、それなりに筋が通っているとの評価もある一方で、複雑すぎて実効性を欠くのではないかということが懸念されていた。同法2014年改正後もこの枠組みは維持されている。

　この点と関連して、上記(ⅲ)でみたように、職業訓練、福利厚生、賃金についてそれぞれ、実施義務、配慮義務、努力義務等、効力の不明瞭な規制が多用さ

---

10) 川田知子「パートタイム労働法8条の差別禁止規定の問題と今後の課題」労働法律旬報1711=12号65頁（2010年）、厚生労働省『今後のパートタイム労働対策に関する研究会報告書』22頁（2011年9月）等。
11) 奥田香子「改正パートタイム労働法と均等・均衡待遇」季刊労働法246号20頁（2014年）、菅野・労働法356頁。
12) 中窪裕也「ヒューマン・リソース(HR)と法 第32回『短時間労働者』の処遇」NBL883号63頁（2008年）。
13) 和田肇「パート労働法改正の意義と今後の課題」季刊労働法220号73頁（2008年）。

れていることも、2007年改正パートタイム労働法の課題として指摘されていた[14]ところ、この点は現行法でも変わっていない。しかも、不合理な待遇の相違を禁止するパートタイム労働法8条が挿入されたため、同法9条の2要件を満たさない場合、賃金については8条と努力義務規定（10条）が、職業訓練については8条と実施義務規定（11条）が、福利厚生については8条と配慮義務規定（12条）が、事案によっては双方とも適用され得ることになり[15]、その意味で規制の複雑性は増している。

　もっとも、上記の規制枠組みに内在する課題は、メリットともいえるものである。2014年改正パートタイム労働法が8条と9条以下を並立させている点については、立法過程では、後者は前者の「具体化」であると説明されている[16]。原則を具体化した後者の諸規定があることにより、違法とされる最低限のラインが、少なくとも包括的差別禁止規定（9条）によって明確に確保されたことになる。

　明確性というメリットは、行政による指導の実効性を担保する観点から重要であると考えられよう[17]。

　福利厚生に係る配慮義務規定（12条）についても、その効力は、文言上は明らかではないが、行政解釈により、「配慮」とは、たとえばある施設の利用の機会について、増築等により結果として全員に利用の機会が与えられるようにすることまでは求めないが、通常の労働者と同じ利用規程を適用したり、利用時間帯に幅を設けたりすることにより短時間労働者にも利用の機会が拡大する措置を講ずる等の具体的措置を求めるものであるとされている（平26・7・24雇児発0724第1号第3の7(2)）。

　努力義務規定（10条）も、確かに効力が不明瞭ではあるが、違法になるかどうかを明確には規定できない事項・事案について行政による指導を可能にし、労使の自主的な取組みを促進していると捉えれば、パートタイム労働者の待遇を改善する方向に働くものと位置づけることができよう。

14）和田・前掲注13）73頁。
15）奥田・前掲注11）20頁も参照。
16）平26・3・26第186回国会衆議院厚生労働委員会議事録第6号32頁〔石井淳子政府参考人〕。
17）菅野・労働法358-359頁。

2　非正規労働者の処遇格差規制の趣旨

　上記で検討した諸規制の趣旨は、立法過程の議論を参照して一言でまとめれば、「公正な処遇の確保」にあるといえよう。「公正」という趣旨は、遡れば、パートタイム労働者の処遇格差是正に向けたルールを提唱したパートタイム労働研究会最終報告『パート労働の課題と対応の方向性』（2002年7月）において掲げられ、「正社員かパートかに関わらず、『働きに応じた公正な処遇』を社会的に確立していくこと」が重要であるとされていた[18]。2014年パートタイム労働法改正の基礎をなしたと解される『今後のパートタイム労働対策に関する研究会報告書』（2011年9月）でも同様である[19]。そして、「公正な処遇の確保」という趣旨は、パートタイム労働だけでなく、2010年代に行われた非正規雇用の処遇に関する一連の法改正すべてにおいてその基礎をなしたと解される。非正規雇用全般についての規制の方針を示した『望ましい働き方ビジョン』（2012年3月）では、処遇格差の解消は公正な処遇の確保を趣旨とするとしているからである[20]。

　では、処遇格差が解消されればなぜ「公正な処遇」が確立するのか、「公正」の趣旨を掘り下げる必要がある。この点、2010年代の法改正に至る前に設置された『雇用形態による均等処遇についての研究会報告書』（2011年7月）では、「非正規労働者の基幹化・常用雇用化により、正規労働者と非正規労働者の職務内容や働き方が近づく中、正規・非正規労働者間の処遇の差が合理的な理由によるものか否か」、「合理的な理由があるとしても処遇の差が大き」いのではないか、そのようななかで、非正規労働者の「十分な納得が得られていないのではないか」、だとすれば、「こうした状況を解消するため、何らかの法政策等が採られるべきか」が問われていると考えられたとされている[21]。

　戦後に日本で広がった職能給は、基幹的業務に就く正規労働者の貢献に応じ、かつ、その生活上の必要性に即していた。これに対し、非正規労働者、特にパートタイム労働者は、家計を補助する役割で働いていたので、貢献の程度から

---

18) http://www.mhlw.go.jp/shingi/2002/07/s0719-3f.html
19) 同報告書19頁。
20) 同文書3頁、10-11頁、13頁、17頁。
21) 同報告書17頁。

みても生活上の必要性からみても処遇格差を設けても不当とは感じられなかった。しかしその後、非正規労働者の中でも基幹的業務に就き家計を支える労働者が増加した。非正規雇用は男女を問わず、また、若年層にも広がっている。そうなると正規・非正規間の格差は労働者の貢献・必要性の程度に応じたものとして社会的に正当化できなくなってきたということであろう[22]。

また、パートタイム労働者については、仕事と生活の両立のためにパートタイム労働という形態を選択している者が特に女性に多い。パートタイム労働という形態は、高齢者、障害者等にとっても、個人の事情によるが、場合によってはメリットのある雇用形態になる。立法過程でも、パートタイム労働者の処遇改善・納得性の向上は、パートタイム労働という選択を確保するための条件整備としての意義もあると把握されている[23]。

そして、非正規労働者の処遇の改善は、非正規労働者の高い意欲や能力の有効な発揮につながり、企業の生産性向上、ひいては日本経済社会全体の発展につながるという観点からも、重要であると考えられている[24]。

規制の趣旨に関しては、同一労働に従事する者に対しては同一の待遇を行うべきだという絶対的な原則があり、その原則の具体化が上記諸立法であると理解すべきかどうかということも問題になり得るが、これまでの立法資料からは、そのような趣旨は読み取れない。むしろ、立法過程では、EU諸国の法制の分析を踏まえ、同一（価値）労働同一賃金原則とは、性別など個人の意思や努力によって変えることのできない属性等を理由とする、人権保障に係る差別的取扱い禁止原則の賃金に関する一原則として位置づけられるもので、雇用形態による格差是正に直接適用可能な原則ではないとされている[25]。

この点、雇用形態による処遇格差規制について、人種や性別による差別との違いを強調するかどうかで争いがある[26]。しかしながら、前節で検討したように、EUの法規制も、有期雇用や派遣労働については、人種や性別を理由とする差

---

22) 前掲パートタイム労働研究会の最終報告参照。
23) 前掲『望ましい働き方ビジョン』11-13頁。
24) 前掲『望ましい働き方ビジョン』10頁。
25) 前掲『雇用形態による均等処遇についての研究会報告書』31頁。岩村正彦「有期労働契約と不合理労働条件の禁止」労働法の争点(新)156頁も参照。

別禁止とは趣旨が異なることを意識しているようにみえる一方で、欧州司法裁判所判決では、有期雇用労働者への処遇格差の正当化を一般的・抽象的な理由で認めているわけでもない。労働協約で設定されていることそのものは処遇格差の正当化理由にならない。有期雇用が一時的雇用であることから直ちに正当化されるわけではなく区別を設ける理由の具体的な説明を要するとされる。人権保障としての趣旨を前面に出さず処遇改善の手段として位置づけたとしても、必ずしも安易に正当化を認めているわけではないのである。

　ただし、EU法でこうした解釈がとられるのは、非正規労働者の処遇改善という目的を重視しているだけでなく、有期雇用・パートタイム労働について差別禁止・均等待遇という枠組みをとっているからであろう。これと比較し、日本法では、パートタイム労働法では一定の類型のパートタイム労働者について差別的取扱い禁止規定を設けるものの、それ以外のパートタイム労働者については不合理な相違の禁止というアプローチをとっていること、これは有期雇用でも同様であること、派遣労働者については配慮義務という性格の規定にとどめていること等の規制枠組みからすると、EU法に比較し、使用者の裁量の幅を認める枠組みが意識して採用されていると考えられる。

3　学説の展開が果たした役割

　以上で述べたように、パートタイム労働者とフルタイム労働者の処遇格差規制は、2007年改正パートタイム労働法、2014年改正パートタイム労働法によって形作られてきたものであるが、これらの規制の枠組みも趣旨も、学説で展開されてきた議論に呼応したものとみられる[27]。

　学説でパートタイム労働者の処遇問題が議論されるようになったのは1970年代後半からであり、救済肯定説は、パートタイム労働であることのみを理由と

---

26) 日本の規制につき政策的性格を備えたものと評価する学説として、たとえば、富永晃一「企業内賃金格差をめぐる法学的考察」日本労働研究雑誌670号22頁（2016年）。これに対し、こうした峻別論に否定的な見解として、水町勇一郎「不合理な労働条件の禁止と均等・均衡処遇（労契法20条）」野川忍＝山川隆一＝荒木尚志＝渡邊絹子編『変貌する雇用・就労モデルと労働法の課題』325-328頁（商事法務、2015年）。
27) 学説の展開の詳細は、水町勇一郎「非典型雇用をめぐる法理論」季刊労働法171号114頁（1994年）、大木正俊「非典型労働者の均等待遇をめぐる法理論」季刊労働法234号223頁（2011年）。

し、それ以外に何ら合理的理由をもたない差別的賃金は、労基法3条・4条に流れる同一労働同一賃金原則に反し、その原理を取り入れる憲法14条にも反し、これらの規定が設定する公序に違反する、と議論した[28]。これに対し、救済否定説は、パートタイム労働者は一般労働者に比して業務の範囲や責任が限定されており、配置等においても異なるとした[29]。救済肯定説が根拠とする同一労働同一賃金原則についても、同原則の規範的意義が論証されていないという批判が加えられた[30]。

こうしたなかで、両者の折衷説として位置づけられるのが、正社員との間に著しく不合理な賃金格差が設けられている場合は公序違反として違法になるとの説[31]、パートタイム労働者の配置、業務の範囲や責任等が正社員と同一の場合には労働条件格差が公序違反に当たるとの説であった[32]。現在の立法は、これらの学説と、これを出発点として展開された以下の学説の議論に影響を受けていると解される。

第1に、どのような場合に処遇格差を違法と解するのかということであるが、この点については、所定外労働や配転の有無等の拘束性の点で正社員と同一義務を負うパートタイム労働者については救済を肯定すべきとする学説が有力に主張された[33]。

第2に、救済を肯定する場合の法的根拠として、前述のとおり同一労働同一賃金原則に依拠すると論じるものもみられたが、その後の学説は、同原則を援用する説も、国際的な意味での同原則は各国の合理的な賃金支給慣行による修正を容認している、あるいは、同原則は合理性なき差別のみを禁止する趣旨だという前置きをした上で同原則を援用していたことを指摘できる[34]。また、同原則を否定しつつ、パートタイム労働等の雇用形態による処遇格差規制の根拠と

---

28) 本多淳亮「パートの労基法違反がなぜ続発するか」季刊労働法127号10-11頁（1983年）。
29) 下井隆史「パートタイム労働者の法的保護」労働法学会誌64号14頁（1984年）。
30) 野田進「パートタイム労働者の労働条件」労働法学会誌64号71頁（1984年）。
31) 鈴木芳明「パートタイム雇用と労働契約・就業規則」労働法学会誌64号28頁（1984年）。
32) 下井隆史「パートタイム労働をめぐる法的諸問題」月刊労働492号4頁（1989年）。
33) 水町勇一郎「『パート』労働者の賃金差別の法律学的検討」法学58巻5号85頁以下（1994年）。
34) 浅倉むつ子「パートタイム労働と均等待遇原則(下)」労働法律旬報1387号46頁（1996年）、西谷敏「パート労働者の均等待遇をめぐる法政策」日本労働研究雑誌518号61頁（2003年）。

して、使用者は、企業という同一の生活空間に属する労働者に対して信義則上、合理的な格差として正当化される場合を除き労働条件について不平等な取扱いをしない義務を負うとする学説も主張された[35]。これらの学説は、同原則に基づいて議論する学説に対して論証不足という批判があったことも考慮し、その課題を克服しつつ救済肯定説を理論的に根拠づけようとする試みでもあったと解される。

第3に、上記第1で述べた格差の違法性に関連して、合理的理由がある場合であっても、その格差に均衡がとれていないとすればやはり違法性を帯びるとする学説が主張された[36]。

第4に、格差を正当化できるかどうかの判断について、問題となっている処遇ごとに判断されるべきであり、たとえば職務に必要な技術や能力について正社員に訓練の機会を付与している場合は、同じ職務に従事するパートタイム労働者についても平等化を図らねばならないという議論がなされた。このような場合、職業訓練の目的は職務能力や技術レベルの向上に資することにあり、労働時間の短さとは直接的な関連性をもたないからである、と論じられている[37]。

これらの4つの点に関する学説は2007年パートタイム労働法改正までに示されていたものであるが、同法改正後は、差別禁止規定（2014年改正パートタイム労働法9条）が正社員との職務内容・配置範囲の同一性を前提要件として課したことから、ドイツ法やフランス法では比較対象者が存在しなくても規制を課す仕組みがとられていることを参照して、合理的理由のない不利益取扱いを一般的な形で禁止することを主張する学説が有力に主張された[38]。

最後に挙げた学説は、2014年改正パートタイム労働法8条により待遇の相違

---

35) 毛塚勝利「平等原則への接近方法」労働法律旬報1422号4-5頁（1997年）。憲法14条、労基法3条・4条、信義則を援用しつつ「平等取扱義務」を導く説も主張された。蛯原典子「雇用差別禁止法理に関する一考察」立命館法学269号233頁以下（2000年）。
36) 土田道夫「パートタイム労働と『均衡の理念』」民商法雑誌119巻4・5号552頁以下（1999年）、奥田香子「パート労働の将来像と法政策」西谷敏＝中島正雄＝奥田香子編『転換期労働法の課題』365頁（旬報社、2003年）。
37) 奥田・前掲注36) 365-366頁。
38) 水町勇一郎「『同一労働同一賃金』は幻想か？」鶴光太郎＝樋口美雄＝水町勇一郎編『非正規雇用改革』295頁（日本評論社、2011年）、同「『格差』と『合理性』」社会科学研究62巻3・4号151頁（2011年）。

を包括的に規制することにつながったと解される。また、上記第1、第3、第4の点も規制の枠組みに反映されたと考えられる。すなわち、第1の議論は、職務内容および配置の範囲の同一性によって差別禁止規定の適用対象を画するという2014年改正パートタイム労働法9条につながり、第4の議論は、規制を及ぼすかどうかを、賃金、職業訓練、福利厚生等、事項ごとに区別する2014年改正パートタイム労働法10条以下のあり方に影響を及ぼし、第3の議論は、格差に合理的理由があってもその格差が著しい場合は規制の対象になり得るという意味で、均衡を図る努力義務を課す規定（賃金に関する2014年改正パートタイム労働法10条）および不合理な待遇の相違を禁じる規定（2014年改正パートタイム労働法8条）の基礎になったと考えられる。

また、立法過程において、雇用形態による処遇格差規制の趣旨として、同一労働同一賃金原則を挙げることが外国法の分析を踏まえて否定されていたことは前述のとおりであるが、この点には、第2の点に関連して行われていた学説の議論も影響しているものと思われる。

そして、立法資料から読み取れる「公正な処遇の確保」という趣旨は、第2の点に関連して挙げた学説が援用していた一般的な平等理念に矛盾しないものとしても位置づけられ得る。上記立法資料に基づく分析によれば、非正規労働者の処遇格差是正は納得性の向上のためであるとされているが、これは平等取扱いによる自尊心の尊重を趣旨とするものといい得る。ドイツで形成された労働法上の平等取扱原則を研究した学説は、それが「公正な処遇の確保」を趣旨とすると論じていたところである[39]。さらに、「公正」という趣旨は、2014年パートタイム労働法改正の過程で示された国民経済的観点からの正当化とも矛盾しない。イギリスの非正規労働者の処遇格差規制について論じた学説は、当時の労働党政権のとった「第三の道」によれば、こうした規制による「公正」の

---

39) 蛭原・前掲注35）171頁。このほか、道幸哲也『労使関係のルール』17-18頁（労働旬報社、1995年）参照。なお、2014年パートタイム労働法改正後の学説として、個人が自分の生き方を自由に選択し、潜在能力を発揮できるようにすることに規制の理念を求める学説も主張されている（両角道代「パート処遇格差の法規制をめぐる一考察」野川ほか編・前掲注26）359頁以下）。立法資料で言及されている「ライフステージ等に応じて様々な働き方を主体的に選択できるよう」公正な処遇を確保するという趣旨（前掲『望ましい働き方ビジョン』11頁）は、この学説と親和的であり、この学説が論じる規範的要請は、立法時の議論においても既に現れているといえよう。

確保は経済政策としても正当とみられていたことを論じている[40]。

4 パートタイム労働法9条をめぐる解釈問題

(1) 要件

パートタイム労働法9条違反が成立するのは、当該パートタイム労働者について、①業務の内容および当該業務に伴う責任の程度(「職務の内容」)が通常の労働者と同一であること、②当該職務の内容および配置の変更の範囲が通常の労働者と同一と見込まれること、という2要件が充足されている場合であって、さらに、③パートタイム労働者であることを理由とする差別的取扱いが行われたときである。

上記要件①および②については、前掲(Ⅳ1)通達が詳細に規定しており(第3の4(4)および(5)が参照する第1の3(2)ロおよびハ)、それによると、上記①の「業務の内容」が同一であることとは、業務の種類が同一の場合で、中核的業務が実質的に同じであることを指す。上記②は、「『範囲』が完全に一致することまでを求めるものではなく、『実質的に同一』と考えられるかどうかという観点」から判断される。上記③については、意欲、能力、経験、成果等を勘案した賃金水準の相違や時間比例分賃金が少ないといった合理的差異は許容されるとしている(前掲通達第3の4(9))。

学説では、規制枠組みが議論になることが多く、これらの解釈問題の議論は深まっていないが、行政解釈への異論はみられない。裁判例では、パートタイムの準社員の貨物自動車運転手が賞与額・休日日数等に関しフルタイムの社員と差が設けられていたことが本条に違反していたとして争った例(ニヤクコーポレーション事件)がある[41]。この例では、上記要件①および②をみたしていたとされており、行政解釈と同じく実質的解釈が行われたものとみられる[42]。

なお、いわゆるフルタイムパートの待遇については、正社員との間での待遇の相違は公序(民90条)違反に当たるとする学説も示されていた[43]。前掲ニヤク

---

40) 岩永正晃「イギリスにおける労働市場の柔軟性と非典型雇用の法規制」法律時報81巻12号39頁(2009年)。
41) ニヤクコーポレーション事件・大分地判平25・12・10労判1090号44頁。
42) こうした解釈を支持するものとして、水町勇一郎「判批」ジュリスト1465号114頁(2014年)。

コーポレーション事件では、被告会社が就業規則を変更し、原告ら準社員の労働時間を延長したため、当該就業規則変更以降の原告らの請求については、同人らはパートタイム労働法上の「短時間労働者」とはいえなくなったとし、差別禁止規定違反は成立し得ないとされているが、学説ではこの点について批判が加えられている。[44]

(2) 本条違反の効果

本条違反は不法行為に該当すると解されてきた。[45]この解釈は、本条が差別的取扱い禁止という枠組みをとっていること等に鑑みれば支持されよう。[46]前掲ニヤクコーポレーション事件でも、賞与等の格差に関し不法行為に基づく損害賠償請求が認められている。

これに対し、本条違反の場合にパートタイム労働者に正社員との同一処遇を求める請求権が発生するのかということは、はっきりしていない。前掲ニヤクコーポレーション事件判決は、本条に基づいて「正規労働者と同一の待遇を受ける労働契約上の権利を有する地位にあることの確認を求めることはできないと解される」としており、このような解釈を否定しているように読める。これに対して、考え方としては、パートタイム労働者の賃金規程等が本条違反により無効になった場合にフルタイム労働者の待遇が当該無効になった部分を代替するという効力が本条自体から発生すると解する可能性もある。しかし学説では、本条違反によって無効になった処遇がどうなるかについて、本条自体を根拠とするこのような自動的代替効果は否定しつつ、事案によっては労働協約、就業規則、労働契約等による補充的解釈を認めることができるとする説が有力である。[47]

補充的解釈を否定する根拠として、労基法13条のような直律的効力を付与す

---

43) 土田・労働契約法690頁。
44) 水町・前掲注42）114頁、橋本陽子「判批」判例評論676号136頁（2015年）。
45) 菅野・労働法360頁、荒木・労働法516頁。
46) 櫻庭涼子「公正な待遇の確保」ジュリスト1476号24-25頁（2015年）。
47) 緒方桂子「判批」労働法学会誌124号228-229頁（2014年）、菅野・労働法360頁、荒木・労働法517頁。なお、労契法20条に関して同様に議論するものとして、山川隆一「改正労働契約法の要件事実」毛塚古稀81-82頁、85-86頁。

る規定がパートタイム労働法にないことが挙げられ得る。しかしながら、この点は契約の補充的解釈を全ての事案で否定する根拠としては十分でない。これまでの判例でも、ある労働条件が公序に反するとされた場合に、当該部分のみを無効とすることで結果的に契約内容を補充する効果が認められたものがあるからである。男女差別定年制を公序違反とした日産自動車事件判決[48]は、女性について若年の定年年齢を定める部分のみを無効とし、男性と同年齢の定年制を女性労働者に適用した。賞与支給の条件として90％以上の出勤を求める条項において、産前産後の休業および育児短時間勤務の期間を欠勤として取り扱う部分のみを公序違反として無効とした東朋学園事件判決[49]も、賞与支給の根拠条項の効力自体には影響を及ぼさないとしている。

ただし、たとえば労基法4条違反の事案であっても、女性労働者による昇格請求や差額賃金請求が認容されたのは男性について昇格基準が労使慣行によって定まっているなど、無効になった部分に代替する基準が明確であった場合である[50]。こうした従前の解釈も参照すると、パートタイム労働法9条によって無効になった待遇をフルタイム労働者の待遇によって補充し、それにより地位確認請求等が認められるのは、比較対象となる労働者の待遇が明確であり、一部無効の手法を用いるのが適切な場合であると解することができよう。

5　パートタイム労働法8条

(1)　要件

2014年改正パートタイム労働法8条違反をいうためには、①パートタイム労働者の待遇が、当該事業所に雇用される通常の労働者の待遇と相違することが前提になる。禁止されるのは、②不合理であると認められる相違である。

上記①の要件のうち「待遇」は、「賃金の決定、教育訓練の実施、福利厚生施設の利用のほか、休憩、休日、休暇、安全衛生、災害補償、解雇等労働時間以外の全ての待遇が含まれる」とされている（前掲通達第3の3(4)）[51]。

---

48) 日産自動車事件・最三判昭56・3・24民集35巻2号300頁、同事件（控訴審）・東京高判昭54・3・12労判315号18頁。
49) 東朋学園事件・最一判平15・12・4労判862号14頁。
50) 芝信用金庫事件・東京高判平12・12・22労判796号5頁。

上記②の相違の不合理性については、後述する労契法20条と基本的に同様に、個々の待遇ごとに（前掲通達第3の3(5)）、その待遇の目的・性格に照らして検討されることになろう。不合理な相違を禁止するという規制枠組みは、学説において、労働条件の性質・目的に応じて合理的理由の有無を検討するというフランスやドイツの法制が適当であるとの分析を踏まえて採られたものだからである。[52]

努力義務・措置義務・配慮義務とされてきた事項も8条によって違法になり得ると解される。努力義務規定の私法上の効力については従来から論争がある[53]が、8条はこのような場合に機能することにこそ意義があると考えられる。たとえば、正社員と同一職務に就くパートタイム労働者との間に基本給に係る格差がある事案において、両者の配置の変更の範囲が異なる場合には、パートタイム労働法9条の要件を欠いており、10条の均衡の努力義務の対象にしかならない。しかしその格差が著しい程度に及んでいる場合は、不合理な相違として、8条に違反すると解され得る。[54][55]

「その他の事情」として考慮される事項については、行政解釈では、「合理的な労使の慣行」が挙げられている（前掲通達第3の3(3)）。また、従業員の意見を聴き協議が真摯に行われたことは考慮されると解される。[56]このほか、使用者が賃金制度の見直しに真摯に取り組んでいることを考慮すべきとの見解がある。[57]パートタイム労働法の性格を、日本型雇用システムや企業の人事政策との調整

---

51) 待遇の「相違」は、短時間労働者であることを理由とするものを指すが、このことは自明であるため条文上は明記されていないとされる（前掲通達第3の3(2)）。
52) 水町・前掲注38）社会科学研究151頁、前掲『雇用形態による均等待遇についての研究会報告書』Ⅵ頁。
53) ソフトロー・アプローチの妥当性については、荒木尚志「労働立法における努力義務規定の機能」中嶋還暦19頁以下。これに対し問題点を指摘するものとして、和田肇『労働法の復権』197-201頁（日本評論社、2016年）。
54) 奥田・前掲注11）22頁、緒方桂子「パート労働者に対する処遇の格差是正・再考」労働法律旬報1828号12頁（2014年）、両角・前掲注39）363頁、菅野・労働法356頁。
55) 裁判例では、8条が導入される2014年パートタイム労働法改正前のものであるが、同一価値労働に従事するパート・フルタイム労働者間に著しい賃金格差がある場合には、均衡の理念に基づく公序に反するものとして不法行為に該当する余地を認めるものがあった（京都市女性協会事件・大阪高判平21・7・16労判1001号77頁）。
56) 両角・前掲注39）367頁。
57) 両角・前掲注39）367頁。

を図りつつ処遇格差を改善していく調整的・漸進的なものと把握した上で主張されているものである。この学説は、労働時間を柔軟に増減できる等、パートタイム労働であることのメリットを労働者が享受している場合には、そのことも不合理性を否定する要素として考慮できるとしている。もっとも、「不合理性」に関する学説の議論は、後述する労契法20条に集中しており、パートタイム労働法8条に特化した議論はあまりなされていない。この点について議論を詰めていくことが今後の課題である。

(2) 本条違反の効果

本条違反の効果は立法過程では明瞭に説明されていない。しかし本条は、労契法20条に倣って立法化されたものであり、民事的効力が肯定されると解される（前掲通達第3の3(7)）。パートタイム労働者の契約内容を矯正する効果が生じるかどうかは、前述の同法9条、後述する労契法20条と同様に解しておきたい[58]。

V 有期雇用労働者

1 規制枠組み

有期雇用労働者については、2012年労契法改正により、20条が挿入され、無期雇用労働者との間での不合理な労働条件の相違が禁じられた。これに先行するのが前述のパートタイム労働法の差別的取扱い禁止規定（2014年改正パートタイム労働法9条）であったが、同条のような職務内容および配置範囲が同一の比較対象者の存在は要件とされず、これらは労働条件の相違の不合理性の考慮要素として位置づけられることになった。学説においては、有期雇用労働者に係る処遇格差規制を導入すべきとした上で、2014年改正パートタイム労働法9条についての反省に立ち、より包括的な規制を志向する説が有力に主張されていた。労契法20条には、2014年改正パートタイム労働法8条と同様に、この学説の影響が強く及んでいると解される[59]。学説では、適用対象者がより広いこの

---

58) 菅野・労働法357頁、荒木・労働法518頁、緒方・前掲注54) 13頁。

ような規制枠組みは肯定的に評価されている。[60]

2 規制の趣旨および学説との関係

労契法20条の趣旨は、立法過程の議論（『望ましい働き方ビジョン』（2012年3月））に照らすと、パートタイム労働法と同じく、「公正な処遇の確保」にあるといえる。[61]

学説では、非正規労働者の処遇格差問題として最初に取り上げられたのは臨時工であった。しかし1990年代の議論ではむしろパートタイム労働が議論の中心を占めていた。2000年代に入り有期雇用についても非正規雇用の処遇格差問題が議論されるようになり、パートタイム労働と併せて規制の是非が論じられてきた。2012年労契法改正に至る過程では、学説において、パートタイム労働法の差別禁止規定の適用範囲の限定性への反省に立ち、合理的理由のない不利益取扱いを禁止するという枠組みが提唱され、この学説が大きく影響したことは、すでに述べたとおりである。

3 労契法20条をめぐる解釈問題

(1) 要件

本条が禁止するのは、①「有期労働契約を締結している労働者の労働契約の内容である労働条件が」、②「期間の定めがあることにより同一の使用者と期間の定めのない労働契約を締結している労働者の労働契約の内容である労働条件と相違する」場合において、③労働条件の相違が「不合理と認められる」も

---

59) 水町・前掲注38）の両論文。
60) 川田知子「有期労働契約法制の新動向」季刊労働法237号12頁（2012年）、毛塚勝利「改正労働契約法・有期労働契約規制をめぐる解釈論的課題」労働法律旬報1783=84号26頁（2013年）、緒方桂子「改正労働契約法20条の意義と解釈上の課題」季刊労働法241号21-22頁（2013年）。なお、パートタイム労働法との比較でいえば、有期契約労働者の規制は弱いようにも見える。当該パートタイム労働者ないし有期契約労働者と職務内容が同一かつ職務内容・配置の変更の範囲が同一の正社員がいる場合に、パートタイム労働法では差別的取扱い禁止の対象になるが（2014年改正パートタイム労働法9条）、有期雇用労働者については不合理な労働条件の相違の禁止（労契法20条）の対象にしかならない。この点に関して学説では、パートタイム労働法では、行政指導がしやすい具体的規定として差別的取扱い禁止規定が存続することになったと説明するものがある。菅野・労働法358-359頁。
61) 同文書3頁、10-11頁、13頁、17頁。

のであること、である。

　要件①については、「労働契約の内容である労働条件」は包括的なものと解される。行政解釈も、「賃金や労働時間等の狭義の労働条件のみならず、労働契約の内容となっている災害補償、服務規律、教育訓練、付随義務、福利厚生等労働者に対する一切の待遇を包含する」としている（平24・8・10基発0810第2号第5の6(2)イ）。また、定年後に有期契約を締結して雇用されている労働者も本条の対象になると解される（前掲通達第5の6(2)エ）[62]。議論があるのは、労働契約の内容である労働条件に、解雇や懲戒処分等の人事の個別的措置も含まれるかどうかである。これは、「労働契約の内容である」という20条の文言からすれば、法的拘束力のある労使慣行が成立していない限り否定されよう[63]。

　次に、有期労働契約から無期労働契約に転換した労働者の転換後の労働条件が、有期労働契約を締結していたときの労働条件と同一の内容であり正社員の労働条件と相違している場合に本条の適用対象になるかどうかという問題があるが、こうした事案は本条の適用対象外といわざるを得ない[64]。本条の類推適用という構成も考えられるが、労契法18条に基づく無期転換労働者について、同条が、別段の定めがある場合を除き従前の有期労働契約と同一の労働条件が維持されると定めていることからすると、否定されると解される。

　要件②については、学説では、期間の定めの有無と労働条件の相違との間の因果関係を求めるものであるが、明らかに因果関係がないものを除外すれば足りると解されていた[65]。裁判例でもこの学説を摂取したとみられる判断が続いている[66]。

　要件③については、まず、不合理性を判断する際に、比較対象になる労働条件をどのようにして括り出すかということが問題になる。この点については、

---

62) 長澤運輸事件（第一審）・東京地判平28・5・13労判1135号11頁、同事件（第二審）・東京高判平28・11・2 LEX/DB。
63) 肯定説として、緒方・前掲注60) 22-23頁。否定説として、荒木ほか・労働契約法233頁、菅野・労働法337頁。
64) 阿部未央「不合理な労働条件の禁止」ジュリスト1448号63頁（2012年）。
65) 労契法20条の解説中で、新基本法コメ労基法・労契法430頁〔野田進〕。
66) 前掲長澤運輸事件（第一審）判決、同事件（第二審）判決、ハマキョウレックス事件（第二審）・大阪高判平28・7・26労判1143号5頁。

パートタイム労働法 8 条と同様に、本条が学説の成果を踏まえたものであることからすると、不合理性の検討の出発点は、問題となっている労働条件がどのようなものであり、その労働条件がどのような目的で設定されているのか、ということになるものと思われる。行政解釈でも、不合理性は「個々の労働条件ごとに」判断すべきものとされている（前掲通達第5の6(2)オ）。

　ただし、その「個々の労働条件」として、相互に関連しており切り離せないものはまとめて不合理性が判断されるのか、それとも、全て個別の判断になるのかという点については争いがある。裁判例では、有期契約労働者と無期契約労働者との間の労働条件の相違について、住宅手当・皆勤手当に関する相違は、個々の手当の目的に照らして不合理とはいえないとする一方で、無事故手当・作業手当・給食手当・通勤手当については不合理だと認めた例（ハマキョウレックス事件（第二審）判決）がある[67]。これに対し、同事件第一審判決は、通勤手当については交通費の実費の補填であるとして有期契約労働者に支給しないことは違法としたが、その他の相違の不合理性についてはそれぞれの給付の性質・目的を考慮していない。無期労働契約を締結している正社員については広域異動の可能性があること、将来、支店長や事業所の管理責任者等の会社の中核を担う人材として登用される可能性があることから、様々な給付に係る相違を一括して、不合理なものとはいえないと判断している[68]。後者の判断は、当該労働条件と密接に関連しており切り離すべきでない労働条件についてはそれらを含めて比較対照すべきという学説に影響を受けたものであると指摘されている[69][70]。

　この点については、相互に切り離せない労働条件についてはまとめて不合理性を判断せざるを得ない場合もあると思われる。また、たとえば、前掲ハマキョウレックス事件（第二審）判決では、住宅手当を正社員にのみ支給し有期契約労働者に支給しないことについて、不合理性を否定する理由として、配置転

---

67) 前掲ハマキョウレックス事件（第二審）判決。
68) ハマキョウレックス事件（第一審）・大津地彦根支判平27・9・16労判1135号59頁。
69) 荒木ほか・労働契約法233-234頁、菅野・労働法337頁、深谷信夫＝細川良＝沼田雅之＝山本志郎「労働契約法20条の研究」労働法律旬報1853号38頁（2015年）。
70) 水町勇一郎「判批」ジュリスト1495号130頁（2016年）。

換のある正社員への福利厚生を手厚くすることによって有能な人材の獲得・定着を図るという目的によると指摘している。この例が示すように、有期契約労働者と無期契約労働者との間の労働条件の相違は、不合理であると認められない限り、残り得る。また、有期契約労働者に有利な取扱いは本条の禁止の対象にならないと解されている[71]。そうすると、それらの有利な、あるいは不合理でない労働条件の相違を理由に、問題となっている当該労働条件の相違が正当化されることが考えられる。

　次に、労働条件の相違の不合理性を判断するための考慮要素およびその重み付けが問題となる。条文上は、第1に「労働者の業務の内容及び当該業務に伴う責任の程度」（職務の内容）、第2に「当該職務の内容及び配置の変更の範囲」、第3に「その他の事情」を考慮して判断すべきこととされている。

　上記第1の要素と第2の要素は、法文上列挙された要素であり、重視されるべきことになる。前掲ハマキョウレックス事件（第一審）判決では、正社員については就業場所・業務内容の変更の可能性、全国規模の広域異動の可能性、管理責任者等の会社の中核を担う人材として登用される可能性があると見込まれるのに対し、有期契約労働者については就業場所の異動や出向等は予定されておらず、会社の中核を担う人材として登用される可能性がある者として育成されるべき立場にあるとはいえないという点において両者は異なるとされており、このことが労働条件の相違の不合理性を否定する際に重視されている。もっとも、これらの要素に違いがあっても、問題となっている労働条件しだいでは、不合理な相違と認められることがあり得る。実際に、同事件では第一審判決・第二審判決ともに、通勤手当に係る相違は不合理なものと認められている（前掲通達第5の6(2)オも参照）。

　また、上記事案とは逆に、職務の内容と配置の範囲が同一であるとしても、そのことから直ちに労働条件の相違の不合理性を導き出すことには慎重でなければならない[72]。労契法20条では、パートタイム労働法9条の差別的取扱い禁止規定と異なり、第3の「その他の事情」が付け加わり、諸事情を総合考慮して不合理性を判断する枠組みがとられているからである。

---

71) 荒木ほか・労働契約法229-230頁、水町・前掲注26) 324頁。

「その他の事情」として、行政解釈では、「合理的な労使の慣行」が考慮されるとされているが（前掲通達第5の6(2)エ）、単に有期契約労働者の低処遇が企業一般で広くみられること自体から直ちに不合理性を否定することは、有期契約労働者と無期契約労働者の労働条件格差を是正し公正な処遇を確保するという法の目的に反するといわざるを得ず、否定されるべきである。[73]

次に、学説では、当該労働条件の設定手続に関し、労働組合や従業員集団との労使交渉を経て行われたかどうかも考慮されると解されてきた[74]。この考慮に際しては、交渉の状況のほか、有期契約労働者の利害を反映したプロセスであったかどうか、労働組合との間で実質的・具体的な協議が行われたかどうかを吟味する態度がとられるべきであろう[75]。

このほかに、裁判例では、定年後再雇用者につき、職務の内容や配置の範囲の点で違いがないとしても、いったん退職した後の再雇用であることや長期にわたる勤務予定がないことが、不合理性を否定する理由になるかどうかが問題になっている[76]。これを肯定することは、公正な処遇の確保という規制の目的に反することになりそうである。しかしながら、この事件で問題になったような60歳定年後の継続雇用は、高年齢者雇用安定法により企業に義務づけられた、高年齢者の雇用促進という目的達成のための措置である上、定年後再雇用者は退職金を受け取りいったん退職した後の労働者であることが多いという特殊性があり、そのことを加味した判断がなされるべきである[77]。こうした事案における労働条件の相違の不合理性は、どのくらいの格差が設けられているのか、その相違の程度も考慮して検討することになろう[78]。

---

72) この点に関し、本条の解釈において、差別的取扱いを禁止するという異なるアプローチをとったパートタイム労働法9条を引用した上で職務の内容と配置の範囲が同一である場合には特段の事情がない限り不合理と判断されるとした前掲長澤運輸事件（第一審）判決は課題を含んでいると指摘されている。荒木・労働法510頁、深谷信夫「長澤運輸事件判決をどう読むか」労働法律旬報1871号5頁（2016年）、山本陽大「定年後再雇用制度に基づく有期契約労働者の労働条件と労働契約法20条」季刊労働法254号147-148頁（2016年）。
73) 宮里邦雄「定年後再雇用における賃金切り下げの不合理性」労働法律旬報1868号14頁（2016年）。
74) 菅野・労働法343頁、荒木・労働法510頁、荒木ほか・労働契約法242-243頁、緒方・前掲注60）25頁。
75) 前掲長澤運輸事件（第一審）判決参照。
76) 前掲長澤運輸事件（第二審）判決。
77) 新基本法コメ労基法・労契法431頁〔野田〕参照。

(2) 本条違反の効果

本条が民事的効力をもつことは、そのタイトルを「不合理な労働条件の禁止」と明記することで明らかにされ[79]、国会審議でも確認された[80]。本条によって不合理とされた労働条件の定めは無効となり、また、不法行為に基づく損害賠償責任を発生させ得る（前掲通達第5の6(2)カ）。無効になった後の有期契約労働者の労働契約の内容は、2014年改正パートタイム労働法8条・9条と同様に、契約の補充的解釈によって定まる場合もあると考えられる[81]。

裁判例では、本条違反の場合に、労契法12条のような特別の定めもないのに無期契約労働者の労働条件によって自動的に代替されるという効果を導くことは困難であるとして、不法行為に基づく損害賠償請求のみを認容したものがある（前掲ハマキョウレックス事件（第一審）判決）。これに対して、本条については労契法12条や労基法13条に相当する直律的効力を定める規定がないこと、無効とされた有期契約労働者の労働条件をどのように補充するかについては労使間の個別的ないし集団的な交渉に委ねるべきものであることを論拠として補充的効力は認められないとしつつ、就業規則の規定の仕方等に照らして補充的解釈を認める余地を残すものもある（前掲ハマキョウレックス事件（第二審）判決）。同様の趣旨により、当該事件において、正社員就業規則が原則として全従業員に適用されるものとされ、有期契約の労働者について規則の一部を適用しないことがあるとされていたという事情に鑑み、有期契約労働者の賃金の定めが無効である場合にこれに対応する正社員就業規則が適用されると判断された例がある（前掲長澤運輸事件（第一審）判決）。

---

78) 前掲長澤運輸事件（第二審）判決では、このほかに、有期契約労働者と正社員との賃金の差額を縮める努力を会社がしていたことが考慮されている。これは、パートタイム労働法8条について、使用者が賃金制度の見直しなどに真摯に取り組み、徐々に格差是正が進んでいると認められる場合には、そのことを「その他の事情」として考慮する余地があるとしていた学説（両角・前掲注39）367頁）に影響を受けた可能性がある。
79) 荒木・労働法511頁。
80) 平24・7・25第180回国会衆議院厚生労働委員会議事録第15号24頁〔金子順一政府参考人答弁〕。
81) 菅野・労働法345頁、荒木・労働法511頁、荒木ほか・労働契約法245頁、岩村・労働法の争点（新）157頁。これらの学説では、職務の内容等の違いを考慮してもなお基本給の格差が大きすぎ不合理と認められるような場合には損害賠償によって処理するしかないとされる。

Ⅵ 派遣労働者

　前記のとおり、2012年労働者派遣法改正により、派遣元事業主には、同種の業務に従事する派遣先労働者の賃金水準との均衡を考慮して派遣労働者の賃金を決定する配慮義務が定められた（2015年改正労働者派遣法30条の3第1項）。配慮義務は、賃金だけでなく職業訓練・福利厚生等に及んでいる（同条2項）。派遣労働者の処遇水準については、派遣先事業主が支払う派遣料金に依存せざるを得ないことから、派遣先労働者との均衡を図る責任を派遣元事業主に負わせることの正当性を基礎づけることが必要になると思われるが、立法過程では、「労働者保護の観点から」、「均衡」が図られるべきとの考え方によるとされている[82]。

　この規制は、あくまで「配慮義務」であり、不法行為に基づく損害賠償責任を生じさせる可能性があるにすぎず、その効力は弱いと指摘されている[83]。これに対してパートタイム労働者や有期契約労働者については、前述のとおり、パートタイム労働法8条も労契法20条も民事的効力を有し、これらの規定に反するとき、無効になった労働契約内容は、契約の補充的解釈という手法によりフルタイム労働者や無期契約労働者の処遇によって補充され得ると解されており、これらと比してもその規制内容は控えめなものにとどまっているのである。

　さらに、この配慮義務は、賃金の決定については、派遣先の労働者との均衡だけでなく、派遣労働者と同種の業務の労働者一般の賃金水準か、または、当該労働者の職務の内容・成果、意欲、能力、経験も勘案することとされており、条文上明記される考慮要素が多く、配慮義務に反したと判断できる事案は相当に限定されるであろう[84]。

　派遣元事業主は賃金の決定において考慮した事項等について派遣労働者に説

---

82) 前掲『望ましい働き方ビジョン』19頁。
83) 沼田雅之「2012年改正労働者派遣法の概要とその検討」和田肇＝脇田滋＝矢野昌浩編『労働者派遣と法』40-41頁（日本評論社、2013年）、有田謙司「『労働者派遣制度の改正について』（建議）の検討」季刊労働法244号67頁（2014年）。
84) 沼田・前掲注83) 41頁、本庄淳志「改正労働者派遣法をめぐる諸問題」季刊労働法237号34頁（2012年）。

明すべきものとされており（31条の2第2項）、派遣先事業主は、派遣元事業主に対し、派遣労働者と同種の業務に従事する労働者の賃金水準に関する情報を提供するよう配慮しなければならないとされているが（40条5項）、これらの規定は手続的なものである。

　学説では、直接雇用が派遣労働に置き換えられてしまうといった事態（常用代替）を防止するという趣旨に基づき、派遣労働者に対する合理的理由のない不利益取扱いを禁止する等の対応が求められるとする立法論が強まっている[85]。これに対し、こうした規制は、日本の賃金決定の仕組みとして普及しているのが職能給でありEU諸国のような職務給ではないことからすれば実効性に欠けること、前述のEU指令においても広く例外が認められ柔軟性が備わっているとすると規範的な意味で均等待遇原則を推し進める必然性もないことを理由に、現行の日本の法規制を穏当なものとして評価する見解もある[86]。

Ⅶ　今後の課題

　非正規労働者の処遇格差規制は、近年に至り、パートタイム労働者・有期雇用労働者について、不合理な労働条件の相違の禁止という包括的な規制がとられることになった。派遣労働者についても均衡の配慮義務が及ぶようになり、全体としてみてその進展は著しい。

　もっとも、前者については、予測可能性の低さを指摘する見解もみられるところであり、この難点をいかに克服するかということが課題となる[87]。

　後者については、均衡の配慮義務という形でありその実効性が問題になっている。労働者派遣法2015年改正時には、同一労働同一賃金推進法が成立し、

85）毛塚勝利「派遣法改革とは間接雇用法にすること？」労働法律旬報1721号5頁（2010年）、有田・前掲注83）67頁、高橋賢司「平成27年労働者派遣法改正法の検討」季刊労働法251号78頁（2015年）。
86）本庄・前掲注84）33-35頁、同『労働市場における労働者派遣法の現代的役割』395-401頁（弘文堂、2016年）。これに対し、正社員が職能給で、非正規雇用は職務給であるために賃金差別の認定が困難であるという理由については、たとえば韓国のように労働委員会による行政救済により柔軟で実情に即した均等待遇の実現を図る等、多様な方策を工夫すべきとも主張されている（中窪＝野田・労働法の世界149頁）。
87）荒木尚志編『有期雇用法制ベーシックス』159頁〔島田陽一発言〕（有斐閣、2014年）。

「政府は…派遣先に雇用される労働者との間においてその業務の内容及び当該業務に伴う責任の程度その他の事情に応じた均等な待遇及び均衡のとれた待遇の実現を図るものとし、この法律の施行後、3年以内に法制上の措置を含む必要な措置を講ずるとともに、当該措置の実施状況を勘案し、必要があると認めるときは、所要の措置を講ずるものとする」（6条2項）とされている。上記の「必要な措置」としてどのような措置をとるべきかが検討課題の一つになる。この点に関連して、非正規労働者の処遇格差規制について、統一的な法制度を整備すべきだという主張もみられる。[88] 統一性がとれないと企業がコスト削減のために規制の緩い雇用形態の利用に走ることが懸念されているのである。

　非正規雇用の処遇格差是正に向けた現行法の規制は、予測可能性の低さや効力の弱さ、規制全体の不統一という課題を抱えつつも、少なくとも行動規範としての機能を果たすことは期待できる。有期雇用労働者と無期雇用労働者との労働条件の相違やパートタイム労働者とフルタイム労働者との待遇の相違が不合理なものとならないようにすべく、また、派遣労働者の賃金水準が派遣先労働者の賃金水準と比較して均衡が図られるようにすべく、労働協約・就業規則等の変更により、正社員も含め労働者の処遇体系全般が変更されることが想定される。どのような事由（職種、能力、学歴等）によりどの程度の相違を設けるのか、それをどのようなプロセスを経て決めていくのかということは、実務に携わる者が取り組むべき現在の最重要の検討課題の一つといえる。

（さくらば・りょうこ　神戸大学大学院法学研究科教授）

---

88) 水町勇一郎「非正規雇用と法」長谷部恭男＝佐伯仁志＝荒木尚志＝道垣内弘人＝大村敦志＝亀本洋編『岩波講座現代法の動態3　社会変化と法』51頁（岩波書店、2014年）。法改正に向けて現在行われている議論については、水町勇一郎「労働条件（待遇）格差の『不合理性（合理性）』の内容と課題」労働法学会誌128号71-72頁（2016年）、森ます美「有期契約労働者の待遇格差是正と職務評価」労働法学会誌128号80-82頁（2016年）等がある。

第 2 部　雇用平等

第 8 章　差別の救済

斎藤　周

はじめに

　1985年に男女雇用機会均等法が制定されてから30年余り経ったが、労働の場における男女間の格差は解消とはほど遠い状況にある。男女の賃金格差を厚生労働省の「賃金構造基本統計調査」でみてみると、2016年の一般労働者で男性の所定内給与額を100としたときに女性は73.0であり、過去最小とはいえ決して小さくない。これに時間外手当や賞与などを加えた支給総額で比べると68.5と差が開く。国際的に比較してみると、2014年現在のOECD加盟国34か国の格差（男女の中央値の開き）の平均値は15％であり、日本（26％）は格差が大きい方から数えて、韓国（37％）、エストニア（27％）に次ぐ 3 番目に位置している。また、民間企業の管理職中の女性の割合はというと、同じく「賃金構造基本統計調査」の2016年の数値によると、部長級で6.6％、課長級で10.3％、係長級で18.6％に留まっている。

　男女間にこれだけの格差があるということは、社会構造に性差別が強固に組み込まれていることを推認させる。この社会構造の一部を構成しているのが労働者を雇用する企業である。もちろん、労働者が育児や介護といった家族責任

---

1 ）常用労働者のうちで短時間労働者以外のものを意味する。
2 ）OECD Employment Outlook 2016, Statistical Annex Table P. Relative earnings : Gender, age and education gaps. なお、2014年よりも古いデータが用いられている国もある。

を果たすうえでの社会からの支援の不足もこの社会構造を形成する重要な要素である。だが、使用者としての企業から性別による差別を受ける労働者が存在し、それが積み重なって上記の男女間格差があることも確かであり、差別にあった労働者を救済することは喫緊の課題である。本章では、差別と救済というテーマを、賃金と昇格・昇進に関する性差別に対する司法救済に的を絞って検討することとしたい。[3]

I　差別の認定

1　格差と差別

　賃金について使用者が定める基準が男性労働者と女性労働者とで異なることが原因となって男女間の賃金格差が生じている場合、その格差を正当化する特別な事情を使用者が説明できないならばそれは労基法4条に違反する差別と判断される。例えば、男女別の賃金表が設けられていた秋田相互銀行事件[4]や家族手当の支給基準を男女で異にしていた岩手銀行事件[5]がこれにあたる。このような明白な男女差別は、均等法制定以降は生じにくくなったし、生じたとしても違法であることははっきりしている。

　問題なのは、一見したところでは性中立的な基準によって格差が生じている場合である。このとき、使用者の内心に差別という意図が隠されていること（偽装された直接差別）もあるだろうし、そのような意図はないものの当該基準によって格差が生じていること（間接差別）もあるだろう。

　三陽物産事件では、非世帯主と独身の世帯主の労働者は25歳または26歳相当の本人給で据え置くという基準について、女性労働者に著しい不利益となることを容認して使用者はこの基準を設定したものと推認できるとして、労基法4条違反で無効であると判断された。[6]このように基準が「性中立的」でないこと

3）賃金・昇格・昇進に関する性差別をめぐる判例については、浅倉むつ子『労働法とジェンダー』第6章（勁草書房、2004年）、同『雇用差別禁止法制の展望』第4章第1節（有斐閣、2016年）参照。
4）秋田相互銀行事件・秋田地判昭50・4・10労判216号10頁。
5）岩手銀行事件・仙台高判平4・1・10労判605号98頁。
6）三陽物産事件・東京地判平6・6・16労判651号15頁。

を使用者が認識できる場合は、その合理性が厳しく問われなければならない。

とはいえ、使用者の差別意思まで立証することは困難であり、その必要はないというべきである[7]。実際、内心の意図は表面化せず、格差の発生可能性を使用者が認識できると判断できる事案も多くはないだろう。現実に生じている男女間の格差にはコース別雇用管理や人事考課が介在しているのであり、問題の焦点はその合理性である。以下ではこれらの点について検討する。

2　コース別雇用管理
(1)　コース別雇用管理の拡大・定着

「総合職」と「一般職」といった雇用管理区分は、均等法の制定を機に広まったものである。例えば、基幹的業務を担当する労働者が「総合職」コースに、補助的・定型的業務を担当する労働者が「一般職」コースに位置づけられ、両者の間には処遇面で大きな差が設けられた。均等法以前は基幹的業務を男性労働者に担当させ、補助的・定型的業務を女性労働者に担当させていた企業が、性別による処遇の格差を性中立的な形式をとった「コース」による格差に作りかえたのである[8]。あるいは、そもそも「コース」というほどのはっきりとした職務の違いがないままに女性労働者の待遇を低くしていた企業が、複数の「コース」を設定したうえで女性労働者を低待遇の「コース」に所属させた例もある。相当数の企業が、このようにして処遇の格差を継続することで、労働者のうちの一定の部分は低処遇とするという労働コスト抑制策を維持した。

このような雇用管理はその後も拡大し、厚生労働省の「雇用均等基本調査」によると、コース別雇用管理制度を導入している企業の割合は2012年で11.2％（30人以上の規模の企業計）である。企業規模別にみると、5,000人以上の規模の企業で46.8％、1,000～4,999人の規模では44.5％と、大規模の企業ほど採用割合が高くなっている。コースのあり方は多様だが、コース区分にあたっては職種等と並んで転勤の有無が重視されている。コース別雇用管理制度のある企業

7）今野久子「差別の立証方法」講座21世紀の労働法(6)260頁。
8）コース制をめぐる裁判例には、均等法以前については時代の制約を持ち出して、男女別コースも違法ではないと判断するものがみられる。この論点については、例えば、浅倉・前掲注3）『雇用差別禁止法制の展望』第4章第1節参照。

のうちで総合職（全国転勤あり）コースのある企業が70.7％、一般職コースのある企業が86.6％である。そして、総合職（全国転勤あり）コースを導入した企業の採用状況をみると、「男性が80％以上」が72.0％、「女性が80％以上」が2.4％であるのに対し、一般職を採用した企業の採用状況は、「男性が80％以上」が13.5％、「女性が80％以上」が59.2％である[9]。このように、性中立的な建前で作られているコース別雇用管理制度の下において、「総合職（全国転勤あり）は男性、一般職は女性」という傾向が強く残っているのが現状である。

(2) コース制の正当性

コース分けに際しては、労働者の職務内容ないし職種の違いがひとつの基準となる。ところがコース間に実質的な差異がない例もあり、そのような場合は性差別を覆い隠すために偽装された「コース制」でしかない可能性がある。「労働者に対する性別を理由とする差別の禁止等に関する規定に定める事項に関し、事業主が適切に対処するための指針」（厚生労働省告示、2006年）は、「雇用管理区分が同一か否かについては、当該区分に属する労働者の従事する職務の内容、転勤を含めた人事異動の幅や頻度等について、同一区分に属さない労働者との間に、客観的・合理的な違いが存在しているか否かにより判断されるものであり、その判断に当たっては、単なる形式ではなく、企業の雇用管理の実態に即して行う必要がある」と述べている。

別個の雇用管理区分と認められる場合であっても、コース制の運用が性差別に該当し違法となることもある。「コース等で区分した雇用管理を行うに当たって事業主が留意すべき事項に関する指針」（厚生労働省告示、2013年）は「法に直ちに抵触する例」として、「一方の性の労働者のみを一定のコース等に分けること」、「一方の性の労働者のみ特別な要件を課すこと」、「形式的には男女双方に開かれた制度になっているが、実際の運用上は男女異なる取扱いを行う

---

[9] このほか、厚生労働省「コース別雇用管理制度の実施・指導状況（確報版）」（2014年度実施、対象企業は全国118社）3－4頁によると、2014年4月の採用の総合職の男女比は女性22.2％、男性77.8％、一般職は女性82.1％、男性17.9％である。また、総合職在職者中の女性割合は9.1％であり、男性総合職に比べて女性総合職の離職率が高いことが在職者中の女性割合の低さの一因となっている。

こと」を示している。これらは、いずれも明白な性差別といえる。

　また、この指針は、「制度のより適正かつ円滑な運用をするために留意すべき事項の例」として「コース等別雇用管理を行う必要性及び当該コース等の区分間の処遇の違いの合理性について十分に検討すること」と述べている。

　さらに、この指針は、「労働者の能力発揮のため実施することが望ましい事項の例」として、「コース等の区分に分ける際、労働者の従来の職種等に関わらず、その時点における意欲、能力、適性等を適切に評価するとともに、当該労働者の意思を確認すること」、「コース等の区分間の転換を認める制度を柔軟に設定すること」を挙げている。

　これらの論点について、石田は、「コースの存立要件」と「適正なコース制の要件」という観点で整理して論じている。石田が「コースの存立要件」というのは、「複数のコースの存在が、コース分けの基準とともに、あらかじめ、労働者に客観的にわかるかたちで明確化されていること」である。コース制を密かに導入することによる男女差別隠蔽を許さないためにも必要であることが指摘されている。また、「適正なコース制の要件」としては、「コース選択の自由」、「コース分け基準の合理性」、「処遇とコース分け基準の対応関係」を挙げている。いずれも不可欠な要件と言えるだろう。以下では、このうちの「コース分け基準の合理性」について、項をあらためて検討することとしたい。

(3)　コース分け基準の合理性

　ここでは、コースを区分する基準として用いられる要素である転勤の有無と職務内容について、その合理性を検討する。検討の観点は、必要性と性中立性である。

　(a)　転勤の有無

　第1に、転勤（転居を必要とするような遠隔地への配転）の有無がコース分けの基準として合理的か検討する。まず、転勤要件は間接差別となりうる。均等法

---

10) 石田眞「男女別『コース制』と賃金差別の違法性」労働法律旬報1628号35-36頁（2006年）。なお、西谷敏「コース別雇用管理と女性差別の違法性」労働法律旬報1509号61-62頁（2001年）も参照。
11) 転勤命令をめぐる私見については、斎藤周「労働契約と家族生活」ジェンダー法学会編『講座ジェンダーと法 第二巻 固定された性役割からの解放』55頁（日本加除出版、2012年）参照。

の2006年改正により、間接差別を禁止する規定が新設された。これにより、事業主は、募集・採用・配置・昇進・職種変更等に関する措置で「労働者の性別以外の事由を要件とするもののうち、措置の要件を満たす男性及び女性の比率その他の事情を勘案して実質的に性別を理由とする差別となるおそれがある措置として厚生労働省令で定めるものについては、……合理的な理由がある場合でなければ、これを講じてはならない」（7条）こととされた。これを受けた施行規則において「労働者の募集若しくは採用、昇進又は職種の変更に関する措置であつて、労働者の住居の移転を伴う配置転換に応じることができることを要件とするもの」が掲げられ（2条2号）、これは合理的な理由がなければ間接差別と位置づけられる。性別役割分業が根強く残り家族責任の担い手が女性に偏りがちな日本の現状において、女性労働者の方が転勤が困難な状況にあるので、転勤を条件とすることは女性を排除することにつながる。それゆえ、「合理的な理由」がなければ女性に対する間接差別となるのは当然と言えるだろう。

　「合理的な理由」にあたらないことが明確なのは、転勤の有無がコース分けの口実に過ぎない場合である。例えば、労働局が均等法違反として行政指導をしたものとして、「支店等がなく転勤の実態もないのに、総合職の職務区分規定に転勤要件を設けている」という事例がある[13]。では、転勤が頻繁な企業には「合理的な理由」があるかというと、そうとは限らない。例えばローテーション人事が行われるなどで転勤が頻繁な企業は少なくないが、転勤に積極的な意味があるかは疑問である。転勤を通じて当該企業内の様々な部署を経験した労働者は、社内の状況に明るくなるだろう。だが、仮にそのような労働者が幹部社員として必要だとしても、それほど大勢は必要ないのではないか。また、様々な勤務地を経験することは様々な部署を経験することと同じではなく、労働者の能力の伸長と直結しない。一方で、ひとつの職場でキャリアを積み重ねてこそ高まる能力もある。また、転勤による私生活上の負担が能力伸長の妨げ

---

12) 当初は転勤に応じることを総合職の募集・採用の要件とすることが禁止事項として規定されていたが、2016年改正によりすべての労働者の募集・採用・配置・職種転換の要件とすることへと対象が拡大された。
13) 厚生労働省・前掲注9) 6頁。

となることも考えられる。このほか、転勤に伴う負担を補償する意味で高い待遇を与えるとしても、それは実際に転勤する時点で行えば足りるだろう。この点からみれば、将来の転勤可能性は現在の待遇を高くする理由とならない。

　現在の日本社会では女性労働者の方が転勤を受け入れがたい傾向にあることをわかっていながら転勤の有無をコース分けの基準とすることは、転勤ありの高処遇のコースから女性が排除されるという結果を容認することである。このコース分け基準に、女性の排除という消極面を上回る合理性を見出すことは難しい。

　なお最近では、職務・勤務地・労働時間のいずれかが限定される正社員を意味する「ジョブ型正社員」の普及が提唱されるようになってきている[14]。「ジョブ型正社員」は、「無限定正社員」とくらべて処遇が低く設定されることが想定される。だが、勤務地域が限定されている労働者の処遇を低くすることには、ここまで検討してきたように疑問がある。また、雇用保障の水準を低めることも懸念される。

　労働契約法の2012年改正によって、有期労働契約が反復更新されて通算5年を超えたときは、労働者の申込みにより期間の定めのない労働契約に転換できることとなった。こうして「正社員化」する労働者の待遇を低く抑え続けるために、コース制ないしジョブ型正社員という方式が採られる可能性がある現在、転勤基準の合理性には疑問を投げかけておきたい。

(b)　職務内容

　第2に、職務内容がコース分けの基準として合理的か否かを検討する。

　基幹的業務は「総合職」、補助的・定型的業務は「一般職」と分類されるが、両者は必ずしも截然と分けられるものではない[15]。職務の重要度や難易度は、高いものから低いものまで連続性をもっていることも多いのである。したがって、個々の事案ごとに各労働者の職務内容を確認したうえでの合理性の検討が必要となる。分けられないものを無理に分けたとすれば、一部の労働者を低処遇と

---

14)　代表的なものとして、規制改革会議「規制改革に関する第2次答申──加速する規制改革」24-25頁（2014年）、「規制改革会議雇用ワーキング・グループ報告書」（2013年）。

15)　兼松事件・東京高判平20・1・31労判959号85頁では、「両者の差異は相対的なものというべき」状況が生じたことが認定され、それ以降の格差について合理性が認められないと判断された。

すること以外に必要性のない、形だけのコース制といえる。

　また、均等法以前は男性労働者が担当してきた業務を「総合職」の業務に、女性労働者が担当してきた業務を「一般職」の業務に、それぞれ横滑りさせた企業も多い。それらの企業は、男性労働者が主で女性労働者が従という発想から抜け切れていない可能性がある。そう考えると、基幹的業務と補助的・定型的業務という二分法自体が性別役割分業の発想と親和性があるといえる。この点にかかわって中野は、「そもそもコース別雇用管理において、職務を『基幹的判断業務』『補助的定型的業務』に二分して処遇格差を設ける制度は、男女で職務を分類することに直結するという意味において、また、職務分類を『補助するもの』と『補助されるもの』という性役割を反映させた物差しと同じであるという意味において、差別である」と指摘する。中野は、職務それ自体に加えて「勤務継続（役割や貢献期待）」が契約区分の要素となっていることについても、「妊娠・出産・育児など家族的責任とは両立しないというバイアスに触れて男女に分離をきた」すと、その性中立性に疑問を呈する。

　基幹的業務を男性労働者に、補助的・定型的業務を女性労働者に担当させていたところで導入されたコース制は、性中立性に疑問が残る。一方で、基幹的業務と補助的・定型的業務が必ずしも区分されていなかったところで導入されたコース制は、性中立性ばかりか必要性も疑わしいのである。

　(c)　小括

　家族責任を担っている労働者を排除するのは転勤要件に限られない。例えば、総合職の労働者は時間外休日労働が多いとすれば、そのこともまた家族責任の担い手である労働者を総合職から排除する結果をもたらすのであり、女性労働者を総合職から遠ざけることとなる。そして、総合職男性が長時間労働で家族責任を果たせなくなれば、家族責任はますます女性労働者の肩にのしかかってくる。結局のところ、コース制が職場における性別役割分業を出自とするものである以上、ジェンダー・バイアスを排除するための何らかの積極的な取組みがなければ、性中立性を確保することは難しいだろう。言い換えると、コース

---

16)　中野麻美「日本における男女賃金差別救済制度の問題と課題」労働法律旬報1773号19頁（2012年）。
17)　山口一男＝宮地光子＝中野麻美＝浅倉むつ子「シンポジウム　日本の男女間賃金格差を縮小するために！」労働法律旬報1829号33頁（2014年）。

制が性中立性の観点から合理性を認められるためには、適切なポジティブ・アクションを伴うことが必要になると考えられる。

なお、コース制ではないが男女労働者に職務の相違がある事例のなかに、職務の評価を通じて男女間の賃金格差が違法であると判断したものがあり、注目される[18]。これは、コース制を考えるうえでも必要な視点である。

3　人事考課と男女間の格差

(1)　人事考課の特性

労基法4条が男女間の賃金差別を禁止していることもあって、女性であるがゆえに賃金面で差別されていることが明白な事例はまれである。また、均等法6条により、配置・昇進についての差別も禁止されている。だが、賃金においても昇進においても、男女間には大きな格差がある。労働者ごとに決定される賃金と職位の集積が、男女間の格差となって現れている。

労働者ごとの決定は、人事考課、すなわち査定・昇給試験等による評価に基づいて行われる。人事考課は、使用者が自己の保有する判断材料に基づいて行う評価であり、一般に能力評価、業績評価、情意評価によって構成される。基準は概して抽象的であり、いずれも使用者の裁量的判断に委ねられる部分が大きく、恣意的判断を防ぐことは難しい（例えば情意評価においては、積極性、協調性、責任感といった事項が評価される）。また、労働者側が人事考課が不公正であることを立証することも難しい。

中国電力事件において労働者側の代理人を務めた宮地[19]は、同事件における会社の能力考課の要素に「リーダーシップ」「統括力」「指導力」「協調性」「チームワーク」といった一般的な性役割・固定観念・偏見に影響されやすいものが多く含まれていることを問題視する[20]。また相澤は、社会心理学の知見を参照しつつ、労働者の属性に関するステレオタイプおよびバイアスが使用者による雇用上の決定に及ぼす影響に、注意を喚起する[21]。宮地と相澤のいうように、社会

---

18) 日ソ図書事件・東京地判平4・8・27労判611号10頁、京ガス事件・京都地判平13・9・20労旬1517・18号129頁。
19) 中国電力事件・広島高判平25・7・18労旬1804号76頁。
20) 山口ほか・前掲注17) 22頁。

に浸透している性役割観のせいで、男性労働者はこれらの能力を兼ね備えていると見なされやすい。そのため、評価者が偏見に囚われている自覚のないままに女性労働者を低く評価してしまう危険性は高いと思われる。

(2) 人事考課と使用者の義務

　人事考課は使用者の専権事項と見なされやすいが、毛塚はこの問題に対して、使用者の義務という観点から考察を加える。毛塚は、労働契約の基本的要素である賃金が労働者の職業的価値を意味するとの理解に立って、使用者は労働契約関係における付随義務として、職業的能力の尊重配慮義務を負うと説く。そして、この義務の法的意義として、①職能開発協力義務、②適正配置義務、③就労請求権を挙げる[22]。この観点から考えると、使用者が労働者の能力を評価する場合、使用者がこの義務を果たしていることが前提となっている必要があるだろう。例えば、使用者がどのような配置をするかにより、労働者が与えられる仕事の重要性や難易度、そして研修が異なってくる。配置が適切かどうかによって、労働者のその後の能力は左右されるのである。使用者がこの義務を果たしていない場合、労働者は能力の発揮・伸長の機会を使用者に奪われたことになる。

　また、毛塚は、労働者にとって職業的能力は賃金と雇用を取り結ぶ要であり最も重要な法的利益であるとして、使用者は職業的能力の適正評価義務を負うと論じる。そして、職業的能力の適正評価義務を、「職業的能力の評価を、①客観的評価基準に基づき、②適正な評価を行い、③評価結果とその理由を労働者に開示、説明する義務」と定義する。その効果として、労働者が差別や不合理な格差の存在を主張すれば、使用者は客観的評価基準に従い適正に評価したことの立証責任を負うという[23]。この見解に従うと、例えば、客観的評価の難しい「リーダーシップ」や「協調性」といった評価項目を設定し、ジェンダー・バイアスに囚われた評価を行う使用者は、義務を果たしているとはいえず、差別ないし不合理な格差であるとの労働者の主張を覆すことができない。

21）相澤美智子「中国電力事件広島高裁判決に関する意見書」労働法律旬報1831号85-95頁（2015年）。
22）毛塚勝利「賃金処遇制度の変化と労働法学の課題」労働法学会誌89号19-21頁（1997年）。
23）同上21-23頁。

(3) 立証責任

ここで、使用者による人事考課の結果として、男女間に賃金水準の格差が生じている場合について考えておきたい。このとき、格差は現実に発生しているが、当該企業の人事評価で用いられている基準との因果関係が明確ではない。ただ、性中立的な基準であれば、使用者による労働者の評価に個人差は発生するとしても性別による格差は発生しないだろう、と推定できる[24]。したがって、このように男女間に賃金水準の格差がある場合において、人事考課の基準が性中立的ないし合理的であることの立証責任は、使用者が負うべきである[25]。

この点について、内山工業事件一審判決は、「一般に、男女間に賃金格差がある場合、労働者側でそれがもっぱら女子であることのみを理由として右格差が設けられたことを立証するのは実際上容易ではな」いと述べ、歴史的にみて不合理な性差別がしばしば行われ、現代でも不合理な性差別が行われやすいことに言及したうえで、「男女間に格差（男子に有利で女子に不利な格差）が存在する場合には、それが不合理な差別であることが推認され、使用者側で右格差が合理的理由に基づくものであることを示す具体的かつ客観的事実を立証できない限り、その格差は女子であることを理由として設けられた不合理な差別であると推認するのが相当である」と判示する[26]。ここでいう「男女間に格差（男子に有利で女子に不利な格差）が存在する場合」には少なくとも間接差別が疑われるのであり、本判決の考え方は妥当である。

(4) 文書提出命令

人事考課が性差別を含んでいたとしても、労働者側がそれを証明することには、証拠の偏在による難しさがある。人事関係の資料は、すべて使用者の手の内にあるからである。新民訴法（1996年制定、1998年施行）によって文書提出命

---

24) これが推定として成り立つことを否定するためには、一般に女性の労働能力は男性に劣るということを証明する必要があるだろう。
25) なお、相澤・前掲注21) 88-89頁参照。
26) 内山工業事件・岡山地判平13・5・23労判814号102頁。同事件二審・広島高判平16・10・28労判884号13頁もこれを肯定する。この考え方が判例の共通認識になっているとはいえないが、同旨のものとして、石崎本店事件・広島地判平8・8・7労判701号22頁、昭和シェル石油賃金差別事件・東京地判平15・1・29労判846号10頁、同事件二審・東京高判平19・6・28労判946号76頁がある。

令の範囲が拡大されて以降、使用者に文書提出を命令するよう労働者が申し立てる訴訟が増加している。使用者が保有する賃金台帳、職員考課表等の資料について、労働者側が文書提出命令の申立て（民訴法221条）をするのである。文書の所持者は「専ら文書の所持者の利用に供するための文書」（民訴法220条4号ニ）の提出を拒否できるので、当該文書がこれに該当するかが中心的な争点になる。

　最高裁は、金融機関の貸出稟議書等がこれにあたるかが争われた事例において、外部への開示予定の有無、そして開示によりプライバシー侵害・自由な意思形成阻害等の看過しがたい不利益が生ずるおそれの有無を、判断基準として提示した。藤沢薬品工業賃金台帳等文書提出命令事件・二審決定は、この最高裁決定を参照しながら、労働者名簿（労基法107条）と賃金台帳（労基法108条）について、労働者の権利利益の擁護を目的として監督行政機関に提出するために作成されること、開示によって使用者に看過しがたい不利益が生ずるおそれもないことを挙げて、「一般に、労働者名簿や賃金台帳は、民訴法220条4号ニ所定の文書には該当しない」と判示した。

　これに加えて本決定は、各労働者の資格暦（昇格年月日、資格ランク名、滞留年数の情報を含む）と研修歴（研修年月日、研修コード、研修種別の情報を含む）についても、プライバシーにかかる情報ではあるが、比較対象者との賃金格差、昇格・昇給格差の有無を審査するにあたり不可欠だとして、開示すべきとの結論を出した。処遇差別を争点とする訴訟での立証において人事資料が不可欠であることを重視した判断であり、妥当なものと考える。

27）労働事件における文書提出命令の動向等については、岸巧「文書提出命令をめぐる裁判例の現状と課題」労働法学会誌110号21頁（2007年）、開本英幸「文書提出命令の構造と最近の決定例」労働判例873号5頁（2004年）参照。
28）最二決平11・11・12民集53巻8号1787頁。
29）藤沢薬品工業賃金台帳等文書提出命令事件・大阪高決平17・4・12労判894号14頁。
30）浅野高宏「性別による賃金格差と賃金台帳、労働者名簿、資格歴等の文書提出命令について」法律時報78巻6号112頁（2006年）は、資格歴等から評価者の意思形成過程が推知されることで萎縮的効果が生じること等を挙げて、本件について「慎重に検討する態度が求められるべきである」と述べるが、私見では、開示の可能性により客観性が担保される面をより重視すべきものと考える。

Ⅱ 救済の方法

1 賃金差別に対する救済
(1) 男女別の一律の基準である場合

賃金についての女性差別が認められる場合には、女性労働者に適用されていた基準が労基法4条違反で無効となり、男性労働者に適用されていた基準が女性労働者にも適用され、差額賃金が支払われるべきものと解される[32]。

ここで、仮に男女に同一の基準を適用することで違法状態が解消されるとするならば、その基準が従来の男性対象の基準である必要はなく、より低水準の基準で足りることになるが、その場合は男性労働者の労働条件を引き下げる結果となる。しかしながら、そのような引下げに合理性は認められない。違法な差別を行っていた使用者が、違法状態を解消するための負担を労働者に押しつけることになるからである。

(2) 男性労働者間に個人差がある場合

男女間で賃金水準に是正されるべき格差がある場合でも、人事考課を通じて男性労働者間に賃金水準の差が生じているならば、女性労働者の賃金水準をどこに定めるかが問題となる。

ひとつのありうる解答は、男性労働者中の最も低い賃金水準に合わせるというものである。当該女性労働者が公正な評価を受けていたならば少なくともその水準に達しただろう、ということが理由となる。別の解答としては、救済すべき女性労働者に男性労働者の平均値を適用するというものが考えられる[33]。前

---

31) 名古道功「労働事件と文書提出命令——ふたつの判例を中心にして」金沢法学49巻2号30頁 (2007年) は、本決定等を分析し、新民訴法の規定を「真実発見に役立っている」と評価しながらも、人事管理の個別化、複雑な能力給や成果主義賃金などの普及を挙げて差別の立証がますます困難になっていることを論じ、「立証責任を軽減するための方策（立証責任の転換等）」を検討課題として指摘する。

32) 学説・判例の状況につき、西谷敏「賃金・昇格差別の救済法理」季刊労働法193号106-107頁 (2000年)、東大・注釈労基法(上)109-111頁〔両角道代〕参照。

33) 住友金属工業事件・大阪地判平17・3・28労判898号40頁は、比較対象となる労働者の平均的な者との差額を損害額として算定した。

者の方式では女性差別が解消しないこと、違法な格差を作り出したのは使用者であることからすれば、後者が妥当である。

2 昇格差別に対する救済
(1) 昇格と昇進

昇格と昇進という語は、企業によって使われ方が異なることがある。また、両者は一体となって行われることも多いが、連動していないこともある。例えば、社会保険診療報酬支払基金事件における昇格は、判決文によると「職務の複雑、困難性及び責任の度合いに基づいて区分された職務の等級を下位から上位へ格上げすること」であり、一定の職務への配置（昇進の側面）と等級上の格付け（昇格の側面）が一体となっていた。これに対して、昇格請求が一審・二審を通じて認容された芝信用金庫事件では、二審判決によると「昇格は職務能力とそれに対応した賃金の問題であるのに対して、昇進は職務能力とそれに応じた役職（職位）への配置の問題」であった。すなわち、同事件では、昇格は課長職といった資格への格付けであり、昇進は昇格と一体ではなく昇格を前提として行われる課長といった職位への配置だったのである。以下では、上位の資格への格付けを昇格、上位の職位への配置を昇進として検討する。

このように整理した場合、芝信用金庫事件のような資格制度のもとでの昇格差別は、賃金差別であり、労基法4条違反となる。なお、芝信用金庫事件において、二審判決は、賃金について直接差別したのではないことなどを挙げて労基法4条等の直接適用を否定しつつ、「労働契約の本質及び労働基準法13条の類推適用により」昇格にかかる地位確認の請求を認めた。また、一審判決は、昇格についての確立した労使慣行を女性労働者に適用しなかったことが均等待遇を定める就業規則の条項に違反するとして、昇格請求を認める結論を導き出したが、労基法にはほとんど言及しなかった。それぞれの結論には賛成できるが、昇格差別も賃金差別の一態様であり、労基法4条違反というべきだろう。

---

34) 社会保険診療報酬支払基金事件・東京地判平2・7・4労判565号7頁。
35) 芝信用金庫事件・東京高判平12・12・22労判796号5頁。
36) 同上。
37) 芝信用金庫事件・東京地判平8・11・27労判704号21頁。

(2) 昇格請求の必要性

昇格差別が賃金差別の一態様であるからには差額賃金を請求できるが、救済の対象になるのは過去の分だけである。そのため、差額賃金支給後も差別が続いた場合、労働者は差額の請求を繰り返し行わなければ、差別から救済されない。ここに、昇格請求の必要性がある。芝信用金庫事件の二審判決は、この点にかかわって「差別された労働者は、将来における差額賃金や退職金額に関する紛争及び給付される年金額に関する問題について抜本的な解決を図るため昇格後の資格を有することの確認を求める訴えの利益があるものというべきである」との判断を示している。[39]

(3) 昇格請求の理論的根拠

昇格後の地位の確認の必要性が認められるとしても、昇格請求権（地位確認）が認められるためには理論的な課題が残る。昇格については、使用者の意思表示が必要であることや、その決定について使用者の裁量に委ねられる部分が大きいことなどが指摘される。社会保険診療報酬支払基金事件の判決は、男女差別があったことを認定して使用者に差額賃金相当額・慰謝料等の支払いを命じ[40]ながらも、地位確認の請求は退けた。判決は、この事案における昇格と昇進の一体性とともに、昇格決定が使用者の裁量権の行使であることを重視したのである。また、商工組合中央金庫事件判決は、同じく男女差別があったと認め慰[41]謝料請求等を認容したが、地位確認請求を退けた。この判決では、昇格決定が使用者の裁量によるものであることと使用者の意思表示を要することから結論を導き出している。[42]

学説においては、同様の理由により昇格請求権を原則として否定しつつ、例

---

38) 西谷敏「性別による昇格差別と課長職資格の確認」法律時報73巻12号95頁（2001年）。
39) 前掲注35)。
40) 前掲注34)。
41) 商工組合中央金庫事件・大阪地判平12・11・20労判797号15頁。
42) このほか、昇格には使用者による発令ないし意思表示が必要であることを理由のひとつとして昇格請求を退けたものとして、住友生命保険事件・大阪地判平13・6・27労判809号5頁、野村證券事件・東京地判平14・2・20労判822号13頁、昭和シェル石油男女差別事件・東京地判平21・6・29労判992号39頁などがある。

外的には認めるものが多い。例えば菅野は、「著しく不合理で社会通念上許容しがたい不昇格であるとしても、使用者の評価と判断による場合には、昇格請求権は認めがたく、損害賠償が救済方法となる」(傍点引用者)と論じる。菅野によれば、一定の条件を満たすことで昇格が行われる場合(芝信用金庫事件・一審判決)、賃金の増加と同様に観念しうる場合(同事件・二審判決)に、例外的に昇格請求権が認められることになる。

芝信用金庫事件では、昇格が昇進と一体のものではないという事情が結論に影響を与えたと考えられるが、それがすべてだろうか。果たして同事件は例外でしかないのだろうか。このことを考えるうえで、同事件・二審判決の以下の3点の特徴が注目に値する。

第1に、差別により生じた賃金格差を抜本的に是正する必要性を重視している。

第2に、男性職員と同様の措置を講じなかったことによる資格据え置きという「行為」が労基法13条に反し無効となり、「労働契約の本質及び労働基準法13条の規定の類推適用」により昇格が認められるという論理構成をとっている。この点につき西谷は、昇格させないことには使用者の明確な意思表示がないことも多いが、それは単なる不作為ではなく、資格の維持という積極的決定であると論じる。すなわち、昇格させないということは引き続き同じ資格に据え置くという格付け行為であり、その格付け行為が違法無効となって、無効となったことによる空白を差別がなかった場合の基準で補充するべきこととなる。

第3に、二審判決は、労基法3条、4条、13条、93条と就業規則を挙げて「使用者は労働契約において、人格を有する男女を能力に応じ処遇面において平等に扱うことの義務をも負担している」と述べ、使用者には労働契約上の付随義務として平等取扱義務があるという理解を示している。昇格を含む人事上の問題については使用者の裁量が強調される傾向にあるが、裁量が認められる

---

43) 学説の状況につき、深谷信夫「昇進・昇格と労働契約」労働法律旬報1500号35-36頁(2001年)、林弘子「配置・昇進と雇用差別」講座21世紀の労働法(6)232-233頁参照。
44) 菅野・労働法681頁。
45) 前掲注35)。
46) 西谷・前掲注32) 105頁。

ということは恣意（差別を含む）が認められるということと同義ではない。使用者が平等取扱義務を負っているというのは妥当な指摘である。なお、ここで判決が就業規則に言及しているのは、この事案では就業規則中に、職員が性別等を理由に労働条件について差別されない旨の規定が含まれているからである。だが、この規定は労基法3条、4条等の下での当然のことを定めているに過ぎず、この規定がなければ使用者が労働条件の差別をしてよいわけではない。平等取扱義務の根拠となるのは労基法なのである。このことをも踏まえて考えると、以上の3点は、いずれも事実関係の相違を超えて妥当する重要な論点である。

(4) 昇格の時期

昇格請求が認められるとした場合に、各女性労働者をいつから昇格したものとして扱うかも問題である。比較対象となる男性労働者の昇格が統一的な基準による場合（例えば一定の勤続年数を経ることによって昇格するなど）は、女性労働者の格付けが無効となったところに当該基準を適用することで差別は解消される。男性労働者に適用されていた基準も無効になるという考え方もあり得るが、賃金の場合と同様に、男性労働者の基準の不利益変更に合理性は認めにくい。

一方で、男性労働者の昇格が個別の人事考課による場合は、女性労働者の昇格をいつの時点で認めるかについても個別の判断が必要となる。それぞれの女性労働者について、男性労働者と差別されずに人事考課が行われていたならばいつ昇格したのかの判断が求められる。ただし、人事考課に明確な基準がないなど、裁判所がそれを判断することが困難な場合には、男性の昇格時期の平均に合わせることを原則とすることが公正だろう。

3 昇進差別に対する救済

(1) 昇進請求の必要性

深谷は、使用者は職業的能力の適正評価義務を負うという毛塚の議論につい

---

47) 西谷・前掲注38) 98頁は、「少なくとも『国籍、信条、社会的身分』と『性別』に関する平等取扱義務は端的に労基法3、4条と13条に根拠をおくといえばよいであろう」と指摘する。
48) 西谷・前掲注32) 114頁。

て、「客観的には、判例・学説が法理構成の彼方に押しやっていた昇進請求問題をも、法的世界の中に位置づけるべきことを提起している」と捉える。そして、昇格と昇進の異同について、「昇格は運用・処分した職業的能力の価値の評価の問題、昇進は職業的能力の将来における運用・処分の問題である」と整理する。前者は使用者がそれまでの労働者の働きぶりから能力を評価して格付けすることであり、後者は使用者が労働者に今後どのように能力を発揮させるかの方針を決めて特定の職位に配置することである。

　そのうえで深谷は、学説・判例の理論状況を分析して、配置・昇進が「使用者の利益の側面からのみ評価され、論じられている」と述べ、この問題を「労働者的な利益や価値の観点から、法的に尊重・保護されるべき法益を担うものとして」検討する必要があることを示す。そして、配置については「どのような仕事をするのかは、労働者の肉体的な精神的な人格的な能力をどのように発揮するのかを内容とする」と論じ、昇進については「労働者の能力をより全面的に発揮することになり、逆に、そうした労働によって、労働者は、自己の労働能力を向上させ、労働者的人格を開花させることになる」と論じている。

　以上の深谷の議論を踏まえて考えると、労働者が昇進できないことで被る不利益が昇格できないことで被る不利益と大きく異なることが明確になる。昇格できないということは格付けが据え置かれるということであり、賃金が上昇しないことを意味する。これに対して、昇進できないということは、課長などの上の職位における日々の労働（研修を含む）を通して自己の能力を発揮し伸長させる機会が得られないことを意味する。この不利益は、昇格しただけでは解消されない。また、能力の発揮・伸長の機会が失われることは能力を高く評価される機会が失われることに通じ、その後の昇格にも悪影響を与えることになる。これらのことから、昇進請求の必要性が理解できる。

(2)　昇進請求の理論的根拠

　昇格が格付けとしての実質をもつ場合に昇格請求が認められうるとすれば、

---

49) 深谷・前掲注43) 28頁、34頁。
50) 同上36頁、41頁。

昇進請求についても同じことがいえないだろうか。例えば、その職位が部下がいないなど形式的なもので、実質的には処遇上の格付けにあたる場合には、昇進と昇格が一体であるからといって請求を退けるべきではないだろう[51]。

さて、昇格請求については、昇格の決定における使用者の裁量や意思表示の必要性を理由として限定的にしか認めない傾向があるが、昇進請求についてはそれ以上に認められにくい。しかしながら、裁量があるとしても無制約ではないし、そもそも裁量があることを論証不要の前提としてよいものでもない。

深谷は、上で紹介した議論を進めて、「労務提供の過程では、使用者には〈労働者の職業的能力の適正処遇義務〉があり、賃金支払いの過程では、使用者には〈労働者の職業的能力の適正評価義務〉が存する」と論じる[52]。この論を適用すると、昇格については使用者に〈適正評価義務〉があり、昇進については使用者に〈適正処遇義務〉があることになる。こうして深谷は、「配置・昇進と昇格・昇給とに係る使用者の行為は、決して、自由裁量行為ではなく、労働契約上の使用者の義務的行為である」という結論に達する[53]。

以上が、通説になっていないにしても、昇進請求権の理論的根拠をめぐる議論の現時点での到達点である。その先にあるのは、使用者が適正処遇義務を果たしていないとして請求が認められるのはどのような場合か、昇進請求をどのような形で認めるのかといった論点である。後者については、例えば、判決の時点で昇進させるべき職位に空席がない場合にはどのような救済が可能か、という問題がある。また、労働者にとっての昇進の意義を能力の発揮・伸長の機会の獲得にあると捉えるならば、重要なのは課長といったような役職名を名乗ることではなく、当該職位に相応しい職務（研修を含む）を割り当てられることである。それゆえ、司法救済によって後者の状態をどう確保するかという問題もある。これらについては、今後の課題としたい。

51）野村證券事件の判決（前掲注42））は「各原告らとほぼ同時期に入社した高卒男性社員は、一部の例外を除き、入社後13年次で課長代理に昇格しているが、各原告ら高卒女性社員は、このように処遇されていない」と認定している。ただし同判決は、使用者の裁量を重視して訴えを退けた。なお、西谷敏「男女『コース制』の違法性とその救済法理」労働法律旬報1595号23-26頁（2005年）参照。
52）深谷・前掲注43）42頁。
53）同上27-28頁。

おわりに

　本章では、賃金・昇格・昇進についての性差別の司法上の救済について、学説・判例の現在の到達点と課題を中心に検討してきた。最後に、司法救済を離れて、ジェンダーに敏感な視点に立ってポジティブ・アクションを進める必要性について、若干述べておきたい。

　コース別雇用管理ないしコース制は、性差別を温存するための隠れ蓑でないとすれば、労働者が性別にかかわりなく企業の中心となって活躍できるようにするための仕組みであるはずである。ところが現実には、総合職は男性が多く、一般職は女性が多い。これには、コース制が均等法以前の男女別雇用管理を引き継いだものであることが影響している。すなわち、総合職と一般職という区分自体が「男性労働者が主、女性労働者が従」という発想を引きずっていて、性差別的運用に陥りやすいのである。

　そうならないためには、ポジティブ・アクションが必要である。具体的には、総合職であっても、勤務地限定・労働時間短縮等により家庭との両立が可能な働き方を実現することが適切である。そうすれば、採用段階での男女の偏りをなくし、賃金・昇格・昇進の面での平等の実現に近づくことができる。また、コース転換制度も設けるだけでは足りず、一般職女性労働者の総合職への転換を後押しすることが必要である。さらには、管理職中の女性比率を高めるための数値目標を設定することが適切である（女性活躍推進法8条）。これは、昇進の平等を実現するための有効な方策であるにとどまらない。というのは、数値目標を達成しようとすればその実現の障壁となる問題を見つけ出し除去することが必要になり、そうすることで初めて男女が平等なスタートラインに立てるからである。

　また、人事考課にはジェンダー・バイアスが忍び込みやすいことに注意が必要であり、企業は評価者の研修等を通じてそれを払拭しなければならない。相澤の指摘を借りるならば、「差別の根源がジェンダー・ステレオタイプとジェンダー・バイアスにあることが科学的に明らかにされた今日、差別は『ない』のではなく、『ある』ということを出発点として、いかにこれをなくす努力を

企業や組織がしているかが問題とされなければならないのである」[54]。

　使用者によるこのような努力なしには、男女労働者が各自の力量を発揮し伸長させることは実現しない。まさに、労働者の職業的能力の尊重配慮義務（毛塚）ないし適正処遇義務（深谷）の内容として、こういったポジティブ・アクションが求められているのであり、これも差別の救済のひとつの要素である。

　＊本稿は、科学研究費補助金・平成27～29年度挑戦的萌芽研究「差別禁止法の実効性確保に関する研究」（課題番号15K12971）の研究成果の一部である。

（さいとう・まどか　群馬大学教育学部教授）

54）相澤・前掲注21）94頁。

第 2 部　雇用平等

第 9 章　雇用平等法の課題

相澤美智子

I　はじめに

　日本において働こうという意志のある者のうち、雇われて働く者は 8 割強である。これほどの人々が生きるためには雇ってもらうほかないという意味において、学問的概念としての「無産者」階級に属する。そのような者が、1 日の大半を過ごす職場で、自分の意志や努力では変えられない人種、性別、社会的身分などを理由に差別を受けたならば、仕事を辞めるという選択肢が実質的にはほとんどないこと、そして別の職場を探すのには多大な苦労が予想されることを考えたときに、その苦痛、怒り、悔しさはいかほどのものであろうか。

　他方、「自分の意志や努力では変えられない」とまでは言い切れないにせよ、今日の日本社会の構造上、実質的に働き方を非正規という雇用形態に限定されてしまっている人々がいる。例えば、パート労働に携わる主婦たちがそうである。[1] 使用者はこれらの者を雇用の実態には到底見合わない労働条件で雇い、安く、都合よく使っている。働き方に関する選択肢を事実上持ちえない者が、

---

1) パート労働は、多くの調査において「自分の都合のよい時間に働けるから」ということを理由に選択されていることが把握されており、これは主体的な選択で、上述のように「雇用形態を限定されてしまっている」とはいえないのではないかという意見もある。しかし、主婦も多様であり、「自分の都合のよい時間に働けるから」という理由で積極的にパート労働を選択している者ばかりではなく、夫の長時間労働さえなければ正規で働きたいが、それが叶わず、家計全体の収入等も考慮して、不本意ながらパート労働を選択している者もいるという意見もあり、私もこれに賛成である。

「パート労働者」であるという一種の「身分」によって不当な労働条件で使用されている、このことからくる落胆と閉塞感と失望感も、また想像に余りあるものであろう。

日本国憲法13条は、「すべて国民は、個人として尊重される」と規定し、同14条1項は、「人種、信条、性別、社会的身分又は門地」を理由とする差別を禁止している。これらの規定を想起すれば、労働法が雇用平等の実現に向けて発展していくことは、憲法上の要請といえるが、果たして労働法はその要請に十分に応えているだろうか。

本章は、雇用平等法の課題を示すことを目的とするが、そのためには、2つの次元での実態把握から始めなければならないと考える。1つは、今日の雇用差別の実態把握であり（Ⅱ）、もう1つは、そうした差別に対して現行労働法がどこまで対応できているのかという法の実態把握である（Ⅲ）。こうした実態把握を踏まえ、また外国法にも学びつつ、最後に雇用平等法の課題を提示してみたい（Ⅳ）。

Ⅱ　雇用差別の現状

1　雇用差別の事由

雇用差別の事由には、具体的にどのようなものがあるだろうか。わが国において差別事由と認識されているもののみならず、先進諸国におけるそれも参考にすると、次のようなものが挙がってくる。すなわち、人種、出身国、思想・信条、性別、年齢、障害、性的指向等である。これらの事由はそれぞれに特徴があり[2]、それらを踏まえつつ、すべての差別事由について、雇用差別の現状を分析することは紙幅の制約もあり困難であるから、本章では、最も今日的な雇

2）例えば、年齢差別は、差別される者にとっては理不尽と思われるであろうが、しかし人は皆、平等に年をとるということを考えれば、特定の者だけが差別されるという構図にはならず、人種や性別等を理由とする、生まれながらにして変えようのない特徴を理由とする差別と同列には論じられない。ほかにも、例えば障害を理由とする差別は、差別される者にとっては苦痛であろうが、一方で、障害の程度や希少性によっては、差別を解消するための合理的配慮に過重なコストがかかり、コストをほとんどかけることなく解消できる差別を解消するのとは異なる困難が生じるということもあろう。

用差別問題の1つである性別を理由とする雇用差別に焦点を定めて考察することとする。[3]

2　性別を理由とする雇用差別の要因分析

　第二次安倍政権の下で女性活躍推進がスローガンとしては唱えられるようになったのを好機と捉え、なぜ女性が活躍できないのか、その要因を明らかにしようとする学問的営為が、ここ数年、盛んになった。以下、わが国における女性労働研究の第一人者の最近の著書を参考に、その原因を探求する。

(1)　女性はなぜ活躍できないのか──労働経済学者・大沢真知子の分析

　労働経済学者の大沢真知子は、『女性はなぜ活躍できないのか』と題する最近の著書において、文字どおり女性が活躍できない要因を分析している。[4] 以下、大沢の議論を私なりに咀嚼し、紹介する。

　女性が活躍できない第一の要因は、日本のマスコミが女性（労働者）の実態を正確に報じないこと、そのために、女性の活躍を後押しする世論が形成されないことである。日本では管理職に占める女性の割合がたしかに少ないのであるが、マスコミは、その理由を女性側の意識に求める。女性の多くが結婚や出産を機に退職しており、管理職になりたい女性は少ない、若い女性の間で専業主婦願望がさらに強まっている、などと言うのである。[5] これに対し、大沢は次のように反論する。女性の意識は、男性正社員の所得が低下し始める1997年以降に変化がみられる。とくに、高学歴女性の間では働くことに対する考え方に大きな変化がみられ、結婚後も働くことを希望する女性が増えている。にもかかわらず、それが社会に認識されてこなかったのは、次のような理由からである。①女性の意識が多様化し個人差が拡大してきたことにより、平均で見たと

---

[3]　今日、とくに重要であると思われる雇用差別問題の1つとして、正規労働者と非正規労働者との間の差別問題があるが、本章は、紙数の制約などから、それぞれの類型の内部での性差別問題に限定せざるをえなかった。

[4]　大沢真知子『女性はなぜ活躍できないのか』（東洋経済新報社、2015年）。なお、濱口桂一郎もこの問題について労働法学の立場から鋭い考察を行っているが、紙幅の制約から本章では紹介することができない。濱口桂一郎『働く女子の運命』（文春新書、2015年）参照。

[5]　同上2頁。

きにその変化が見えづらくなっていること、②社会で語られる専業主婦という言葉が拡大解釈されており、一時的な就業中断を想定している女性もその範疇に入っていること、③マスコミが女性には専業主婦願望が強いということを前提に報道していること、など。

女性の活躍を阻害する第二の要因は、企業の姿勢である。日本の企業には、長時間労働とメンバーシップとの一体化という根本的特質が存在する。換言すれば、長時間労働できることが、その企業におけるフルメンバーであることの証明になり、フルメンバーであるからこそ、活躍し昇進する機会が与えられるのである。かかる大前提のもとで、具体的には、以下のような事態が進行する。

第1に、未成年の子どもをもつ女性は、企業の期待する長時間労働に応じることが難しく、仕事と家庭の両立に困難を感じて、昇進を希望しないという事態である。日本における両立支援は、大企業を中心に進んではいるけれども、女性労働者のうちの67.4％が働く中小企業においてはなお不十分であるから、多くの女性が両立に困難を感じても何ら不思議ではない。

第2に、統計的差別と呼ばれる事態である。これは「女性はすぐ辞める」という女性労働者に対する企業の思い込みによって、女性に活躍の機会が与えられないことを指すが、このことによって、彼女らは、仕事も家庭（育児）もではなく、仕事か家庭かのどちらかを選択せざるをえなくなっている。一定割合の高学歴女性は若くして仕事をやめてしまうが、その理由は、機会が与えられないことにより、仕事に情熱を感じられないからであり、結果として家庭を選択する。一定割合の高学歴女子が結婚や出産を経ても仕事を継続することは事実であるが、しかし、残業の少ない、それ故に管理職からは縁遠くなる仕事に配属されるケースが目立っている。「女性はじきに辞めるだろう」と思い込んでいる人事担当者らが、「彼女は、高学歴で勤続年数も長いから、結婚・出産後も仕事を続けたいと思っているのではないか」と考えることは、あったとし

---

6) 同上3頁、23-26頁、30-32頁。
7) 同上65-71頁。
8) 同上82頁、85-86頁、122-124頁。
9) 同上16頁、22頁、121-122頁。
10) 同上13頁、55頁。
11) 同上87頁、118-119頁、121-122頁。

ても稀なのであろう。それ故、継続派の女性がこうした差別的状況を乗り越えるためには、「長時間労働をすることで仕事へのコミットメントを示すシグナルを会社に送る必要がある」。しかし、女性労働者にとっては様々な条件からそれが難しいことに加え、企業側も本気で女性を活用しようとしないために、わが国における管理職に占める女性の割合は約10％にとどまっている。

第3に、性別役割分業観を原因とするステレオタイプ化である。「性別役割分業に基づくステレオタイプのイメージに、リーダーシップをとる女性のイメージが重なりにくい」という事態である。

第4に、女性労働者の非正規化。女性労働者の非正規率は、2015年度において54.3％となっている。日本社会は、出産で退職すると再就職が難しくなり、出産前のキャリアが活かせないパートやアルバイトという働き方に限定されてくるということを、大沢は「セカンドチャンスが与えられにくい社会」と表現しているが、そのことに加え、1990年代以降、企業が正社員のポストを減らしたこと、税・社会保障制度が既婚女性をパート労働へと仕向けるようにできていること、および日本では非正規労働から正規労働への移動が少ないこと等が、女性労働者の非正規化の原因であるとされる。企業は、そもそもパート労働者に対し、会社の将来を担う中核的人材になってもらおうとは期待していないため、長期的な視野から人材育成を行うことはなく、結果としてパート労働者に活躍のチャンスがめぐってくることはない。

(2) 小括

「女性はなぜ活躍できないのか」に関する以上のような大沢の分析から、次

---

12) 同上122頁。ちなみに、女性は年間労働時間が2,200時間を超えると、上司から「がんばっている人」、「責任感が強い人」というイメージをもたれ、昇進の確率が急速に高まるという。また、時間内に仕事を終えて帰宅することは、74％の企業においてプラス評価につながっていないという残念な結果が判明している。同上67頁、71頁。
13) 同上63頁、120頁。
14) 同上164頁。
15) 総務省統計局「平成27年度労働力調査」より算出。
16) 大沢・前掲注4) 77頁。
17) 同上27頁、88頁、215頁、234-235頁。
18) 同上262-264頁。

のようなことを指摘しうる。すなわち、「女性が活躍できない」と言っても、活躍できない要因は女性側にあるのではなく、日本企業の差別的な雇用慣行にあることである。正社員女性については、長時間労働や労働者の事情を無視した転勤等が常態化した雇用慣行——統計的差別を生む土壌ともなっている——と、性別役割分業にもとづくステレオタイプ化が、活躍の障壁となっている。にもかかわらず、法は企業の性差別的な人事管理制度にメスを入れることができずにいる。非正規の女性については、賃金をはじめとする労働条件が劣悪であり、雇用保障がないにもかかわらず、法的な対策が不十分であるため、彼女らの活躍は限りなく不可能になっている。

Ⅲ　法規制の到達点

1　法律による規制の到達点

(1)　労基法

日本国憲法は14条1項において、「人種、信条、性別、社会的身分又は門地」を理由とする差別を禁止した。同憲法の下で1947年に制定された労働基準法は、3条で「国籍、信条、社会的身分」を理由とする差別を禁止した。「性別」を理由とする差別を労基法が許容していたわけではないが、かかる差別を明文で禁止することはしなかった。それは、当時の労基法に女性に対する特別の保護規定が存在し、労基法自身が男女を同一に扱っていなかったためとされる[19]。ただし、賃金が労働者の生活に与える影響が重大であることに鑑み、女性であることを理由とする賃金差別は、同法4条において禁止された。とはいえ、同条は限定的に解釈されてきたために、法実務は、女性に対する賃金差別の一部しか禁止しえずにいる（Ⅲ 2(1)で考察）。

(2)　均等法

わが国における雇用差別禁止法制の整備・拡充は1980年代前半から開始された。1979年に採択された国連女性差別撤廃条約を1985年に批准したことに伴い、

---

19) 東大・注釈労基法(上)101頁〔両角道代〕。

同年に制定されたのが男女雇用機会均等法（以下、均等法）である。1972年制定の勤労婦人福祉法の改正法として成立した同法は、女性に対する差別のみを規制対象とするという片面性を有し、事業主に労働者が女性であることを理由とする差別的取扱いをしない努力義務を課したにすぎず（いわゆる努力義務規定化）、先進諸国の雇用差別禁止法の水準には達しないものであった。「保護か平等か」、すなわち保護と平等は相反するものであり、労基法上の女性保護規定を残しながら、均等法上平等を要求するというのは論理矛盾であると迫る使用者側の力に押されて、法的サンクションを伴わないものにとどまった。かくして、均等法における努力義務規定が（差別）禁止規定となり、また同法から片面性が払拭される等、同法が曲りなりにも先進諸国並みの「雇用における性差別禁止法」になるには、2度の法改正を経る必要があった。曲がりなりにもと留保を付したのは、後に述べるような問題点が存在するからであるが（Ⅲ1(3)）、ここではまず、2006年改正の現行法の内容を確認しておこう。

　現行均等法5条は、労働者の募集・採用について性別にかかわりなく「均等な機会を与えなければならない」と規定し、同6条は配置（業務の配分および権限の付与を含む）・昇進・降格・教育訓練、福利厚生、職種変更・雇用形態の変更、退職の勧奨・定年・解雇・労働契約の更新において性別を理由とした「差別的取扱いをしてはならない」と規定している。要するに、雇用の全ステージにおける性差別を禁止しているわけであるが、同5条が「均等な機会を与えなければならない」と規定した背後には、三菱樹脂事件最高裁判決[20]の影響がある。同判決が採用の自由を尊重した点を踏まえ、募集・採用において法的に規制されるべきは「均等な機会を与え」ないことにとどまるのであり、採用結果に男女格差が生じることまでも規制するものではないとの論理が法文上に具体化された。

　上記に加え、現行均等法は7条において間接差別を──限定的にではあるが──禁止し[21]、同11条において事業主のセクシュアル・ハラスメント防止措置義務を、同14条において事業主による自主的ポジティブ・アクションを国が援助できる旨を規定した。均等法が9条において女性労働者に対する婚姻・妊娠・

---

20) 三菱樹脂事件・最大判昭48・12・12民集27巻11号1536頁。

出産を理由とした不利益取扱いを禁止し、12条において母性健康管理措置義務を規定した点は、同法が「保護か平等か」という形式的平等論から決別し、実質的平等を徹底させたことを表している。

均等法は、主として行政による救済を想定しており（均等法の行政的実現）、それ故に同法には司法的救済に関する規定が存在しない。行政的実現方法の1つは、調停である。紛争当事者の一方または双方から調停申請がなされると、紛争調整委員会による調停が行われる（同18条）。そのほかには、厚生労働大臣による助言・指導・勧告がある。これは、労働者から紛争解決の援助要請があった場合（同17条）または厚生労働大臣の職権（同29条）により開始される。行政による勧告に従わないときの制裁として、法違反の事実と企業名の公表が予定されている（同30条）が、実際に行われたことは一度もない。以上の実現方法は、次に概観するパート労働法においても採用されている。

(3) パート労働法と労働契約法

1990年代から雇用における非正規化が進み、そのなかでも女性が半数以上を占めるパート労働については、実態としては正社員と遜色のない基幹的な職務をこなすパート労働者が少なくないにもかかわらず、職務に見合った待遇を享受できずにいるという、パート労働者に対する「身分」差別があることが指摘されるようになった。パートという「身分」を、労基法3条の「社会的身分」という文言に包摂し、正社員との均等待遇を図ろうという学説も登場したが、[22]通説・判例は、憲法14条1項および労基法3条の「社会的身分」は、生来の身分をいうのであり、パート労働のような労働者本人が自らの意思で選択した雇用形態は、契約上の地位であり、憲法等における「社会的身分」にはあたらないとしている。[23]

---

21) 間接差別とされるのは、業務上の必要性等、合理的理由なしに、①募集・採用において一定の身長・体重・体力を要件とすること、または②住居の移転を伴う配置転換に応じることができることを募集・採用・昇進・職種の変更の要件とすること、または③現在とは異なる事業場に配置転換された経験があることを昇進の要件とすることに限定されている（均等法施行規則2条1号～3号）。
22) 浅倉むつ子「疑似パートに対する賃金差別と不法行為」労働法律旬報1436号6頁（1998年）。
23) 菅野・労働法231頁。竹中工務店事件・東京地判平16・5・19労判879号61頁、京都市女性協会事件・大阪高判平21・7・16労判1001号77頁。

上記のように解釈論による問題解決の展望が開けないなか、1993年に短時間労働者の雇用管理の改善等に関する法律（以下、パート労働法）が制定され、同法を通してパート労働者の処遇改善を図ろうという取組が開始された。ただし、この時点で法律上明記されたのは、パート労働者と通常の労働者の間の均衡等を考慮するという努力義務でしかなかった。

　その一方で、パート労働者の半数以上が女性であることに着目し、パート労働者と通常の労働者の不合理な処遇格差を間接性差別として禁止していこうという気運が2000年前後から高まった。しかし、前述したように、2006年に改正された均等法の7条において、間接差別は禁止されたものの、その射程は著しく狭められ、同条を通してのパート労働者と通常の労働者の不合理な処遇格差の是正は期待しえなくなった。

　翌年に実現したパート労働法改正は、事業主に対し、パート労働者から通常の労働者への転換推進措置義務を課したほか、パート労働者を4つのカテゴリーに分け、カテゴリーごとに通常の労働者との差別を禁止、もしくは均等ないし均衡処遇への「努力」ないし「配慮」を求めた。とはいえ、パート労働者のうち通常の労働者との差別が禁止された者とは、通常の労働者と①職務内容および②人材活用の仕組みが同一で、③無期契約の者とされたため、労働者割合では0.1%、事業所割合では1.1%しか存在しなかった[24]。パート労働者は通常有期契約を反復更新しているため、③の要件が通常の労働者との差別的取扱いを禁止していくうえでの最大の障壁となった。

　その後、2012年に労働契約法（以下、労契法）が改正され、契約期間の定めがあることによる不合理な労働条件を禁止する規定が新設された（同20条）。パート労働者の大多数は有期契約を締結しているため、同条と平仄が合うように、パート労働法の改正が必要となった。その結果、2014年に再びパート労働法が改正され、同8条において、パート労働者と通常の労働者の労働条件が不合理に相違してはならない旨が規定された。また、同9条において、上記①および②の要件を充たすパート労働者に対する差別的取扱いの禁止が明記された。

---

[24] 労働政策研究・研修機構「『短時間労働者実態調査』結果」JILPT調査シリーズ No.88（平成22年）。

(4) 女性活躍推進法

均等法が制定されてから30年余りが経過しても、職業生活において女性が十分に活躍できずにいるという事態を憂慮し、これを打開することを目的として2015年に制定され、2016年4月1日より施行されているのが、女性の職業生活における活躍の推進に関する法律（以下、女性活躍推進法）である。同法は、事業主を一般事業主（民間企業）と特定事業主（国および地方公共団体の機関）に分け、それぞれに女性活躍推進のための行動計画の策定等を義務づけるなど、一種のポジティブ・アクションを義務づけたということができよう。均等法14条は自主的にポジティブ・アクションを行う事業主に対し国が援助できる旨を定めるのみであり、ポジティブ・アクションの義務づけを行うものではないので、女性活躍推進法は、均等法14条よりも前進しているように見える。しかし、女性活躍推進法も取組の実施や目標の達成については、努力義務にとどめているので（同8条6項）、同法が均等法の限界を克服するものとして実効的に機能するかは、疑わしいように思われる[26]。

2 判例による規制の到達点

(1) 正規女性労働者に関する裁判例

(a) 男女平等取扱いの公序法理とその射程

職場における男女の不平等な取扱いに対しては、1960年代後半から、公序良俗違反という司法判断が下されるようになった。まず、女性のみに対し結婚退職を定める契約（いわゆる結婚退職制）は、合理的理由が認められないかぎり公序違反であり、無効とされるようになった[27]。次いで、女性のみ30歳で定年とするような女性若年定年制が、さらには男性60歳、女性55歳という男女別定年制

---

25) そのため、ポジティブ・アクションの実施状況に関する統計が作成されるようになった2000年以降、女性活躍推進法が制定されるまでの15年間、ポジティブ・アクションを実施している企業の割合は、20%台前半から30%台前半にとどまっていた。厚生労働省「雇用均等基本調査」および「女性雇用管理基本調査」（経年比較）。
26) 女性活躍推進法は一般事業主に対する唯一のインセンティブとして、当該事業主の申請にもとづき、厚生労働大臣が、当該事業主が行動計画にもとづく取組みの実施において優良であることの認定を行うことができるとする。
27) 住友セメント事件・東京地判昭41・12・20労民17巻6号1470頁など。

が、同様の法理により無効とされていった[28]。同法理は、整理解雇の事案にも拡張され、「既婚女子社員で子供が2人以上いる者」という基準が女性に対する不合理な差別として無効とされた[29]。こうした事案は、比較的単純な事案だったといえよう。なぜならば、無効判決により、女性労働者は復職を果たし、それで問題が解決したからである。

男女平等取扱いの公序法理は、日本鉄鋼連盟事件において、男女の賃金差別に拡張された。東京地裁は、労働協約中において基本給の上昇率と一時金の支給率に男女差を設けることは公序違反で、無効であると判示した。とはいえ、無効という法律効果から、女性労働者は直ちに男性と同一の基準で算出された賃金を得ることはできない。この点、東京地裁は、労基法4条、13条の類推適用という手法を用いて問題の解決を図った。詳細については(b)で述べる[30]。

1990年代に入ると、同法理は昇格差別に及ぶようになった。昇格差別というのは、男女の格付けに差が生じるだけにとどまらず、それにより賃金格差が生じるため、女性労働者としては、然るべき地位に昇格したことの確認と得べかりし賃金を請求したいと考える。ところが、公序法理は、男女別の取扱いに無効という効果をもたらしても、それで直ちに昇格が実現し、差額賃金が与えられることにはならない。男性のみに勤続年数による一律昇格を定める協約は公序違反で無効と判示した社会保険診療報酬支払基金事件東京地裁判決の意義は、公序違反は不法行為にあたるとすることにより、女性労働者に──昇格したことの確認という法律効果は否定したものの──差額賃金相当額を回復できるようにした点にあった[31]。詳細については、(c)に譲る。

一方、不合理な男女別取扱いを公序違反とする法理にも例外が存在した。具体的には、使用者が男女別雇用管理（男女別コース制）を行っていた場合である。前記・日本鉄鋼連盟事件東京地裁判決は、原告らが採用された1960年代後半か

---

28) 東急機関工業事件・東京地判昭44・7・1労民20巻4号715頁（女子若年定年制）、日産自動車事件・最三判昭56・3・24民集35巻2号300頁（男女別定年制）など。
29) コパル事件・東京地判昭50・9・12判時789号17頁。
30) 日本鉄鋼連盟事件・東京地判昭61・12・4労判486号28頁。
31) 社会保険診療報酬支払基金事件・東京地判平2・7・4労民集41巻4号513頁。後掲（注47）商工組合中央金庫事件大阪地裁判決および後掲（注33）野村證券事件東京地裁判決および岡谷鋼機事件名古屋地裁判決も同旨。

ら70年代前半の当時においては、使用者が職員の募集、採用について男女に均等の機会を与えなかったことをもって公序に反したということはできなかったとし、また、判決当時（1986年）における均等法も労働者の募集および採用については男女均等取扱いを努力義務によって規制していたことに鑑み、男女別コース制は公序違反にはあたらないと判示した。ここで示されている論理とは、端的に言えば、男女別コース制による男女間の処遇格差は合理的であるというものである。

　日本鉄鋼連盟事件東京地裁判決は、その後の判例に影響を与えたが[32]、やがて同判決を打破する判例法理が登場した。1997年改正の均等法が施行された1999年4月1日以降は、募集・採用、配置・昇進等における男女別コース制は均等法6条に違反するとともに、公序に反することになったとする事例がそれである[33]。また、男女別コース制は存在するものの、同コース制が実態を伴わないなど、男女間の格差が別の事情により生じている場合には、それが公序違反ないし労基法4条違反を構成するという事例も登場した[34]。

(b)　労基法4条と差額賃金請求権

　労基法4条は、「女性であることを理由」とする「賃金について」の差別的取扱いを禁止する。「賃金」とは「賃金、給料、手当、賞与その他名称の如何を問わず、労働の対償として使用者が労働者に支払うすべてのもの」をいう（同11条）[35]。同4条は「賃金について」の差別的取扱いを禁止しているので、採用差別や昇進差別により男女の職務配置や職位等に差があり、そこから賃金格差が生じている場合には、同条違反は成立しない、というのが通説・判例の基本的考え方であるが、例外的事例も存在する。例えば、芝信用金庫事件東京高裁判決は、職能資格制度における格付けが賃金決定と連動し、かつ職位の付与

---

32) 住友電気工業事件・大阪地判平12・7・31労判792号48頁、住友化学工業事件・大阪地判平13・3・28労判807号10頁。
33) 野村証券事件・東京地判平14・2・20労判822号13頁、岡谷鋼機事件・名古屋地判平16・12・22労判888号28頁。
34) 住友金属工業事件・大阪地判平17・3・28労判898号40頁、兼松事件・東京高判平19・10・11労判959号85頁。
35) 例えば、秋田相互銀行事件・秋田地判昭50・4・10労民26巻2号388頁、岩手銀行事件・仙台高判平4・1・10労判605号98頁および内山工業事件・広島高岡山支判平16・10・28労判844号13頁は、それぞれ基本給、（家族）手当、および賞与に関する差別を違法とした。

とは分離されている場合には、昇格差別が労基法 4 条違反となると判示した。

「女性であることを理由」とするという文言をめぐっては、次のような事例が存在する。すなわち、①賃金表そのものを男女で区別するなど、賃金額の決定に関し明らかに男女で異なる取扱いをしたこと、②家族手当等の支給対象者を「世帯主」としつつ、配偶者が所得税法に規定されている扶養控除対象限度額を超える所得を有する場合は夫にすること、③男女が質・量において同等の仕事に従事するようになったにもかかわらず、入社当時の賃金格差を維持したこと、④女性の本人給を一定額にとめおき、男性のそれよりも一方的に低く抑える結果となることを容認しつつ、「世帯主・非世帯主」、「勤務地無限定・限定」を基準に本人給を支給したこと、⑤男女別コース制度をとっていながら、職場の実態がコース別にはなっていなかったことなどが、いずれも「女性であることを理由」とする賃金差別と判示されている。なお、一般に司法は、労基法 4 条が同一価値労働同一賃金原則を規定していると認めることに消極的であるが、これまでに 1 件、労基法 4 条を援用しつつ、同一価値労働同一賃金原則を適用した事例が存在する。

労基法 4 条違反の立証責任は原告たる女性労働者が負うのが原則である。しかし、裁判所は、証拠の偏在を考慮し、立証責任の一部を使用者に転換している。すなわち、原告が、①男女間に賃金格差が存在することを立証すれば、女性であることを理由とする差別と推定され、使用者が、②その格差を正当化する合理的理由を立証できなければ、同条違反が成立するとされている。

---

36) 芝信用金庫事件・東京高判平12・12・22労判796号5頁。シャープエレクトロニクスマーケティング事件・大阪地判平12・2・23労判783号71頁、日本オートマチックマシン事件・横浜地判平19・1・23労判938号54頁、昭和シェル石油事件・東京高判平19・6・28労判946号76頁も参照。
37) 前掲・秋田相互銀行事件（注35）、前掲・日本オートマチックマシン事件（注36）、前掲・昭和シェル石油事件（注36）など。
38) 前掲・岩手銀行事件（注35）。
39) 日ソ図書事件・東京地判平4・8・27労判611号10頁、塩野義製薬事件・大阪地判平11・7・28労旬1463号65頁。
40) 三陽物産事件・東京地判平6・6・16労判651号15頁。
41) 前掲・住友金属事件（注34）、前掲・兼松事件（注34）。
42) 例えば、後掲・丸子警報器事件（注52）など。
43) 京ガス事件・京都地判平13・9・20労判813号87頁。
44) 例えば、石﨑本店事件・広島地判平8・8・7労判701号22頁など。

労基法4条違反の取扱いが無効となるのは当然として、判例はさらに、女性労働者に適用されるべき賃金基準が明確である場合には、労基法4条および同13条の適用ないし類推適用により、差額請求を容認している[45]。逆に、差額賃金を疑義なく確定できない場合には、次の(c)で述べるように、差額相当額の請求[46]が、民法（不法行為法）を適用することによって実現している。

(c) 不法行為による損害賠償請求

社会保険診療報酬支払基金事件東京地裁判決は、上述のとおり、男女平等取扱いの公序法理が不法行為による損害賠償請求をも可能ならしめることを明らかにし、差別の被害者に金銭的補塡をする道を開いた。同事件においては、男性のみに勤続年数を基準として一律に昇格措置がとられていたため、女性も同様に勤続年数のみを基準として昇格したならば得られていたであろう賃金と、現に支払いを受けた賃金との差額相当額を財産的損害として認定すればよかった。

しかし、その後に登場した判例の中身は複雑化している。例えば、査定にもとづく昇格差別（とその結果としての賃金差別）が争われた商工組合中央金庫事件においては、差別が公序違反として無効とされたが、無効部分に対応する基準が一義的に定まらないということから、財産的損害は認定されず、精神的損害に対する慰謝料のみが認定されるにとどまった[47]。また、野村證券事件および岡谷鋼機事件においては、女性に対する差別的取扱いを明文で禁止した改正均等法が施行されるまで公序違反との評価を受けなかった男女別コース制の下で、男性と女性とでは知識や経験に違いができており、それが昇格にも反映すると考えられることから、男女の賃金の差額分がそのまま原告の損害額であるとすることはできず、原告らが差額賃金請求権を有するとはいえないとされた。本

---

45) 前掲・秋田相互銀行事件（注35）、前掲・三陽物産事件（注40）。前掲・日本鉄鋼連盟事件（注30）は、労働協約中において基本給の上昇率と一時金の支給率に男女差を設けることの違法性の根拠は民法90条にあるとしたが、同条により無効となった部分は、労基法4条、13条の類推適用によって、男性について定められたものと同一のものとなると判示した。

46) とはいえ、前掲・石﨑本店事件（注44）においては、「衡平の理念から最も合理的である」とされた次のような方法によって、原告女性の本件損害額が認定された。すなわち、中途採用された原告女性と年齢および入社時期の近似する男性3人の初任給を基準としてそれぞれ原告女性との賃金格差を算定し、その平均額をもって原告女性の本件損害額を認定するという方法である。

47) 商工組合中央金庫事件・大阪地判平12・11・20労判797号15頁。

件では、使用者が改正均等法施行後においても男女別コース制を維持していたことが公序違反とされ、そのことに対し、使用者には過失があったということから、不法行為が認定され、結論として、差額賃金相当額が慰謝料の算定にあたって考慮されることとなった。

　上記のように公序違反が認定され、その結果、不法行為が認定されたという事例とは異なり、労基法４条違反の賃金差別は不法行為にあたるとする事例も現れるようになった[48]。このような事例が登場するようになった背景的事情は２つある。１つは、前述のとおり、女性労働者について差別がなければ得られていたであろう賃金が明確にならないために、差額賃金請求が困難であったということであるが、もう１つは、仮に差額賃金請求が可能であっても、原告側が時効により消滅する賃金を考慮し、自らに有利な不法行為請求をしたということである[49]。

　(d)　均等法の射程

　均等法は「行政指導の根拠法」と称されることが多いが、男女雇用平等に関する裁判が均等法とまったく無関係に展開してきたのかといえば、そうではない。確かに、比較的初期の事例においては、均等法が男女差別を明確に禁止していなかったこともあり、裁判所は同法を軽視していた。例えば、東京地裁は、日本鉄鋼連盟事件において、判決当時の均等法上、募集・採用における男女の均等な取扱いは「使用者の努力義務であるとされているにとどまる」と指摘し、少なくとも原告らが被告に採用された昭和40年代中葉から後半にかけては、被告が職員の募集・採用について女子に男子と均等の機会を与えなかったことをもって、公の秩序に違反したということはできないものと解するのが相当であると判示した。しかし、その後の事例のなかには、均等法制定当初は男女差別の規制が使用者の努力義務とされていたことにつき、当該努力義務規定は「単なる訓示規定ではなく、実効性のある規定であることは均等法自体が予定して

---

48) 前掲・日ソ図書事件（注39）、前掲・塩野義製薬事件（注39）、前掲・シャープエレクトロニクスマーケティング事件（注36）、日本オートマチックマシン事件（注36）、前掲・昭和シェル石油事件（注36）、前掲・兼松事件（注34）、東和工業事件・名古屋高金沢支判平28・４・27（判例集未登載）。
49) 不法行為の時効は３年（民法724条１号）であり、賃金請求の時効の２年（労基法115条）より原告に有利である。

いるのであり、上記目標を達成するための努力をなんら行わず、均等な取扱いが行われていない実態を積極的に維持すること、あるいは、……男女差別を更に拡大するような措置をとることは」、当時の均等法8条の「趣旨に反するものであり、……不法行為の成否についての違法性判断の基準とすべき雇用関係についての私法秩序には、上記のような同条の趣旨も含まれるというべきである」として、男女間に著しい格差が存在したことを理由に、均等法8条違反および不法行為を認定したものがある。

また、前述したとおり、男女別コース制がとられていた野村證券事件および岡谷鋼機事件においては、女性に対する差別を明確に禁止する改正均等法が施行された1997年4月1日以降は、会社が、それ以前に入社した社員について、男女のコース別の処遇を維持し、男性を総合職掌に位置づけ、女性のほとんどを一般職掌に位置づけていたことは、配置および昇進について女性であることを理由として男性と差別的取扱いをするものであり、均等法6条に違反するとともに、公序に反して違法である、とされた。

最近では、最高裁が2006年改正の現行均等法9条3項を明確に強行規定であるとし、これを根拠に妊娠中の軽易業務転換を契機とする降格措置を無効とした事例がある。同判決は「マタハラ判決」として社会的に注目を集めた。[51]

(2) 非正規女性労働者に関する判例

非正規女性労働者に関する裁判例は少なくないが、雇用平等という文脈において登場した判例に限定すると、とくに注目に値するのは、女性のパート労働者に対する一定範囲を超える差別を、均等待遇の理念を根拠として違法と判断した丸子警報器事件長野地裁上田支部判決であろう。[52]判決は、同一（価値）労働同一賃金原則を、労働関係を規律する一般的な法規範として存在しているということはできないとしつつも、使用者が、女性正社員とほとんど異ならない時間で、同一内容の労働を提供する女性臨時社員に対し契約更新を繰り返すこ

---

50) 前掲・昭和シェル石油事件（注36）および前掲・兼松事件（注34）であり、いずれも東京高裁の下した判決である。
51) 広島中央保健生協（C生協病院）事件・最一判平26・10・23民集68巻8号1270頁。
52) 丸子警報器事件・長野地上田支判平8・3・15労判690号32頁。

とにより、女性正社員との顕著な賃金格差を維持拡大しつつ長期間雇用したことは、同一（価値）労働同一賃金原則の基礎にある均等待遇の理念に反し、公序良俗違反にあたるとした。もっとも、判決は、均等待遇の理念が抽象的なものであることから、賃金格差のすべてを違法とはせず、臨時社員の賃金が同じ勤続年数の女性正社員の8割以下となるときには違法になるとして、その範囲で臨時社員の損害賠償請求を認容した。

Ⅳ　法的規制の問題点と課題

1　問題点

雇用差別に対する法的規制は総じて前進しており、1980年代半ば以降、新たな法律の制定および改正が行われ、それまでのように、救済を求める差別の被害者が依拠しうる法は労基法4条と民法のみである、という状況は解消されていった。しかし、この間の立法および法解釈のありようを子細に考察するならば、次のような問題も存在する。

(1)　雇用差別の要件の定め方に関する問題

第1に、均等法において雇用のステージ（募集、採用、昇進、退職など）ごとに差別を禁止するという手法を維持するのがよいのか、という問題がある。例えば、セクシュアル・ハラスメントを性差別として禁止すべきという主張も存在するが、均等法は上記のような手法を採用するために、労働者が雇用のステージを経る際に遭遇するとは限らないセクシュアル・ハラスメントは、性を理由とする差別的取扱いとはされてこなかった。また、賃金差別は、雇用のステージにおける差別的取扱いの結果発生するものであり、賃金差別という固有のステージを観念することができないということに加え、均等法制定前から労基法4条において禁止されてきたことから、均等法上は明文で禁止されてこなかった。

第2に、雇用制度、基準、慣行等が男女別にはなっていないが、しかし、男女間に格差が存在し、女性が不利益を被っているという事態を改善するために有効な実体法が存在しないという問題がある。この問題は、最近では2つの面

で顕在化している。1つは、正規労働者のなかで、雇用制度が男女別にはなっていないので、ごくわずかな女性は昇格しているのだが、しかし、大半の女性は昇格していないというときに、そこに差別が存在したか否かを発見するための法が不在であること、いま1つは、（女性が大半を占める）パート労働者と正社員の労働条件に著しい格差が存在しているときに、その格差は自らが選択した雇用形態による格差と把握され、これを男女格差であり、性差別の結果であるとして問題化しうる法が不在であること、である。いずれも法概念上は間接差別と捉えうるが、現行均等法は間接差別禁止規定（均等法7条）の射程を同法施行規則により限定しているために、上記のような問題が発生するのである。

　第3に、パート労働者と通常の労働者（正社員）との均等待遇および差別禁止を規定するパート労働法8条および9条の意義が、解釈により縮減される可能性があることである。パート労働法8条および9条は、それぞれ職務内容および人材活用の仕組みという2つの観点を考慮した均等待遇ないし差別禁止を求めている。後者の人材活用の仕組みという点については、そもそも法文上にこの要件があることにより、正社員のようには転勤が予定されていないパート労働者は均等待遇ないし差別禁止の射程外におかれてしまうという問題がある。法規定自体が間接差別的になっているのである。また、この要件の形式的に過ぎる解釈（例えば、正社員が実際に転勤しているわけではないが、転勤応諾義務に応じているということ）によって、パート労働者と正社員との均等待遇ないし差別禁止を実現するという法の趣旨が著しく没却されるという、解釈上の問題も残る[53]。パート労働法は、パート労働者と正社員との労働条件格差を間接性差別と構成する方法とは異なり、大半の女性がパート労働者で、大半の男性が正社員という場合でなくとも、パート労働者と正社員の労働条件格差を問題にしうるという点に意義があることを想起すれば、パート労働法の適用を狭めるような解釈には問題がある。

---

53) この点に関しては、男女雇用差別訴訟を多数担当されてきた宮地光子弁護士からご指摘をいただいた。

(2) 手続に関する問題

　雇用差別訴訟における立証責任のあり方に問題がある。正規労働者のなかで、雇用制度は男女別にはなっていないので、これを、性別を理由とする差別的取扱いであると裁判で主張・立証することは、原告にとって多大な負担となる。判例は、労基法4条違反の賃金差別の証明において、立証責任の転換を認めてきた。しかし、そこで示された立証の枠組みとは、被告たる使用者が1つでも合理的理由を立証すれば差別は存在しなかったという、いわゆる all or nothing の枠組みである。しかも、その立証においては、何を、いかなる証拠により、どの程度証明すればよいのかは、必ずしも明らかにされておらず、原告にきわめて不利であるといえる。

　立証責任は、均等法違反の証明に際しても問題となる。最近の事例としては、中国電力事件上告棄却、上告受理申立不受理判決を挙げうる。上告人の女性は、職能等級の昇格および職位の昇進において女性であることを理由とする差別的取扱いを受けたと主張し、昇格した地位の確認請求を行うとともに、差額賃金相当の金額、慰謝料および弁護士費用の請求をしていたが、原審の広島高裁は、男女間格差の存在を認めつつも、被控訴人の主張した合理的理由を無批判に受け入れ、差別は存在しなかったとの結論を導いた。被上告人の上告人に対する取扱いは均等法6条および7条違反にあたり、不法行為を構成するという上告人の主張に対し、私は、広島高裁が、①自由心証主義の名の下で、いずれの当事者が、何を、いかなる証拠により、どの程度証明すべきか、という事実認定のための規則を明らかにすることなく、やみくもに審理を行ったこと、および②同裁判所が控訴人（上告人）による間接差別の主張を無視したことは、法の適用の仕方において根本的な誤りを犯していたことを示しており、同高裁判決は速やかに破棄されねばならないとする意見書を最高裁に提出したが、残念ながら、判決には影響を与えなかった[54]。複雑な実態を正当に認識するにはほど遠い all or nothing 的な単純な立証枠組みが維持され、使用者への立証責任の転換が不十分であることは、きわめて大きな問題点である。

　上述した問題は、パート労働法とも無関係のものではない。パート労働法に

---

54) 相澤美智子「中国電力事件広島高裁判決に関する意見書」労働法律旬報1831＋32号81頁（2015年）。

しても、均等法にしても、行政的実現を念頭においた法律ではあるが、しかし、それらが裁判規範として利用できないわけではなく、現に均等法は訴訟においてたびたび援用されている。これらの法律は改正を重ね、実体的には前進しているが、肝心の法違反を立証する際に重要となる証拠の開示や立証のルールが明確になっていないという手続的問題が放置されており、それ故に本来の目的を十分に果たしていないように思う。

(3) 救済に関する問題

上述した立証責任の問題は、ここで指摘しようとする均等法の救済のあり方とも密接に関係している。労働者はこれまで、裁判においてたびたび均等法を援用してきたが、均等法には救済に関する規定がない。均等法が救済規定を欠いているために、労働者はこれまで、均等法違反は不法行為である、または民法の公序規定に違反し不法行為であるという法律構成をとらざるをえなかった。しかし、不法行為に対する救済は損害賠償のみであり、例えば昇格差別を争っている事件において、昇格という救済が付与されるわけではない。救済に関しては、労働者が金銭的な補塡以外の救済を望むときに、それが実現するように法を整備するとともに、上記(2)で述べたように雇用差別訴訟における立証のルールを確立したうえで、立証に成功した度合いによって救済内容が変わってくるような仕組みを考える必要がある。

最後に、広い意味での救済の問題として、事業主にポジティブ・アクションを義務づけた女性活躍推進法の問題点を指摘したい。Ⅲ1(4)で述べたとおり、女性活躍推進法は事業主に女性の活躍推進に向けたプラスのインセンティブは与えているが、行動計画の策定等、法律上の義務を果たした後はとくに積極的に取組を行わない事業主に対して、法的制裁を含めた一定の措置をとることは予定していない。女性活躍推進に消極的な事業主の底上げに向けた方策がないことが問題といえる。

2 課題
(1) 雇用差別の要件の定め方に関する課題

均等法に関しては、雇用のステージごとに差別を禁止する方式を廃止し、ア

メリカ法やイギリス法に倣い、雇用差別を類型ごとに禁止する方式に改めるのがよいと考える。類型とは、直接差別や間接差別等のことであり、婚姻や妊娠を理由とする差別やハラスメント等も一類型となることを具体的に明記しておくとわかりやすい。このような方式に改めることにより、賃金差別をはじめ、雇用の一ステージと観念されにくい局面で発生する差別もすべて禁止することが可能となる。その際、言うまでもないことであるが、現行の均等法施行規則2条のような間接差別禁止規定の射程を限定する規定を設けるべきではない。差別禁止事由については、性別（セックス）に限定せず、イギリス法やアメリカの州法の一部等に倣い、ジェンダー、性的指向、および性適合まで拡大することも課題となろう。

パート労働法については、上記Ⅳ1(1)で指摘したように、同8条および9条の意義が没却されることがないよう、パート労働者と通常の労働者の人材活用の仕組みの違いおよびその程度は、形式ではなく実態に即して判断するという法解釈が、まずはなされるべきであるが、将来的には、間接差別的といえる当該規定そのものの改廃を検討していくことが課題となる。

(2) **手続に関する課題**

均等法による救済を実現するための手続に関し、次の3点が課題となろう。第1に、差別の立証責任のあり方を下記のように、当面は判例法理として確立しつつ、将来的には法律上明記すること。とくに、直接差別および間接差別については、それぞれに立証の枠組みを明らかにしておくことが重要となる。間接差別については、基本的に均等法7条の規定を利用すればよいが、直接差別については、all or nothing的な枠組みと決別するために、アメリカ法を参考

---

55) アメリカ法については、1964年公民権法第7編の諸規定（Title Ⅶ of the Civil Rights Act of 1964, §§701(k), 703(a)）を参照。イギリス法については、雇用平等法2010の諸規定（Equality Act 2010, Part 2, Chapter 2）を参照。
56) 賃金差別に関しては、同一価値労働同一賃金原則違反は違法となることを施行規則等に明記すべきである。
57) イギリス法については、雇用平等法2010の諸規定（Equality Act 2010, Part 2, Chapter 1）を参照。アメリカ州法については、例えば公正雇用住居法というカリフォルニア州法の諸規定（Fair Housing and Employment Act, California Government Code Sections 12940, 12945, 12945.2）を参照。

にしつつ、次のような枠組みを明記すべきである。すなわち、①(a)差別的事由が雇用上の決定の一要因となっていたことを立証する責任は労働者にあり、これが証明されれば、同決定が別の要因によってももたらされていたとしても、差別の認定は覆らない。①(b)一方で、使用者が差別的事由を考慮しなかったとしても同一の決定を下していたことを証明した場合には、労働者に対する救済を制限する。②労働者による「差別的事由が雇用上の決定の一要因となっていたこと」の証明には、差別の意図の証明は不要であり、労働者の属性に関して被用者があらかじめ有していたステレオタイプを原因とするバイアスが雇用上の決定(不利益取扱い)をもたらしたことの証明で十分である。③労働者の証明を支える証拠は、直接証拠に限定されず、当該労働者が比較対象者と異なる取扱いを受けたことを示す証拠のほか、使用者が人を属性によりステレオタイプ化して捉えていたことを示唆する発言などが証拠として許容される。④使用者によるその他の非差別的要因も雇用上の決定の動機になっていたことの証明においては、使用者が雇用上の決定に、労働者の属性に関するステレオタイプおよびバイアスの影響がないように真摯な企業努力をしていたことの証明が必要である。⑤労働者の証明に要求される証明度は、「半分を超えた証明」ないし「証拠の優越」である。⑥使用者の証明に要求される証明度は、「高度の蓋然性」である。

第2に、雇用差別訴訟においては、使用者と労働者の間に情報格差があり、労働者は十分な証拠を持ちえないという問題がある。これまで、裁判所により賃金台帳の提出命令が出されたことはあるが、これを超えるあらゆる証拠の提出を可能にする仕組みが整えられなければ、労使は武器対等になりえない。この問題は民事訴訟法の問題であるといえるが、民事訴訟一般に関する同法の改正には時間がかかると思われるので、まずは均等法において、裁判所が関連するあらゆる文書の提出を命じうる旨の規定を設けることが課題となる。

第3に、行政と司法の連携も課題である。まず、行政が助言・指導・勧告を

---

58) 相澤・前掲注54) 88-89頁。
59) 使用者と労働者の情報格差を想起すれば、差別の証明にあたり、使用者に労働者よりも高度の証明度を要求するのは不当ではない。
60) 藤沢薬品工業事件・大阪高決平17・4・12労判894号14頁等。

行った事案は、それが訴訟に発展した場合には、行政が同事案に関する相談や調査を行う過程で知りえた情報は裁判所に提出し、裁判上の証拠になりうることとすることで、裁判における証拠調べの時間の節約を図っていくこと。次に、アメリカの連邦レベルでの雇用平等法制を参考に、行政機関が多数の類似する差別の被害者に代わって訴訟を提起できるような仕組みを設け、一般市民の訴訟提起に伴う負担の部分的解消を図っていくこと[61]。

　均等法に関する上記提案のうち、パート労働法にも活かせる部分については、そうすることがパート労働法の課題となろう。一方、女性活躍推進法は、均等法やパート労働法と異なり、もっぱら行政的実現を目指す法律であるだけに、行政の更なる活躍が求められる。行政は、事業主が自らの事業所における女性活躍に関し外部に向けて公表する情報の経年比較をし、女性の活躍推進に取り組んでいる形跡がなさそうな事業主または産業に対しては、助言および指導を行うべきことを法律上明記すべきである。

(3) 救済に関する課題

　均等法違反に対しては、差別の被害者に対し、均等法から直接、金銭的救済に限定されない適切な救済がなされるようにすべきである。明治以来、主としてヨーロッパの大陸法諸国に倣って法体系を作り上げてきたわが国には、英米法におけるエクイティの伝統はないが、それがすなわち、裁判官が正義と衡平の観点から差別の救済に適切と考える救済を命じることを妨げるということに帰結してはならない[62]。日本でも、裁判官は均等法違反に対して、採用、復職、昇格、昇進、差別的でない配置、差別的でない職種および雇用形態への変更、バックペイ、損害賠償、ポジティブ・アクションの実施等、正義と衡平の観点から適切と考える救済を命じることができる、と同法上明記すればよいのである。その際、直接差別については、立証責任の分配と対応させて、次のように

---

61) 相澤美智子『雇用差別への法的挑戦』125-126頁（創文社、2012年）。
62) エクイティ上の救済の代表的なものは特定履行やインジャンクションであり、かかる救済は、伝統的に、裁判所が正義と衡平の見地から救済を与えて然るべきと考えた場合に、その裁量で与えていた。例えばアメリカでは、この伝統を継承しつつ、連邦における雇用差別禁止法である1964年公民権法第7編に、差別に対しては、裁判所がその排除に効果的と考える特定履行やインジャンクションを命じ得ることを規定している。

規定するのがよかろう。すなわち、労働者が直接差別を証明し、一方で使用者が差別禁止事由（性）を考慮しなくても、（その他の非差別的理由により）当該労働者に対して下した雇用上の決定は同じであったことを証明した場合には、労働者に対する救済が制限される。具体的には、差別があったことの宣言、差別的取扱いを排除するための作為・不作為命令（採用、復職、昇進、損害賠償、バックペイ等の支払いを除く）、および訴訟費用・弁護士費用の支払いに限定されるものとする。また、上記(2)で提案したような行政機関による訴訟提起が実現する場合には、少なくとも行政機関自らが提起した訴訟の相手方については、判決後または和解後、訴訟で争われていた差別の原因であった雇用慣行等が是正されているかについて同機関が監視を続けることにすべきである。

救済に関しては、上記のような法改正が速やかに行われることを展望しつつ、裁判所の規範創造的な活動に期待したい。その要点は、これまでの多くの雇用差別訴訟にみられたような、原告たる労働者に損害賠償しか実現しないという事態をなくし、賃金差別に対しては差額賃金支払い、昇格差別には昇格という、差別的状況の解消を実現することである。そのために、訴訟法次元では、裁判所が当事者——とくに使用者——に対し、重要な証拠資料等の提出を命じ、証拠の偏在を考慮しつつ原告と被告の立証責任を適切に分配していくことが不可欠である。また、実体法次元では、均等法および労基法4条違反は無効であり、無効の効果は、労基法13条の類推適用により、あるいは憲法が定める法の基本原則としての平等取扱原則およびその労働法的次元での具体化としての労働契約上の付随義務である平等取扱い義務を根拠に、原告たる労働者の比較対象者に対する取扱いの平均値を目安に補充する、ということになろう。

V　むすびにかえて

最後に3点、指摘したい。1つは、上記Ⅳ2で論じたことに加え、長時間労働を防止するための法的対策の強化が引き続き大きな課題であること。これは雇用平等法の課題そのものとはいえないが、Ⅱで確認したように、長時間労働の是正は、女性の活躍推進の中心的課題ともなる重要な問題である。労働時間に関する労基法改悪の動きはひとまず沈静化したが、それで安心するのではな

く、労働時間規制の強化に向けた議論を重ねていく必要がある。

　2つ目は、均等法ないしそれを拡充した雇用平等法の司法的実現を容易にするために、そのなかでもとくに手続部分と救済部分の拡充を図ること。過去30年の歴史を振り返るとわかるように、均等法は改正を重ねるたびに、雇用差別とは何かを明らかにする要件部分は充実してきた。パート労働法も然り。しかし、均等法を司法的に実現しようとすると、手続部分・救済部分に関しては決して十分とはいえない民事訴訟法や民法の規定を援用することを余儀なくされる。それが同法の司法的実現を阻む壁になっていることは、既に論じたとおりである。この問題の克服に向けた議論と実践が必要とされている。

　最後に、これは上記のことと関連するが、差別という法違反を行った使用者の裁量は制限されるのだということを、実定法の手続部分・救済部分に反映させ、明確化していくべきである。具体的には上述したとおりで、労働者が、差別的事由が雇用上の決定の一要因となっていたことを証明した場合には、使用者に、当該差別事由を考慮しなかったとしても同じ決定を下していたことを証明させるという立証責任の転換を図ることにより、使用者の裁量に歯止めをかけることが可能であると考える。国家権力たる司法は、差別という法違反を行った使用者に対してまで、その裁量を尊重する必要はないのである[63]。そのことを司法自体に認識してもらうべく、上述のような法改正が実現することを切望する。

　　　　　　　　　　　　　（あいざわ・みちこ　一橋大学大学院法学研究科准教授）

---

63) 東和工業事件名古屋高裁金沢支部判決（注48）は、一方で男女差別を認定しつつ、他方で控訴人は被控訴人の「裁量的判断を含んだ人事考課の査定等を経なければ」昇格したとは認められず、よって昇格したことを前提とする職能給差額を損害としては認められないと判断したが、私見では、法律違反は許されないのであるから、差別という法律違反をした企業にまで、差別の原因となった人事考課における裁量を認める必要はないと考える。

＊　本稿は、科学研究費助成事業（学術研究助成基金助成金）（基盤研究(C)）の研究成果の一部である。

第3部　ワーク・ライフ・バランス

第3部　ワーク・ライフ・バランス

第10章　ワーク・ライフ・バランスと労働法

名古道功

I　序

　仕事と生活の調和＝ワーク・ライフ・バランスが注目を集めるのは2000年に入ってからであり、2007年12月には内閣府「ワーク・ライフ・バランス憲章」が策定される。それ以前に採られていた「仕事と家庭の調和」政策との大きな相違は、調和の対象が家庭から生活全般へと拡大されたこと、および家族を有する者だけではなく、独身者も含めたすべての労働者を対象にすることである。このため、推進政策は大幅に拡げられることになり、育児・介護に関連する施策のみならず、労働時間短縮や働き方改革なども柱とされる。しかし、こうした施策は、ワーク・ライフ・バランスを用いなくても、従前の労働政策の一環と位置付けることも可能である。それにもかかわらずこれが重視されるのは、ワークの面だけではなく、伝統的に労働法の対象にされにくかったライフからワークの規制を捉え直し、ワークとライフ双方の充実をめざすからである。

　わが国のワーク・ライフ・バランスは少子化対策を主因として提唱された点において、「仕事と家庭」と密接な関係を有するが、これを自己決定権に根拠づけられる労働法の理念の一つと位置付けると、今後の立法政策のあり方や解釈論の見直しにつながり、労働法の発展に資するであろう。また特に男性正社員の典型的な働き方を前提とする日本的雇用慣行には弊害が見られ、これに適応しがたい女性労働者は不利な状況に置かれてきたのであり、将来の社会を展

望すると、その抜本的な変革が求められる。今日、すべての労働者が能力を発揮し、かつ充実した生活を享受できる政策が必要であり、こうした観点から労働法のあり方をとらえ直す必要があろう。以下、ワーク・ライフ・バランスの展開を概観してその現代的意義を明らかにするとともに、ワーク・ライフ・バランスと労働法に関する論点を論じることにする[1]。

Ⅱ　ワーク・ライフ・バランスの展開[2]

1　仕事と家庭の調和

　ワーク・ライフ・バランスの端緒は、家庭責任を負う女性労働者の就業状況の改善であり、「勤労婦人福祉法」（1972年制定）が典型例として挙げられる。同法は、女性の職場進出に伴い、職業生活と育児、家事等の家庭生活との調和を図ること、およびその能力を有効に発揮して充実した職業生活を営むことなどが重要な政策課題であるとの観点から制定された。その後、1975年の国際婦人年を契機として男女の雇用平等の法的整備を求める動きが強まり、国連での女性差別撤廃条約の採択（1979年）も大きな圧力となって、1985年に勤労婦人福祉法を改正する形で男女雇用機会均等法が制定される。同法は、女性に対する差別全般（募集・採用から退職・解雇まで）の撤廃＝職場における雇用平等を目的とするが、現実に家庭責任を負っている女性労働者の平等を進めるにはその負担軽減が不可欠であった。このため、合計特殊出生率「1.57ショック」（1989年）もあり、まず育児休業制度の導入がめざされ、1991年に育児休業法が成立する。1995年には、介護休業を事業主の努力義務とする育児・介護休業法

1）ワーク・ライフ・バランスを論じた主な文献として以下が挙げられる。浅倉むつ子「労働法におけるワーク・ライフ・バランスの位置づけ」日本労働研究雑誌599号41頁以下（2010年）、大内伸哉「労働法学における『ライフ』とは」季刊労働法220号4頁以下（2008年）、同「労働法が『ワーク・ライフ・バランス』のためにできること」日本労働研究雑誌593号30頁以下（2009年）、高畠淳子「ワーク・ライフ・バランス施策の意義と実効性の確保」季刊労働法220号15頁以下（2008年）、水野圭子「労働時間からみたワーク・ライフ・バランスの研究」労働法律旬報1849号33頁以下（2013年）、両角道代「『仕事と家庭の分離』と『仕事と家庭の調和』――労働法における二つの規範と配転法理」菅野古稀441頁以下、「特集・ワーク・ライフ・バランスの実現に向けて」ジュリスト1383号（2009年）掲載論文。
2）高畠・前掲注1）論文15頁以下参照。

に改正される（義務化は1999年）。このように、当時は男女雇用平等政策との関連において「仕事と家庭の調和」がめざされ、法律上は、育児・介護は女性のみならず男性も等しく担う家庭責任とされた点に特徴が見出される。

　1999年、男女共同参画社会基本法が成立する。男女共同参画社会は、「男女が、社会の対等な構成員として、自らの意思によって社会のあらゆる分野における活動に参画する機会が確保され、もって男女が均等に政治的、経済的、社会的及び文化的利益を享受することができ、かつ、共に責任を担うべき社会」（2条）と定義される。同法6条は、家庭生活における活動と他の活動との両立に関して、「男女共同参画社会の形成は、家族を構成する男女が、相互の協力と社会の支援の下に、子の養育、家族の介護その他の家庭生活における活動について家族の一員としての役割を円滑に果たし、かつ、当該活動以外の活動を行うことができるようにすることを旨として、行われなければならない。」と規定する。これは、家庭生活を基軸とした他の活動との両立支援の点でワーク・ライフ・バランスと異なるが、後者の活動には、仕事、学習、地域活動、ボランティア活動等の多様な活動が含まれ、その基本的骨格が看取される。

2　ワーク・ライフ・バランス憲章の策定

　2000年に入りワーク・ライフ・バランスへの動きが見られ始めるが、これは、男女共同参画社会実現とともに、少子化対策に関連する。具体的には、「少子化対策プラスワン」（2002年）と「少子化対策基本法」（2003年）が挙げられ、職業生活を営みつつ家庭生活を享受できる雇用環境の整備のほか、「男性を含めた働き方の見直し」が柱の一つとして掲げられる。

　ワーク・ライフ・バランスが公式に取り上げられるのは、厚生労働省「仕事と生活の調和に関する検討会議」報告書（2004年6月〈以下「検討会議報告書」と略す〉）である。ここでは、「仕事と生活の調和」を次のように定義づける。「誰もが自らの選択により、家庭、地域、学習やボランティア活動などの様々な『仕事以外の活動』すなわち『生活』と様々に組み合わせ、両者の『調和』を図ることができるようにする」こと。そして、労働市場専門調査会第1次報告「『働き方を変える、日本を変える』——《ワークライフバランス憲章》の策定」（2007年4月）等を踏まえて、2007年12月、内閣府「仕事と生活の調和

（ワーク・ライフ・バランス）憲章」および「仕事と生活の調和推進のための行動指針」が策定される。同憲章は「国民一人ひとりの仕事と生活を調和させたいという願いを実現するとともに、少子化の流れを変え、人口減少下でも多様な人材が仕事に就けるようにし、我が国の社会を持続可能で確かなものとする取組」が求められるとして、①就労による経済的自立、②健康で豊かな生活のための時間の確保、③多様な働き方の選択を柱とする多種多様な政策を掲げる。

　ワーク・ライフ・バランス憲章が策定された背景として、少子高齢化の進展、経済のグローバル化、女性就業の拡大、労働者の意識変化などの働き方を取り巻く環境の変化に対して現在の雇用システムは十分な対応ができていないとの問題意識が看取される[3]。また、企業の雇用管理がいわば拘束度の高い正社員と拘束度の限定的な非正社員に二極化していること、働く者もそれを前提に世帯の生活費を確保するための主要な稼ぎ手と育児・介護等家庭責任を担うパートナーというように働き方の二極化を余儀なくされていることが、今後の社会に対してマイナスに影響しかねない点への危惧が見られる。以下、日本的雇用慣行との関係でワーク・ライフ・バランスを検討しよう。

Ⅲ　日本的雇用慣行の変化とワーク・ライフ・バランスの現代的意義

1　日本的雇用慣行の弊害

　日本的雇用慣行とは、年功賃金・終身雇用・企業別組合を柱とし、新規学卒者を正社員として一括採用して企業内訓練を通じて人材育成を行い、年齢や勤続年数に基づいて昇給・昇進させ、定年までの雇用を保障する慣行であり、労使間に協調的な関係が保たれるのが通常である。安定した雇用と賃金等の上昇は、労働者の企業忠誠心を育み、企業業績に貢献することになり、こうした日本的雇用慣行が戦後日本経済の成長の基盤となったのは周知のとおりである。もっとも、3つの柱が典型的に妥当するのは、特に民間大企業の正規男性労働者であったが、社会規範モデルとみなされ、解雇権濫用法理、配転理論などの

3）労働市場専門調査会第1次報告「『働き方を変える、日本を変える』——《ワークライフバランス憲章》の策定」4頁以下参照。

労働法理論に対して一定の影響を及ぼした。しかし、1990年頃から、①経済のグローバル化を背景にした国内外の競争の激化、②少子高齢化の進展、③IT化、④女性の社会進出、⑤労働者の意識変化などによって、日本的雇用慣行が変容（終身雇用制の縮小、成果主義賃金の普及、組合組織率の低下）する一方、その弊害・矛盾が徐々に顕在化する。

　日本的雇用慣行の柱である年功賃金制と終身雇用制に適合的な働き方は男性稼ぎ頭モデルである。すなわち、男性労働者が忠実に会社のために無制約で働く代償として、扶養手当、会社厚生給付などが支給され、配偶者はこうした働き方をする夫を支えるため家事・育児・介護を担い、分業体制が整えられた。結婚・出産を期に仕事を辞めた女性が復職する場合、パートタイムなど非正規労働を選択することになり、また就労を継続する女性も男性並みに働くのは困難である。たしかに、女性の労働力率（生産年齢人口〈15～64歳〉に対する労働力人口の割合）は徐々に増加しており、M字型カーブは緩やかに変化しているが、男性に比べると約20ポイント低く（2014年：84.8％、66.0％）[4]、能力や意欲のある女性の活躍の機会を奪っているといえる。

　次に、非正規労働者の割合が高まり（37.5％〈2015年〉）、終身雇用制が縮小する傾向が見られる。女性労働者の非正規労働の割合が高いのは以前と同様であるが、男性労働者の非正規化が進んだ（雇用者に占める非正規の職員・従業員の割合：男性は21.9％、女性は56.3％）[5]。こうした雇用の二極化のため、ワーキングプア問題や非婚化・晩婚化が見られ、少子化の原因となっている。

　さらに、長時間労働はワーク・ライフ・バランスを阻害する根源的要因であり、特に男性正規社員に多くみられる。長時間労働は、仕事以外の生活に使うことのできる時間を減らし、家庭責任その他の「生活」との両立を困難にする基本的原因であるのみならず、心身の健康への影響も見られ、過労死や過労自殺、さらにメンタルな病気を有する労働者も深刻な状況にある。たしかに、年間総実労働時間自体は減少傾向にあるが、最近は1,750時間前後で推移しており、フランスやドイツに比べると約300時間長い。特に男性の週労働時間60時

4）総務省・平成26年労働力調査（基本集計）による。
5）総務省「労働力調査（平成27年）」参照。

間以上の就業者の割合を年齢階級別に見ると、子育て期にある30歳代は17.0％、40歳代は16.9％（2014年）であり、他の年代に比べ、高い水準となっている。こうした事情もあり、わが国では 6 歳未満の子供を持つ夫の家事・育児関連に費やす時間（1 日当たり）は67分であり（2011年）、他の先進国と比較して低水準にとどまっている[6]。

　年休の取得率の低さも特徴的である。労基法は、6 か月継続勤務および全労働日の 8 割以上の出勤を要件として10日の年休が付与され、その後 1 年毎に逓増して最高20日と定めている（39条）。しかし、取得率は47.6％であり[7]、また連続ではなく細切れに取得され、その使途は本来の保養に限定されず、看護、病気などさまざまな事情で取られているのが現状である。

　男性正社員の恒常的な長時間労働や、勤務地の移動を伴う配置転換・出向が可能だった背景には、専業主婦世帯が大半を占め、共働きであっても、女性が家計補助的な非正規雇用の労働者という形において世帯全体で仕事と生活を支え合う社会であった点が指摘できる。しかし、少子高齢化、経済のグローバル化、価値観の多様化、非正規労働者の増加などの下で男性稼ぎ頭モデルが縮小し、日本的雇用慣行の前提とされていた専業主婦が減少し、現在では共稼ぎ型が多数を占めるに至っている[8]。男性稼ぎ頭をモデルとする伝統的家族像はもはやその基盤が崩れており、多様な家族像を前提にせざるを得なくなっているのである。いずれにしても、新卒一括採用、終身雇用、年功序列慣行、正社員と非正規社員の大きなギャップ、そしてこの結果としての正社員の長時間労働は、多様な人材の活躍を妨げており、その是正のためにワーク・ライフ・バランスが求められているといえよう。

2　ワーク・ライフ・バランスの現代的意義

　ワーク・ライフ・バランス憲章ないしその施策には積極的な評価が見られる一方、問題点も指摘されている。例えば、「ワーク・ライフ・バランス論が企業に対して腰の引けたもの」となっており、「企業の論理を抑制して、労働者

6）以上、内閣府男女共同参画局「男女共同参画白書平成28年版」9 頁参照。
7）厚生労働省「平成27年就労条件総合調査」参照。
8）内閣府男女共同参画局「男女共同参画白書平成28年版」47頁参照。

生活の論理を重視」して労基法改正による労働時間短縮や判例変更などによる配転命令権の制約などの規制強化と転勤問題に触れていない点である[9]。しかし、これは施策に対する批判であり、ワーク・ライフ・バランス自体の重要性には共通の認識があると考えられる。以下、ワーク・ライフ・バランス憲章に基づき、その現代的意義を確認しておきたい。

第一に、ワークに偏りすぎた労働者の生活スタイルと社会構造の変革をめざす点である。憲章によると、「国民一人ひとりがやりがいや充実感を感じながら働き、仕事上の責任を果たすとともに、家庭や地域生活などにおいても、子育て期、中高年期といった人生の各段階に応じて多様な生き方が選択・実現できる社会」が展望されている。労働者の労働と生活双方の充実に資する政策と位置付けなければならない。

第二に、対象は男女両労働者であり、また家族の有無を問わず独身の男性も含まれる。今日においても現実に家庭責任を負っているのは女性であるが、本来、男性もこれを同等に担う必要があり、そのためには長時間労働の是正などが求められる。また独身者もワークに偏らない生活スタイルが望ましい。そしてこれらを通じて、すべての労働者の労働条件改善に資することになる。

第三に、働き方の見直しに通じることである。上記のとおり、男性稼ぎ頭モデルは縮小しており、これを機軸に位置付けることは妥当でない。特に伝統的な男性の働き方である長時間労働は、当該男性の生活の犠牲、健康への悪影響のみならず、家族の負担も重い。こうした男性モデルが標準とされる限り、家庭責任を負い、男性並みに働くことができない女性労働者は、パートタイムなどを選択せざるを得なくなる。現在、過半数の女性労働者が非正規労働者である一因である。このような働き方を見直し、男女ともに適正な労働条件で働くことができるよう、働き方改革は不可避である。

第四に、人生の各段階に応じて多様な生き方が選択・実現できる点である。単に一時期だけではなく、それぞれの生活スタイルに合わせた働き方となる。また、ライフの内容の多様性である。家事・育児・介護だけではなく、それぞれの個人のさまざまなライフであってよい。

9）西谷敏「今日の転勤問題とその法理」労働法律旬報1662号9頁以下（2007年）。

Ⅳ 労働法規制と労働法理論の変革

1 憲法上の根拠

ワーク・ライフ・バランスは、単なる「政策的スローガン」[10]ではなく、労働法の理念（の一つ）と位置付けられ、今後の立法政策や法解釈において意義を有する。労契法3条3項はこれを定めるが、さらに憲法上の根拠を明らかにする必要があろう。

ワーク・ライフ・バランスは、そのあり方に関して労働者の選択の自由を基本にする以上、自己決定権の根拠である憲法13条が挙げられる[11]。自己決定権の議論は1970年代末以降活発化し、これは、①「私事」に関する自己決定、②個人と他者との関係形成の際の決定のあり様に関する自己決定、③地域・自治体・国家・国際社会等の秩序形成に対する構成員の主体的決定に関わる自己決定に大別される[12]。労働契約等の労使間の自己決定は、②に位置付けられる。労働法において自己決定権が注目されるのは1990年前後であり、西谷理論を基軸として論じられてきた[13]。労働者の自己決定権に関してはさまざまな見解が主張され、批判的見解も見られるが、これを肯定する見解が多数を占めていると考えられる。

ところで、ワーク・ライフ・バランスの実現にとって重要な労働時間短縮や働き方改革は、従来の労働政策の延長と捉えることが可能であり、自己決定権を積極的根拠にする必要はないとも考えられる。それにもかかわらず、これを

---

10) 高橋賢司「『ワーク・ライフ・バランス』議論で忘れられていること」労働者の権利282号58頁（2009年）は、「私生活領域は仕事と切り離して原則的に尊重されなければならない領域であって、最初から仕事との調和が理念として求められ」ず、ワーク・ライフ・バランスは「政策的なスローガン」にすぎないと指摘する。たしかに、プライバシーなどの「私生活の確保」自体が憲法上の要請であるとしても、仕事と生活とは密接な関係にあり、また労働者は労働契約に基づく拘束がある点を考慮すると、両者間のバランスを図り、ワーク面を規制する理念と捉えるのが妥当である。

11) 根岸忠「ワーク・ライフ・バランスにおいて労働者の家族利益は保護されるべきか」『家族法と社会保障法の交錯（本澤還暦記念）』376頁以下（信山社、2014年）等。

12) 吉村良一「なぜいま『自己決定権』か」法の科学28号77頁以下（1999年）、笹倉秀夫「自己決定権とは何か」松本博之＝西谷敏編『現代社会と自己決定』5頁以下（信山社、1997年）参照。

13) 西谷敏『労働法における個人と集団』55頁以下、77頁以下（有斐閣、1992年）。

根拠にするのはなぜであろうか。

　第一に、今後の労働者像のあり方として、単なる保護の客体ではなく、自立した労働者として自己のワークとライフを規制していくことを想定するならば、自己決定権を根拠にするのが適切なためである。周知のとおり、労働者像に関しては、従属労働を基本とする伝統的労働者や自立した労働者など多様な考えが提唱されている。最近、有力となっている後者には、自己決定権を基本に据える西谷説[14]や「サポートシステム論」に基づく菅野・諏訪説[15]などバリエーションがあり、これらに対する批判[16]も加えられている。ここで留意すべきは、将来を展望すると、パターナリスティックではなく自立した労働者を措定する必要がある点である。ワーク・ライフ・バランスにおける自己決定の特徴は、使用者との関係＝労働契約関係での制約、および強行法規（労働基準法等）の枠内という点である。特に前者では、ワーク面での契約の拘束があるとともに、労働者は対等・平等な決定ができない地位（従属的地位）に置かれており、自立し難いのが現状である。しかし、将来的にはこうした状況の変革が求められ、それゆえにこそ実質的な自己決定を保障し、かつ労働者が望むあるいは望ましい選択の自由を担保するには国家の規制ないし支援が不可欠といえる。すなわち、労使の自己決定を制限しつつ最低基準を設定して適正な労働条件を保障することを通じて労働者の真の自己決定が可能になるであろう。この点で、憲法27条や憲法14条もワーク・ライフ・バランスの憲法上の規範的根拠として挙げられる[17]。さらに組合の役割も重要である。長時間労働や低賃金、不安定雇用の状況では、労働者が充実した仕事と生活を享受できないのは明白であろう。

　第二に、日本的雇用慣行の前提が崩れてきており、使用者の広範な裁量を認めるのが不適切な状況となっているが、これを是正して労働契約レベルでの実質的な対等決定（労基法2条、労契法1条・3条1項）を実現して労働者の意思の

---

[14] 西谷敏『規制が支える自己決定』211頁以下（法律文化社、2004年）。
[15] 菅野和夫・諏訪康雄「労働市場の変化と労働法の課題――新たなサポートシステムを求めて」日本労働研究雑誌418号2頁以下（1994年）。
[16] 和田肇『人権保障と労働法』255頁以下（日本評論社、2008年）、同『労働法の復権――雇用の危機に抗して』156頁以下（日本評論社、2016年）が詳しく分析する。
[17] 浅倉・前掲注1）48頁は、法規範的根拠として、労使対等決定原則（労基法2条1項、労契法3条1項）とともに、憲法13条と14条を挙げる。

尊重を根拠づけるには、労働者の自立を重視する立法政策や法解釈が求められ、これには自己決定権がふさわしいためである。

　ワーク・ライフ・バランスを自己決定権に淵源する労働法の理念と捉えるとしても、特定のモデルが強要されるのではなく、あくまでも労働者の選択が基本となる点はいうまでもないであろう。したがって、ワークを重視する働き方、あるいはライフを重視する働き方のいずれも否定されない。しかし、ワーク・ライフ・バランスが、ワークに偏重した状況を改め、ライフの充実を通じてワークの規制をめざしている点は再確認しておく必要がある。

　労働法は、伝統的に労働者の生命・健康を守るために過重な労働を規制することを目的とする。すなわち、労働の場面が規律の対象となり、私生活は直接の対象ではない。労働時間規制と私生活時間とは密接な関係があり、労働時間短縮によって私生活が充実する関係にあるが、私生活充実のために労働時間を規制するとの逆の発想は、これまで希薄であった[18]。従来、家庭面に関して、育児・介護のほか配転・時間外労働で法的な考慮がなされてきたが、これは権利濫用との例外的考察にすぎなかった。使用者の権限が及ばない私的領域の確保の重要性には留意を要するとしても[19]、ワーク・ライフ・バランスを踏まえて生活面からの規制の必要性が労働法において従前よりも重視されると、労働法理論の修正の可能性が生まれよう。

2　具体的規制のあり方

(1)　労働時間

　長時間労働と不規則労働は、ワーク・ライフ・バランスにとって最大の障害であるのみならず、過労死など深刻な問題を発生させており、その是正は不可欠である。まず8時間労働制の意義を再確認する必要がある。1日が、8時間労働、8時間睡眠、8時間自由時間に区分され、8時間労働制は、健康保護と自由時間の確保の点においてワーク・ライフ・バランスの原点ともいえる。したがって、最低でも原則8時間労働の規制確保を基本に据える必要がある。

18）浅倉・前掲注1）論文42頁以下参照。
19）島田陽一「労働者の私的領域確保の法理」法律時報66巻9号48頁（1994年）参照。

労基法上まず問われるのは、時間外・休日労働規制である。時間外・休日労働は、一部で禁止・制限されているが（禁止：年少者・妊産婦〈請求による〉労基法60条1項・66条2項。制限：坑内労働・有害業務〈1日2時間まで〉同36条1項但書、家族的責任を有する労働者〈1か月24時間、1年150時間以内、小学校就学前の子を養育する場合、請求による〉育介法17条・18条）、①災害時の臨時の必要（労基法33条1項）、②公務のための臨時の必要（同条3項）、③三六協定締結（36条）の場合、適法になし得る。三六協定による場合の最大の問題は強行性を有する上限規制がない点である。1998年改正により、指針の目安時間にすぎなかった上限規制が労基法上規定されたため（36条2項・4項）、厚労大臣が時間外労働の上限を「基準」として設定し、労基署長が必要な指導・助言を行うことになった。しかし、上限を超えた労働自体が禁止されず、せいぜい時間外・休日労働命令が権利濫用に該当するとの規制しか導きだされない[20]。そもそも8時間労働が原則であり、時間外・休日労働は例外的に許容されるにすぎないとの立法趣旨を重視するならば、立法上、上限時間の短縮のみならず、上限規制に強行的効力を与え、さらにこれが許容される事由の限定が必要であろう。上記上限時間を超える特別条項も許容されているが、これは、廃止が検討されるべきである。

　第二に、休息時間（勤務間インターバル）の導入である。これを採用するEUでは一定の休息時間が確保されており、日本でもその導入が主張されている[21]。上記の時間外・休日労働の規制を強化すれば、その必要性は相対的に低下するとはいえ、やむをえない事情で時間外・休日労働が行われる点や拘束時間の規制がない点を踏まえると、その必要性は肯定できよう。

　第三に、労働における自己決定であり、これに関連する制度として、フレックスタイム制と裁量労働制が挙げられる。フレックスタイム制は、各日の出勤と退勤の両方の時刻を労働者の自由な決定に委ねる制度であり、「労働者がその生活と仕事の都合との調和を図りながら効率的に働くことができる制度」として、1987年労基法改正において導入された。使用者が各日の労働時間を決定

---

20) なお、川口美貴『労働法』269頁（信山社、2015年）は、上限規制に強行的効力を認める。
21) 濱口桂一郎「勤務間インターバル規制の意義——EU労働時間指令と日本」労働の科学70巻10号580頁以下（2015年）、池添弘邦「勤務間インターバル制の実情と課題」労働の科学70巻10号584頁以下（2015年）。

する変形労働時間制とは異なり、本来、労働者にとって望ましい勤務形態といえる。しかし、導入率は4.3%と著しく低いのが現状である。1,000人以上の企業では21.7%と高いのに対し、企業規模が小さくなるほど低くなる（100～299人：6.9%、30～99人：2.2%）[22]。JILPTによるフレックスタイム制適用者に対する調査[23]によると、現行制度について「このままでよい」という回答が82.5%であり、「見直すべき」は15.2%である。見直すべき点として、「コアタイムをなくすべき」が40.0%で最も高く、「清算期間を長くすべき」（19.5%）、「コアタイムを短くすべき」（15.7%）、「出退勤管理を緩やかにすべき」（14.6%）となっている。「清算期間を長くすべき」と回答した者の中では、「概ね3か月程度」が41.7%で最も高い。利用しやすい制度に変更すべきである。

　他方、裁量労働制は、1987年の導入以降、制度内容の詳細化・適用業務の拡大が徐々に進められてきた。裁量労働制とは、業務の性質上その遂行方法を大幅に労働者に委ねる必要がある一定の業務について、労使協定で定める時間を労働したものとみなす制度であり、労働者が定められた時間に拘束されず、業務遂行方法等を自己の裁量で決定し得る点で自律的な働き方を可能にするといわれている。現在、専門業務型（38条の3）と企画業務型（38条の4）の二つが法定されている。裁量労働制は、要件が厳しくて使いにくいとの批判が経営側からなされ、「時間ではなく成果で評価される」制度として「高度プロフェッショナル制度」の導入が企図されているが、真に労働者の裁量が確保されるかなど問題点が少なくない[24]。裁量労働制のみならずフレックスタイム制においても業務量が適正であることが前提であり、労働組合等による規制が不可欠である。

(2)　年休制度

　年休制度の改正は、①最低付与日数を6日から10日へ引き上げ、計画年休を導入する（1988年）、②初年度の継続勤務要件を1年から6か月に短縮する（1994年）、③2年6か月を超える継続勤務期間1年毎に2日ずつ増加する

---

22)「平成27年就労条件総合調査結果」参照。
23)「裁量労働制等の労働時間制度に関する調査結果」18頁以下（JILPT調査シリーズNo.125、2014年）。
24)　名古道功「労働基準法（労働時間規制）改正案の検討」季刊労働法251号50頁以下（2015年）参照。

(1999年)、④労使協定により1年に5日分を限度として時間単位で取得可能とする（2010年）として行われてきた。これは、制度内容の充実や取得しやすさを目的とするが、取得率は50％前後で推移しており、奏功していないのが現状である。

2015年に上程された労働時間改正案では、年5日以上の年休の取得を確保するために、使用者による時季指定制の導入が企図されている。ただし、労働者が時季指定した場合や計画的付与がなされた場合、あるいはその両方が行われた場合には、それらの日数の合計を年5日から差し引いた日数について使用者に義務づけるものとし、それらの日数の合計が年5日以上に達したときは、使用者は時季指定の義務から解放される（39条新7項・8項）。こうしたやり方は、正社員の約16％が年休を取得しておらず、また年休をほとんど取得していない労働者に長時間労働の割合が高い実態があるためである。一定日数に限定されているとはいえ、自由年休と計画年休とは全く異なる制度である。たしかに、年休を強制的に取得させる必要性は存するとしても、これだけでは不十分であるのは明らかであり、計画年休の普及などの方策を一層推進する必要がある。[25]

(3) 働き方改革

ワーク・ライフ・バランス憲章において、「生活の不安を抱える正社員以外の労働者が大幅に増加する一方で、正社員の労働時間は高止まりしたまま」という「働き方の二極化」が指摘されている。検討会議報告書によると、その問題点として、「企業の雇用管理がいわば拘束度の高い正社員と拘束度の限定的な非正社員に二極化していること、働く者もそれを前提に世帯の生活費を確保するための主要な稼ぎ手と育児・介護等家族的責任を担うパートナーというように働き方の二極化を余儀なくされていることがあって、主要な稼ぎ手にとっても、そのパートナーにとっても、自律的な働き方の選択が制約されている」点が挙げられている。そしてこれに関連して、「多様な働き方」が提唱される。ワーク・ライフ・バランス憲章では特に定義されていないが、検討会議報告書によると、「労働時間、仕事の場所や内容等を異にする多様な働き方」と説明

---

[25] 武井寛「年休の制度と法理」（本巻第11章）参照。

される。すなわち、時間と場所に拘束される従前の典型的な働き方とは異なり、その自由度の増した働き方といえる。具体的には、短時間勤務、在宅勤務などである。またアベノミクスを立案する「日本再興戦略会議」では、「多様な正社員」が提唱されている。これは、多様な働き方の一形態であり、「職務等限定正社員」＝ジョブ型正社員が挙げられ、①職務、②勤務地、③労働時間（フルタイムであるが時間外労働なし、フルタイムでなく短時間）のうちいずれかの要素（または複数の要素）が限定されている正社員と定義される。周知のとおり、こうした正社員は、雇用管理区分に基づく一般職、勤務地を一定のエリアに限定した社員などの態様で以前から存在していた。それにもかかわらず提唱されるのは、①非正社員の雇用安定、②ワーク・ライフ・バランスが達成できる働き方の定着、③女性・高齢者の積極的な活用、④自身のキャリア・強みの明確化と外部労働市場の形成・発展のためである。

　これまで派遣労働、パートタイム、有期契約などの雇用形態の多様化が進められ、それがワーキングプアの増加等のみならず、上記のとおりワーク・ライフ・バランスを阻害し、少子化などの要因でもあった。ワーク・ライフ・バランス憲章や日本再興戦略会議では、一応その弊害の是正をめざして提案されているといえよう。同憲章では、「『ディーセント・ワーク（働きがいのある人間らしい仕事）』の実現に取り組み、職業能力開発や人材育成、公正な処遇の確保など雇用の質の向上につなげることが求められている」と指摘する。「多様な正社員」では、①均衡処遇、②転換制度、③労働条件の明示等が挙げられている。

　労働者が主体的に多様な働き方を選択できるのは、ワーク・ライフ・バランスにとって重要なことである。またジョブ型正社員は、欧米では一般的な形態であり、「無限定正社員」とは異なり職務内容等が明確であり、ワーク・ライフ・バランスの実現の観点からも本来は望ましい働き方といえ、非正規労働者がステップアップして良好な労働条件の享受を可能にする。さらに、ライフステージに応じた働き方の選択が可能となるであろう。しかし、これが労働者の望む選択となるためには、適正な労働条件であるという前提条件が不可欠である。具体的には、同一価値労働同一賃金原則、最低賃金規制、中立的税制、雇用保険など社会保障制度の充実、転換制度などであり、真に実効性のあるものでなければならないであろう。留意すべきは「多様」な働き方が企業主導でな

されないようにすることである。そうでないならば、ワーク・ライフ・バランスの憲法上の根拠である労働者の自己決定に反する結果になるであろう。

さらに問題なのは、「無限定正社員」への対応である。無限定正社員は、「終身雇用」等と引き換えに、長時間労働、転勤命令等の「無限定な」働き方を受け入れてきたが、こうした働き方に対する抜本的な改善策が提示され、ジョブ型正社員との格差が縮小されないと、無限定正社員、ジョブ型正社員、非正規労働者という三極構造を固定化しかねず、ジョブ型正社員は、女性や高齢者が多数を占め、人員調整しやすい「第二正社員」になりかねない。[26]

(4) 育児介護休業制度の拡充

育児介護休業制度は、ワーク・ライフ・バランスにおいて中心的施策であり、制度導入後、徐々に充実が図られてきた。具体的には、①育児・介護休業期間の延長（現在、特定の場合1歳6か月まで）、②雇用保険法による給付金制度の導入・引上げ、③育児休業中の健康・年金保険料の全額免除、④時間外・深夜労働の制限、⑤有期雇用労働者への適用、⑥配置に関する配慮規定の新設（育介法26条）、⑦勤務時間短縮措置の拡大、⑧介護休業の取得回数制限の緩和、⑨看護・介護休暇制度の新設などであり、最近では、①看護・介護休暇の半日単位の取得、②有期雇用労働者の取得要件の緩和、③介護休業の分割取得などの改正がなされた（2017年1月1日施行）。また、次世代育成支援対策推進法が制定され（2005年）、育児などに関する一般事業主行動計画策定・実施が企業に義務化された（100人以下は努力義務）。[27]さらに、広島中央保健生活協同組合事件最高裁判決（最一判平26・10・23民集68巻8号1270頁）は、妊娠・出産等を理由とする不利益取扱いを禁止する均等法9条3項を強行規定とみなし、妊娠中の軽易業務への転換を契機とする降格措置を原則として違法とし、いわゆるマタニティ・ハラスメントに対して厳格な判断を下した。[28]

今後の重要な課題は、男性の取得促進である。この間、育児休業に関して、

---

26) 名古道功「労働をめぐる法と改革思想」民科法律部会編『改憲を問う』191頁以下（日本評論社、2014年）参照。
27) 詳細は、柴田洋二郎「育児介護休業法の課題」（本巻第12章）参照。
28) 細谷越史「労働法上の権利行使と不利益取扱いの禁止」（本巻第13章）参照。

①母（父）だけでなく父（母）も育児休業を取得する場合、休業可能期間が1歳2か月に達するまで（2か月分は父（母）のプラス分）に延長する（「パパママ育休プラス」）、②配偶者の出産後8週間以内に父親が育児休業を取得した場合、特別な事情がなくても再度の取得が可能となる、③労使協定を定めることにより、配偶者が専業主婦（夫）や育児休業中である場合等の労働者からの育児休業申出を拒める制度を廃止し、専業主婦（夫）家庭の夫（妻）を含め、すべての労働者が育児休業を取得できるなど、取得しやすい制度が導入された。しかし、その取得率は、2.3％（民間企業）、3.1％（国家公務員）、1.5％（地方公務員）とわずかである[29]（2014年）。取得の意向があったにもかかわらず取得しなかった男性は、その理由として「職場が育児休業制度を取得しづらい雰囲気だったから」「日頃から休暇を取りづらい職場だったから」などを挙げる[30]。このことからも、休業や休暇の取得のしやすさが重要であることがわかる。政府は、「2020年までに育休取得率13％」という目標を掲げるが[31]、育児・介護休業取得に関連する人事評価制度の改善を含めた企業の人事政策・環境整備のみならず、出産や介護に伴う離職防止策や休業期間中の収入減少の緩和、さらに保育士・介護士の労働条件の改善など、抜本的な制度改正が求められる。

(5) 労働契約法理におけるワーク・ライフ・バランス

周知のとおり、私生活との関係が考慮されてきたのは、配転法理および時間外労働義務法理である。東亜ペイント事件最高裁判決（最二判昭61・7・14労判477号6頁）は、使用者の広範な配転命令権を肯定し、権利濫用をごく例外的にしか認めない法理を構築した。また日立製作所武蔵工場事件最高裁判決（最一判平3・11・28民集45巻8号1270頁）は、一定の条件付きとはいえ就業規則等に基づく時間外労働命令権を認めた。こうした判例法理は、家庭生活等の私生活への影響が大きく、ワーク・ライフ・バランスに反する結果になる点が最大の問題である。

---

[29] 内閣府男女共同参画局編『男女共同参画白書平成28年版』49頁参照。
[30] 「平成25年度育児休業制度等に関する実態把握のための調査研究事業報告書」（厚生労働省委託調査研究）47頁。
[31] 「仕事と生活の調和推進のための行動指針」（平成19年12月18日仕事と生活の調和推進官民トップ会議策定、平成28年3月7日一部改正）参照。

転勤に関して人事制度の変容が見られ、特に労働者の意向やキャリアを尊重する制度に注目すべきである。具体的には、第一に、自己申告制度である。これは、社員が仕事やキャリアなどに関する希望を申告する制度であり、社員の希望に沿った配置や異動などに利用される。第二に、社内公募制度である。これは、担当する業務内容をあらかじめ明示し、その業務に従事したい社員を社内から広く募集する制度であり、会社主導型の配置・異動とは異なる。第三に、キャリアの多元化・複線化である。同一企業の従業員であっても従業員層を一定の基準で区分けしたキャリア管理（雇用区分の多元化）が行われており、マネージメントおよび高度の専門能力を生かすキャリアの二つに分ける、また転勤の有無により複数のキャリアを用意するなどの制度がある。第四に、特に労働者への影響が大きい転勤に関して、転勤者の選定の際に、子供の教育・進学や家族の病気といった本人の家庭事情に配慮することである。なお、育児介護休業法26条の配慮義務を考慮して、上記最高裁判例法理を修正する下級審判例が現れている[32]。

　時間外労働義務に関する日立製作所武蔵工場事件最高裁判決も、労働者の私生活を軽視する点で問題であり、ワーク・ライフ・バランスを規定する労働契約法3条3項の趣旨を尊重するならば、東亜ペイント事件最高裁判決とともに見直しが強く求められる。

V　おわりに

　日本では、男性（夫）が働き、女性（妻）は家事・育児・介護を担うとの役割分担による男性稼ぎ頭モデルを前提として雇用システムが構築された。しかし、女性の社会進出、非正規雇用の増加、終身雇用制の縮小、賃金制度の変更（成果主義賃金の増加）などその変容が顕著であり、実情から乖離している。新たな雇用システムに基づく雇用社会を展望しつつ労働法の役割を考える必要があり、ワーク・ライフ・バランスは有力な示唆を与えてくれるであろう。

　家族形態の多様化や少子高齢化の進行は、ワーク・ライフ・バランスを重視

---

32) 名古道功「人事異動」西谷敏＝根本到編『労働契約と法』205頁以下（旬報社、2011年）参照。

する政策を必然化させている。男性稼ぎ頭モデルを標準とすることは、現状にそぐわないだけではなく、家庭責任を女性に負わせその労働の価値を低める点で雇用平等の理念に反する。たしかに、年齢、性、家族の有無などそれぞれの事情に応じてライフスタイルは異なり、国家による法律等を通じた特定のモデルの強要が許されないのはいうまでもない。重要なのは、個人の主体性を基本に据えつつ、労使交渉も含めて社会的に望ましいあり方を構想することである。ただし、個人のライフスタイルの選択を妨げているルールや制度の見直しは不可避であり、その際、法律等の役割を軽視すべきではない。ワーク・ライフ・バランス憲章は、国・自治体、企業、労働者の責務を定めているが、自主性を基本にして実現させることは困難であり、国の規制が不可欠といえる。

　最近、育児介護休業制度の充実、均等法の強化、パートタイム労働法や労働契約法における均等処遇など、従前の雇用システムの修正を促進する法律や政策が講じられているが、課題も少なくない。パートタイムや派遣労働をワーク・ライフ・バランスにとって望ましい働き方と位置付けるには、処遇面のみならず、社会保障制度など多面的な観点からの検討が求められる。

　ワーク・ライフ・バランスは、「雇用労働」と生活との調和をめざす考え方であり、望ましいライフスタイルを実現するために「雇用労働」のあり方を問い直すとの問題提起が含まれている。これは、現在の加重労働や女性にとって働きにくい就労環境などに鑑みると重要な意義を有する。他方、「雇用労働」は労働者の生活の基礎として中心を占めるが、ライフに含まれる家事・育児・介護、ボランティアなどにも社会的に価値のある「労働」が存する。将来的には、「雇用労働」を相対化し、人生の各段階においてそれぞれのライフスタイルに合わせて他の「労働」や学び直しなどを選択しても不利にならない社会を展望する必要があろう。こうした社会においてはじめて、それぞれが時間・働き方・「労働」を自由に融通できる。この点からして、「移行型市場」[33]や「交差点型社会」[34]を労働法の観点から検討することが今後の課題といえよう。

（なこ・みちたか　金沢大学人間社会学域法学類教授）

---

33) ギュンター・シュミット「労働の未来――工業社会から情報社会へ」（布川日佐史訳）季刊労働法194号29頁以下（2000年）参照。
34) 宮本太郎『生活保障　排除しない社会へ』（岩波新書、2012年）参照。

第3部　ワーク・ライフ・バランス

第11章　年休の制度と法理

武井　寛

はじめに

　日本における年次有給休暇（年休）[1]に関する権利および法制度の歴史は労基法の制定（1947年）とともに始まり、その歴史はすでに70年ほどになる。この間、1987年、1993年、1998年、2008年の労基法改正を経て、現在の姿になった。

　年休理論は、実態としての取得率の低さを背景としつつ、①制度趣旨（目的）、②権利の性格ないし法構造[2]、③利用目的、④取得を理由とする不利益取扱い、⑤計画年休制度、⑥その他（繰り越しの可否等）につき、さまざまに展開されてきた。もちろん、たとえば一斉休暇闘争に関する議論のように、①の理解の仕方如何によって③が制約され得るといった具合に、これらの問題は相互に関連している。

　現段階における年休の制度と理論の課題が、その完全取得へ向けた議論の喚起にあることは明らかである。本章は、制度と実態の推移を確認したうえで、主として②と⑤に焦点をあてて議論を振り返りながら、年休取得率向上に棹さす立論を試みることを目的とする。なお、②と表裏一体の関係にある④については、本巻に独自の論考が予定されている[3]ので、そちらに譲る。

---

1) 以下、本章における「年休」とは、労基法39条に定める法定年休のことをいう。
2) 公務員の場合は、たとえば国家公務員は一律年間20日で8割出勤を要件としないなど制度上の違いがあり、独自の考察が求められるが、本章は民間労働者についてのものである。

I 制度と実態の推移概観

1 制定当初

　1947年制定当初の労基法の年休に関する規定（39条）は、①雇入れ後1年間継続勤務し全労働日の8割以上出勤した労働者への「継続し、又は分割した」6労働日の年休付与、②1年を超える継続勤務年数1年ごとの1労働日加算（上限20日）、③年休は「労働者の請求する時季」に与え、当該期間について平均賃金を支払うべきであるが、請求された時季に有給休暇を与えることが「事業の正常な運営を妨げる場合」は他の時季にこれを与えることができること、④労災による休業期間・産前産後休業中の出勤みなし、を規定していた。その後1952年の改正により、年休手当の算定方式に関する条項が③と④の間に挿入されたほかは、以後1987年の改正まで、この出発点における姿のままであった。

　この制度の日本的特徴（(イ)休暇の連続付与が義務づけられていないこと、(ロ)前年度の全労働日の8割出勤が年休権取得の要件とされていること、(ハ)年休権の具体化がもっぱら労働者個人の「請求」に委ねられていること）もまた、出発点における姿を維持していたが、1987年、(ハ)の年休権の具体化につき計画年休方式を導入するなどの大きな改正がはかられた。

2 1987年・1993年改正

　国際的な経済摩擦を背景とする1985年の労働基準法研究会報告は、日本の年休制度は「欧米諸国の法制に比しかなり特色のあるもの」となっているが、年休制度は国ごとの「雇用慣行、生活習慣等によって強く影響される制度」であり、「欧米諸国の制度にそのままならうことは必ずしも適当でない」との認識の下、年休付与の要件については現行制度でさしつかえないとし、勤続年数が

3）本巻第13章の細谷論文を参照のこと。
4）なお、未成年者については、最低年休付与日数が12労働日とされ（72条）、これは現在も変わっていない。
5）ILO52号条約（1936年）2条は、6労働日を超える場合にかぎって当該超過分の分割を認めていた。
6）労働法律旬報1135=6号71頁以下（1986年）参照。

１年増加するごとに日数が１日ずつ増加すること、連続取得については「現段階で法的に強制すること」は適当ではないとされた。しかし、①最低付与日数の増加（10日程度）、②所定労働日数の少ない労働者への比例付与、③一定の日数を超える日数についての労使協定による計画的付与制度、④取得に対する賃金上の不利益取扱いは年休制度の趣旨に反するので是正すること（この不利益取扱いは刑事罰の対象でないことは明言されている）などを提言した。

この労働基準法研究会報告を受けて、1987年の労基法改正では、①について10日とすること、②および③の導入、そして④については不利益取扱いの禁止規定の新設（附則134条［現136条］）がなされた。そして、現行制度でさしつかえないとされた年休付与要件については、1993年改正により、継続勤務１年から６カ月へと短縮された。

3　1998年・2008年改正

1995年の労働基準法研究会報告[7]では、ある程度まとまった日数の連続取得が望ましいとして、「例えば５日間を連続した不可分のものとして付与すること」や、取得促進にとって有効な「使用者が労働者の休暇取得時季の希望を聴取した上で休暇時季を調整する」ような方法が普及するための方策についての検討、ILO132号条約の水準（３労働週）への最低付与日数の引き上げの検討を求め、病気休暇制度の在り方についても議論を深める必要があると言及していた。

しかし、1998年改正では、法定付与日数の増加ペースが速められるにとどまった（６カ月勤続勤務で10日、１年半で11日、２年半で12日というところまでは変わりないが、その後３年半で14日、４年半で16日、５年半で18日、６年半で20日）。

その後、2008年改正では、労使協定の締結を条件に、５日を上限として時間単位での年休を取得することが可能とされた。

4　年休の付与・取得状況[8]

政府の「就労条件総合調査結果」によれば、2014年における年休付与日数

7）労働法律旬報1370号49頁以下（1995年）参照。
8）以下の数値は、1980年から2001年までは小倉一哉『日本人の年休取得行動』46頁以下（日本労働研究機構、2003年）、その後は各年版の「就労条件総合調査結果」による。

（企業規模計）は、労働者1人あたり平均18.4日（繰り越しは含まない）、取得した日数は8.8日で、取得率は47.6％となっている。

付与日数（企業規模計）の1980年からの変化をみると、1980年代は14.4日（1980年）から15.1日（1987年）と15日前後で推移しているが、おそらく1987年の労基法改正による付与日数の増加の影響であろう、1988年（15.3日）から2002年（18.2日）まで一貫して増加した。2003年以降は2013年の18.5日をピークに、およそ18日前後で推移して現在にいたっている。

取得日数の変化を同様に観察してみると、1980年は8.8日であったところ、80年代半ばに8日を下回る（最低は1986年の7.5日）が、90年代に入り再び増加に転じ（最高は1995年の9.5日）、2000年に9.0日を下回った（8.9日）あとは、ほぼ9.0日前後で推移している。

取得率について言えば、1980年の61.3％をピークとして80年代前半は55％超で推移するが、85年に51.6％に低下したあとは、92年・93年の56.1％、95年の55.2％を除けば、99年までほぼ50％台前半を保っていた。しかし、2000年に50％を切って49.5％を記録したあと、2014年にいたるまで40％台後半にとどまっており、「異常事態」[10]との指摘もある。

この間、行政主導により、年休取得状況の改善を含む長期休暇定着を目指してさまざまな施策が図られてきたが[11]、目立った結果を示せていない。そこで、政府が、使用者による年休付与の義務付けを法定すべく、労基法改正を日程にのせたのが現段階である。

---

9) 取得率について、「就労条件総合調査結果」における数値は当該年における付与日数に繰り越し分が含まれていないことに留意すべきである。繰り越し分を含めた付与日数をもとに計算（できたとして）すると、実質的な取得率はさらに低下することが推測される。

10) 野田進「年休制度の見直しの方向——付与日数拡大から取得日数拡大へ」季刊労働法214号39頁（2006年）。

11) 計画的消化指導をはかった1978年の通達（昭53・5・25発基56号、昭53・6・23基発355号）に始まり、連続休暇取得促進要綱（1990年7月）、ゆとり休暇推進要綱（1995年7月）、長期休暇制度と家庭生活の在り方に関する国民会議報告書（2000年7月）、職業生活活性化のための年単位の長期休暇制度等に関する研究会報告書（2004年6月）、「仕事と生活の調和に関する検討会議」報告書（2004年6月）等、多くの文書がある。

5　2015年改正案

　政府は、2015年2月13日に厚労省労働政策審議会によりとりまとめられた「今後の労働時間法制等の在り方について（報告＝建議）」にもとづき、同年4月3日、労働時間規制の適用除外制度や企画業務型裁量労働制度の拡大等を内容とする労働基準法改正案（以下2015年労基法改正案という）を、第189回通常国会に上程した。同会期においてこの法案は審議に入ることなく終了したが、継続審議となり、第192国会（臨時会）でも審議されないまま閉会を迎えた（2016年12月）。

　同法案への全体としての評価は本章の課題ではないが、年休制度に限ってその内容をみれば、注目すべき内容が盛り込まれている。すなわち、使用者による年休の時季指定義務の法定化である。年休の完全消化が進まないのは労働者に時季指定権を与えている日本の年休制度に起因しているとして、年休の完全消化実現のために、時季指定義務を使用者に課すことが提案されていたところであったが、その具体化へと一歩進んだことになる。

　その内容は以下の3点にまとめることができる（建議の要旨抜粋）。

　㈎年休付与日数が10日以上の労働者を対象に、「年5日については、使用者が時季指定しなければならないことを規定すること」、㈏労働者の時季指定や計画的付与により年休取得がなされた場合、「それらの日数の合計を年5日から差し引いた日数について使用者に義務づけるものとし、それらの日数の合計が年5日以上に達したときは、使用者は時季指定の義務から解放されるものと

---

12) 全体としては労働時間規制の緩和であり、批判も多い（法案そのものを検討したものとして、名古道功「労働基準法（労働時間規制）改正案の検討」季刊労働法251号48頁以下（2015年）、および同論文で引用された文献、法案にいたる前段階のうごきを検討した一例として、労働法律旬報1823号（2014年）の「特集　労働時間法制の規制緩和」等を参照）。

13) 政府の経済財政諮問会議・労働市場制度改革専門調査会第1次報告（2007年）では、2017年度までに年休の100％取得が掲げられ、これによって、完全週休二日制の定着等と合わせ、日本の年間休日数（週休日＋週休日以外の休日＋年次有給休暇取得日数）が、2006年の約118日から、欧米主要国の平均137日に相当する水準となるとされていた。なお、ここでも「いつ休暇をとるかを第一次的に労働者の時季指定に委ねている現行法制の在り方」の見直しが提起されていた。

14) 早い時期のものとしては、野村晃「年休制度の現実と展望」『青木宗也先生還暦記念論文集　労働基準法の課題と展望』307頁（日本評論社、1984年）。最近のものとして、水町勇一郎「労働時間法制の課題と改革の方向性」『労働時間改革』138頁（日本評論社、2010年）。同書20頁（鶴光太郎）も参照。水町勇一郎＝連合総研『労働法改革』62頁（日本経済新聞社、2010年）も同趣旨を説く。

すること」、(ウ)時季指定にあたり使用者は、①時季に関する意見を聴き、②時季に関する労働者の意思を尊重するよう努めなければならないことを省令に規定すること。

　これは、ヨーロッパ諸国で行われている年休日の決定方法を限定的に導入しようとするものといえよう[15]。要するに、労働者の時季指定、計画年休または使用者の時季指定のいずれかにより、必ず年5日は年休の消化をはかろうというものである。年5日で全体としての年休取得率が向上するかどうか定かではないが、上記建議によれば、「いわゆる正社員の約16％」が年休ゼロ取得であり、「ほとんど取得していない労働者については長時間労働の比率が高い実態にあること」を念頭においた施策であり、ターゲットは年休をほとんど取得していない労働者であることがわかる。

6　年休取得を阻む要因

　従来から、年休取得率の低さの原因として、病気や急な用事のために一定日数を残しておきたい、年休取得によるキャリアや賃金上の不利益への懸念といった労働者の意識、不十分な要員配置の問題が指摘されてきた。近年の経済学的分析によれば、これらに加えて、業種や企業規模、労働者の企業内における地位、地域労働市場、職場における労働組合の存在、そして家族状況によって、年休取得行動が負の影響を受けるという[16]。労働組合の関与の希薄さも指摘されている。すなわち、能力主義的な労働者間競争と企業による労働者の選別的な個人処遇とを規制することに労働組合がなかなか踏み込めておらず、残業を引き受けるか、年休を返上するかといったことがらが、労働者個人の選択に委ねられてしまっていることである[17]。

　これらの指摘をふまえれば、取得率の向上をはかるためには、一定日数を残しておきたいという労働者の年休取得への消極的意識を払拭する、年休以外の休暇・休業制度の充実がまずは求められる。育児・介護休業制度は一定の充実をみせてきており、年休取得の観点からも肯定的に評価すべきであろう。私傷

---

15) 山口浩一郎ほか編『変容する労働時間制度：主要五カ国の比較研究』（日本労働協会、1988年）参照。
16) 小倉・前掲注8）238頁。
17) 熊沢誠『働き者たち泣き笑顔』39頁（有斐閣、1993年）。

病にもとづく休業については、日本では個別企業の取り組みにとどまり、公的なそれはまったく未整備の状況であり、制度整備がなされないかぎり、細切れ年休および未消化年休の問題は解消されないであろう。また、年休取得に関する労働者集団の関与のあり方も、年休の計画的取得・消化について、労働組合の積極的参加が望ましいことはいうまでもないが、労働組合以外の調整ルートの制度的確保も課題となろう。労働者個人の希望をふまえた年休の計画的取得・消化の問題は、職場における労働者代表制度構築の必要性の一つでもある。

II 年休法理の現在

1 年休の制度趣旨

休息の意義をもつ労働からの解放時間は、単位勤務の途中に設けられる「休憩」、単位勤務と単位勤務との間に存在する非拘束時間、原則として週ごとに設けられる「休日」があるが、これらと異なる年休独自の「休息」としての意義は、多くの指摘のとおり、次のところにある。①1年を単位期間としてそのなかで一定のまとまりをもった日数を取得しうること、②労働者の意思を反映しうること、③休暇期間中の所得保障がなされること、である。

このような意義をもつ年休の制度趣旨については、労働力の維持培養との考え方が示され、功労報償的性格を指摘する裁判例も存在するが、こんにち、少なくとも学説上は、憲法27条の休息権に基づき、一定期間にわたり労働からの

---

18) そこで、そのためにまず年休が利用される（野田進『「休暇」労働法の研究』114頁（日本評論社、1999年））。
19) 日本国憲法27条2項は「賃金、就業時間、休息その他の勤労条件に関する基準は、法律でこれを定める」と規定するが、同憲法の内容に大きな影響を与えたとされる、鈴木安蔵等が参加した「憲法研究会」による「憲法草案要綱」が「国民権利義務」の9番目に「国民ハ休息ノ権利ヲ有ス国家ハ最高八時間労働ノ実施勤労者ニ対スル有給休暇制療養所社交教養機関ノ完備ヲナスヘシ」としているところからみて、同項にいう「休息その他の勤労条件」に年休が含まれることは明らかであろう。同要綱については国会図書館のHPから確認できる（http://www.ndl.go.jp/constitution/shiryo/02/052shoshi.html）。なお、「憲法草案要綱」作成にあたり参照された憲法として1936年ソ連憲法があげられているが、同119条も「休息の権利」の一環として年休をあげている。
20) 日本では今のところ、この考え方は立法化されていない。2014年労基法改正案の労政審での議論では「勤務間インターバル」と呼ばれていたが、法案に盛り込まれるには至らなかった。
21) たとえば最近のものとして、新基本法コメ労基法・労契法161頁〔竹内（奥野）寿〕。

解放そのものを保障する（余暇権の保障）ことにより、労働者個人の健康で文化的な社会生活の確保（それを通じたその家族等の豊かな生活も含む——ワークライフバランス）に資するための制度であることについて異論は見当たらない。現代的視点からは、「社会生活」のなかに「公的生活への参加」も含まれることが強調されるべきであろう。日本社会における現状は、健康確保のための余暇や文化的・芸術的な活動に参加するための余暇が圧縮されていると同時に、人々が「自分たちに語りかけられていることと取り組むだけの充実した時間をもてない」状態、すなわち「政治的な余暇」の圧縮にも直面していると考えられるからである。長時間労働そのものによる（余暇時間を含む）生活時間の縮減が対処されるべき重要問題であることはいうまでもないが、余暇時間そのものが確保されないこともその重要性において劣らぬ問題であるといえる。したがって、年休もまた労働者・労働組合に求められるべき「労働時間の公共性」認識に包含される。

2　年休の取得要件

労基法は「六箇月間継続勤務」「全労働日の八割以上出勤」を年休の成立要件として定める（39条1項）。前者の継続勤務については、労働契約の存続期間を意味し、使用者の同一性を基本に実質的に判断される点について異論はみられない。立法論としては、「出稼労働者等契約期間が短いために継続勤務要件を満たし得ない労働者」への年休付与について、「議論を深める必要がある」

---

22) 寺本・労基法247頁。2016年段階でも、この趣旨を説く判決がある（中津市事件・大分地中津支判平28・1・12TKC25541990）。なお、この維持培養説は年休の利用目的（特に一斉休暇闘争）を制限する議論と密接に関係する。この点については、一例として、吾妻光俊「有給休暇をめぐる法律問題」季刊労働法32号5頁以下（1959年）参照。
23) 釧路交通事件・札幌高判昭53・7・31労民集29巻4号559頁。この判決は、年休制度の趣旨につき、労働力の維持培養に加えて、「一定期間継続勤務した労働者の勤勉な労働に対する報償という趣旨も含まれていることは否定し得ない」とし、8割出勤要件を「勤怠評価の基準としての意味をもつもの」だとする。
24) 小倉・前掲注14)。
25) ガイ・スタンディング（岡野内正監訳）『プレカリアート』186頁（法律文化社、2016年）。
26) 毛塚勝利「労働時間規制の基軸を生活時間の確保に」労働法律旬報1843号5頁（2015年）。そこでは、「家庭生活と社会生活への積極的参加という市民としての責任」が語られている。
27) 学説の状況については、東大・注釈労基法(下)707頁以下〔川田琢之〕参照。

と指摘していた1995年の労基研報告を思い起こしておきたい。この点、年休制度とは無縁の労働者群の存在を解消するためには、雇用形態の複雑さに対応させた弾力的な期間設定が求められるとの主張もかえりみられるべきである。端的にいえば、民間労働者の成立要件を公務員のそれに合わせるべきであろう。

「全労働日の八割以上出勤」については、功労報償的性格を否定しえないとの説もあるが、そのような理解への厳しい批判も存在する。国際的にはこのような要件は求められていないといってよく、将来的にはなくすべき要件である。この要件が存在することによって、「労働日」と「出勤」のとらえ方をめぐり、学説上の議論は分岐している。その際、立論の違いが典型的に現れるのは、休日労働のなされた日の扱いである。行政解釈および多数説はこれを労働日に含まれないとするが、「労働日に出勤」したものと扱うべきとの説も有力に存在する。この点につき、多数説の論拠として出勤率算定の分母が「臨時の協定」（三六協定を指すと考えられる）によって変動することは法39条の趣旨に反すると説かれているが、例えば適法なストライキやロックアウトもいわば「臨時的」であり、それを労働日ではなくなる（分母が変動する）とする解釈と整合的ではなく、使用者の指揮命令に従って実際に労働した日を出勤日として扱わない理

---

28) 野村・前掲注14) 310頁。
29) 公務員については、年休を所属機関の長の承認にかからしめるといった問題を有するが、既述のとおり最初から20日で、出勤率の要件はない（中山和久「年次有給休暇制度の主要問題」『季刊労働法別冊労働基準法』214頁（総合労働研究所、1977年））。
30) 秋田成就『労働法実務大系12休憩・休日・休暇』124頁（総合労働研究所、1972年）。
31) 中山・前掲注29) 215頁。
32) ILO52号条約は、1年継続勤務を条件としつつも8割勤務といった要件はおいておらず、同132号条約は、最低勤務期間に6カ月以内という上限を設けている。寺本・労基法248頁も「他に例はない」といい、「終戦後一般に労働意欲の低下して居った我が国の実情に鑑み、特に一定率の出勤を要件とすることが必要と認められたため」だと述べる。
33) 萬井隆令「年休取得と不利益取扱い」窪田隼人ほか『現代における法の理論と実践』81頁の注6（法律文化社、1986年）。
34) 昭33・2・13基発90号、昭63・3・14基発150号、有泉・労働基準法348頁、山口浩一郎「年次有給休暇をめぐる法律問題」上智法学論集25巻2・3号38頁（1982年）、東大・注釈時間法617頁、東大・注釈労基法(下)709頁〔川田〕等。
35) 宮島尚史「年次有給休暇」学習院大学法学部研究年報7号106頁（1971年）、青木＝片岡編・註解労基法Ⅰ510頁〔西谷敏〕、浜村彰「年次有給休暇」労働法律旬報1293号9頁（1992年）等。
36) 有泉・労働基準法348頁、東大・注釈時間法617頁、東大・注釈労基法(下)709頁〔川田〕。
37) 例えば、有泉・労働基準法348頁。

由ともなりえない。したがって、就業規則等において所定労働義務日とされていたか否かを基準としつつ、結論が妥当ではない場合に個々的に（必ずしも首尾一貫しない）解釈により修正するといった行政解釈および多数説のような考え方ではなく、当該問題となった日に具体的に労働義務が課されていたか否かによって判断する[39]のが、より説得的な基準であると考える。

なお、使用者の責めに帰すべき休業日（および債権者の責めに帰すべき休業日）について、行政解釈はこれを事実上労働義務が免除されていると考えうるところから全労働日から除外されるとしていたが[40]、近年の最高裁判例によって、出勤率の算定にあたり「就業規則や労働協約等に定められた休日以外の不就労日のうち、労働者の責めに帰すべき事由によるとはいえないもの」は、「不可抗力や使用者側に起因する経営、管理上の障害による休業日等のように当事者間の衡平等の観点から出勤日数に算入するのが相当でなく全労働日から除かれるべきものは別として」、出勤日数に算入すべきものとして全労働日に含まれると判断されるに至り[42]、上記行政解釈も変更されている[43]。

3　年休権の法的性格

年休権の法的性格をめぐっては、初期における請求権説と形成権説の対立を経て、二分説が学説[44]・判例[45]（以下3・2判決という）上定着してきた。3・2判決に示されたその考え方を、現在の労基法の条文に沿ったかたちで要約的に示

---

38) 青木＝片岡編・註解労基法Ⅰ510頁〔西谷〕。
39) 荒木・労働法203頁以下。
40) 前掲昭63・3・14基発150号。
41) 八千代交通事件・最一判平25・6・6労判1075号21頁。
42) なお、すでに、吾妻編・註解労基法471頁〔蓼沼謙一〕では、「業務上災害による休業期間が年次休暇権の発生要件の面において出勤したものとみなされるのであれば、使用者の責に帰すべき休業期間もこの面において同様の取扱いをうけるべき」と指摘されていた。
43) 本判決後2013年7月10日、厚生労働省は、「年次有給休暇算定の基礎となる全労働日の取扱いについて」と題する通達（平25・7・10基発0710第3号）を発し、前掲昭63・3・14基発150号を一部改め、「出勤率の算定に当たっては、出勤日数に算入すべきものとして全労働日に含まれるもの」として、「裁判所の判決により解雇無効が確定した場合」や「労働委員会による救済命令を受けて会社が解雇の取消しを行った場合の解雇日から復職日までの不就労日」等を挙げている。
44) 学説の詳細および整理については、文献研究労働法学46頁以下〔菅野和夫〕、野田進「年次有給休暇の法理論」季刊労働法165号119頁以下、鈴木隆「年休権の法的性格」労働法の争点〔第3版〕222頁以下、中島正雄「年休権の法的性格」労働法の争点(新)118頁以下等参照。

せば、次のようになろう。

　①労働者は労基法39条1項から3項の要件を満たすことにより法律上当然に所定日数の年休権を取得し、使用者はこれを与える義務を負う。②同条5項にいう「請求」とは休暇の時季の「指定」にほかならない（時季指定権）。③この場合の使用者の義務は、労働者がその権利として有する有給休暇を享受することを妨げてはならないという不作為を基本的内容とする。④同条1項が年休の分割を認めていることおよび5項が時季の決定を第一次的に労働者の意思に基づくものとしていることを勘案すると、労働者がその有する休暇日数の範囲内で、具体的な休暇の始期と終期を特定して右の時季指定をしたときは、客観的に同条5項ただし書所定の事由が存在し、かつ、これを理由として使用者が時季変更権の行使をしないかぎり、右の指定によって年休が成立し、当該労働日における就労義務が消滅する（休暇の時季指定の効果は使用者の適法な時季変更権の行使を解除条件として発生する）。

　最高裁は、上記③につき、弘前電報電話局事件判決において、労働者の「時季指定に対応する使用者の義務の内容は、労働者がその権利としての休暇を享受することを妨げてはならないという不作為を基本とするものにほかならないのではあるが」、「年次休暇権は労基法が労働者に特に認めた権利」であり、労基法の趣旨は「使用者に対し、できるだけ労働者が指定した時季に休暇を取れるよう状況に応じた配慮をすることを要請しているものとみることができる」として、労働者の時季指定に対応するものとして、使用者の負っている義務内容を不作為にとどまらない「状況に応じた配慮」へと発展させた。

　しかし、この文脈における使用者の義務は、あくまでも労働者の時季指定をまって行われる配慮にすぎない。不利益を受ける可能性その他により年休取得を言い出しにくい状況におかれやすい労働者（労働の従属性のひとつの現れである）への顧慮は、ここには存在せず、罰則つきで使用者の年休付与義務を定めた労基法の趣旨が没却されているといえる。この点につき、3・2判決は「有

---

45) 白石営林署事件・最二判昭48・3・2民集27巻2号191頁、国鉄郡山工場事件・最二判昭48・3・2民集27巻2号210頁。
46) 最二判昭62・7・10民集41巻5号1229頁。同旨判決として、横手統制電話中継所事件・最三判昭60・9・22労判503号6頁。

給休暇を『与える』とはいっても、その実際は、労働者自身が休暇をとること（すなわち、就労しないこと）によって始めて、休暇の付与が実現されることになる」とも述べているが、これは、年休権が「労働者の請求をまって始めて生ずるものではな」いとする文言と矛盾するともいえ、労働者の時季指定権を前面に押し出すことによって、使用者の付与義務を定めた労基法の意義を半減させている。[47]

　これらの判決を受けて、「時季指定─時季変更」の局面において、使用者の時季変更権の内容を豊富化するかたちでの付与義務を指向する議論[48]（それは上記④の内容の再吟味を含むことになる）も存在したが、年休の完全取得を議論の俎上にのせようとするならば、労働者の年休権に対応する使用者の年休付与義務の内容こそが探求されるべきであった。指摘されているとおり、二分説の実践的意図は、年休権を実体的権利と手続的権利に分けた点にあるというよりはむしろ、労働者の年休権に対応する使用者の付与義務（上記①）──年休の完全取得に向けたそれ──にあったというべきであり[50]、最高裁は結果としてこの実践的意図を考慮しなかったことになる。[51]

　上記視角から、あらためて二分説の嚆矢たる蓼沼説を振り返れば、使用者の年休付与義務に関する次のような指摘に遭遇する。[52]「時季指定のなされる前」

---

47) 畠中信夫「『過労死』防止という観点から見た年次有給休暇制度に関する一考察」『水野勝先生古稀記念論集　労働保護法の再生』（信山社、2005年）は、付与義務が「宙に浮いて」いると表現する（209頁）。同論文は旧労基則25条削除の経緯についても詳しい。
48) 小西國友「使用者の時季変更権」季刊労働法146号156頁以下（1987年）。そこでは、時季変更権が「調整的権利」と把握され、「労働者と使用者の利益を調整し十分にその目的を達成するために、時季変更権は、使用者が労働者の時季指定権行使の効果を否定するという作為的内容だけでなく、使用者が『他の時季』を指定しうるという作為的内容をも含むと解することが必要である」とされる（165頁）。
49) 和田肇「年休法理の再検討」季刊労働法167号23頁以下（1993年）。
50) 中島・労働法の争点(新)119頁は「労基法所定の要件を充足すれば年休権が発生しているのだから、それに対応して、使用者は、労働者の時季指定がなくとも何らかの積極的な義務を負うという主張が、初期の二分説の核心であった」とする。
51) その後、長期夏季休暇をめぐり争われた時事通信社事件における最高裁判決（最三判平4・6・23判時613号6頁。高裁判決を覆し使用者の時季変更権行使を適法とした）は、「労働者が時季指定をした時点」における事業運営上の予測困難さを使用者による裁量的判断の合理性の根拠としているが、そこには労働者の時季指定以前に存在する使用者の年休付与義務への考慮はまったくないといってよい。

においても「時季指定をなんらかの方法で抑止したり制限したりすることは使用者の年休権侵害であり、年休付与義務違反」となる。「年休の始期・終期が特定した後に、年休をとったこと（年休権の行使）を理由としてなんらかの不利益を与えることも、もちろん年休権の侵害となる」[53]。ここでは、時季指定の前後のそれぞれの段階で年休権に対応する使用者の年休付与義務が想定されている。蓼沼説は、使用者の時季指定勧奨義務の不履行が刑事罰と結びつけられているところから批判を受けている[54]が、ここでの年休権侵害は私法上のものであると解せば[55]、この議論は今日でも重要性を失っていない。この意味において、蓼沼説は、年休権を「それだけでは具体的な権利義務関係は生じない」のであるから、これを「年休享受の資格」ないし年休資格と把握し、時季指定権だけに還元されるとする考え方[56]とは対局をなし、年休権それ自体から使用者の義務[57]を導出するものであった[58]。

以上のような文脈にそうかたちで、年休権自体に基づく使用者の年休付与義務を積極的にとらえ返す議論も生じている[59]。この説によれば、年休権成立の効果（労働義務の消滅、年休手当請求権の発生）は労基法39条によって「年度当初に

---

52) 蓼沼謙一「年休権をめぐる制度と現実(1)」労働法律旬報832号23頁（1973年）。同「年次有給休暇制度をめぐる若干の問題」『蓼沼謙一著作集第Ⅶ巻』229頁（信山社、2009年）（初出は日本労働協会雑誌167号〔1973年〕）。
53) 青木宗也「年次有給休暇請求権の法的性格」法律時報45巻7号105-106頁（1973年）では、蓼沼説に賛同しつつ、「従属的地位にある労働者がその自由な意思で休暇請求権を行使することの困難性に着眼して、休暇請求権の行使を容易になしうるよう措置をとることが使用者に義務づけられている」と述べられているが、これもまた年休権本体に対応する使用者の義務を指摘したものと考えられる。
54) 山口浩一郎「年次有給休暇をめぐる法律問題」上智法学論集25巻2＝3号48-49頁。
55) 西谷敏「労働基準法の二面性と解釈の方法」外尾古稀20頁以下参照。
56) 山口浩一郎「年次有給休暇の法的構造」外尾古稀273頁以下。
57) 逆に、時季指定権を年休権とは独立の権利ととらえず、年休自体を労基法39条の要件を満たすことにより当然発生する形成権であり、その行使により、指定した労働日の労働義務が消滅するとともに年休手当の請求権が発生すると考えれば足りるとする説も主張されている（山川・雇用関係法185頁）。ただし、この説もまた、使用者の義務を「時季指定―時季変更」の局面に限定している。
58) この点、「労働者を労働義務…から解放する年休権を、使用者の義務の面からみれば、それは、単なる不作為義務にとどまらず、労働者を労働義務から解放するために、一定の（積極）作為（＝配慮義務および時季指定勧奨義務）を内容として含む義務（＝年休付与義務）であることを意味する、と解すべきである」とする、山田桂三「年次有給休暇法理の再構成」佐賀大学経済論集29巻1＝2号145頁（1993年）の注6も、同趣旨と考えられる。
59) 土田・労働契約法336頁および342頁の注169。

すでに発生している」と解され、時季指定権はこれらの効果の発生時期を特定する権利であり、使用者には、前者に対応して「労働者の時季指定に備えて余裕のある人員配置を行い、または年休の計画的付与に向けた配慮」が、後者に対応して「時季変更権行使時の代替要員確保の配慮」が要請される。この場合、前者の配慮は「具体的時季指定・時期変更を待たずに発生する性格のもの」とされ、その効果として、年休付与義務違反（債務不履行）に基づく精神的損害の賠償責任が考えられるとする。使用者の年休付与義務を年休権本体から導くこの考え方は、二分説の核心を展開し、使用者による年休取得の職場環境整備義務へと接合するものであり、計画年休にも通底する立論として基本的に支持したい。

　しかし、この説が理論的一貫性を有するためには、年休の繰り越しを否定すべきと考える。というのも、年休権自体に基づく使用者の年休付与義務は当該年度におけるそれなのであり、繰り越しを認めてしまうことは、その義務違反に対する損害賠償責任が発生することと齟齬を来しはしないだろうかとも考えられるからである（もちろん、繰り越しを認めることと損害賠償責任の発生とを分けてとらえることもできないわけではないが）。

　この点、二分説が主張された当時は、これを批判するものも含めて、年休の当該年度内消化を前提とし、したがって、年休の次年度への繰り越しを認めない（年度内で消化されなかった年休権は消滅する）考え方も相当数あったことを想起したい。もちろん、理由づけは論者によって異なり、首肯しえないものも存在する。たとえば、維持培養説の立場からする、数年分をまとめてとらせることは「ある年度において極度の疲労を与えることとなる反面、他の年度においては極度に休暇を与えすぎ生活を放逸させ、健全な労働生活を破たんさせることとなるおそれ」があるとの立論には、使用者側目線のパターナリスティックな色合いが濃厚で賛成できないし、年休取得による就労義務免除は当該年度の

60）西日本ジェイアールバス事件（金沢地判平8・4・18労判696号42頁、名古屋高金沢支判平10・3・16労判738号32頁）では、恒常的な要員不足を「時季指定権―時季変更権」の枠組みでとらえたうえで債務不履行の損害賠償を認めているが、本文のような視角からは、年休付与義務違反の観点から問われるべき問題でもあることになる。なお、労働時間等の設定の改善に関する特別措置法は、努力義務ながら「年次有給休暇を取得しやすい環境の整備」をあげている（2条1項）。

61）慶谷淑夫「年次有給休暇請求権について」討論労働法61号2頁、4頁（1958年）。

労働日に限り認められるべきものであるから、年度内に特定されずに経過してしまえば、「特定すべきもとの労働日はなくなってしまったのであるから、債務は履行不能によって消滅する[62]」との考え方は、力点が年休取得に置かれていない点で不十分さを否めない。しかし、年休はその発生が年度ごとであるだけでなく、年度内消化が予定されており、「繰越を認めることは、使用者の付与義務の観念を後退させ、時季変更権の行使を容易にし、労働者にとっては、休暇が実際にとりがたい事情から、大量に休暇を堆積させ、ますます休暇の実現を困難ならしめる[63]」との説や、年休権を公法的側面と私法的側面に分け、前者については、罰則の適用により担保されるある年度における使用者の年休付与義務はその年度限りで消滅し、後者については履行不能となり損害賠償を請求しうるとの説は、今日の時点でも顧みられるべき指摘であろう[64]。

かくして、年休権それ自体から使用者の年休付与義務を根拠づける立論は、年休の繰り越しを否定することで、その理論的一貫性を獲得することができると考えられる。すなわち、労基法によって、使用者には労働者が年度中に当該年度の年休をすべて取得しうる職場環境を整える私法上の義務が課せられているのであり[65]、その不履行に対して労働者は損害賠償を求めることができ、その賠償額は少なくとも未消化年休に対する年休手当の額を下回らないことが要請されるのではないかと考える。そのことはまた、退職ないし被解雇労働者の未消化年休の使用者による買い取り義務の承認を要請しているともいえよう[66]。

このように考えると、先述の、「使用者の時季指定義務」を定める2015年労基法改正案は、年休権に対応する年休付与義務につき、少なくとも年5日の年休日については、場合によっては使用者に民事責任が問われる可能性のあることをより明確化するものと位置づけることができる。もっとも、かりに当該義

---

62) 有泉・労働基準法359頁。
63) 安屋和人「年次有給休暇」労働法大系(5)111頁。
64) 吾妻編・註解労基法501頁〔蓼沼〕。
65) 西谷敏『人権としてのディーセント・ワーク』(旬報社、2011年)は、立法論として「使用者が法定年休日数のすべてを付与させる義務を負うことを明確に」することを主張する(256頁)。
66) 日本は未批准であるが、ILO132号条約(1970年)11条が規定する考え方である。裁判例はこれを否定する(創栄コンサルタント事件・大阪地判平14・5・17労判828号14頁)。この否定論を支持する学説として、土田・労働契約法334頁。

務が定められた場合、計画年休と同様に、労働者の時季指定権との調整問題（時季指定の時期等）が生ずることは避けられないであろう。

4　計画年休

1987年の労基法改正により導入された計画年休制度について、その導入企業割合（企業規模計）の推移を見ると、1988年の14.2%から始まり、最低は2003年の12.7%、最高は2014年の23.6%であり、直近の2015年は16.0%である。また、平均日数（同）の推移を見ると、1988年の4.2日から始まり、最低は2001年の3.9日、最高は2014年の5.4日となっている。突出している2013年（19.6%、5.2日）と2014年を除くと、おおむね導入企業割合は14%〜17%、平均日数は4日〜5日弱で推移している。

これをどのように評価するかは微妙であるが、少なくとも目立って普及しているとはいえないであろう。これを個人別の年休取得日数と併せて考えると、かなりおおざっぱではあるが、計画年休制度のある企業では、個人別取得日数の約半分が計画年休によって消化されているのではないかと推測しうる。

計画年休についての理論的な問題は、計画年休を定めた労使協定の法的効力をどのように解するかに集中している。その際、この労使協定自体（ないし労基法39条5項そのもの）が、いわゆる免罰的効力と労基法の強行性を解除する効力をもつことに異論は見られない。問題は労基法39条に内在する。行政解釈は、計画的付与の場合「労働者の時季指定権及び使用者の時季変更権はともに行使できない」[67]として、時季指定権および時季変更権の行使の余地を排除する法的効果を労使協定に認める一方で、「労働基準法上の労使協定の効力は、その協定に定めるところによって労働させても労働基準法に違反しないという免罰効果をもつものであり、労働者の民事上の義務は、当該協定から直接生じるものではなく、労働協約、就業規則等の根拠が必要なものである」[68]と述べて、矛盾ともいえる理解を示す。[69]

ここでは端的に、協定によって特定された年休日に年休が成立し（就労義務

---

67) 前掲昭63・3・14基発150号。
68) 昭63・1・1基発1号。
69) ジュリスト臨時増刊『新労働時間法のすべて』147頁〔菅野和夫、安枝英訷〕（917号〔1988年〕）。

が消滅し)、その分の年休については労働者の時季指定権が排除されるかどうか、という協定の効力の問題としてとらえておきたい。これを肯定する立場にたつと、労使協定によって特定された年休日に労働者が出勤してきた場合には、当該日の就労義務は消滅しているとして使用者はその就労を拒否することができ、当該特定された日数以外に年休日数が残っていない労働者は自らの希望に基づいて時季指定をすることにより年休を取得することができなくなる。学説は、これを肯定するもの(条件付きを含めて)と否定する(ないし消極的に解する)ものに分かれている。

　肯定する考え方は、およそ3つに分けられる。第一の説は、計画年休制度の導入によって、時季指定権の付着した年休と時季指定権が当初から付着していない年休が並存することになったので、後者については時季指定権との抵触は問題とならず、労使協定による年休日の特定によって年休の効果が発生するというものである。第二の説は、年休権および時季指定権・時季変更権は労基法の定める条件を満たせば自動的に発生するものであり、それと同様の趣旨で計画年休協定による特定方法が労基法に定められたのであるから、それによって具体的に特定すれば、その特定された日に労基法上の年休日の効果が発生するというものである。第三の説は、計画年休が導入された意義を積極的に評価する立場から、過半数代表が民主的に選出され、公正代表義務が尽くされているという条件を満たした場合には、協定による特定によって年休の効果が発生すると説く。

　否定ないし消極に解する説は、三六協定に私法上の効力を認めない通説的立場を計画年休協定についても採用するものであるが、労働契約、就業規則、労働協約等の定めをもとに私法上の効力を認めるかどうかによりさらに分岐する。これを肯定する説は、計画年休自体は労働者の時季指定権を制約する効力をもたないが、労働契約、就業規則、労働協約等の定めをとおして個別労働者を法

---

70) 野田進「計画年休制度」季刊労働法145号30頁(1987年)。同・前掲注18) 231頁、233頁。
71) 前掲注69) 146頁以下〔菅野〕。東大・注釈時間法44頁。東大・注釈労基法(下)736-737頁〔川田〕。山川・雇用関係法195頁。三菱重工長崎造船所事件において裁判所が採用した見解でもある(長崎地判平4・3・26労民集43巻2号4頁、福岡高判平6・3・24労民集45巻1=2号123頁)。
72) 名古道功「計画年休をめぐる法律問題」労働法学会誌74号87頁以下(1989年)、藤内和公「改正労働時間法における労使協定」同上30頁以下も同旨か。

的に拘束すると説いたり、年休に関する事項は就業規則の絶対的必要記載事項であり、計画年休制度導入以前に労働者の時季指定という方法により年休が取得されていたのは労働者の労働契約上の年休権が就業規則の規定によって時季指定権の付着した権利となっていたことを意味するので、計画年休協定が締結されてもそれのみによっては私法上の効力は発生せず、就業規則の改正手続をとる必要があると説く。

　これに対し、否定説は論者によって濃淡の差がある。まず、まったくそれを認めず、必ず労働者の「その都度の『合意』」を必要とする説がある。そして、個別合意が必要としつつも、計画年休協定の策定過程で労働者に対する意見聴取手続が実質的に尽くされていれば、計画年休に従う旨の個別合意が推定される、あるいは労働時間短縮を実現できる協定については、労働者が協定に合意しないことに正当な理由が必要とする説や、年休の計画的付与は労働者にとっても意義があり、今後も定着させていくべきという観点からは、協定が締結された場合には時季指定権の行使に一定の制約が課せられ、協定対象日数分の年休につき、労働者が時季指定したときは使用者の時季変更権の行使により当該時季指定の効果の発生を阻止する余地が拡大するとの説も唱えられている。

　思うに、計画年休協定に労働者の時季指定権を完全に排除する効果を認めることについては否定的に解せざるをえない。というのも、計画年休協定において特定された日数以外に年休日数を残していない労働者（その時々の事情により結果的にそうなった労働者を含む）から、自らの希望に基づく時季指定により年休を取得する機会を奪うことを法的に容認できるかといえば、消極的にならざるをえないからである。しかし、労基法自体が計画年休協定による年休取得方

---

73) 渡辺章『わかりやすい改正労働時間法』126頁（有斐閣、1988年）。
74) 和田・前掲注49) 27頁。青木＝片岡編・註解労基法Ⅰ526頁〔西谷〕も同旨か。
75) 山田桂三「『計画年休』協定をめぐる若干の問題点」徳島大学社会科学研究１号12頁（1988年）。長淵満男「年休権の構造」講座21世紀の労働法(7)162頁。
76) 林和彦「年次有給休暇制度の新たな課題」季刊労働法147号75頁（1988年）。浜村・前掲注35) 16-17頁は、個別労働者が納得するにたる事前の調整手続が尽くされることを前提として、労働契約や就業規則等における包括的合意条項でも足りるとする。
77) 前掲注69) 171-172頁〔山本吉人〕。
78) 中島正雄「労使協定の性格と効力」片岡曻＝萬井隆令編『労働時間法論』387頁（法律文化社、1990年）。

式を定めている以上、労働者の個別的な時季指定に一定の制約が及ぶことは承認せざるをえないであろう。立法論的には、この間の調整をはかるルールの設定が求められるが、日本の現状をふまえ、現在のところは次のように解しておきたい。

まず、少なくとも年度当初までに、計画年休協定において特定された日数がどれほどかが労働者に周知されていることが前提となる[79]。そうでない場合には、協定により特定されたとしても、労働者の時季指定権を制約することはできないと解すべきである。そのうえで、計画年休協定には、労働者側の合理的な個別事情（家庭・生活環境）により協定対象からの離脱を認める規定が定められていることが必要であろう。言い換えれば、労働者が自らの生活環境を踏まえ、個別に時季指定する年休をいつどれだけ取得しうるかについて、ある程度の予測が立てられるという条件が整えられ、かつ、事後の事情により協定対象からの離脱を認めうる年休協定であってはじめて、時季指定権を制約する効力が認められるべきである。

おわりに

本章では、現行制度を前提とした上で、年休の完全消化に棹さす議論を展開した。通常は触れられる、時季指定権に対応する適法な時季変更権行使の判断基準（事業の正常な運営を妨げる場合の意義）や年休の利用目的に関し、それとしてふれなかったのは、紙数の関係もあるが、それらが年休の完全消化とはやや距離のある問題領域であることによる。

しかし、現行制度を前提とする解釈論には自ずと限界がある。年休以外の休暇制度の構築・充実といった外的環境の整備と、それぞれの企業における年休完全取得を前提とした人員の拡充・配置[80]が整えられることが前提条件であるが、それだけでは十分ではない。そこで、最後に、ここまでの検討を踏まえ、ある

---

79) 前掲注78）335頁〔名古道功〕は、計画年休制「導入の要件」として、協定締結時期は年度ごとに年休権が発生する基準日以前でなければならないとする。同旨、青木＝片岡編・註解労基法Ⅰ524頁〔西谷〕。反対、東大・注釈労基法(下)733-734頁〔川田〕。
80) 野田進＝和田肇『休み方の知恵』155頁（有斐閣、1991年）。

べき年休制度の枠組みについて構想してみたい。

　第一に、ILO132号条約で示されている国際水準へと、最低付与日数（最低で3労働週）および資格要件を合わせるべきである。「使われなかった年休」をなくすためにも、8割出勤の要件をはずすことが求められる[81]。パートタイマーと同様に、有期契約労働者についても、比例的付与の仕組みを設けるべきである。

　第二に、年休が休息の権利であることを明確にするために、ILO132号条約の5条4項や6条で定められているように、やむを得ない理由による欠勤（病気等）は継続勤務期間に算入されることを明記するとともに、年休をそれに充当することを禁止すべきである。年休を利用した稼得も許されないことを明確化すべきである。

　第三に、1年のうち1回は継続した2労働週以上の休暇を、労使の協議に基づいて取得することとし、協議が調わない場合は使用者が設定する義務を負うものとする。それ以外の日数については、過渡的に現行の時季指定方式を残さざるをえないとしても、将来的には廃止し、同様の手続に一本化すべきである。

　最後に、年休は実際に休むことでしか償えないことを徹底するための制度枠組みが必要である。年休手当は年休の前に通常の給与とは別に支給することを明確化したうえで、時効はなくし、一定の限度を超えて貯まってしまった場合の対処策を構築すべきである（年休付与計画書の提出や公的機関からの年休付与命令等）[82]。

　　　　　　　　　　　　　　　　　　（たけい・ひろし　甲南大学法学部教授）

81）丸山亜子「『使われなかった』年休、そして『ゆとり社会』の行方」西谷古稀(下)481頁以下。なお、この点につき、大橋將「年休取得不利益取扱い法理の再検討」山口古稀71頁参照。
82）過渡的なものとしては、未消化年休分の賃金を休暇促進のための特別な公的基金に拠出させるという案（和田前掲注49）28頁）も含めて多様な構想が可能であろう。

第3部　ワーク・ライフ・バランス

第12章　育児介護休業法の課題

柴田洋二郎

I　はじめに

　育児と介護は「家族」に関わり、それらに携わる者が「長期・継続的に」「相応の時間を充てる」ものである点で共通する。こうした家族的責任（育児責任・介護責任）を負う労働者の就労支援は、1990年代に入って積極的に法整備が進められるようになった。その中核をなす育児介護休業法は、育児や介護を行う男女労働者に対して休業等の権利を保障する法律であり、頻繁に改正が行われてきた（表1参照）。
　「育児介護休業法の課題」を対象とする本章では、同法の変遷にも触れながら、同法の2つの評価に着目して検討を行う。1つは、改正により労働者の権利や保障が拡充されていることを認めたうえで、なお不十分な点が残されているとの評価である。もっとも、こうした指摘が新たな改革につながり法制度のさらなる発展をもたらしてきた。この点は、同法の中心である育児休業と介護休業（以下、両者を合わせて「育児介護休業」）と休業以外の支援措置（II）、裁判例に動きがみられる育児・介護を行う労働者の配置に関する配慮およびマタニティ・ハラスメント（マタハラ）に分けて説明する（III）。もう1つは、改正のなかで同法の目的が見失われているとの評価である。その結果、本来個人の選択に委ねられるべき領域に法的な介入が行われようとしていることが危惧されている（IV）。

表1　育児介護休業法の主たる内容の変遷

	育児休業	介護休業	就労時間の調整等
1991	子が1歳になるまで	－	短時間勤務等 （1歳未満の子の養育）
1995		連続した1回、最長3カ月間	
1997			深夜業の制限
2001			・時間外労働の制限 ・短時間勤務等の対象となる労働者の範囲拡大（1歳未満の子の養育→3歳未満の子の養育）
2004	1歳6カ月までの特例 一部の有期契約労働者まで拡大	要介護状態ごとに取得可（通算93日間）	
2009	・パパ・ママ育休プラス ・父親の再度取得の特例 ・専業主婦（夫）の配偶者除外規定の廃止		①短時間勤務制度の設置 ②育児を理由とする所定外労働の免除 の義務化
2016	養子縁組の子も対象 対象となる有期契約労働者の範囲を拡大	・3回まで分割取得可 ・対象家族の拡大	介護を理由とする、 ①短時間勤務等の措置の期間の弾力化 ②所定外労働の免除の義務化

II　育児介護休業と休業以外の支援措置

1　育児介護休業制度

　制定当初、育児休業法（当時）は男女を問わず、労働者は子が1歳に達するまで育児休業を取得できることとした。その後、1995年に育児介護休業法に改称され、介護休業に関する規定が追加された[1]。介護休業は、男女労働者が要介護状態にある家族を介護するために[2]、最長で3カ月間、連続した1回の休業を取得できるものであった。

---

1) 介護休業制度が法的手法を育児休業制度に準拠しているため、これらは同じ法律で規律されている（保原喜志夫「介護休業法制の検討　上」ジュリスト1064号56頁（1995年））。

子の看護休暇	介護休暇	その他
−	−	休業の申出・取得を理由とする解雇の禁止
−	−	法律の名称を変更
−	−	
努力義務化	−	・休業の申出・取得を理由とする解雇以外の不利益取扱いも禁止 ・育児・介護を行う労働者の配転の配慮義務
義務化（傷病の子の世話として年5日）	−	
日数と取得理由の拡大（対象となる子が2人以上の場合、年10日。予防接種・健康診断でも取得可）	義務化（要介護状態の対象家族の世話として年5日。対象家族が2人以上の場合、年10日）	実効性確保の措置（都道府県労働局長による紛争解決援助、調停制度、法違反に対する制裁措置の設置）
半日単位の取得可	半日単位の取得可	マタハラを防止する就業環境の整備の義務づけ

筆者作成

（1） 休業の取得

　休業の取得については、介護休業の取得回数の弾力化が図られてきた。まず、2004年に、対象家族1人について要介護状態ごと（要介護状態から回復した対象家族が、再び要介護状態に至った場合）に1回、通算93日まで休業できることとされた。さらに、2016年の法改正は、家族介護を理由とした離職の防止を図る（「介護離職ゼロ」）なかで介護休業法制に重点的に改革が行われ、引き続き要介護状態にある同一の対象家族についても3回まで介護休業を分割取得できるようになっている（通算93日は不変）。介護には、介護サービス開始前、サービス

2）介護保険制度よりも広い範囲の要介護状態・家族が対象となる。具体的には、加齢以外の理由による要介護状態も含み（平21・12・28職発1228第4号・雇児発1228第2号）、対象家族は配偶者、父母、子、配偶者の父母、祖父母、兄弟姉妹、孫となっており、若年者も含まれうる（育児介護休業法2条4号、同法施行規則2条）。

利用中、看取りのための３つのニーズがあり、従来から短期の休業を複数回取得できる制度が求められてきた。2016年改正は実際のニーズに応えるものであり、肯定的に評価できよう。[3]

　他方で、育児休業は、2009年改正による特例（後述(2)）にあてはまらなければ、なお同一の子について連続した休業を一度取得できるのみである。しかし、子を養育する労働者の家庭状況（子の面倒をみられる他の家族の存在、配偶者の仕事の繁閑や調整の可否等）や就労状況（役職、職務等）は多様である。このことからすれば、一度の短期休業で（もしくは休業せずに）十分に育児に携われないか、逆に長期休業によりキャリアが中断するかという難しい選択を迫られないよう、柔軟に分割取得できる制度への見直しが必要と思われる。

(2)　休業を取得できる労働者

(a)　有期契約労働者への権利拡大

　当初、日々雇用者および有期契約労働者は育児介護休業の適用除外とされ、また、労使協定により、①勤続期間の短い労働者、②一定期間内に雇用関係が終了する労働者、③週労働日数の少ない労働者、④配偶者が常態として子を養育できる労働者は対象者から除外することができるとされていた。[4]

　しかし、有期契約労働者について、2004年の法改正で、次の要件をすべて満たす場合には育児介護休業が取得できることとなった（以下、〔　〕は介護休業）。ⓐ当該事業主に引き続き１年以上雇用され、ⓑ子の１歳到達日〔介護休業開始予定日から93日経過日〕を超えて雇用継続が見込まれる者である。ただし、ⓒ当該子の２歳到達日〔93日経過日から１年を経過する日〕までに労働契約期間が満了し、かつ、当該労働契約の更新がないことが明らかである者は除かれる。ところが、有期契約労働者への適用拡大を評価しつつも、取得要件である雇用見込みや契約更新可能性の判断基準が不明確であるといった批判が生じた。そ

3）例えば、内藤忍「2004年育児介護休業法改正の内容と問題点」労働法学会誌105号122頁（2005年）等。

4）ただし、介護休業については、④を対象者から除外することはできない。これは、誰が対象家族を第一義的に介護すべきかは決めつけられないこと、１人では対象家族を介護できない場合があること等による（厚生労働省雇用均等・児童家庭局編『改訂新版　詳説育児・介護休業法』416頁（労務行政、2002年）。

こで、2016年の法改正により、ⓑ・ⓒに代えて、子の1歳6カ月到達日〔介護休業開始予定日から93日経過日から6カ月を経過する日〕までに、労働契約が満了することが明らかでないこと（労働契約が更新される場合、更新後の期間を含む）とされた（ⓐは変更なし）。こうして、契約期間の要件が短縮されたことに加え、必ず労働契約が更新されないことが明らかである場合以外は休業の適用対象となる（更新されるかわからない場合も対象に含まれる）ため、契約更新にかかる判断が明確になっている[5]。とはいえ、依然として休業後も契約期間があることは求められる。これは、育児介護休業法の目的が労働者の「雇用の継続」であることによるものであるが（後述Ⅳ）、そもそも「同一企業における」雇用継続に限定すること自体の是非について議論すべきとする指摘もある[6]。

　また、育児休業における労使協定による適用除外について、2009年の法改正は、常態として子を養育できる配偶者のいる労働者（④）を削除し、より多くの労働者が育児休業を取得することが可能となった。もっとも、育児介護休業の権利は個人的性質の強い権利であり、除外対象となりうるのが職場の少数者であることや、本来育児介護休業の権利を有する労働者から権利を剥奪する性質の労使協定であることから、そもそも労使協定により一部の労働者の育児介護休業の申出を拒否することを認めるのは適切でないとする批判もある[7]。

(b)　父親の休業取得促進

　法律上、育児介護休業は男女問わず取得できるにもかかわらず、とりわけ育児休業については、実際上、女性労働者の制度となってきた。そこで、2009年に男性（父親）の育児休業の取得促進を図るための改革が行われた。具体的には、①妻の出産後8週間以内に育児休業を取得した父親は、特別な事情がなくても再度の取得が可能とされ、②両親ともに育児休業を取得する場合は、子が

---

[5]　「期間の定めのある労働契約を更新する場合の基準に関する事項」は書面の交付により明示しなければならないことを付記しておく（労基法15条1項、労基則5条）。

[6]　両角道代「家族の変化と労働法」長谷部恭男＝佐伯仁志＝荒木尚志＝道垣内弘人＝大村敦志＝亀本洋編『社会変化と法』152頁以下（岩波書店、2014年）。また、当該労働者の希望する育児介護休業期間にかかわらず、一律の時点における契約の存在が求められている点も疑問が残る（内藤・前掲注3）123頁以下も参照）。

[7]　両角・前掲注6）152頁以下、神尾真知子「育児・介護休業法改正の意義と立法的課題――2009年法改正が残したもの」季刊労働法227号25頁（2009年）。

1歳2カ月になるまでの間、育児休業をすることができる（パパ・ママ育休プラス）[8]。また、③労使協定による専業主婦（夫）除外規定が廃止されたことで（前述(a)）、夫婦で育児を行うための法律上の障害はなくなった。

休業を取得できる労働者の範囲の拡大や取得を促進する措置は、有期契約労働者や男性労働者だけを利するのではない。休業が取得でき、育児や介護に参加できるようになると、これまで家族的責任を負ってきた女性の負担が軽減され、女性の仕事と家庭の両立にも好影響を与えうる。また、無期契約労働者や（実際上）女性労働者しか休業を取得できないと、これらの労働者は企業にとって高コストとなり、長期的には非正規雇用を増やしたり、女性の採用に消極的となることが懸念されることからも、人的適用対象の拡大は望ましいと考える。

もっとも、男性の育児休業取得はこれらの改革によっても必ずしも増加していない。直近の厚生労働省「平成27年度雇用均等基本調査」では、男性の育児休業取得率は過去最高を記録したが、それでも2.65％にすぎず、取得期間は5日未満が56.9％を占め、1カ月未満が8割超となっている（女性は取得率81.5％、取得期間は10カ月〜12カ月未満が31.1％で最も多く、12カ月〜18カ月未満が27.6％で続いている）。だとすれば、諸外国にみられるような育児休業のうち一定期間は父親のみに割り当てる制度（パパ・クオータ）[9]も検討に値しよう。ただし、均等法8条が性差別禁止の例外として認めているポジティブ・アクションは、女性労働者に対する措置であり、男性労働者だけに育児休業の特例を認めることは、労働条件に関する差別的取扱いにあたるとの指摘もみられ[10]、理論的検討も必要となろう。

8）ただし、休業者1人が育児休業を取得できる期間はこれまでどおり1年間である。
9）このような制度を世界に先駆けて導入したノルウェーでは、当初42週間の育児休業が保障されていたが、そのうち4週間は男性のみに割り当てられ、男性が取得しない場合にはその分は消滅していた（その後、14週間まで延長された）。また、フランスのように、父親だけの権利として短期の父親休暇（最長11日間）を法定する国もある。
10）神尾・前掲注7）21頁。ただし、この特例は女性も利用できる場合があり、また、男女共同参画社会基本法が男女いずれかに対する措置も含めて、政府に男女共同参画社会の形成促進策を講じることを義務づけている（2条、8条、11条）ことから、違法でないとする意見もある（梶川敦子「育児休業法制の意義と課題」村中孝史＝水島郁子＝高畠淳子＝稲森公嘉編『労働者像の多様化と労働法・社会保障法』123頁（有斐閣、2015年）の脚注（54））。

(3) 休業中の所得保障

　育児介護休業法は休業中の賃金の保障については規定がなく、労働契約に個別の定めがない限り休業中は無給となる。そうすると、労働者は、休業期間中の所得の減少が家計に与える影響から、休業の取得を断念することが考えられる。そこで、雇用保険法（雇用継続給付）から休業開始時の賃金日額の一定割合相当額の所得保障が行われるが、その内容には変遷がみられる（**表2**参照）。

　全体的に、給付水準の引上げという形で、育児休業給付・介護休業給付（以下、両者を合わせて「育児介護休業給付」）を利用する労働者に有利な改正が行われてきている。しかし、これらの給付の目的に立ち返って考えたときに、①給付水準と、②給付方法に疑問が投げかけられている[11]。

　そもそも、雇用継続給付は「雇用の継続が困難となる事由が生じた場合」を保険事故とし、「労働者の雇用の安定を図る」ことを目的として設けられた[12]。そして、育児介護休業給付は、育児介護休業の取得により雇用の継続が困難となる状況を「失業」に準じた保険事故ととらえ、それらを取得した労働者に所得を保障することで失業を回避し、その雇用の安定を図るものである。これらの給付は育児・介護と「失業」との関係が問題となっており、雇用の継続や雇用の安定に力点が置かれているといえる。

　そのうえで、①給付水準について、創設当初の25％という給付率は、「離職して基本手当を受給する者との均衡等を考慮し、出産期の女性が失業した場合の基本手当の平均給付額と10カ月分の育児休業給付の給付額が同じになること等を勘案して設定」されている[13]。これは、育児休業はあくまで労働者が任意で選択できる休業であることを考慮して、育児休業給付が、育児休業を取得する選択に影響を与えないよう、育児休業を取得し育児休業給付を受給することと、育児を理由に退職し失業給付を受給することとで、給付額に差がないように設定されていたものである[14]。その後、2000年に40％へ引き上げられたのは、「少

---

[11] 以下では、神尾真知子「雇用保険法の育児休業給付の再検討」荒木誠之＝桑原洋子編『社会保障法・福祉と労働法の新展開』511頁以下（信山社、2010年）、渡邊絹子「育児休業給付の意義と課題」週刊社会保障2771号44頁以下（2014年）を参照した。
[12] 奈尾基弘「雇用保険法等の一部を改正する法律について」ジュリスト1052号130頁（1994年）。
[13] 奈尾・前掲注12）132頁。
[14] 神尾・前掲注11）521頁。

表2 育児休業給付・介護休業給付の変遷

導入・改正年	育児休業給付		介護休業給付
	休業中*	復職後**	
1994	20%	5%	−
1998	〃	〃	25%
2000	30%	10%	40%
2007	30%	20%	〃
2009	50%	−	〃
2014	67%（最初の180日） 50%（181日目以降）	−	〃
2016	〃	−	67%***

筆者作成

*2009年改正までは育児休業基本給付金、2009年以降は育児休業給付金
** 復職後6カ月以上勤務すると育児休業者職場復帰給付金が支給されていた（2009年まで）
*** 休業開始時賃金日額の上限額は、30歳以上45歳未満の基本手当受給者の賃金日額に設定されていたが、この改正時に、同給付の受給者の年齢層が40代以降であることを踏まえ、上限額の年齢区分が実情に合わせて、45歳以上60歳未満に引き上げられた

子・高齢化社会の進展に対応し、職業生活と家庭生活との両立支援をより充実し、職業生活の円滑な継続を援助、促進することを目的」とし、「失業者に対する給付である求職者給付の給付率が原則60%とされていることとの均衡等を考慮」したものと説明されている[15]。依然として職業生活の継続が目的とされ、失業者に対する所得保障との均衡が意識されているのである。ところが、2007年の引上げは、雇用継続給付の目的（雇用の継続、雇用の安定）とは異なる少子化対策という政策的要請が影響を及ぼすようになっている[16]。また、2014年の法

---

15) 石垣健彦「雇用保険法等の一部を改正する法律について」ジュリスト1185号72頁（2000年）。
16) 神尾・前掲注11）518頁は、「子ども・子育て応援プランにおいて、2009年度までの期間において少子化対策を重点的に取り組むことになっていたことからきている」ことを、渡邊・前掲注11）45頁以下は、改正の土台となった労働政策審議会職業安定分科会雇用保険部会報告書の説明（「少子化対策は我が国の喫緊の課題であるが、育児休業給付は、……育児休業の取得を促進する重要な施策として位置づけられていることから、……暫定的に、給付率を……50%の水準に引き上げ……ることはやむを得ない」（4頁以下））を根拠に挙げている。

改正による、育児休業給付の休業開始後180日間についての67％への引上げは少子化対策として（特に男性の）育児休業の取得促進に力点が置かれ、ここでも雇用継続という目的は後退してしまっている。さらに、この67％という水準は出産手当金の水準を踏まえたものであると説明されている[17][18]。したがって、もはや失業者に対する所得保障との均衡という視点はみられず、不就労期間中の所得保障という機能を付与されたと解されうる[19]。

また、②育児休業給付の給付方法について、当初、給付時期が分けられていたのは、育児休業後の円滑な職場復帰を促進するという趣旨によるものであった[20]。ところが、2009年の法改正により育児休業給付金として統合されたことで、休業後の職場復帰に対するインセンティブがなくなった。このことも育児休業給付が、雇用継続よりも休業中の所得保障を目的とするものに変わりつつあることを示している。

以上のように、給付水準や給付方法の変遷をみると、雇用継続給付（特に育児休業給付）は、少子化対策を後ろ盾に休業の取得促進や休業中の所得保障が雇用継続という目的よりも強調されるようになっている。だとすれば、そのような給付を雇用保険に位置づけること自体の正当性が問われうる[21]。この点、休業者に対する経済的支援は、所得を喪失する休業期間中に重点が置かれるべきであるとして、給付時期の統合を評価する立場からすれば、給付の目的を見直すべきということになろう[22]。しかし、雇用保険に位置づけたままでは、対象者は雇用保険の一般被保険者に限定され、高齢労働者、短時間・短期間・季節労働者は受給できない[23]。育児・介護を理由とする不就労中の所得保障が目的であれば、人的対象は限定されるべきではなく、少子化対策が目的なら労使保険料を財源とした制度である必要もない。それならば、雇用継続給付とは別途に制

---

17) 産前産後休業（労基法65条）中に、健康保険から1日につき標準報酬日額（直近1年間の標準報酬月額を平均した額の30分の1）の3分の2相当額が支給される（健康保険法102条）。
18) 以上、労働政策審議会職業安定分科会雇用保険部会第98回（2014年1月16日）資料「雇用保険制度関係資料」8頁以下。
19) 渡邊・前掲注11) 47頁以下。
20) 奈尾・前掲注12) 132頁。
21) 神尾・前掲注11) 527頁以下、渡邊・前掲注11) 48頁。
22) 衣笠葉子「育児休業の取得促進と所得保障に関する課題」ジュリスト1383号38頁（2009年）。
23) また、育児介護休業法外の休業中は対象外となる。

度化することを検討すべきである[24]。

2 育児介護休業制度以外の支援措置

育児介護休業法は、育児介護休業だけでなく、①労働者が子の養育や家族の介護をしながら就業することを容易にするための就労時間等に対する支援措置と、②短期の休暇も設けている。②の概要は**表1**に示したとおりなので、以下では①について述べる。

育児介護休業の創設当初から、事業主は、育児休業を取得せずに就労している１歳未満の子を養育する労働者や対象家族の介護を行う労働者が、就業しながら育児・介護をすることを容易にする措置を講じなければならないとされていた（育児について、ⓐ短時間勤務制度、ⓑ所定外労働の免除、ⓒフレックスタイム制、ⓓ始業・終業時刻の繰上げ・繰下げ、ⓔ託児施設の設置運営等の便宜供与のうち、少なくとも１つ。介護について、㋐短時間勤務制度、㋑フレックスタイム制、㋒始業・終業時刻の繰上げ・繰下げ、㋓介護費用の助成等の制度のうち、少なくとも１つ）。

2001年の法改正では、この措置の対象が１歳未満の子から３歳未満の子に拡大された（ⓕ育児休業に準ずる措置も加えられた）。また、小学校就学前の子の育児や対象家族の介護を行う労働者について、上限（１カ月につき24時間、１年につき150時間）を超える時間外労働の免除請求権が定められた。次に、2009年改正により、３歳未満の子を養育する労働者について、ⓐ短時間勤務制度を設けることと、ⓑ所定外労働の免除を制度化することが事業主の義務とされた（ⓒからⓕの措置を講じることは努力義務にとどまっている）。また、３歳以上小学校就学前の子を養育する労働者については、ⓐからⓕのうち必要な措置を講ずることが努力義務とされている。そして、2016年の改正では、対象家族の介護を行う労働者について、㋐から㋓の利用が、介護休業と通算して93日以内だったのが、通算がなくなり、かつ利用開始から３年間で２回以上の取得が可能という形で大幅に拡大された。さらに、子を養育する場合と同様に、介護にも所定外労働の免除が認められ、しかも介護終了まで利用できる。

---

24) 試論として、水島郁子「育児・介護休業給付」日本社会保障法学会編『所得保障法』261頁以下（法律文化社、2001年）。

第12章　育児介護休業法の課題　285

　育児も介護も全日の中長期休業というサポートだけでは限界がある。育児休業は、長期に取得するとキャリアに影響を及ぼす可能性がある。例えば、休業によるブランクや、復職後に休業前と異なる職務に配置されたことにより労務提供が著しく低下した場合、そのことを理由とする処遇の低下が育児介護休業法の禁止する不利益取扱い（10条）にあたらないことは考えうるし、そうした労働能力の低下のために昇進が遅れるといった長期的な影響も否定はできない[25]。介護休業は、対象家族の介護体制の構築や中長期的な介護方針の決定のための緊急避難的制度であるため[26]、労働者自らが介護を担っている場合の支援・負担軽減には不十分である[27]。したがって、育児や介護を行いながら働くことを支援する仕組みは今後ますます重要になっていくだろう。こうしたことからすれば、就労時間等に対する支援制度の義務づけが強化されていること、介護について選択の期間や回数が拡大していることはいずれも望ましいと考える。また、短期の休暇（②）は、労働者が子や介護の必要な家族の容態に合わせた緊急対応を可能にし、かつ細切れに利用できるため、仕事への支障をできる限り抑えられる点で有用な制度といえる。

　そのうえで、今後の課題として2点を指摘できる。1つは、労働者側の関与を高めることである。制度化が義務づけられていない措置に関して、育児については事業主の努力義務にとどまり、介護については事業主はいずれかを講じればよいこととされている。これは、事業所の実情に応じて措置を実施できるようにするためと考えられるとはいえ、措置の選択が全面的に使用者に委ねられている[28]。労働者側の意見聴取を求める等、労働者側の関与を高める措置を講じて、その意思を反映させる仕組みを整えることが必要と思われる。もう1つは、休業以外の措置の利用者に対する所得保障の必要性である。これらの措置は、何らかの理由により育児介護休業を取得しない労働者のために設けられたものである[29]。だとすれば、短時間勤務や休暇の取得等により所得が減少した場

25）育児介護休業法上、休業後の原職復帰は使用者に義務づけられていない。
26）大内伸哉『雇用改革の真実』204頁以下（日本経済新聞出版社、2014年）。
27）阿部充「介護休業制度の法制化」時の法令1508号12頁（1995年）。
28）高畠淳子「ワーク・ライフ・バランス施策の意義と実効性の確保」季刊労働法220号25頁（2008年）。
29）労務行政編『改訂版　詳説育児・介護休業法』441頁（労務行政、2005年）。

合には、育児介護休業と同じようにその補填を図ることが検討されるべきである[30]。

III　育児介護休業法と裁判例

1　労働者の配置に関する配慮（育児介護休業法26条）

　育児介護休業等の支援措置は、仕事と家庭の両立が特に困難な比較的短い期間のみに適用されるにすぎない[31]。現実の育児や介護は長期にわたるものであり、それらの措置が対象とする局面以外でも家族的責任を負う労働者を支援する体制の整備が必要となる。そこで、育児介護休業法には、家族的責任を負う労働者に共通して講じられるべき措置が定められている。そのなかで、とりわけ労働者の生活に影響を及ぼす配転の問題について述べる。

　使用者の有する配転命令権と労働者の私生活との調整について、東亜ペイント事件（最二判昭61・7・14労判477号6頁）は、使用者に配転命令権が認められる場合にも、その行使には権利濫用法理による制約が課されるとした。そして、配転命令に業務上の必要性があり、配転命令が不当な動機・目的をもってなされたとはいえない場合でも、労働者に通常甘受すべき程度を著しく超える不利益を負わせるものである場合には配転命令は権利の濫用になるとする。こうして、労働者の家庭の事情に照らして配転命令が「著しい不利益」に該当するか否かが裁判で争われてきた。

　こうしたなか、2001年改正により設けられた育児介護休業法26条は、就業場所の変更を伴う配転には、使用者は当該労働者の子の養育や家族の介護の状況に配慮することを求めている。たしかに、ここにいう「配慮」とは、「子の養育又は家族の介護を行うことが困難とならないよう意を用いることをいい、配置の変更をしない〔こと〕や労働者の育児や介護の負担を軽減するための積極

---

30) 橋爪幸代「児童手当、育児休業、育児休業給付」論究ジュリスト11号55頁（2014年）、神尾・前掲注11) 527頁以下。
31) 労働法において「仕事と家庭の調和」という規範は現在でも例外であり、原則はあくまでも「仕事と家庭の分離」であることを指摘する論稿として、両角道代「『仕事と家庭の分離』と『仕事と家庭の調和』」菅野古稀441頁以下。

的な措置を講ずることを事業主に求めるものではない」とされており、使用者が配慮をせずに配転を命じた場合でも、ただちにその配転が無効となるものではない。しかし、近年下級審では配転命令権濫用の判断において育児介護休業法26条に言及する裁判例がみられるようになっている。それらによると、当該労働者と家族との身分関係、養育や介護の必要性・緊急性、養育・介護を担うことができる他の家族の存否、に着目しつつ、労働者が育児や介護の負担を理由に配転を拒む態度を示しているときは真摯に対応すること、不利益を軽減するための代替策の検討や不利益を顧慮することが使用者に要請されるとする。こうして、配慮の有無や程度は「著しい不利益」の判断や、権利濫用判断において影響を与えるものとされている。

2　育児休業を理由とする就労上の不利益取扱いの禁止（育児介護休業法10条）

　労働者の就労環境に関わって、近年マタハラが注目を集めている。「マタハラ」の法的定義はないが、一般には妊娠・出産・育児を理由とする就労上の不利益な取扱いを指す言葉であり、妊娠・出産期は均等法9条により、育児期は育児介護休業法10条により、禁止されている。育児におけるマタハラに関する裁判例はこれまでもみられていたが（(1)）、広島中央保健生協（C生協病院）事件の最高裁判決（最一判平26・10・23民集68巻8号1270頁。以下、「平成26年判決」）は、「マタハラ判決」として世間の耳目を集め、「マタハラ」という言葉が人口に膾炙するきっかけとなった（(2)）。

32）平14・3・18雇児発0318003号。
33）明治図書出版事件・東京地決平14・12・27労判861号69頁。
34）ネスレ日本（配転本訴）事件・大阪高判平18・4・14労判915号60頁。
35）NTT東日本（北海道・配転）事件・札幌高判平21・3・26労判982号44頁。
36）以上のほか、配転命令の権利濫用判断にあたって育児介護休業法26条の趣旨を踏まえて検討する必要があることを指摘する裁判例として、NTT西日本（大阪・名古屋配転）事件・大阪高判平21・1・15労判977号5頁がある。また、裁判例の分析として、津田小百合「高齢者介護と家族支援」村中ほか・前掲注10）書133頁以下。
37）また、両角・前掲注31）458頁以下は、労契法3条3項に基づいて、配転命令権には労働者の生活上の変化に応じた適切な配慮をする義務（家庭生活配慮義務）を伴うと考えるべきであり、育児介護休業法26条は、育児や介護を行う労働者に転居を伴う転勤を命じる場合について、この配慮義務を確認したものと位置づけられるとする。

(1) 育児介護休業法10条に関わる従来の裁判例

まず、①東朋学園事件（最一判平15・12・4労判862号14頁）では、出勤率90％以上を賞与支給要件（90％条項）とし、産後休業および短時間勤務を欠勤扱いした結果、賞与を全額不支給としたことが問題となった。最高裁は、法（労基法65条、育児介護休業法10条）の定める権利行使を抑制し、法が権利等を保障した趣旨を実質的に失わせる取扱いは、公序に反し無効となるとした。そして、90％条項について、産後休業および短時間勤務を欠勤扱いしている部分は無効とした（他方で、産後休業および短時間勤務の日数分賞与を減額することは許容している）。この最高裁の判断枠組みは、その後の下級審でも用いられている。②医療法人稲門会（いわくら病院）事件（大阪高判平26・7・18労判1104号71頁）では、①判決を参照したうえで、育児休業取得者の不就労を理由に翌年度の職能給の昇給を行わなかったことは、育児休業を他の不就労よりも不利益に扱っているとする（被告病院（被控訴人）では、年休、生理休暇等は職能給昇給の欠格要件である不就労期間には含まれなかった）。このような取扱いは育児介護休業法10条の禁止する不利益取扱いにあたり、かつ、同法の保障する育児休業取得の権利を抑制し、権利保障の趣旨を実質的に失わせるとして、公序に反し無効とした。

これに対し、③コナミデジタルエンタテインメント事件（東京高判平23・12・27労判1042号15頁）では異なる判断枠組みが用いられている。この事件では、育児休業からの復職後、担当職務を変更されたことと、休業取得以降の成果報酬がゼロ査定とされたことによる賃金減額の適法性が争われた。裁判所は、成果報酬を機械的にゼロ査定したことは、育児介護休業法が育児休業取得者に対する不利益取扱いを禁止している趣旨に反し、人事権の濫用として違法としている。

①判決・②判決は、権利行使を抑制し、権利を保障した法の趣旨を実質的に失わせる取扱いを公序違反として無効とするのに対し、③判決では、育児休業をめぐる取扱いが人事権の濫用にあたるかどうかが判断されているのである。

(2) 平成26年判決と以後の動向

本件では、妊娠中の軽易業務転換（労基法65条3項）に際して副主任を降格させた措置が、均等法9条3項違反にあたるかが争われた。最高裁は、均等法9

条3項を強行規定と解したうえで、同項の趣旨・目的に照らせば、妊娠中の女性労働者の軽易業務転換を契機とする降格措置は、原則として同項の禁止する取扱いにあたるとする。ただし、例外として、①労働者の自由意思に基づく承諾がある場合と、②業務上の必要性に基づく特段の事情がある場合には、同項の禁止する取扱いにあたらないとの判断枠組みを示した[38]。これは、前述のいずれの裁判例とも異なる独自の判断枠組みを示したものと理解されている[39]。

本件では予備的請求として、育児休業後も副主任に復帰させていない措置について、育児介護休業法10条に違反する旨が主張されているが、法廷意見の判示の対象とはなっていなかった。しかし、櫻井龍子裁判官の補足意見は、この復帰後の配置について言及し、同条を強行規定と解すべきとし、業務上の必要性に基づく特段の事情がある場合でないなら、本件の復帰後の配置は一般的には同条の禁止する不利益な取扱いに該当すると述べる。

こうしたなかで、平成26年判決を踏まえて出された新通達（平27・1・23雇児発0123第1号）は、育児介護休業法も対象とする。同通達は、育児休業の申出・取得を契機として不利益取扱いが行われた場合は、原則として育児介護休業法10条に違反するとしており、補足意見が復帰後の配置について述べていたのに対し、不利益取扱い一般に対象を広げている。そして、原則として、育児休業等の「終了から1年以内に不利益取扱いがなされた場合は『契機として』いると判断する」[40]とし、育児休業の申出・取得との時間的近接性に着目する。しかし、育児休業と不利益取扱いとの関連は、当該事案に照らした一連の事実関係の流れを踏まえて探る必要がある場合もあろう（例えば、不利益取扱いに至る「伏線」がある場合や、やり取りのなかで次第に関係がこじれていった場合等）。だとすれば、「契機として」を単純に時間的近接性に矮小化していいかは疑問のあるところである。また、時間的近接性に着目するとしても、なぜ1年以内なのか、その根拠は必ずしも明らかではない。さらに、補足意見では、不利益取扱いに

---

38) 結論として、最高裁は原判決を破棄し、高裁へ差し戻した。そして、差戻審は最高裁の示した判断枠組みに従って判断を行った結果、降格措置を違法無効としている（広島中央保健生協（C生協病院・差戻審）事件・広島高判平27・11・17労判1127号5頁）。
39) 長谷川珠子「判批」法学教室413号35頁以下（2015年）、水町勇一郎「判批」ジュリスト1477号103頁以下（2015年）、鎌田耕一「判批」判例時報2277号209頁以下（2016年）。
40) 厚生労働省「妊娠・出産・育児休業等を契機とする不利益取扱いに係るQ＆A」（問1）。

あたらない例外として、業務上の必要性に基づく特段の事情がある場合のみが挙げられていたが、通達では労働者が同意している場合も加えられている。この点、そもそも平成26年判決が、均等法9条3項について、当該労働者が自由意思により承諾をしたと認めるに足る客観的に合理的な理由の存在（上記①）により例外を認めたことに対して、問題とする指摘がみられていた[41]。通達では、当該労働者の同意であって「自由意思による」同意ではなく、加えて、一般的な労働者であれば同意するであろう理由の存在を求めているが、このような例外を認めることは、補足意見のように育児介護休業法10条を強行法規と解するとすれば、論理的に一貫しないように思われる。

　立法面では、従来から規定されていた事業主のセクハラ防止義務（均等法11条1項）と並んで、2016年の育児介護休業法改正で、事業主に、育児介護休業や支援措置の利用に関する言動により、労働者の就業環境が害されることのないよう、環境整備や防止措置を講じることが義務づけられた。これまでの育児介護休業等における不利益取扱いの禁止をさらに進めて、就業環境の整備を義務づけることで、マタハラを防止する措置といえる。

Ⅳ　育児介護休業法の目的の変容？

　育児介護休業法が改正されるなかで、当初の——あるいは本来の——同法の目的が、労働関係を超えた国家目的のためにゆがめられつつあるとする指摘が、2001年の法改正以降多くみられるようになっている。そこで、同法の制定経緯（1）と目的（2）を振り返ったうえで、こうした指摘について考察する（3）。

1　育児介護休業法以前

　育児休業制度の立法化は1970年代に始まる。1972年、勤労婦人福祉法が制定され、そのなかで育児休業の実施等が事業主の努力義務とされた。1975年には、義務教育諸学校等の女子教育職員及び医療施設、社会福祉施設等の看護婦、保

---

41) これは賃金全額払原則（労基法24条）の例外に類するが、同原則の射程がどこまで及ぶかという問題を、差別禁止の例外そのものを許容するか否かの問題と同列に論じることは適切でないとする（水町・前掲注39）106頁、相澤美智子「判批」労働法学会誌127号132頁（2016年））。

母等の育児休業に関する法律（以下、「特定職種育児休業法」）が成立し、国公立の学校および施設に勤務する特定職種の女性労働者に、子が1歳になるまでの育児休業の取得が認められた（私立の学校や施設については努力義務）。

1980年代に入ると、育児休業にかかる規定は、勤労婦人福祉法の名称を変更して成立した均等法に移された。しかし、育児休業制度の設置は使用者の努力義務にとどまり、制度の適用対象者は依然として「女子労働者」とされていた。

以上のように、育児休業は均等法に定められ、特定職種育児休業法も含めて女性労働者のみを対象としていたことも併せ考えると、育児休業は女性の職場進出や就業継続を支えて、雇用分野における男女平等を進めるための措置と位置づけられていたことがわかる（当時の均等法は、女性労働者の地位の向上を目的としていたことも付言しておこう）。また、努力義務とされ、育児休業請求権は労働者の権利とはいえなかったことから窺えるように、労使関係の現実から乖離しないような慎重な法的介入が試みられていたといえる。[42]

2　育児介護休業法の目的

均等法から切り離された制定時の育児休業法1条は、育児休業制度等により「子を養育する労働者の雇用の継続を促進」することを目的と定めていた。育児休業と短時間勤務措置等により、①子を養育する労働者の退職を防いでその雇用の継続を図り、②職業生活と家庭生活が調和できる状態を導こうとする。[43]
②については、1995年の法改正時に、「職業生活と家庭生活との両立」を支援することが1条に追加され、育児介護休業は明確に仕事と家庭の両立支援策のひとつに位置付けられた。ここでは、男性が含まれている点で従来よりも拡大されているが、それでも法的介入により両立支援を行う対象はあくまで育児・介護責任を負っている労働者である。以降、1条は同法の規定する措置の拡大にあわせて、若干の文言の修正がみられるものの、目的自体に関わるような変更はみられていない。

制定時、行政当局は、育児休業法の目的は人口政策にあるのではないとして

---

42) 笠木映里「家族形成と法」日本労働研究雑誌638号57頁以下（2013年）。
43) 山本典子「育児休業等に関する法律の制定について」ジュリスト983号61頁（1991年）。

おり、また、1条にいう「経済及び社会の発展」は、出生率の向上による将来的な生産年齢人口の増加が経済・社会の発展につながるという考え方ではなく、出生率を念頭に置いたものではないとしていることも確認しておきたい。[44]

3 育児介護休業法に影響を与えうる国家政策の登場

こうしたなかで、とりわけ育児に影響を及ぼす2つの国家政策──少子化対策とワーク・ライフ・バランス──が台頭し、推進されていくことになる。

(1) 少子化対策

1999年12月に少子化対策推進関係閣僚会議が「少子化対策推進基本方針」を決定し、これにより初めて政府が少子化対策としての総合的な施策の基本方針を明確にした[45]。さらに、2003年には、少子化対策の法的根拠となる少子化社会対策基本法が成立した。こうしたなかで、これらと前後して育児介護休業法の改正理由として、少子化への対応という目的が前面に出てくるようになっている[46]。

(2) ワーク・ライフ・バランス

ワーク・ライフ・バランスという理念は2000年代半ば頃から登場し、2007年末に策定・公表された「ワーク・ライフ・バランス憲章」と「仕事と生活の調和推進のための行動指針」を契機に推進されていった。この理念は、「労働者の自己決定」を基盤に、すべての労働者について、家庭責任を担っているか否

---

44) 高橋柵太郎編著『詳説育児休業等に関する法律』190頁以下（労務行政研究所、1991年）。とはいえ、出生率の低下（1990年の「1.57ショック」）が法の成立に影響したのも確かであろう（藤井龍子「育児休業法制定の背景とその概要」季刊労働法163号34頁（1992年）、濱口桂一郎『働く女子の運命』217頁（文春新書、2015年）等）。
45) 神尾真知子「少子化対策の展開と論点」国立国会図書館調査及び立法考査局『少子化・高齢化とその対策』27頁（2005年）。同論文・24頁では、同基本方針以前から少子化問題は認識されていたものの、総合的な政策ではなく、個別政策のなかで少子化への対応が行われていたことも指摘されている。
46) 2001年・2004年改正について、水島郁子「改正育児・介護休業法の意義と課題」ジュリスト1282号139頁、143頁以下（2005年）、2009年改正について、厚生労働省雇用均等・児童家庭局職業家庭両立課「改正育児・介護休業法の解説」時の法令1851号7頁（2010年）。

かにかかわらないすべての時期を対象として、(仕事と「家庭」の調和のみならず)仕事と「生活」の調和を図ろうとするものである。その意味で、雇用平等や「育児期や介護期における職業生活と家庭生活との両立」を包含するより広い理念といえ、労働時間法制や休暇法制等と並んで育児介護休業法はその一翼を担うものと把握されうる。

(3) これらの国家政策と育児介護休業法

育児介護休業法の目的(「雇用継続」と「仕事と家庭の両立」)を包含する──さらには超える──少子化対策とワーク・ライフ・バランスという国家政策は、育児介護休業法の動向に影響を及ぼすようになっているが、いずれに対しても注意を喚起する指摘がみられる。

少子化対策について、育児介護休業法が少子化対策(特に、出生率の向上)と結びつかないわけではない。少子化の要因のひとつが育児負担や育児と仕事の両立の負担にあり、その背景には実質的に女性のみが家庭責任を負っている「固定的な男女役割分業」がある。その是正のため、女性が育児を経ても就労を継続できる仕組みを整備することや男性の育児休業の取得を促進することは有効であろう。しかし、少子化対策を目的に育児介護休業法の整備をするのでは思考の論理が逆転している[47]。この論理では、国の担うべき育児支援サービスの整備等の役割を企業に肩代わりさせることになりかねないだけでなく、時々の国家目的により育児介護休業法制が左右されうることにもなる[48]。また、個人の選択に委ねられるべき育児という事柄に国家が介入することになり、「産む」ことが奨励される一方、「産まない」ことは非難され、かえって男女の性別役割が強調される結果を招来することも危惧される[49]。

また、ワーク・ライフ・バランスに対しては、家族的責任を負う労働者の

---

47) 笠木・前掲注42) 53頁、59頁は、雇用平等政策と少子化対策は表裏一体の関係にあることから、労働法制が少子化対策に影響を及ぼしてきたが、少子化対策は直接的には法の関心の範囲外であり、間接的に影響を及ぼすにとどまることに留意すべきであると指摘する。
48) 斎藤周「労働者の家族責任と育児介護休業法の役割」労働法律旬報1503頁17頁(2001年)、水島・前掲注46) 144頁。
49) 浅倉むつ子「少子化対策の批判的分析──妊娠・出産・育児・介護の権利保障の観点から」労働法律旬報1609号4頁以下(2005年)。

「雇用継続」と「仕事と家庭の両立」の実現には、そのような労働者に対する特別な措置だけでなく、すべての労働者を対象とした全般的労働条件の改善こそが重要だとして、方向性としては評価されている[50]。それでも、ここにいう「ライフ」が伝統的な労働保護法（労基法、最賃法等）の考慮してきた労働者の生命（life）の保護ではなく、労働者の生活（life）の充実を確保するという意味のより良質な「ライフ」であることを確認し、労働法は「ワーク」のあり方の枠組みを示し、その権利義務関係を明確にすることが役割であって、「ライフ」は個人の自由に委ねられるべきものであるとする指摘がある[51]。そして、この労働者の「ライフ」にどこまで配慮するかは、企業の自主的選択や労使自治によることになろう[52]。

結局、国家政策によって、個人や夫婦の自由な選択によるべき事柄（子をもつかどうかやワークとライフのバランスのとり方）に、過剰な法的介入を行うべきではないと指摘されているのである。国家政策の役割は、個人や夫婦が自分（たち）のライフスタイルを自由に選択できるような基盤を（制度として）整備することであり、逆に国家政策がその選択に影響を与えないよう慎重を期すべきであろう。こうしたことからすると、育児・介護に関連する労働者の権利の拡充を手放しに善とするのではなく、育児介護休業法の目的に適合したものであるか、さらには同法の役割であるかどうかを自覚的に吟味することが必要となる。

V　おわりに

以上、本章では、育児介護休業法に関して、その中心をなす育児介護休業についても、休業以外の支援措置についても、育児や介護を担う労働者の権利の拡充が図られてきていることをみてきた。しかし同時に、なお検討を要する点

---

[50] 例えば、川田知子「働き方の多様化と育児介護休業法の進展」季刊労働法213号13頁以下（2006年）等。
[51] 浅倉むつ子「労働法におけるワーク・ライフ・バランスの位置づけ」日本労働研究雑誌599号47頁（2010年）。
[52] 大内伸哉「労働法学における『ライフ』とは——仕事と生活の調和（ワーク・ライフ・バランス）憲章を読んで」季刊労働法220号13頁（2008年）。

が残されていることからすれば、これまでもみられたように、それが新たな同法改正の原動力となることを期待したい。その際には、当初とは異なる目的によって改正が導かれているとの、同法の根源に関わる指摘がみられることにも留意する必要がある。こうした指摘によれば、育児介護休業法が労働政策に位置づけられていることを再認識したうえで、育児介護休業をはじめとして同法に定める措置が何を支援するためのものなのかに立ち返ったうえで改革を進めていくことになる。そうだとすれば、単純に家庭的責任を負う労働者の権利を拡充すればよい（例えば、休業の原則的期間の伸長や企業への義務づけの強化）という結論には必ずしも至らないだろうし、企業の柔軟かつ自発的な取組みに委ねるべき場面も出てこよう。[54]

（しばた・ようじろう　中京大学法学部准教授）

---

53) あわせて、以下のような育児と介護の実態の違いから、両者は必ずしも同列に論じられない点もあることに留意する必要があろう。まず、育児は、子の成長の度合いを概ね予想でき、時間とともに育児負担が軽くなる。ところが、（特に高齢者の）介護は状態が改善するケースは多くない（不可逆性が強い）ため、必ずしも時間とともに介護負担が軽くなるわけではないし、いつまで介護が必要なのか予想することも困難である。また、育児休業では、取得する労働者の年齢のばらつきが小さいのに対し、介護休業を取得する労働者の年齢は幅広く、重要な職責を担うような年齢の労働者も介護を行うことがある。こうして、育児と比べると介護の方が、従事する者にとって精神的・肉体的な負担が大きく、また、状況や見通しを想定することが難しいといえる。
54) 次世代育成支援対策推進法（次世代法）は、子育て支援に積極的に取り組む企業は、厚生労働大臣の認定（くるみん認定および、より高水準の基準を満たす企業に対するプラチナくるみん認定）を受けることができるとしている。その認定基準には、男性従業員の育児休業取得者数・取得率、女性従業員の育児休業等取得率や出産後の就労継続が含まれている。このことから、次世代法は認定制度により企業の自発的・積極的な取り組みを促し、育児休業（や他の育児支援措置）を利用しやすくする労働環境の整備を促進しようとすることがみてとれる。

他方で、同じく仕事との両立支援が必要と思われる家族介護を行う労働者については、こうした制度は存在しない。

第3部　ワーク・ライフ・バランス

第13章　労働法上の権利行使と不利益取扱いの禁止

細谷越史

I　はじめに

　これまで、日本的雇用慣行の下で正社員の働き方が社会の標準とされてきたことにより、「仕事と家庭の分離」が性別役割分業と結びつき推し進められてきた。そこでは、正社員は、長期安定雇用や定期昇給などと引換えに、長時間労働や頻繁な人事異動を求められる結果、家事や育児などの責任を配偶者に委ねることが多かった。しかし、このようなモデルはもはや必ずしも一般的ではなく、現在では、共働き世帯や核家族世帯の増加、高齢化の進行などにより、多くの労働者が子供や高齢の親の世話、家事を行う責任を負う立場にあり、職業生活の全期間を通して仕事に全力を注げる者は減少しつつある。また、こうした課題にくわえ、少子化や人口減少問題への取組みの一環として、近年の労働法政策においては、「仕事と家庭の調和」や「ワーク・ライフ・バランス」の理念が強調されるに至っている[1]。

　本章で検討する労働法上の権利行使に対する不利益取扱いについては、現行法上、それを一般的に禁止する規定が存在せず、各個別規定により禁止されて[2]

---

[1] 両角道代「『仕事と家庭の分離』と『仕事と家庭の調和』――労働法における二つの規範と配転法理」菅野古稀442頁以下参照。
[2] たとえば、ドイツでは、労働者の権利行使を理由とする使用者からの不利益取扱いを一般的に禁止する民法612a条が置かれている。

いる。そして、不利益取扱いの禁止法理が「ワーク・ライフ・バランス」の理念との関連において論じられるのは、主として年休、妊娠・出産に関する事由、育児・介護休業等との関係においてである（労基法附則136条、均等法9条3項、育介法10条・16条・16条の4・16条の7・16条の10・18条の2・20条の2・23条の2など）。なお、不利益取扱いの禁止法理は、これ以外に、組合活動（労組法7条1号）、労基法違反の申告（労基法104条2項）、公益通報（公益通報者保護法3条、5条）などを対象としている。

従来の判例は、一般に、年休取得や妊娠・出産等による不利益取扱いを、当然に違法とはせず、労働者の権利行使を抑制し、労基法等の権利保障の趣旨を失わせる場合に限り公序（民法90条）に反し無効とみなしてきた。しかし、年休取得率やとくに男性の育児休業取得率が低くとどまる一方[3]、仕事と生活の調和の重要性が高まるなかで[4]、年休に関する不利益取扱い禁止法理の再検討が進められ、また、とくに2001年改正以降、均等法や育児介護休業法の不利益取扱い禁止規定が対象を拡大し、また新設されてきた。そして、最高裁は、2014年に妊娠・出産等に関する不利益取扱い禁止法理を転回し発展させるべく新たなルールを打ち出すに至った。

本章では、従来の不利益取扱い禁止法理の展開を整理し、その課題に検討をくわえたうえで、今後の理論や裁判実務のあり方を考察、展望することにしたい。

II　年休取得を理由とする不利益取扱い

1　学説の議論状況

学説においては、まず、労基法39条自体に年休取得を理由とする不利益取扱

---

[3]　2014年の年休の取得率は47.6％であり、この数年間は50％未満の状況が続いている（厚生労働省「平成27年就労条件総合調査」参照）。なお、同年の育児休業取得率は女性81.5％、男性2.65％であり、男性はこの数年でようやく2％台に達するにとどまる（厚生労働省「平成27年度雇用均等基本調査」参照）。

[4]　政府による2007年の「仕事と生活の調和（ワーク・ライフ・バランス）憲章」と「仕事と生活の調和推進のための行動指針」においては、年休の取得促進、育児・介護休業、短時間勤務等の多様な働き方の推進、とくに男性の育児休業の取得促進などが課題として挙げられている。

いを禁止する効力があり、年休取得に対して不利益取扱いをしないようにしなければならないと定める同法附則136条は年休権保障のなかに含まれる不利益取扱い禁止の私法規範を確認したものとする立場が多い[5]。この説は、同法39条の年休付与義務、すなわち年休取得を妨げてはならないとの不作為を基本的内容とする義務に、年休取得を理由に不利益取扱いを行わない義務が含まれるとか、同法が年休取得日に賃金支払を義務づける趣旨には、精皆勤手当や賞与などにつき年休取得日を出勤日と同様に取り扱うべきであるとの要請が含まれるとの理解に依拠している。

つぎに、労基法39条の趣旨は、労働者が年休取得により不利益を受けるような措置をとることを一切許さない点にあるとして、それを反映した公序（民法90条）に対する違反を根拠として不利益取扱いを一般的に無効と解する説も有力である[6]。

さらに、労基法附則134条（現136条）の制定により同法39条に不利益取扱いを禁止する強行法規たる効力が認められるに至ったとする説や[7]、附則136条を強行法規と解して不利益取扱いを私法上無効とする見解も主張されている[8]。しかし、前者の説は、不利益取扱いを無効とする効力をもたないとされる同法39条に私法的効力を認める根拠として同136条をあげるが、同条の文言からして、他に何らかの媒介の論理がない限り説得力に欠ける[9]。また、同136条の曖昧な文言を見る限り、後者の説のように、そこから直接的に不利益取扱い禁止の効力を導出するのは困難であろう。

このように、学説は、結論的に、年休取得を理由とする不利益取扱いを一般的に無効と解することが多いのに対して、労基法39条、附則136条とも不利益取扱いを無効とする強行規定ではなく、不利益取扱いは、年休権を保障した趣

---

5) 菅野・労働法545頁、土田・労働契約法〔第2版〕391頁、新基本法コメ・労基法・労契法176頁〔竹内（奥野）寿〕、水野勝「年次有給休暇の取得と不利益取扱い」労働法律旬報1338号12頁以下（1994年）、名古道功「年次有給休暇」片岡昇＝萬井隆令編『労働時間法論』347頁（法律文化社、1990年）。
6) 西谷・労働法53頁、344頁、長淵満男「年休権の構造」講座21世紀の労働法(7)166頁以下。
7) 安枝英訷「年次有給休暇」ジュリスト917号140頁、151頁（1988年）、島田陽一「年休取得に対する不利益取扱」法律時報66巻4号111頁（1994年）。
8) 林和彦「年次有給休暇制度の新たな課題」季刊労働法147号77頁（1988年）。
9) 水野・前掲注5) 12頁参照。

旨に照らして、場合により公序違反となりうると論じる学説も主張されている[10]。

　私見としては、多数説のように、労基法39条の目的に即した解釈から不利益取扱いの禁止とその一般的な無効を導くことができ、それが妥当しない限りで公序法理の適用が問題になると解する。

2　判例法理の展開

　以前の下級審裁判例は、年休取得を理由とする不利益取扱いを労基法39条またはその趣旨に反して当然に無効であると判断するものと[11]、不利益取扱いの内容や程度、年休取得に対する抑制の程度などを考慮して、公序良俗などを根拠に有効性を審査するものとに分かれていた[12]。

　その後、日本シェーリング事件・最一判平元・12・14[13]は、稼働率80％を昇給の要件とし、年休、生理休暇、産前産後休業、育児時間、同盟罷業等を欠勤扱いする制度について、「労基法又は労組法上の権利に基づく不就労を含めて稼働率を算定するものである場合においては、基準となっている稼働率の数値との関連において、当該制度が……権利の行使を抑制し、ひいては右各法が労働者に各権利を保障した趣旨を実質的に失わせるものと認められるときに、当該制度を定めた労働協約条項は、公序に反するものとして無効になる」と述べ、不利益取扱いが労基法や労組法の権利保障の趣旨が構成する公序に違反するか否かという法律構成を採ることを明らかにした。そのうえで本判決は、平均8％を上回る程度の本件賃金引上げから外れて生じた不利益は後続年度の賃金に残存し、退職金にも影響することから、経済的不利益は大きく、80％という稼働率の数値からしても、権利行使に対する事実上の抑制力は相当強いことなど[14]

---

10) 東大・注釈労基法(下)750頁以下〔川田琢之〕、藤川久昭「年休取得の不利益取扱い――沼津交通事件」労働判例百選〔第7版〕131頁、労基局・平成22年労基法(上)611頁以下。
11) 大瀬工業事件・横浜地判昭51・3・4労判246号30頁、日本シェーリング事件・大阪地判昭56・3・30労判361号18頁、同事件・大阪高判昭58・8・31労判417号35頁、三和運送事件・新潟地判昭59・9・3労判445号50頁。
12) ニュードライバー教習所事件・京都地判昭60・4・18労民集37巻6号494頁、同事件・大阪高判昭61・11・28労民集37巻6号487頁、モデルハイヤー事件・高知地判昭63・7・7労民集39巻4号253頁。
13) 民集43巻12号1895頁。
14) 小畑史子「判批」法学協会雑誌108巻12号2120頁（1991年）参照。

を理由に、本件不利益取扱いを公序に違反し無効と結論づけた。

ところが、エス・ウント・エー事件・最三判平4・2・18は[15]、使用者が、就業規則所定の年休の権利発生要件を満たさないとして、労働者が年休として出勤しなかった日を、賞与の勤怠考課に際して欠勤扱いし減額したケースにつき、年休の期間について一定の賃金の支払を義務付ける労基法39条4項（現7項）の趣旨からすれば、使用者は、年休取得日の属する期間に対応する賞与の計算上この日を欠勤として扱うことはできないと判示した。ここでは、権利保障の趣旨を失わせる程度により公序違反を判定する前掲・日本シェーリング事件判決の枠組みとは異なり、不利益の程度を問わず労基法39条の趣旨の効力として不利益取扱いを無効とする立場が示された[16]。

このように判例の態度が定まらないなかで、沼津交通事件・最二判平5・6・25は[17]、毎月の交番表作成後に取得した年休日を欠勤とし皆勤手当を支給しないという取扱いにつき、労基法134条（現136条）を「努力義務」規定と解したうえで、年休取得を不利益と結び付ける措置について、「その趣旨、目的、労働者が失う経済的利益の程度、年次有給休暇の取得に対する事実上の抑止力の強弱等諸般の事情を総合して、年次有給休暇を取得する権利の行使を抑制し、ひいては同法が労働者に右権利を保障した趣旨を実質的に失わせるものと認められるものでない限り、公序に反して無効となるとすることはできない」と述べ、前掲・エス・ウント・エー事件判決には言及せず、前掲・日本シェーリング事件判決などを参照して[18]、不利益取扱いの趣旨、不利益の程度、権利行使に対する抑止力の強弱などから総合的に効力を判断する、いわゆる「反公序説」を支持する態度を明らかにした。

そのうえで、本判決は、タクシー業者の経営は運賃収入に依存し、自動車を効率的に運行させる必要性が大きく、年休を避ける配慮をした乗務員に皆勤手当を支給することは、年休取得を一般的に抑制する趣旨ではなく、皆勤手当の

15）労判609号12頁。
16）荒木尚志「判批」ジュリスト1023号137頁（1993年）参照。
17）民集47巻6号4585頁。
18）エス・ウント・エー事件と沼津交通事件の両最高裁判決の間では、判例の統一を見ていないとされたり（水野・前掲注5）9頁）、また、沼津交通事件判決により判例変更されたとの見方もある（藤川・前掲注10）131頁）。

額が相対的に大きくはないこと（月3,100円または4,100円であり、月給の1.85％程度に当たる）などから、この措置が年休取得を抑止する力は大きくはなく、公序に反しないと結論づけた[19]。

こうした「反公序説」の枠組みは、たしかに事案毎の諸事情を考慮した柔軟な判断を可能にする面があるが、しかし、常に相対的な判断となるため、どの程度の経済的不利益であれば労働者の権利行使を抑制し、公序違反となるのかは不明確で予測困難であり、また、仕事と生活の調和への配慮原則（労契法3条3項）が重要性を増す中で、労基法39条の年休権保障を十分に実現しうる法的な基準として妥当であるかの疑問が残る。

これに続いて、本章におけるもう一つの主要テーマである妊娠・出産等に関わる不利益取扱い禁止法理の整理・検討に移りたい。

Ⅲ　妊娠・出産等を理由とする不利益取扱い

1　従来の判例法理とその限界

すでに、エヌ・ビー・シー工業事件・最三判昭60・7・16は、妊娠・出産の基礎的前提条件である生理時の休暇（なお、現行法上、生理休暇に対する不利益取扱いを禁止する明文規定はない）の取得日が精皆勤手当の支給に際して欠勤扱いされたケースについて、かかる不利益措置は、その趣旨、目的、労働者が失う経済的利益の程度、生理休暇の取得に対する事実上の抑止力の強弱等諸般の事情を総合して、生理休暇の取得を著しく困難とし労基法が生理休暇について規定を設けた趣旨を失わせるものと認められない限り、労基法67条（現68条）に違反するものとはいえないと述べ、不利益取扱いの目的や抑止力の程度等を総合考慮する枠組みを提示していた。そのうえで、精皆勤手当（月2,500円）の創

---

[19] なお、判決は、交番表作成により出勤日が決定された後の年休の時季指定に関わり、年休取得一般を理由とする不利益取扱いを肯定したものではないという意味で、その射程範囲は限定的に理解すべきであろう（西谷敏「判批」『私法判例リマークス1994〈下〉』14頁（日本評論社、1994年）参照）。また、野田進「判批」重判平成5年度225頁は、交番表が相当以前に作成され、労働者が年休の多くを交番表作成後に請求せざるを得ないとすれば、年休取得を抑止する取扱いと解すべき余地があると指摘する。

[20] 民集39巻5号1023頁。

設と2倍への増額は、同条所定の要件を欠く生理休暇等を減少させて出勤率の向上を図ろうとしたもので、同休暇の取得を一般的に抑制する趣旨はなく、労働者が失う経済的利益の程度を勘案しても、上記不利益措置は、同条に違反しないと結論づけた。

しかし、学説上有力に論じられるように、労基法上の権利を保障することは罰則により担保された使用者の義務であり、同法は生理休暇を私傷病やその他の理由による欠勤と同一に扱うことまで認めているわけではないことなどから、生理休暇を理由とする労基法上許された単なる賃金の不支給以上の不利益を与える取扱いは、労基法68条の趣旨や公序に反し原則として無効と解すべきであろう[21]。

つぎに、妊娠・出産等に関わる不利益取扱い禁止をめぐる近年の法改正以前の判例として、東朋学園事件・最一判平15・12・4[22]は、産後8週間の休業と子が1歳になるまで1日に1時間15分の勤務時間短縮を賞与に関して不利益に算定する取扱いにつき、前掲・エヌ・ビー・シー工業事件、日本シェーリング事件、沼津交通事件の三判例を引用し、「労働基準法65条及び育児休業法10条〔当時〕の趣旨に照らすと、これにより上記権利等の行使を抑制し、ひいては労働基準法等が上記権利等を保障した趣旨を実質的に失わせるものと認められる場合に限り、公序に反するものとして無効となる」と述べ、不就労期間の欠勤扱いについては、休暇・休業等の種類を問わず、公序法理に照らして適法性を判断することを改めて確認した[23]。そのうえで、判決は、本件90％条項は、産前産後休業等を欠勤日数に含めた出勤率が90％未満の場合には賞与を一切支給しないこと、年収に占める賞与の比重は相当大きく、権利行使に対する抑止力は相当強いことなどから公序に反し無効とする一方で、産前産後休業等の期間

---

21) 西谷・労働法53頁、萬井隆令「生理休暇と精皆勤手当」龍谷法学18巻3号116頁以下（1985年）、中村和夫「母性保護」講座21世紀の労働法(7)233頁、入江信子「生理休暇」労働法の争点〔新版〕279頁参照。これに対して、判例の判断手法を基本的に支持する立場として、菅野・労働法587頁、川口美貴『労働法』347頁（信山社、2015年）などがある。なお、立法論の観点から、健康問題が生殖機能に影響することは男女共通の問題ともいえることから、生理休暇は、生殖機能の保護に関する権利確保の問題とみなし、男女共通の休暇制度の創設により解消されるのが望ましいとの指摘もある（龔敏「妊産婦等」新基本法コメ労基法・労契法215頁）。
22) 労判862号14頁。
23) 両角道代「産前産後休業と出勤率算定――東朋学園事件」労働判例百選〔第8版〕103頁参照。

を欠勤日数に算入しそれに応じて賞与を減額すること自体は、直ちに公序に反し無効であるとはいえないと判断した[24]。

このように不就労期間に応じて賞与を一定の範囲で減額しても公序に反しないとの判断については、学説上、一方で、労働者は産休等の休業期間に対応する賃金請求権を有しないうえ、権利行使に対する抑制効果も低いことから、これを支持する見解が主張されている[25]。他方で、産後休業は法律上労働者を就業させることが禁止される期間であり、労働者は産前産後休業等を理由に通常の給与のみならず賞与についても二重の不利益を被ることなどから、公序違反の判断を厳格に行うべきであるとする、より慎重な立場も見られる[26]。

本判決後の重要な法改正として、産前産後休業については、均等法9条3項（2006年改正）が、所定労働時間の短縮措置については、育児介護休業法23条の2（2009年改正）が、解雇その他の不利益取扱いを明確に禁ずるに至っており、これは権利保障の重要性が増す当該権利の行使を抑止しうる賞与の比例的減額の有効性に対して否定的な効果を有する。また、労基法や育児介護休業法上の権利行使を保障するのは使用者の義務であり、産前産後休業や所定労働時間の短縮を私傷病やその他の理由による欠勤と同一に扱うことまで認められているわけではないこと、権利行使日が有給か無給かは当該権利の重要性や保障の程度を直接表すものではないこと、比例的減額は賞与の複合的性格（賃金後払い、企業の成果・利益配分、貢献に対する功労報償、将来の勤務のインセンティブ、生計費補塡等）と必ずしも整合するわけではないこと、さらに仕事と生活の調和への配慮原則（労契法3条3項）の重要性に鑑みれば、賞与等の支給の際に、不就労期間につき単に賃金が保障されないことを超えるような実質的な不利益を課す処遇は、労働者の権利行使を抑制するものであり原則として公序に反し無効であると解すべきである[27]。

---

24) 最高裁による差戻しを受けて、高宮学園（東朋学園・差戻審）事件・東京高判平18・4・19労判917号40頁は、当該労働者の平成6年度年末賞与を欠勤日数に応じて28万2,600円減額し、残りの49万1,900円について請求し得る（減額により同年度全体で7.94％の収入減となる）などと判断した。
25) 橋本陽子「判批」重判平成16年度240頁、野田進「判批」労働判例865号10頁（2004年）、土田・労働契約法〔第2版〕462頁、川口・前掲注21）347頁、水町・労働法306頁以下、平18・10・11（厚）労告614号第4の3(3)ニ。
26) 両角・前掲注23）103頁、野川忍「判批」ジュリスト1279号164頁（2004年）。

最近では、医療法人稲門会（いわくら病院）事件・大阪高判平26・7・18が、[28]育児休業を取得した労働者の職能給を昇給させなかった事案について、本件不昇給規定は、1年のうち3か月の育児休業により、他の9か月の就労状況にかかわらず、職能給を昇給させず、不就労の限度を超えて育児休業取得者に不利益を課し、同じ不就労でありながら育児休業を他の欠勤（遅刻、早退、年休、生理休暇、慶弔休暇、労災による休業・通院、同盟罷業による不就労など）よりも合理的理由なく不利益に取り扱い、労働者の能力評価の結果にかかわらず3か月の育児休業を理由に一律に昇給させないのは合理性を欠くことから、育児介護休業法10条で禁止する不利益取扱いに当たり、かつ、育児休業取得の権利を抑制することなどから、公序に反して無効であると判断した[29]。

ここで注目されるのは、本判決が、基本的に「反公序説」によりながらも、不利益の程度だけでなく、権利行使を抑制する内容上の合理性を問題にして本件不昇給の効力を否定したことにより、同説の適用範囲を拡張したと評価しうる点である[30]。なお、このように権利行使が量的および質的にいかに抑制されるのかという観点から公序違反性をより厳格に審査する手法は、裁判所が年休取得による不利益取扱いの効力を判断する場合などにも応用可能であろう（後述Ⅳも参照）。

さらに、法改正前の降格をめぐる事案として、みなと医療生活協同組合事件・名古屋地判平20・2・20は、[31]看護師の師長解任（降格）（役職手当と調整給の不支給を伴う）の効力などが争われたケースで、師長解任につき上司が了解を

---

27) 吉田美喜夫＝名古道功＝根本到編『労働法Ⅱ〔第2版〕』253頁以下〔緒方桂子〕（法律文化社、2013年）。ほぼ同旨、西谷・労働法53頁、丸山亜子「育児・介護休業法概説」新基本法コメ労基法・労契法492頁。
28) 労判1104号71頁。
29) なお、本判決につき、吉田肇「判批」民商法雑誌151巻2号213頁（2014年）は、定期昇給について、他の不就労とは区別して、育児休業について休業した3か月間以外の9か月間を人事考課において全く考慮しないことに合理性は見出し難く、直截に育児介護休業法10条の不利益取扱いに当たると指摘する。
30) 根本到「判批」法学セミナー724号123頁（2015年）参照。これに対して、原審・京都地判平25・9・24労判1104号80頁は、実施されなかった昇給額は月2,800円、年間4万2,000円（収入の1.2%程度）にとどまり、育児休業の権利保障の趣旨を実質的に失わせるとはいえないことなどから、公序違反とみなさなかった。
31) 労判966号65頁。

求めたところ、当該看護師から異議が述べられなかったことから、これを承諾したと認められ、当時の旧育児休業法は育児休業取得を理由とする解雇のみを禁止するにとどまり、師長解任が育児休業取得を理由とするものとは認められず、また本件降格が育児休業の取得を困難ならしめ、法の趣旨を実質的に失わせるともいえず、さらに師長解任が産休取得を理由とするものとは認められないことなどを理由に、本件降格の効力を認めた。

しかし、本件降格が行われた時点の後、育児介護休業法10条は解雇にくわえてその他の不利益取扱いを禁止し（2001年法改正）、また均等法9条3項は解雇にくわえてその他の不利益取扱いを禁止するに至った（2006年法改正）ことから、こうした不利益な降格の有効性については再検討の必要が生じていた。

2　判例における不利益取扱い禁止法理の新展開

(1)　均等法9条3項の強行規定性の確認と不利益取扱いの原則的無効論

先述のように、判例が基本的に反公序説によりながら蓄積される一方で、その限界が不利益取扱い禁止規定の改正などを受けて次第に明らかとなりつつある状況下において、理学療法士の軽易業務への転換に際して副主任を免じた降格（月額9,500円の手当が不支給となる）の事案について、いわゆるマタニティ・ハラスメントに一定の抑制効果をもたらす判例として注目を集めたのが、広島中央保健生活協同組合事件・最一判平26・10・23である[32]。

最高裁は、前掲・医療法人稲門会（いわくら病院）事件・大阪高判平26・7・18など従来の裁判例が不利益取扱い禁止規定の法的性格を明確には論じてこなかったのに対して、有力説[33][34]と同様に、妊娠、出産等を理由とする解雇その他不利益な取扱いを禁ずる均等法9条3項を強行規定とみなしたうえで、妊娠中の

---

32) 民集68巻8号1270頁。なお、平27・1・23雇児発0123第1号は、本判決をふまえ、妊娠・出産、育児休業等を契機として不利益取扱いが行われた場合は、それらの事実を理由として不利益取扱いがなされたものとして、原則として均等法9条3項や育児介護休業法10条に違反する（2つの例外的ケースを除く）との一般的なルールを提示するが、具体的な判断基準については疑問も示されている（盛誠吾「判例と行政通達──マタニティ・ハラスメント最高裁判決の意味」労働法律旬報1840号4頁以下（2015年）、土田・労働契約法〔第2版〕746頁参照）。
33) このほかに、たとえばコナミデジタルエンタテインメント事件・東京地判平23・3・17労判1027号27頁参照。
34) 菅野・労働法256頁、西谷・労働法115頁。

軽易業務への転換を契機として降格させる措置は、原則として同項の禁止する取扱いに当たると解しつつ、例外として、①労働者が軽易業務への転換および上記措置により受ける有利な影響、同措置による不利な影響の内容・程度、同措置に係る事業主による説明の内容その他の経緯や労働者の意向等に照らして、自由な意思に基づき降格を承諾したと認めるに足りる合理的な理由が客観的に存在するとき、②降格させずに軽易業務に転換することに円滑な業務運営や人員の適正配置の確保などの業務上の必要性から支障がある場合で、業務上の必要性や上記の有利・不利な影響の内容や程度に照らして、同措置につき同項の趣旨および目的に実質的に反しないものと認められる特段の事情が存在するときは、同項の禁止する取扱いに当たらない、との判断枠組みを打ち出した。

これによれば、軽易業務転換を契機とする降格は原則的に法が禁ずる不利益取扱いに当たるとみなされ、その例外にあたる諸事情の主張・立証責任が使用者に転換されることにより、当事者間の情報の偏在等をふまえた主張・立証責任の適正な分配が図られることになる。

また、本件で問題となったのは「降格」であり、これは一般に、職能資格の引下げと、職位・役職の引下げとに区別され、前者の降格が、到達した職務遂行能力の認定を引き下げ、職能資格と結びついた基本給を引き下げるのと異なり、後者の降格は、管理職の配置という高度な経営判断を要する事項であるため、一般に使用者の広範な裁量権が認められる。この点につき、本件の原審にあたる広島高判平24・7・19が、副主任は、管理者の権限等が定められた職位で、その任免は経営判断に基づきなされることから、降格は使用者の裁量権行使の範囲内にあると判断したのに対して、最高裁は、おそらく同様に降格を職位等の引下げとみなしながらも、軽易業務転換に伴う降格は原則的に均等法9

35）水町勇一郎「判批」ジュリスト1477号106頁（2015年）参照。
36）菅野・労働法683頁、土田・労働契約法〔第2版〕404頁参照。なお、職位の引下げとしての降格につき、賃金、キャリア形成、名誉感情の面での大きな不利益性から、職務上の重大なミスなどの合理的根拠のない限り、権利濫用と判断すべき場合が多いとする見解もある（西谷・労働法236頁以下）。
37）民集68巻8号1317頁。
38）こうした判断を支持する立場として、たとえば、石井妙子「判批」現代民事判例研究会編『民事判例10号』124頁以下（日本評論社、2015年）がある。

条3項に違反するとして、妊娠を契機とする異動に伴う降格の人事裁量は通常の降格の場合よりも制限されると考えた点に特徴がある[39]。

なお、均等法9条3項が禁止する解雇「その他不利益な取扱い」には、降格のほか、期間の定めのある雇用契約の更新拒否、退職強要、正社員から非正規社員への契約内容変更の強要、減給、賞与等における不利益な算定、昇進・昇給の人事考課上の不利益な評価、不利益な配置変更、派遣先が派遣労働者に係る労働者派遣の役務提供を拒むことなどが含まれる[40]。

さて、均等法9条3項が私法上の強行規定であれば、それに違反する行為は、法律行為としては直ちに無効となり、また不法行為として損害賠償責任を生じさせるはずであるが、本判決は、おそらく妊娠等を理由に労働者にとってプラスとマイナスの両面をもつ取扱いがなされたときにも不利益取扱いをすべて無効とするのは妥当性を欠くとの配慮から[41]、降格が同項の禁止する不利益取扱いに当たらない例外的な余地を認めている。それゆえ、かかる枠組みは、たとえば、均等法施行規則2条の2各号の妊娠・出産に関する事由のうち、労働者に有利な影響が及ぶ場合であり（妊娠中・出産後の健康管理に関する措置（均等法12条・13条）、時間外労働・休日労働・深夜業の不提供（労基法66条）など）、不利益取扱いとなる措置が労働者にとって有利な措置と連動して実施された場合に及ぶにとどまると解される[42]。

(2) 妊娠・出産に関する事由と不利益取扱いの関連性

均等法9条3項は、妊娠・出産等を「理由として」不利益取扱いをしてはならない旨を定めるが、本件では、その間の関連性をいかに理解するかが問題となった[43]。

---

39) 所浩代「判批」『速報判例解説 vol.17新・判例解説 Watch』298頁（日本評論社、2015年）参照。なお、最高裁は、副主任手当は実際上年功給的要素が高いと考え、仕事の中身やアウトプットの質・量が変わらないのに賃金が下がるという重大な不利益から労働者を救おうとして降格の効力を否定したとの見方もある（峰隆之「判批」労働法学研究会報2606号41頁（2015年））。
40) 平18・10・11（厚）労告614号第4の3(2)。
41) 富永晃一「判批」季刊労働法248号178頁（2015年）参照。
42) 長谷川珠子「判批」法学教室413号41頁（2015年）参照。また、最高裁の判断枠組みは、慈恵大学附属病院事件・東京高判昭56・12・17判時1039号131頁のように、産前産後休暇と育児休職を取得した労働者に対して不利益と利益が併存する配転命令が発せられた事例などでも応用が考えられよう。

これまでの裁判例は、業務遂行上の必要性を検討したうえで、降格は軽易業務への転換請求のみを理由とするものではないとか[44]、育児介護休業法10条の適用をめぐり、担務変更は人事上の権限として行われたのであり、育休等の取得を理由としてされたのではないことから[45]、不利益取扱い禁止に違反しないとすることが多かった。

　これに対して、最高裁は、軽易業務転換を「契機として」降格させる措置は、原則として均等法9条3項の禁止する取扱いに当たると述べ、使用者の人事権と妊娠・出産に関する事由との関係について原則と例外を入れ替え、より緩やかに軽易業務転換と降格の関連性を肯定した。つまり、軽易業務転換請求が発端となり、労使間のやり取りを経て、職務内容の変更と、それに伴い降格がなされたという場合でも、軽易業務転換を「理由として」なされた不利益取扱いであることが認められたのである[46]。

　また、「理由として」の文言は、基本的に、労基法3条・4条、労組法7条1号などと同様に、使用者の主観的な差別意思を意味すると解される[47]。これに対して、近年立法された雇用差別禁止規定の多くは、主観的要素ではなく、客観的な義務違反として差別を把握する傾向があるとしたうえで、最高裁は「理由として」の解釈について客観的因果関係説を採るとの見方もある[48]。しかし、この見解は、差別意思に基づく妊娠・出産差別を客観的とされる諸事情（使用者が容易に操作できる事情も含まれうる）により適法化することを許容するおそれがある[49]。

---

43) 平18・10・11（厚）労告614号第4の3(1)は、「理由として」とは、妊娠・出産等と不利益な取扱いとの間に因果関係があることをいうとするが、この「因果関係」が「主観的要素」としての位置づけを否定する趣旨か否かは不明である（富永晃一「雇用社会の変化と新たな平等法理」『現代法の動態(3) 社会変化と法』67頁（岩波書店、2014年）参照）。
44) 広島中央保健生活協同組合事件・広島高判平24・7・19民集68巻8号1317頁。
45) 前掲・コナミデジタルエンタテインメント事件・東京地判平23・3・17。
46) 盛・前掲注32) 4頁以下参照。
47) 菅野・労働法257頁、水町・前掲注35) 106頁参照。
48) 長谷川・前掲注42) 40頁。鎌田耕一「判批」判例時報2277号213頁（2016年）も、均等法9条3項の趣旨・目的に照らして、妊娠・出産等により不利な状態に置かれることをできる限り抑制しながら、使用者の裁量の余地を残すために、「因果関係」の連鎖を合理的な範囲に制限することが求められる、と論じる。
49) 水町・前掲注35) 106頁参照。

こうして、最高裁は、均等法の目的や基本理念に高い価値を認めながら、軽易業務転換請求の文脈では不利益な労働条件が通常当該請求を契機にもたらされるため、そこに差別意思の存在を推定し[50]、原則的に不利益取扱いに当たるとみなすことで、たとえ人事上の必要性があるとしても、妊娠・出産に関する事由を認識し、それとの関連において不利益取扱いをした場合には、法違反の成立する範囲をより広く認めようとするものと解される。

(3) 均等法9条3項が禁止する不利益取扱いに該当しないケース

(a) 労働者の自由な意思に基づく承諾があると認められる場合

さて、本判決は、軽易業務への転換請求を受けた実現可能な労働条件には状況に応じた限界があり、幾つかの選択肢から内容を決定するのは当事者の協議になじみうることから[51]、第1の例外として、自由な意思に基づく承諾があれば、均等法9条3項が禁止する不利益取扱いに該当しないとしたうえで、管理職（副主任）の地位と手当の喪失という不利益の重大さ、労働者は育児休業終了後の副主任への復帰の可否につき事前に認識し得ないまま、副主任の免除を渋々受け入れたにとどまることから、自由な意思に基づく承諾の存在を否定した。

その結論は支持しうるが、かかる例外論には、均等法9条3項の強行性との整合性の点で疑問が残る[52]。ここで参考にされたであろう自由意思による賃金債権の放棄や相殺を認める判例[53]は、労基法24条の全額払原則の射程が、賃金債権を使用者が労働者に対して持つ（損害賠償）債権と相殺するなどのケースに及ぶかが問題となったものであり、労基法で保障された権利行使に対する差別禁止の例外を許容する本判決と同列には論じ得ないであろう。また、従属的な立場にある労働者が十分な説明を受けたうえで合理的とは解し得ない降格を受け入れた場合に[54]、かりに手続面が重視され、自由意思による承諾があると判断されるならば、それは均等法9条3項の趣旨に適わない[55]。それゆえ、自由な意思

---

50) 鄒庭雲「判批」法律時報88巻2号128頁（2016年）参照。
51) 長谷川聡「判批」労働法律旬報1835号10頁（2015年）参照。
52) 矢野昌浩「判批」法学セミナー722号129頁（2015年）参照。
53) シンガー・ソーイング・メシーン事件・最二判昭48・1・19民集27巻1号27頁、日新製鋼事件・最二判平2・11・26民集44巻8号1085頁。

に基づく承諾は、せいぜい第2の例外の特段の事情の有無を判断する考慮要素、とくに労働者への有利または不利な影響の内容や程度を評価する際の考慮事情の一つにとどまると解すべきであろう。

(b) 業務上の必要性や有利・不利な影響に鑑みて同項の趣旨・目的に反しないと認められる特段の事情がある場合

最高裁は第2の例外につき、降格を正当化し得る「特段の事情」の存在を要求することにより、使用者に、職位の維持を前提とした配属先の選定に尽力するよう求め、それができない根拠について厳格なものを要求したうえで、「特段の事情」の有無の審理等が不十分であることなどから原判決を破棄・差戻した。というのも、軽易業務転換請求は、妊娠時という一時期における本人に責任のない心身の不調に配慮することを求める権利であり、かかる心身・母性保護や就労継続に資する権利行使に対する不利益取扱いには、均等法9条3項の強行法規性もふまえた高い反公序性が認められるからである。それゆえ、第2の例外を判断する際には、とりわけ高度の業務上の必要性が求められ、また、当該措置により権利行使が抑制されないか否かを慎重に審査すべきである。

また、こうした判示を敷衍すると、労基法65条3項や均等法9条3項から、

---

54) この点について、山田省三「雇用における性差別の現状と差別禁止法の課題」浅倉むつ子編『ジェンダー法研究第2号』12頁（信山社、2015年）は、労働者が妊娠という自分の都合から軽易業務への転換を求めており、同僚に迷惑をかけているのではないか、争いを起こして心身に負担をかけたくないとの思いから、不利な労働条件でも拒否できない状況に置かれうることを指摘する。
55) 所・前掲注39) 298頁参照。
56) 市原義孝「判批」ジュリスト1488号96頁（2016年）参照。なお、かりに真の同意が認められるとしても、業務の性質上、管理職を外れない限り労働者の希望する業務負担軽減が困難である場合に、使用者が復帰後の処遇等について十分な配慮と説明を行い、本人が納得したうえで承諾を得て、一時的に管理職を免ずる場合などに限られよう（両角道代「判批」ジュリスト1494号113頁（2016年）参照）。
57) 所・前掲注39) 298頁参照。
58) これを受けて、広島高判平27・11・17労判1127号5頁は、権限等が同じ職責者を複数配置すればいかなる指揮命令系統の混乱が生じ得るのかが不明確で、主任と副主任には責任等の軽重があるので、降格せずに異動させることに業務上の支障があったとの立証が不十分なこと、また、降格により経済的、人事面の不利益が生じ、役職者としての復帰の保証がなく、元の職場に復帰させるための何らの方策（副主任を空席にして代行を置く等）も検討されておらず、業務軽減が降格の不利益を補うものでなかったことから、「特段の事情」の存在を否定し、均等法9条3項違反を認め、未払いの副主任手当の全額分に当たる損害賠償請求を認容した。
59) 長谷川聡「判批」重判平成26年度230頁参照。

軽易業務への転換に際して、使用者の不利益回避措置をとる配慮義務が導出され、そこから、職位等に関して不利益に取り扱うことのないよう配慮する義務や、降格された場合でも、復帰時点においては以前の職位等に戻る措置をとることが求められると理解することができる。また、かかる不利益回避措置をとる配慮義務の法理は、とくに降格や不利益な配置への変更のケースにおいて、労働権（憲法27条1項）、個人の尊厳（同13条）、平等権（同14条）などが規律する信義則に基づく「労働付与義務」や「就労価値配慮義務」の観点からも根拠づけられよう。

　なお、不利益回避措置をとる配慮義務とその内容については、すでにコナミデジタルエンタテインメント事件・東京高判平23・12・27が、成果報酬のゼロ査定という取扱いにつき、1年の査定対象期間中3か月半は勤務し、復帰後成果を上げる見込みが高かったのに、産前産後休業や育児休業の取得を理由に成果報酬を0円と査定するのは均等法や育児介護休業法が不利益取扱いを禁止している趣旨などに反する結果になるとしたうえで、使用者は、成果報酬の査定に当たり、前年度の評価を据え置く、本件労働者と同様の役割グレードの者の査定の平均値を用いる、合理的な範囲内で仮の評価を行うことなどにより、育休等の取得者の不利益を合理的な範囲および方法等において可能な限り回避するための措置をとるべき義務があり、それに反する成果報酬ゼロ査定は人事権の濫用として違法であると論じていたことが参考になる。

60）長谷川・前掲注42）41頁参照。一方で、土田・労働契約法〔第2版〕745頁以下は、使用者が女性の請求に応じて従来とは別の業務（職場）への軽易業務転換を実行する義務を負うケースでは、従来の業務（職場）における役職を免ずる措置について、高度の業務上の必要性を認め、「特段の事情」を肯定すべきである（ただし、軽易業務転換等の後の復職の段階では、労働者を元の役職に復帰させないことについての業務上の必要性は厳格に解すべきである）と論じる。
61）山田省三「判批」労働判例1104号12頁以下（2015年）参照。
62）唐津博『労働契約と就業規則の法理論』86頁以下（日本評論社、2010年）。
63）有田謙司「『就労価値』論の意義と課題」労働法学会誌124号114頁以下（2014年）、長谷川聡「『就労価値』の法理論――労働契約アプローチによる『就労価値』保障に関する一試論」労働法学会誌124号125頁以下（2014年）。
64）労判1042号15頁。

Ⅳ 不利益取扱い禁止法理の到達点および今後の課題と展望

　本章を締め括るに際して、年休取得および妊娠・出産等に関する不利益取扱い禁止法理の展開を振り返るととともに、同法理の今後の課題と展望を示しておきたい。

　第1に、年休取得を理由とする不利益取扱いについて、従来の判例の大勢は、労働者の権利行使を抑制し、労基法の趣旨を実質的に失わせるものである場合に、公序違反ゆえに無効となるという判断枠組みを採用しており、それは事案毎の諸事情を考慮した問題解決を図りうる半面、審査基準が不明確で、結果の予測可能性に欠けるという難点がある。

　私見によれば、近年における仕事と生活の調和への配慮原則（労契法3条3項）の重要性の高まりや、賃金支払義務のない産前産後休業、育児休業、勤務時間短縮措置などについて不利益取扱い禁止規定が立法化されてきたことなども[65]ふまえ、多数説と同様に、年休取得に対する不利益取扱いは、労基法39条に違反して一般的に無効であると解される。なお、同条に含まれる不利益取扱い禁止の規範を確認するものと解される同法附則136条は、本来その趣旨を明確に規定すべきである。

　また、判例のように「反公序説」を前提にするとしても、最近の妊娠・出産等による不利益取扱いをめぐる裁判例の手法（前述Ⅲ1および後述参照）を応用し、不利益の程度にくわえ権利抑制の内容上の合理性も審査することなどを通じて、より厳格な審査が行われるべきである。

　第2に、従来の判例は、妊娠・出産等を理由とする不利益取扱いについても、権利行使を抑制するなどの場合に限り公序違反ゆえに無効とみなし、たとえば、賞与の比例的な減額を許容するなどしてきた。

　しかし、最近、前掲・広島中央保健生活協同組合事件最高裁判決は、均等法9条3項の強行性を明確に認めたうえで、軽易業務転換を契機とする降格は原

---

65) この点については、緒方桂子「労働契約の基本原則――労使対等合意原則、均衡考慮原則およびワーク・ライフ・バランス配慮原則の意義とその可能性」西谷敏＝根本到編『労働契約と法』49頁（旬報社、2011年）参照。

則として同項の禁止する取扱いに当たるとみなし、その例外の主張・立証責任を使用者側に負わせるとの枠組みを採用することで、従来の裁判例に見られた使用者の人事権と妊娠・出産に関する事由の関係性を逆転することにより、不利益取扱い禁止法理に新たな視座をもたらした。

本判決の影響は今後かなり広範に及ぶことが予想され、たとえば、所定労働時間の短縮制度の利用を理由に、昇給号給数に所定労働時間数の比率（8分の6）を乗じることで昇給が抑制されたケースに関わる社会福祉法人全国重症心身障害児（者）を守る会事件・東京地判平27・10・2は、育児介護休業法23条の2は強行規定であると解したうえで、所定労働時間短縮措置の実施等を理由とする不利益取扱いは、同条に違反しないと認めうる合理的な特段の事情が存しない限り、同条に違反し違法、無効であると述べ、先述の最高裁判決に類似した判断枠組みを採用した点で注目される。

また、前掲・医療法人稲門会（いわくら病院）事件・大阪高判平26・7・18のようなケースにおいて、今後は、育児介護休業法10条が明確に強行規定と位置づけられ、育児休業を理由とする不利益取扱いは、それが権利行使を無に帰せしめる程度かどうかを問わず、違法、無効になるとの解釈が考えられる。さらに、前掲・コナミデジタルエンタテインメント事件・東京高判平23・12・27などの人事権行使の効力が争われた事案でも、均等法9条3項や育児介護休業法10条の強行性を前提として、不利益取扱いが疑われる措置が行われた場合には、原則として同条に違反する措置であると推定され、当該措置が育児休業の取得等を理由としないことを使用者が反証できる場合にのみ、違法性が否定されるという枠組みが適用可能となろう。

---

66) この判断枠組みは、均等法9条3項が規制対象とする他の不利益取扱いや育介法上の不利益取扱い禁止規定の解釈にも影響を与える可能性があると指摘されている（両角道代「妊娠中の軽易業務転換と降格——広島中央保健生活協同組合事件」労働判例百選〔第9版〕39頁）。

67) 労判1138号57頁。

68) 水町勇一郎「判批」ジュリスト1489号5頁（2016年）参照。また、育児介護休業法23条の2に関する本判決の判断の射程は、同法10条・16条の不利益取扱い禁止にも及ぶとされる（土田・労働契約法〔第2版〕465頁）。

69) 菅野・労働法600頁参照。根本・前掲注30）123頁も、左記の学説や育児介護休業法10条の強行規定性を肯定した広島中央保健生活協同組合事件・最高裁判決における櫻井裁判官の補足意見をふまえ、権利行使抑制効論それ自体の妥当性が疑われると指摘する。

なお、産休や育児休業等を理由とする不利益取扱い禁止規定が設けられたことにより、公序法理の適用が排除されるわけではない。すなわち、産休等が法律で保障された権利である以上、その権利行使を抑制する効果を持つ取扱いは、たとえ産休等の取得自体を理由とする不利益取扱いに当たらないとしても、公序に反し違法、無効と解される[71]。

　第3に、なお論争のある、産前産後休業、育児休業、所定労働時間の短縮措置等を賞与などの支給基準上比例的に欠勤扱いすることは、近年の法改正により、均等法9条3項、育児介護休業法10条・23条の2が不利益取扱いを明確に禁止するに至り、仕事と生活の調和への配慮原則（労契法3条3項）が規定される状況の下で、権利保障の重要性が高まるこれらの権利の行使を抑制することなどから、原則として公序違反とみなされるべきである。また、少なくとも、かかる取扱いは、不利益の程度とならび権利行使抑制の内容上の合理性などの観点から、より厳格な公序違反性の審査の下に置かれる必要がある。

　とくに権利行使を抑制する内容上の合理性の審査については、前掲・社会福祉法人全国重症心身障害児（者）を守る会事件判決が、定期昇給は1年間の業績や身につけた執務能力等の評価により決定されるが、労働者は業績評価を受けているにもかかわらず、さらに所定労働時間の短縮を理由に1日の労働時間に応じて8分の6を乗じた号俸を適用して昇給抑制されること、いかに成績良好でもこうして一律に8分の6を乗じた号俸を適用するのは合理性に乏しいこと、抑制された号俸を前提に将来も昇給するから蓄積される不利益は小さくないことから、本件昇給抑制は育児介護休業法の趣旨を実質的に失わせるおそれがあるとして、昇給抑制がなければ得られたはずの給与と現に支給された給与との差額全額の損害賠償請求などを認容したことが参考になる。

　本判決および前掲・医療法人稲門会（いわくら病院）事件判決などを合わせ

---

70) 林健太郎「判批」季刊労働法251号273頁（2015年）参照。同様の枠組みは、育児休業や産休に対する降格の人事権の濫用性を否定した、みなと医療生活協同組合事件・名古屋地判平20・2・20労判966号65頁のようなケースにも適用されうる。
71) 両角・前掲注23）103頁参照。なお、水町・前掲注35）106頁は、広島中央保健生活協同組合事件・最高裁判決の枠組みについて、均等法9条3項の趣旨等に照らした特段の事情の判断は、同項違反それ自体の存否とは理論的に区別されるべきで、同項違反が存在しない場合に、公序違反性の判断として補足的に位置づけられるべきであるとして、疑問を呈する。

読むならば、権利抑制の内容上の合理性などの観点から反公序性を判定する際には、同じ不就労でありながら、産前産後休業、育児休業、所定労働時間の短縮等が、他の欠勤（たとえば、遅刻、早退、私傷病、慶弔休暇、労災による休業・通院、生理休暇、年休など）と比べて合理的理由なく不利益に取り扱われていないか、欠勤日数や欠勤時間を単純に比例的に考慮した昇給抑制や賞与の減額等が当該労働者の能力、業績、貢献度等の評価や将来の業務への期待などと厳密に対応しているといえるかなどが審査される必要があると解される。

　さいごに、不利益取扱いが均等法9条3項や育児介護休業法10条などに違反するケースでは、不法行為にもとづく損害賠償請求により解決が図られることが多いが、それ以外に、たとえば労働者からの降格前の地位にあることの確認請求や昇格・昇進したことの地位確認請求が認められるかという問題がある。職位の引下げとして降格される前の地位確認請求や昇進請求権については、使用者の広範な裁量権を理由に否定し、差額賃金請求や損害賠償請求のみを認める立場が多い[72]。一方で、職能資格の引下げとして降格される前の地位確認請求については、肯定する立場が有力であるが[73]、昇格請求権については、肯定する立場[74]と基本的に損害賠償を認めるにとどめる立場[75]とに分かれる。このように、事後的救済にとどまらず、将来に向けたより抜本的な解決策のあり方などを検討することも今後の重要課題となろう。

（ほそたに・えつし　香川大学法学部准教授）

---

[72] 土田・労働契約法〔第2版〕402頁以下、菅野・労働法679頁など。他方で、西谷・労働法237頁は、職位の引下げとしての降格につき、降格前の地位にあることの確認請求なども可能であると説く。

[73] 西谷・労働法237頁、土田・労働契約法〔第2版〕407頁、885頁。

[74] 西谷・労働法235頁、吉田＝名古＝根本編・前掲注27）154頁以下〔矢野昌浩〕など。

[75] 菅野・労働法681頁、土田・労働契約法〔第2版〕402頁以下など。なお、社会福祉法人全国重症心身障害児（者）を守る会事件・東京地判平27・10・2労判1138号57頁は、労働者の昇給を請求する権利を認めず、損害賠償請求のみを認容する。

索引

あ行

秋田相互銀行事件（秋田地判昭50・4・10）
　　　………………………………………… 188
安全配慮義務………………………… 62,70
育児介護休業法………………………… 275
育児休業…………………………… 276〜
育児休業給付…………………………… 281
育児時間………………………………… 151
育介法26条……………………………… 20
一般職…………………………………… 189
一般女性保護…………………………… 141
一般平等取扱法（ドイツ）…………… 52
移転差別………………………………… 131
遺伝子情報………………………… 122,133〜
医療法人稲門会（いわくら病院）事件（大阪高判平26・7・18）…………………… 305
岩手銀行事件（仙台高判平4・1・10）… 188
内山工業事件（岡山地判平13・5・23）… 197
HIV検査………………………………… 3
エス・ウント・エー事件（最三判平4・2・18）…………………………………… 301
エヌ・ビー・シー工業事件（最三判昭60・7・16）…………………………………… 302
LGBT……………………………… 131,132,126
エルメスジャポン事件（東京地判平22・2・8）……………………………………… 109
憶測差別…………………………… 131,133

か行

介護休業………………………………… 276〜
介護休業給付…………………………… 281
買い取り義務…………………………… 269
外部通報………………………………… 86
家族責任……………………………… 17,192,194
学校法人兵庫医科大学事件（大阪高判平22・12・17）……………………………… 109
関係差別…………………………… 131,133
関西電力事件（最三判平7・9・5）… 40
間接（性）差別………………… 51,126,129,134,217
関連差別………………………………… 131
起因差別…………………………… 122,131
企業コンプライアンス………………… 89
企業不正等通報…………………… 89,93
客観的キャリア………………………… 105
キャリア権構想………………………… 96〜
キャリア権の法的性質………………… 96
九州朝日放送事件（最一判平10・9・10）
　　　………………………………………… 108
休息時間（勤務間インターバル）…… 247
教育訓練………………………………… 108
行政通報………………………………… 86
均等待遇原則…………………………… 145
クオータ制……………………………… 153
軽易業務転換を契機とする降格……… 307
計画年休…………………………… 256,270〜
計画年休を定めた労使協定…………… 270
結合差別………………………………… 131
結婚退職制……………………………… 218
限定正社員制度…………………… 21〜
公益通報者保護法………………… 7,83
公益通報の目的…………………… 84〜

工場法……………………………………138
坑内業務………………………………150
合理的配慮…………………102, 128, 136
功労報償的性格………………………261
コース別雇用管理…………………189〜
ゴール・アンド・タイムテーブル方式……153
告発資料の収集・開示………………82〜
国連女性差別撤廃条約………………214
個人情報…………………………………34
個人情報の開示請求…………………46〜
個人情報保護法……………………4, 36
コナミデジタルエンタテインメント事件（東京高判平23・12・27）………………312
誤認差別………………………………131
コミュニケーション・ギャップ…………54
雇用管理区分…………………………190
雇用継続給付…………………………281
雇用政策法……………………………101

さ行

採用時の調査…………………………42〜
差額賃金請求権………………………220
差止請求…………………………………71
三六協定…………………………………23
三陽物産事件（東京地判平6・6・16）……188
JR東海事件（大阪地決昭62・11・30）……109
ジェンダー……………………………206
ジェンダーアプローチ…………………10
時間外休日労働………………………194
時間単位での年休……………………257
時季指定権の付着した年休…………271
自己決定権………………………31, 244
仕事と家庭の調和……………………238
仕事と生活の調和への配慮原則（労契法3条3項）……………………………304
芝信用金庫事件（東京高判平12・12・22）
……………………………200, 202, 221
社会医療法人A会事件（福岡高判平27・1・29）…………………………………36
社会福祉法人全国重症心身障害児（者）を守る会事件（東京地判平27・10・2）………314
社会保険診療報酬支払基金事件（東京地判平2・7・4）………………………………200

終身雇用制……………………………241
自由な意思に基づく承諾………………310
就労請求権……………………109, 112
主観的キャリア…………………………105
主張・立証責任の適正な分配………307
障害差別……………………………127〜
障害者雇用促進法………………………13
障害者差別………………120, 122, 124, 135
障害者の権利に関する条約……………13
昇格差別……………………………200〜
昇格請求……………………………201〜
状況に応じた配慮……………………265
商工組合中央金庫事件（大阪地判平12・11・20）……………………………………201
少子化対策……………………………292
使用者の責に帰すべき休業日………264
使用者の年休付与義務………………266
昇進差別……………………………203〜
昇進請求……………………………203〜
情報コントロール権……………………31
情報プライバシー権……………………3
賞与の比例的減額……………………304
職業生活………………………………101
職業能力開発……………………………97
職場環境配慮義務………………………70
職場内（で）の優位性…………………58
職場におけるいじめ・嫌がらせ………50
職場のいじめ・嫌がらせに関する円卓会議
………………………………50〜, 58
女性活躍推進法……………9, 153〜, 218
女性若年定年制………………………218
女性保護………………………………138
女性保護の見直し論…………………141〜
ジョブ型正社員………………193, 250
人格権……………………………1, 29, 49
人格的自律権……………………………2
人格的利益………………………………70
人権デュー・ディリジェンス…………26
人事権…………………………………108
人事考課……………………………195〜
真実相当性…………………………79, 86
心理的負荷……………………………50, 71
精神障害………………………………71〜

性別役割分業……………………………213
整理解雇…………………………………135
生理休暇…………………………………140
セガ・エンタープライゼス事件（東京地決平
　11・10・15）……………………………110
セクシュアル・ハラスメント
　……………………………49,51,52,70,215
センシティブ情報…………………………3
全労働日の八割以上出勤………………263
総合職……………………………………189
相対的平等………………………………145
組織間キャリア…………………………104
組織内キャリア…………………………103

た 行

第三者からのいじめ………………………60
退職勧奨……………………………………68
退職強要……………………………………68
多様な働き方……………………………249
男女共同参画社会基本法………………239
男女雇用機会均等法（均等法）
　……………………………49,117,124,215
（男女）昇格差別………………………219
男女別コース制…………………………219
男女別定年制……………………………218
長時間労働………………………………241
直接差別……………………………………51
賃金差別……………………………………199〜
通報先………………………………………85
通報対象事実………………………………85
転勤………………………………………191
電電公社帯広局事件（最一判昭61・3・13）
　………………………………………………41
東亜ペイント事件（最二判昭61・7・14）
　……………………………………………19,286
同一労働同一賃金………………121,169,184,221
統計的差別………………………………212
東朋学園事件（最一判平15・12・4）
　………………………………………288,303

な 行

内部告発…………………………………7,76
内部告発の手段・態様の相当性………81〜

内部告発の対象……………………………79
内部告発を理由とする不利益取扱いの類型…78
内部通報……………………………………86
内部通報前置………………………………81
日本型雇用慣行……………………………95
日本シェーリング事件（最一判平元・12・14）
　………………………………………………300
日本的雇用慣行…………………………240
妊娠・出産等に関するハラスメント防止措置
　………………………………………………50
妊娠・出産等を理由とする不利益取扱い
　………………………………………………302〜
妊娠・出産に関する事由と不利益取扱いの関連
　性……………………………………………308〜
沼津交通事件（最二判平5・6・25）………301
年休権の法的性格………………………264〜
年休取得率………………………………258
年休取得を阻む要因……………………260〜
年休取得を理由とする不利益取扱い…298〜
年休の繰り越し…………………………268
年休の取得要件…………………………262〜
年休の制度趣旨…………………………261
年休付与義務違反………………………268
年休付与日数……………………………258
年功賃金制………………………………241
年次有給休暇（年休）…………………255〜
年齢差別……………………………120,129〜
能力不足を理由とする解雇……………110

は 行

パートタイム労働者………159,161〜,162,163〜
パートタイム労働法…………………12,217
配転………………………………………286
派遣労働…………………………………162
派遣労働者……………………160,161,183〜
派遣労働者のキャリア形成支援………103
働き方改革………………………………249〜
パパ・クオータ…………………………280
パパ・ママ育休プラス…………………280
ハラスメント………………………………5〜
パワーハラスメント（パワハラ）
　………………………………6,50,53〜,54〜,61〜
東谷山家事件（福岡地小倉支決平9・12・25）

……………………………………45
ビジネスと人権に関する指導原則……………25
日立製作所（武蔵工場）事件（最一判平3・
　11・28）……………………………………23
人たるに値する生活………………………148
広島中央保健生協（C生協病院）事件（最一判
　平26・10・23）………………224, 287, 306
フォード自動車事件（東京地判昭57・2・25）
　…………………………………………110
複合差別……………………………………131
藤沢薬品工業賃金台帳等文書提出命令事件（大
　阪高決平17・4・12）…………………198
付随義務……………………………………196
プライバシー権…………………………2, 30
プライバシー配慮義務……………………38〜
プラスファクター方式……………………153
ブラック企業………………………………24
不利益回避措置をとる配慮義務…………312
不利益取扱いの禁止………………………257
ブルームバーグ・エル・ピー事件（東京高判平
　25・4・24）……………………………110
文書提出命令……………………………197〜
保護と平等論………………………………137
ポジティブ・アクション………153〜, 206, 215
母性としての女性の身体の保護…………149
母性保護……………………………………141

ま行

マタニティ・ハラスメント（マタハラ）
　……………………………………224, 287
丸子警報器事件（長野地上田支判平7・3・
　15）………………………………………224

身だしなみ規定………………………………44
三菱樹脂事件（最大判昭48・12・12）
　…………………………………3, 42, 124, 215
みなと医療生活協同組合事件（名古屋地判平
　20・2・20）……………………………305
無限定正社員………………………………250
目的の公益性…………………………………80
モラルハラスメント…………………………49

や行

有期雇用労働者……159, 161, 162, 163, 176〜, 217
要配慮個人情報………………………………36
読売新聞社事件（東京高決昭33・8・2）
　…………………………………………109

ら行・わ行

リコー事件（東京地判平25・11・12）……109
立証責任…………………………………197〜
立証責任の転換……………………………227
立法政策の理論……………………………114
労働基準監督官への申告権…………………76
労働基準法（2015年改正案）……………259〜
労働基準法研究会報告（女子関係）………142
労働組合による内部告発……………………77
労働契約法…………………………………217
労働時間の公共性…………………………262
労働市場………………………………………99
労働市場の法…………………………………99
労働日と出勤………………………………263
ワーク・ライフ・バランス
　………………………22〜, 106, 237〜, 292, 297
ワーク・ライフ・バランス憲章……………239

執筆者紹介 (執筆順)

和田　　肇（わだ・はじめ）	名古屋大学大学院法学研究科教授
長谷川　聡（はせがわ・さとし）	専修大学法学部准教授
根本　　到（ねもと・いたる）	大阪市立大学大学院法学研究科教授
山川　和義（やまかわ・かずよし）	広島大学大学院法務研究科教授
両角　道代（もろずみ・みちよ）	慶應義塾大学大学院法務研究科教授
柳澤　　武（やなぎさわ・たけし）	名城大学法学部教授
神尾真知子（かみお・まちこ）	日本大学法学部教授
櫻庭　涼子（さくらば・りょうこ）	神戸大学大学院法学研究科教授
斎藤　　周（さいとう・まどか）	群馬大学教育学部教授
相澤美智子（あいざわ・みちこ）	一橋大学大学院法学研究科准教授
名古　道功（なこ・みちたか）	金沢大学人間社会学域法学類教授
武井　　寛（たけい・ひろし）	甲南大学法学部教授
柴田洋二郎（しばた・ようじろう）	中京大学法学部准教授
細谷　越史（ほそたに・えつし）	香川大学法学部准教授